中财传媒版 2020年注册会计师全国统一考试辅导系列丛书

经济法通关题库

财政部中财传媒 注册会计师考试辅导丛书编写组 编

中国财经出版传媒集团
中国财政经济出版社

图书在版编目（CIP）数据

经济法通关题库／财政部中财传媒 注册会计师考试辅导丛书编写组编．--北京：中国财政经济出版社，2020.3

（中财传媒版2020年注册会计师全国统一考试辅导系列丛书）

ISBN 978－7－5095－9609－8

Ⅰ.①经…　Ⅱ.①财…　Ⅲ.①经济法－中国－资格考试－习题集　Ⅳ.①D922.29－44

中国版本图书馆CIP数据核字（2020）第029382号

责任编辑：康　苗　　　　　　责任校对：胡永立

中国财政经济出版社 出版

URL：http：//www.cfeac.com

社址：北京市海淀区阜成路甲28号　邮政编码：100142

营销中心电话：010－88191522

天猫网店：中国财政经济出版社旗舰店

https：//zgczjjcbs.tmall.com

北京鑫海金澳胶印有限公司印刷　各地新华书店经销

787×1092毫米　16开　17印张　416 000字

2020年3月第1版　2020年3月北京第1次印刷

定价：66.00元

ISBN 978－7－5095－9609－8

（图书出现印装问题，本社负责调换）

质量投诉电话：010－88190744

打击盗版举报热线：010－88191661，QQ：2242791300

前言 Preface

为帮助广大考生全面理解2020年注册会计师考试大纲和考试教材内容，在有限的复习时间内掌握教材的重、难点知识，顺利通过考试。中国财经出版传媒集团组织常年从事注册会计师考试辅导的名师、专家编写了“中财传媒版2020年注册会计师全国统一考试辅导系列丛书”。该系列丛书包括“应试指导”“要点随身记”“通关题库”和“全真模拟试题”四个系列，涵盖了专业阶段考试的六个科目，即会计、审计、财务成本管理、经济法、税法和公司战略与风险管理。

1.“应试指导”系列：紧扣2020年考试大纲和考试教材内容，考点精炼、结构合理，对考试有极强的指导性，帮助考生全面掌握教材精髓。在编写结构的设计上，根据考生的学习特点和备考要求，分为“命题规律及考试趋势预测”“各章考点精讲精练”“跨章节综合题演练”三个部分。

2.“要点随身记”系列：根据每章重要考点整理而成的备考“红宝书”，涵盖知识点全面，易于携带，旨在帮助考生更便捷地预习、复习和记忆考点内容，合理利用碎片化的时间，积少成多，掌握记忆教材核心知识点。

3.“通关题库”系列：包含大量针对性极强的练习题和对应的答案解析，帮助考生通过习题演练巩固理解知识点，更熟练地应用教材知识点解决实际题目中的问题。

4.“全真模拟试题”系列：在对历年考试试题进行分析归纳和命题趋势总结的基础上，由多名具备注册会计师资格的辅导专家精心设计了八套全真模拟试题，考生可以在充分复习教材内容的基础上，按照模拟考试时间及要求，进行热身训练，积累实战经验。

注册会计师考试辅导书市场品种繁多，但质量良莠不齐。考生在选择教辅时常常陷入盲目。该系列丛书利用作为教材出版单位的独特优势，在第一时间邀请注册会计师考试辅导专家编写，秉承“应试”“精练”的核心思想，力求帮助考生以最少的精力取得最大的效果，实现高效学习、顺利通关，是考生学习备考的第一选择。

最后，衷心祝愿各位考生顺利通过2020年注册会计师考试。

编写组

2020年3月

前言

Contents

目录

第二部分　跨章节综合题演练

第一部分

各章重难点列示及通关习题演练

第一章　法律基本原理

本章考情分析

本章考点少、在试卷中分值低（2～3分），题型均为客观题。

基本内容框架

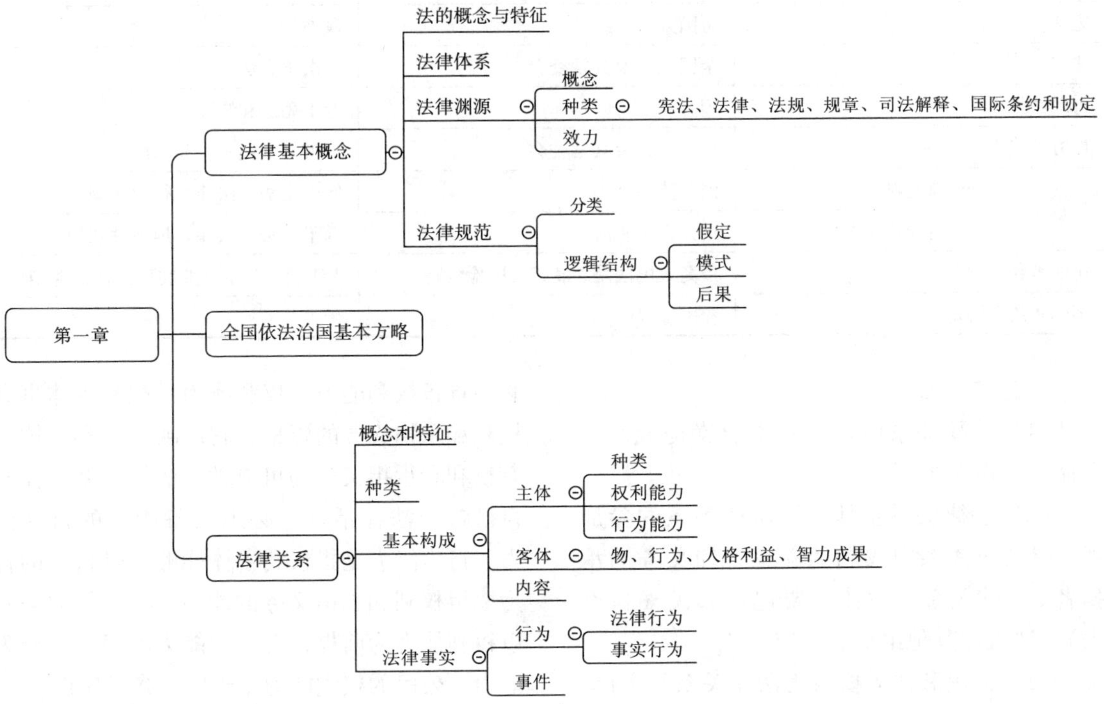

通关重难点例题解析

本章复习重点如下：

（一）理解法的概念与特征、法律渊源、法律体系等法律基本概念

（二）掌握法律规范

（三）理解法律关系的概念与特征、法律关系的种类

（四）掌握法律关系的基本构成与变动原因

（五）理解调整经济的法律制度的历史演进、市场经济条件下经济法律制度的基本理念与逻辑

1. 法律渊源，亦称法律的形式，即法律

的存在或表现形式

（1）我国经济法都是成文法，其主要表现形式有宪法、法律、行政法规、地方性法规、部门规章、地方政府规章、司法解释、国际条约和协定（我国参加并认可的）。

（2）不同表现形式的法是由不同的机构颁布的。宪法是全国人大颁布的，法律由全国人大或全国人大常委会颁布（全国人大闭会期间，全国人大常委会可对基本法律进行部分补充和修改，但不得同该法律的基本原则相抵触。全国人大负责解释法律，该法律解释同法律具有同等效力），行政法规由国务院颁布，地方法规由地方国家权力机关（非行政机关）制定，部门规章由国务院的组成部门和直属机构制定。特别要注意的是，最高人民法院、最高人民检察院发布的司法解释也是经济法的表现形式之一，地方高级人民法院发布的文件不是我国法的表现形式。

（3）不同表现形式的法，其法律效力地位亦不同；而法律效力地位的不同则是由其颁布机构的地位高低决定的。宪法由全国人大以特别决议的方式通过，法律由全国人大或人大常委会以一般决议的方式通过，国务院是由全国人大产生并对全国人大负责的。所以宪法具有最高的法律效力，法律在地位和效力上仅次于宪法，行政法规的效力次于宪法和法律，地方性法规不能与宪法、法律、行政法规相抵触。

具体形式		制定部门	效力层级
宪法		全国人大	最高
法律		全国人大及其常委会	仅次于宪法
行政法规		国务院	低于宪法和法律
地方性法规		地方人大及其常委会	不得与上述三种相抵触
规章	部门规章	国务院各部委	低于宪法、法律、行政法规
	地方政府规章	地方人民政府	低于宪法、法律、地方性法规
司法解释		最高人民法院、最高人民检察院	* 注意：判例并非我国的法律渊源
国际条约和协定		我国签署的	

2. 法律关系

（1）法律关系由三个基本要素构成，即主体、内容和客体。

（2）法律关系主体，即法律关系的参加者，是法律关系中权利的享有者和义务的承担者。法律关系的主体主要包括公民（自然人）、法人和其他组织、国家。

（3）公民和法人要成为法律关系的主体，必须具备权利能力。权利能力是权利主体享有权利和承担义务的资格，它反映了权利主体享有权利和承担义务的可能性。法律关系主体要自己参与法律活动，必须具备相应的行为能力。行为能力是指权利主体能够通过自己的行为取得权利和承担义务的能力。行为能力必须以权利能力为前提，无权利能力就谈不上行为能力。公民的权利能力始于出生终于死亡。

主体	自然人：无论国籍 法人：企业法人、事业单位法人、机关法人、社会团体法人 其他组织：个人独资企业、合伙企业、公司的分支机构等 国家：国家可作为一个整体成为主体，大多数情况以其机关或授权的组织作为代表参加法律关系
客体	物：物权的客体 行为：债权的客体（包括作为和不作为） 智力成果：知识产权的客体（区分客体与载体） 人格利益：人身权的客体

【例1-1】（2017年单选题）下列关于法律规范与法律条文关系的表述中，正确的是（　　）。

A. 法律规范是法律条文的表现形式

B. 法律规范等同于法律条文

C. 法律规范与法律条文一一对应

D. 法律条文的内容除法律规范外，还包括法律原则等法要素

【答案】D

【解析】（1）选项A、B：法律规范不同于法律条文。法律条文是法律规范的文字表现形式。（2）选项C：法律规范与法律条文不是一一对应的，一项法律规范的内容可以表现在不同法律条文甚至不同的规范性法律文件中，同样，一个法律条文中也可以反映若干法律规范的内容。

【例1-2】（2018年单选题）下列关于法律主体权利能力的表述中，正确的是（　　）。

A. 权利能力以行为能力为前提，无行为能力即无权利能力

B. 权利能力是指权利主体能够通过自己的行为取得权利和承担义务的能力

C. 自然人的权利能力可分为完全权利能力、限制权利能力与无权利能力

D. 营利法人、非营利法人与特别法人均具有权利能力

【答案】D

【解析】行为能力以权利能力为前提，无权利能力即无行为能力，A选项不正确。行为能力是指权利主体能够通过自己的行为取得权利和承担义务的能力，B选项不正确。自然人的行为能力可分为完全行为能力、限制行为能力与无行为能力，C选项不正确。

【例1-3】（2017年多选题）下列各项中，属于法人的有（　　）。

A. 北京大学

B. 中华人民共和国最高人民法院

C. 中国人民保险集团股份有限公司

D. 中国注册会计师协

【答案】ABCD

【解析】法人包括机关法人（立法机关、行政机关和司法机关）、事业单位法人、社会团体法人和企业法人。

【例1-4】（2016年单选题）下列关于法律渊源的表述中，正确的是（　　）。

A. 全国人大常委会有权部分修改由全国人大制定的基本法律

B. 除最高人民法院外，其他国家机关无权解释法律

C. 地方性法规是指地方人民政府就地方性事务制定的规范性法律文件的总称

D. 部门规章可以设定减损公民、法人和其他组织权利或增加其义务的规范

【答案】A

【解析】司法解释是由最高人民法院、最高人民检察院发布的，全国人大常委会负责解释法律，属于立法解释；地方性法规是由地方立法权的地方人大及其常委会制定的；部门规章不得设定减损公民、法人和其他组织权利或增加其义务的规范。

【例1-5】（2017年多选题）下列各项中，属于法律关系客体的有（　　）。

A. 建筑物

B. 自然人的不作为

C. 有价证券

D. 人格利益

【答案】ABCD

【解析】法律关系的客体包括物、行为、人格利益、智力成果。（1）选项A、C：属于物，是物权法律关系的客体。（2）选项B：行为包括作为和不作为。

【例1-6】（2014年多选题）下列各项中，能导致一定法律关系产生、变更或消灭的有（　　）。

A. 人的出生　　B. 自然灾害

C. 时间的经过　　D. 侵权行为

【答案】ABCD

【解析】能够引起法律关系产生、变更和消灭的客观现象是法律事实。法律事实可以分为两类：事件（选项A、B、C）和行为（选项D）。

【例1-7】（2018年多选题）下列关于法的规范属性的表述中，正确的有（　　）。

A. 法是行为规范　　B. 法是社会规范

C. 法是技术规范　　D. 法是道德规范

【答案】AB

【解析】法是由国家制定或认可的、由国家强制力保证实施的、是调整人的行为和社会关系的行为规范；是调整人类社会关系的重要社会规范。

【例1-8】（2019年单选题）根据民事法律制度的规定，下列各项中，属于无权利能力的是（　　）。

A. 刚出生的婴儿

B. 病理性醉酒的病人

C. 智能机器人

D. 植物人

【答案】C

【解析】本题考核法律主体的民事权利能力。根据规定，自然人从出生时起到死亡时止，具有民事权利能力，依法享有民事权利，承担民事义务。机器人不是自然人，没有民事权利能力。

通关演练

一、单项选择题

1. 中国证监会发布的《上市公司信息披露管理办法》属于（　　）。

A. 法律　　B. 行政法规

C. 部门规章　　D. 司法解释

2. 下列规范性法律文件中是由全国人大常委会制定的是（　　）。

A.《中华人民共和国刑法》

B.《中华人民共和国民法通则》

C.《中华人民共和国公司法》

D.《选举法》

3. 下列是甲、乙、丙、丁四人对我国法律渊源的表述，其中不正确的是（　　）。

A. 甲认为宪法由全国人民代表大会制定

B. 乙认为行政法规由国务院制定

C. 丙认为部门规章由国务院的组成部门及其直属机构制定

D. 丁认为司法解释由全国人民代表大会常务委员会制定

4. 下列关于法律渊源的表述中，不正确的是（　　）。

A. 法律的效力高于行政法规、地方性法规、规章

B. 法律由全国人大及其常委会制定和修改，全国人大闭会期间，全国人大常委会可对基本法律进行部分补充和修改

C. 一切法律、行政法规、地方性法规、自治条例和单行条例、规章都不得同宪法相抵触

D. 根据部门规章，地方政府规章可以设定减损公民、法人和其他组织权利或者增加其义务的规范

5. 下列关于法律关系的主体说法中，正确的是（　　）。

A. 在我国某外商投资企业担任董事长并居住在我国的美国人David，不能成为经济法主体

B. 最高人民法院作为机关法人，不能成为经济法主体

C. 其他组织即使不具备法人资格也可以成为经济法主体

D. 为了维护国家的权威性，国家不能成为经济法的主体

6. 根据《民法总则》的规定，下列各项中，关于权利能力、行为能力的表述，正确的是（　　）。

A. 8周岁的未成年人是无民事行为能力人

B. 不能完全辨认自己行为的精神病人是无民事行为能力人

C. 法人的权利能力、行为能力在法人成立时同时产生，到法人终止时同时消灭

D. 以自己的劳动收入为主要生活来源的17周岁公民，为限制民事行为能力人

7. 根据相关规定，下列关于法律关系的表述中，不正确的是（　　）。

A. 行为能力必须以权利能力为前提，无权利能力也就谈不上行为能力

B. 法律关系客体包括物、行为、智力成果，不包括人格利益

C. 自然人从出生时起到死亡时止，具有民事权利能力

D. 权利和义务是法律关系的内容

二、多项选择题

1. 下列各项关于法律规范种类的表述，正确的有（　　）。

A. 按照法律规范为主体提供行为模式的方式进行区分，法律规范可分为授权性规范和禁止性规范

B. 按照法律规范是否允许当事人进行自主调整以及按照自己的意愿设定权利和义务的标准进行区分，法律规范可分为强行性规范和任意性规范

C. 按照法律规范内容的确定性程度进行区分，可以把法律规范分为确定性规范和非确定性规范

D. 只规定某种概括性指示，具体内容则由有关国家机关通过相应途径或程序加以确定的法律规范，是委任性规范

2. 下列关于我国法律渊源的表述中，正确的有（　　）。

A. 宪法由全国人民代表大会制定

B. 行政法规由国务院制定

C. 地方性法规由地方各级人民政府制定

D. 法律由全国人民代表大会及其常委会制定

3. 甲、乙均为2000年1月1日出生。甲于2017年1月1日参加工作，并以自己的劳动收入为主要生活来源；乙尚读高中，不能独立生活。下列关于甲、乙的权利能力和行为能力的表述中，不正确的有（　　）。

A. 甲为限制民事行为能力人

B. 甲应视为完全民事行为能力人

C. 乙为限制民事行为能力人

D. 乙应视为完全民事行为能力人

4. 下列选项中，属于法律关系的构成要素的有（　　）。

A. 主体　　B. 内容

C. 法律事实　　D. 客体

5. 根据规定，下列选项中，可以成为经济法主体的有（　　）。

A. 居住在法国境内的无国籍人 Lay

B. 在我国留学的韩国人朴民昊

C. 北京市高级人民法院

D. 甲上市公司

6. 下列选项中，属于民事法律关系的客体的有（　　）。

A. 公民的尊严

B. 小说《花千骨》

C. 运输行为

D. 毛绒玩具

7. 根据我国法律的相关规定，下列说法中，正确的有（　　）。

A. 人格利益不是法律关系的客体

B. 人的行为可以成为法律关系的客体

C. 事件作为法律事实的一种，能够引起法律关系的产生、变更和消灭

D. 创作行为属于法律行为

8. 下列行为中，不属于法律行为的有（　　）。

A. 2013年10月7日，强台风“菲特”登陆我国福建

B. 2014年2月11日，刘某死亡

C. 2014年4月5日，王某与宋某发生口角后，将宋某打成轻微伤

D. 2014年2月14日，李某团购了一张电影票

9. 下列各项中，属于法律事实中的事件的有（　　）。

A. 人的出生　　B. 事实行为

C. 自然灾害　　D. 时间的经过

答案及解析

一、单项选择题

1. 【答案】C

【解析】部门规章是由国务院的组成部门及其直属机构在其职权范围内制定的规范性文件。

2. 【答案】C

【解析】（1）选项A、B：属于基本法律，由全国人大制定和修改；（2）选项C：属于一般法律，由全国人大常委会制定和修改；（3）选项D：属于其他附属性宪法性文件，由全国人大依特别程序制定。

3. 【答案】D

【解析】选项D：司法解释是最高人民法院、最高人民检察院在总结审判经验的基础上发布的指导性文件和法律解释的总称。

4. 【答案】D

【解析】选项D：没有法律、行政法规、地方性法规的依据，地方政府规章不得设定减损公民、法人和其他组织权利或者增加其义务的规范。

5. 【答案】C

【解析】（1）选项A：公民（自然人）既包括本国公民，也包括居住在一国境内或在境内活动的外国公民和无国籍人；（2）选项B：法人中的机关法人包括立法机关、行政机关和司法机关等；（3）选项D：在特殊情况下，国家可以作为一个整体成为法律关系的主体。

6. 【答案】C

【解析】（1）选项A：8周岁以上的未成年人是限制民事行为能力人；（2）选项B：不能完全辨认自己行为的精神病人是限制民事行为能力人，完全不能辨认自己行为的精神病人是无民事行为能力人；（3）选项D：16周岁以上不满18周岁的公民，以自己的劳动收入为主要生活来源的，视为完全民事行为能力人。

7. 【答案】B

【解析】选项B：法律关系的客体包括物、行为、人格利益和智力成果。人格利益如公民和组织的姓名或名称，公民的肖像、名誉、尊严，公民的人身、人格和身份等。

二、多项选择题

1. 【答案】BCD

【解析】选项A：按照法律规范为主体提供行为模式的方式进行区分，法律规范可分为授权性规范和义务性规范，义务性规范可分为命令性规范和禁止性规范。

2. 【答案】ABD

【解析】地方性法规是有地方立法权的地方人民代表大会及其常委会就地方性事务以及根据本地区实际情况执行法律、行政法规的需要所制定的规范性法律文件的总称。

3. 【答案】AD

【解析】十六周岁以上不满十八周岁的公民，以自己的劳动收入为主要生活来源的，视为完全民事行为能力人。

4. 【答案】ABD

【解析】一般认为，法律关系由主体、客体和内容三部分构成。法律事实是法律关系的变动原因，而非法律关系的构成要素。

5. 【答案】ABCD

【解析】法律关系主体主要包括公民（自然人）、法人和其他组织、国家。（1）选项A、B：属于公民，这里的公民既包括本国公民，也包括居住在一国境内或在境内活动的外国公民和无国籍人；（2）选项C、D：属于法人和其他组织。

6. 【答案】ABCD

【解析】法律关系的客体包括物、行为、人格利益以及智力成果。

7. 【答案】BC

【解析】（1）选项A：人格利益，如公民和组织的姓名或名称，公民的肖像、名誉、尊严，公民的人身、人格和身份等，可以成为法律关系的客体；（2）选项D：创作行为属于事实行为。

8. 【答案】ABC

【解析】（1）选项A、B：不属于法律行为，而属于事件，与当事人意志无关，但能够引起法律关系发生、变更和消灭的客观情况。能够导致一定法律关系的产生、变更和消灭的事件有：①人的出生与死亡。人的出生与死亡能够引起民事主体资格的产生和消灭，也可能导致人格权的产生和继承的开始等。②自然灾害与意外事件。③时间的经过。时间的经过可以引起一些请求权的发生或消灭。（2）选项C：王某把宋某打成轻微伤构成侵权，属于事实行为，不属于法律行为。（3）选项D：李某团购电影票，是法律行为。

9. 【答案】ACD

【解析】法律事实分为事件和人的行为，根据人的行为是否属于表意行为，分为法律行为和事实行为。选项B属于人的行为。

第二章　基本民事法律制度

本章考情分析

本章内容丰富，稍偏理论，需要充分理解的考点多；尤其是在之后商事法律制度的运用上尤显突出。本章考试题型以客观题为主，代理制度、诉讼时效制度的考点会出现在综合题中。分值不高（4 分左右）。

基本内容框架

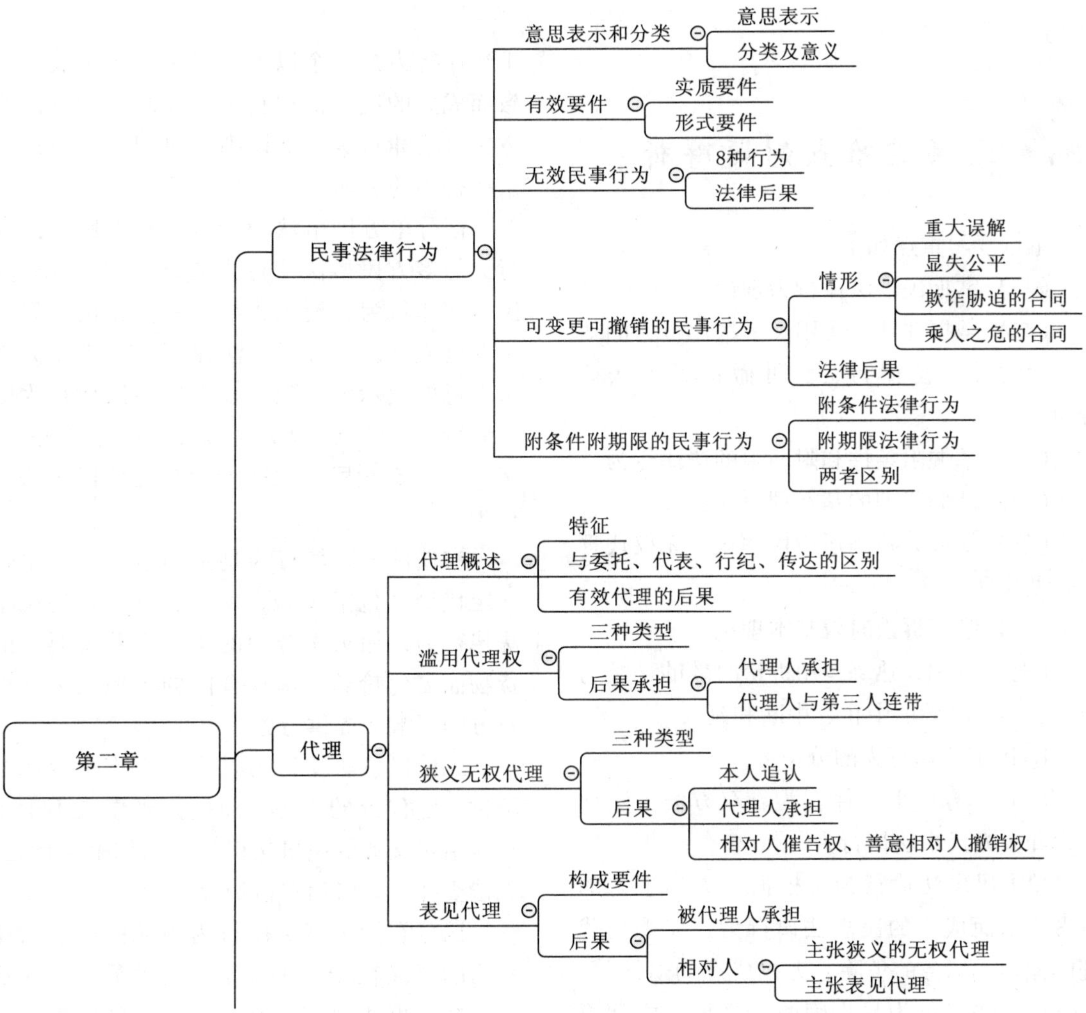

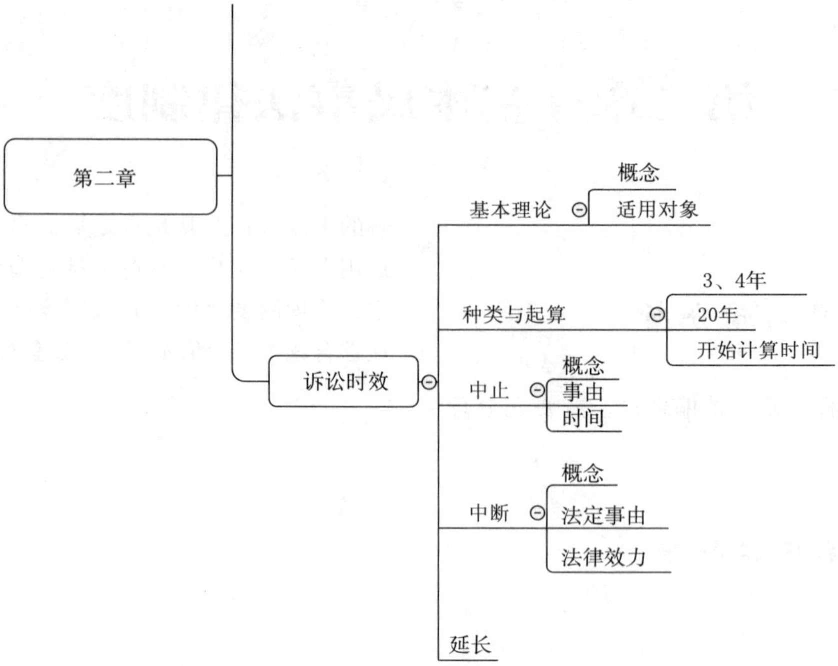

通关重难点例题解析

本章复习重点如下：

（一）掌握民事法律行为理论

（二）掌握并熟练运用民事法律行为的效力、无效民事法律行为、可撤销民事法律行为

（三）掌握附条件和附期限的法律行为

（四）掌握代理的基本理论

（五）掌握并熟练运用代理权、无权代理与表见代理

（六）掌握诉讼时效基本理论

（七）掌握并熟练运用诉讼时效的种类与起算、诉讼时效的中止、中断和延长

1. 民事法律行为的分类

（1）单方民事法律行为、双方民事法律行为和多方民事法律行为。

单方民事法律行为是根据一方当事人的意思表示而成立的民事法律行为，如委托代理的撤销、债务的免除、无权代理的追认等。双方民事法律行为是指因两个当事人之间意思表示一致而成立的民事法律行为。多方民事法律行为是三个以上的当事人意思表示一致而成立的民事法律行为。合同是常见的双方民事法律行为，决议则是典型的多方民事法律行为的一种。

区分单方民事法律行为、双方民事法律行为与多方民事法律行为的意义在于：单方民事法律行为只要求当事人一方作出意思表示即可成立，双方民事法律行为要求双方当事人意思表示的一致，多方民事法律行为则强调行为人的意思表示需要多数决才能成立。

（2）有偿民事法律行为和无偿民事法律行为。

有偿民事法律行为是指当事人互为给付一定代价（包括金钱、财产、劳务）的民事法律行为，如买卖合同的买方为获得对方的货物而支付价款、承揽合同的承揽人为获得对方的报酬而提供劳务等。

无偿民事法律行为是指一方当事人承担给付一定代价的义务，而他方当事人不承担相应给付义务的民事法律行为，如赠与行为、无偿委托、无偿消费借贷等。

区分有偿民事法律行为与无偿民事法律行为的意义在于：①确定行为性质。法律规定某些民事法律行为必须是有偿的或者无偿的。如买卖必须是有偿的，而赠与则必须是无偿的，对此当事人不能自己约定。②认定行为效力。有偿民事法律行为显失公平时，受损害方有权请求撤销该行为；而无偿民事法律行为则不存在显失公平的问题。③确定行为人的责任。一般来说，有偿民事法律行为的民事责任要重于无偿民事法律行为。如买卖合同中的出卖人应当对买卖标的物的瑕疵承担违约责任；而赠与合同中的赠与人原则上不对赠与物的瑕疵承担责任。④主张撤销权。如果是有偿民事法律行为，只有在受让人明知的情况下，债权人才可以主张《合同法》第七十四条的撤销权；如果是无偿民事法律行为，则不用考虑当事人的主观意图就可以主张《合同法》第七十四条的撤销权。⑤对当事人的行为能力要求不同。如果是有偿民事法律行为，要求当事人应当具有相应的民事行为能力；如果是无偿民事法律行为，则对于获得利益的当事人的行为能力不作要求。

（3）负担行为与处分行为。

负担行为是使一方相对于他方承担一定给付义务的法律行为，其中负有给付义务的主体是债务人。负担行为中的权利人享有要求履行的请求权，义务人的履行行为是请求权得以实现的重要前提。如买卖合同的签订，约定双方当事人的相关义务，负担行为。处分行为是直接导致权利发生变动的法律行为，并不需要义务人积极履行给付义务。如所有权人将自有财产赠与他人，处分行为。负担行为产生债法上的法律效果，处分行为直接导致权利发生变动。

区分的意义在于：负担行为中的权利人可以享有要求履行的请求权，义务人的履行行为是请求权实现的重要前提；处分行为则直接使权利发生变动，并不需要义务人积极履行给付义务。

（4）要式的民事法律行为和不要式的民事法律行为。

要式的民事法律行为是指法律规定必须采取一定的形式或者履行一定的程序才能成立的民事法律行为，如票据行为就是法定要式的民事法律行为。

不要式的民事法律行为是指法律不要求采取一定形式，当事人自由选择一种形式即可成立的民事法律行为。该类民事法律行为的形式可由当事人协商确定。

区分要式民事法律行为和不要式民事法律行为的意义在于：不要式民事法律行为可以由当事人自由选择民事法律行为的形式；要式民事法律行为要求当事人必须采取法定形式，否则民事法律行为不能成立。

（5）主民事法律行为和从民事法律行为。

主民事法律行为是指不需要有其他民事法律行为的存在就可以独立成立的民事法律行为。从民事法律行为是指从属于其他民事法律行为而存在的民事法律行为。如当事人之间订立一项借贷合同，为保证该合同的履行，又订立一项担保合同，其中，借贷合同是主合同，担保合同为从合同。从民事法律行为的效力依附于主民事法律行为：主民事法律行为不成立，从民事法律行为则不能成立；主民事法律行为无效，则从民事法律行为亦当然不能生效。但是，主民事法律行为履行完毕，并不必然导致从民事法律行为效力的丧失。

区分主民事法律行为和从民事法律行为的意义在于：从民事法律行为的存废由主民事法律行为决定，主民事法律行为不存在，从民事法律行为也就不能存在。

2. 意思表示

意思表示包括意思和表示两个方面。意思主要是指当事人欲使其内心意思发生法律上效力的效果意思。表示是指行为人将其内在的效果意思以一定方式表现于外部，为行为相对人所了解。民事法律行为以意思表示为核心。

无相对人的意思表示于意思表示完成时即可产生法律效力。法律另有规定的，依照其规定。如遗嘱行为、抛弃动产等单方民事法律行为。有相对人的意思表示又分为对话的意思表示和非对话的意思表示。以对话方式作出的意思表示，相对人知道其内容时生效。以非对话方式作出的意思表示，到达相对人时生效。如订立合同过程中的要约和承诺、债务免除、授予代理权、合同解除等意思表示，均采取到达主义。

意思表示可以明示或者默示。沉默只有在有法律规定、当事人约定或者符合当事人之间的交易习惯时，才可以视为意思表示。

意思表示可以撤回。撤回意思表示的通知应当在意思表示到达相对人前或者与意思表示同时到达相对人。

根据《民法总则》规定，有相对人的意思表示的解释，应当按照所使用的词句，结合相关条款、行为的性质和目的、习惯以及诚信原则，确定意思表示的含义。无相对人的意思表示的解释，不能完全拘泥于所使用的词句，而应当结合相关条款、行为的性质和目的、习惯以及诚信原则，确定行为人的真实意思。

3. 无效民事法律行为的种类

（1）无民事行为能力人独立实施的民事法律行为无效。

（2）以虚假意思表示实施的民事法律行为无效。行为人与相对人以虚假的意思表示实施的民事法律行为无效。行为人如果以虚假的意思表示隐藏另外一个民事法律行为，被隐藏的民事法律行为的效力，依照有关法律规定处理。

（3）恶意串通损害他人利益的民事法律行为无效。恶意串通损害他人利益的民事法律行为，指行为人故意合谋实施的损害国家、集体或第三人利益的行为。这类民事法律行为的主要特征是当事人之间互相串通、互相配合，共同实施了违法行为。

（4）违反强制性规定或者公序良俗的民事法律行为无效。根据《民法总则》第一百五十三条规定，违反法律、行政法规的强制性规定的民事法律行为无效，但是该强制性规定不导致该民事法律行为无效的除外。因此，并非违反法律的行为一律都是无效的。另外，违反公序良俗的民事法律行为无效。

4. 可撤销民事法律行为的种类

（1）因重大误解而为的民事法律行为。所谓重大误解是指行为人对行为的性质、对方当事人、标的物的品种、质量、规格和数量等的错误认识，使行为的后果与自己的意思相悖，造成较大损失的意思表示。

（2）受欺诈而为的民事法律行为。受欺诈而为的民事法律行为属于意思表示不真实的民事法律行为，被欺诈的一方可以请求人民法院或者仲裁机构予以撤销。如果第三人实施欺诈行为，使一方在违背真实意思的情况下实施的民事法律行为，对方知道或者应当知道该欺诈行为的，受欺诈方有权请求人民法院或者仲裁机构予以撤销。

（3）受胁迫而为的民事法律行为。受胁迫而为的民事法律行为，指以给公民或其亲友的生命健康、荣誉、名誉、财产等造成损害或者以给法人的荣誉、名誉、财产等造成损害相要挟，迫使对方作出违背真实意愿的意思表示。

（4）显失公平的民事法律行为。民事法律行为是否显失公平进行判断的时间点，应当以民事法律行为成立的时间点为标准。在民事法律行为成立以后发生的情势变化，导致双方利益显失公平的，不属于显失公平的民事法律行为，而应当按照诚实信用原则处理。

5. 撤销权

当事人自知道或者应当知道撤销事由之日起一年内、重大误解的当事人自知道或者应当知道撤销事由之日起三个月内没有行使撤销权；当事人受胁迫，自胁迫行为终止之日起一年内没有行使撤销权；当事人知道撤销事由后明确表示或者以自己的行为表明放弃撤销权。当事人自民事法律行为发生之日起五年内没有行使撤销权的，撤销权消灭。

6. 效力待定的民事法律行为

（1）限制民事行为能力人依法不能独立实施的民事法律行为。限制民事行为能力人实施的纯获利益的民事法律行为或者与其年龄、智力、精神健康状况相适应的民事法律行为有效；实施的其他民事法律行为经法定代理人同意或者追认后有效。对于限制民事行为能力人依法不能独立实施的民事法律行为，相对人可以催告法定代理人自收到通知之日起一个月内予以追认。法定代理人未作表示的，视为拒绝追认。合同被追认前，善意相对人有撤销的权利。撤销应当以通知的方式作出。

（2）无权代理人实施的民事法律行为。根据《民法总则》第一百七十一条的规定，行为人没有代理权、超越代理权或者代理权终止后，仍然实施代理行为，未经被代理人追认的，对被代理人不发生效力。相对人可以催告被代理人在一个月内予以追认。被代理人未作表示的，视为拒绝追认。被代理人已经开始履行民事法律行为中设定的义务的，视为对民事法律行为的追认。民事法律行为被追认之前，善意相对人有撤销的权利。撤销应当以通知的方式作出。行为人实施的行为未被追认的，善意相对人有权请求行为人履行债务或者就其受到的损害请求行为人赔偿，但是赔偿的范围不得超过被代理人追认时相对人所能获得的利益。相对人知道或者应当知道行为人无权代理的，相对人和行为人按照各自的过错承担责任。

7. 民事法律行为被确认无效或被撤销的法律后果

根据法律规定，民事法律行为被确认为无效后和被撤销后，从行为开始时就没有法律效力。但是没有法律效力不等于没有法律后果产生。根据《民法总则》第一百五十七条的规定，民事法律行为无效、被撤销或者确定不发生效力后，行为人因该行为取得的财产，应当予以返还；不能返还或者没有必要返还的，应当折价补偿。有过错的一方应当赔偿对方由此所受到的损失；各方都有过错的，应当各自承担相应的责任。法律另有规定的，依照其规定。可见，民事法律行为被确认为无效后和被撤销后，将产生返还财产、赔偿损失等法律后果。另外，根据《合同法》第五十七条的规定，合同无效或者被撤销不影响其中独立存在的有关解决争议方法的条款的效力。例如双方当事人约定用仲裁方式解决双方争议的条款继续有效。

8. 法律行为的附条件和附期限

附条件的法律行为	附生效条件的法律行为	在所附条件成就之前，法律行为已经“成立”；条件成就之后，法律行为开始“生效”
	附解除条件的法律行为	在所附条件成就以前，已经发生法律效力；当条件成就时，权利和义务则失去法律效力
附期限的法律行为	附生效期限（延缓期限）的法律行为	法律行为虽然已经成立，但是在所附期限到来之前不发生效力，待期限届至时，才发生法律效力
	附解除期限的法律行为	法律行为在约定的期限到来时，该行为所确定的法律效力消灭

9. 委托代理

（1）委托代理概述。

委托代理是指基于被代理人授权的意思表示而发生的代理，又称意定代理。由于委托代理基于被代理人授权的意思表示而发生，因此委托代理的被代理人在授权时必须具有相应的民事行为能力。委托代理是适用最广泛的代理形式。

委托授权为不要式行为，既可以采用书面形式，也可以采用口头或者其他方式授权，其中书面的委托形式是授权委托书。其中形式中最典型的就是职务授权。根据《民法总则》第一百七十条的规定，执行法人或者非法人组织工作任务的人员，就其职权范围内的事项，以法人或者非法人组织的名义实施民事法律行为，对法人或者非法人组织发生效力。法人或者非法人组织对执行其工作任务的人员职权范围的限制，不得对抗善意相对人。

（2）委托代理中的代理权。

①代理权概述。代理制度的核心内容是代理权。代理权是代理人以他人名义独立为意思表示，并使其效果归属于他人的一种法律资格。代理权产生的根据，或基于法律规定，如法定代理；或基于人民法院或其他机关的指定，如指定代理；或基于被代理人的授权行为，如委托代理。

委托代理中的授权行为是一种单方民事法律行为，仅凭被代理人一方的意思表示，即可发生授权的效果。因此这种授权行为区别于被代理人与代理人之间的基础法律关系，基础法律关系可以是委托合同、合伙合同等双方民事法律行为，但授权行为一定是单方民事法律行为。被代理人的授权行为，既可以向代理人进行，也可以向相对人为之，两者效力相同。

②代理权的滥用。滥用代理权的行为包括自己代理、双方代理和代理人和第三人恶意串通。自己代理和双方代理使得代理人不能最大限度维护被代理人的利益，违背代理制度“受人之托，忠人之事”的初衷。根据《民法总则》第一百六十八条的规定，代理人不得以被代理人的名义与自己实施民事法律行为，但是被代理人同意或者追认的除外。代理人不得以被代理人的名义与自己同时代理的其他人实施民事法律行为，但是被代理的双方同意或者追认的除外。可见，自己代理与双方代理在民事法律行为类型应当定性为效力待定行为，其行为效力取决于被代理人对意思表示的追认与否。代理人和相对人恶意串通，损害被代理人合法权益的，代理人和相对人应当承担连带责任。

③无权代理。所谓无权代理，就是没有代理权的代理。无权代理不是代理的一种形式，而是具备代理行为的表象但是欠缺代理权的行为。无权代理在法律上并非当然无效，应当根据具体情形具体分析。无权代理的发生原因在于代理人无代理权。无权代理的情形一般包括：没有代理权的代理行为；超越代理权的代理行为；代理权终止后的代理行为。

代理权的存在是代理关系成立并有效的必要条件。行为人实施的行为未被追认的，善意相对人有权请求行为人履行债务或者就其受到的损害请求行为人赔偿，但是赔偿的范围不得超过被代理人追认时相对人所能获得的利益。相对人知道或者应当知道行为人无权代理的，相对人和行为人按照各自的过错承担责任。但无权代理并非当然无效，根据《民法总则》第一百七十一条的规定，在无权代理情况下实施的民事法律行为效力待定。无权代理中当事人的权利义务主要体现为以下情况：a. 无权代理经被代理人追认，即直接对被代理人发生法律效力，产生与有权代理相同的法律后果。被代理人的此项权利称为追认权，是法律为保护被代理人利益设定的。追认权性质上属于形成权，故仅凭权利人单方的意思表示即可决定权利人与相对人之间法律关系的变动。故法律对当事人权利行使有期限的要求。《民法总则》第一百七十一条规定，相对人可以催告被代理人自收到通知之日起一个月内予以追认。被代理人未作表示的，视为拒绝追认。行为人实施的行为被追认前，善意相对人有撤销的权利。撤销应当以通知的方式作出。一旦本人拒绝追认，无权代理行为就确定地转化为无效民事法律行为，由各方当事人按照各自的过错程度承担法律责任。无权代理成立后，被代理人已经开始履行法律行为项下义务的，视为对无权代理行为的追认。b. 相对人的保护。在被代理人追认前，相对人可以催告，请求被代理人对是否追认代理权作出明确的意思表示。催告在性质上属于意思通知行为，不属于形成权。善意相对人在被代理人行使追认权之前，有权撤销其对无权代理人已经作出的意思表示，此为撤销权。撤销权在性质上也属于形成权。善意相对人享有撤销权，是相对人（第三人）与被代理人权利对等的表现。撤销应当以通知方式作出，一旦撤销则代理人与相对人所为的民事法律行为即不生效。撤销权的行使有两个条件：第一，只有善意相对人才可以行使撤销权。如果相对人知道或者应当知道无权代理人无代理权，则不能行使撤销权。第二，撤销权的行使必须在本人行使追认权之前。如果被代理人已经行使了追认权，则代理行为确定有效，此时，善意相对人无撤销权的行使。

④表见代理。表见代理，指无权代理人的代理行为客观上存在使相对人相信其有代理权的情况，且相对人主观上为善意，因而可以向被代理人主张代理的效力。表见代理属于广义的无权代理的一种。《民法总则》第一百七十二条规定，行为人没有代理权、超越代理权或者代理权终止后，仍然实施代理行为，相对人有理由相信行为人有代理权的，代理行为有效。法律确立表见代理规则的主要意义在于维护人们对代理制度的信赖，保护善意相对人，保障交易安全。

要成立表见代理，应当具备如下构成要件：a. 代理人无代理权。如果代理人实际拥有代理权，则为有权代理，不发生表见代理。b. 相对人主观上为善意且无过失。这是表见代理成立的主观要件，即相对人不知道行为人所为的行为属于无权代理行为，且相对人的不知在主观上并无过错。c. 客观上有使相对人相信无权代理人具有代理权的情形。存在客观事由，并使相对人相信无权代理人有代理权，是成立表见代理的根据。在实践中，通常表现为：合同签订人持有被代理人的介绍信或盖有印章的空白合同书，使得相对人相信其有代理权；无权代理人此前曾被授予代理权，且代理期限尚未结束，但实施代理行为时代理权已经终止。d. 相对人基于这种客观情形而与无权代理人成立民事法律行为。相对人虽有理由相信其有代理权，但最后并未成立民事法律行为，不发生表见代理。只有在相对人相信其有代理权，并发生了民事法律行为时才成立表见代理。

表见代理对于本人来说，产生与有权代理一样的效果。即在相对人与被代理人之间发生法律关系。被代理人应受无权代理人与相对人实施的民事法律行为的拘束。被代理人不得以无权代理作为抗辩事由，主张代理行为无效。

表见代理对于相对人来说，既可以主张其为狭义无权代理，也可以主张其为表见代理。如果主张狭义无权代理，则相对人可以行使善意相对人的撤销权，从而使得整个代理行为归于无效，因为表见代理制度的目的在于保护善意相对人的利益。

10. 诉讼时效的适用对象

诉讼时效并非适用于所有的请求权，根据《民法总则》第一百九十六条规定，下列请求权不适用诉讼时效的规定：请求停止侵害、排除妨碍、消除危险；不动产物权和登记的动产物权的权利人请求返还财产；请求支付抚养费、赡养费或者扶养费；依法不适用诉讼时效的其他请求权。另外，最高人民法院《关于审理民事案件适用诉讼时效制度若干问题的规定》第一条也规定了一些不适用诉讼时效的债权请求权：支付存款本金及利息请求权；兑付国债、金融债券以及向不特定对象发行的企业债券本息请求权；基于投资关系产生的缴付出资请求权。

11. 诉讼时效的种类

（1）普通诉讼时效。除了法律有特别规定，民事权利适用普通诉讼时效期间。根据《民法总则》第一百八十八条规定，向人民法院请求保护民事权利的诉讼时效期间为三年。法律另有规定的，依照其规定。

（2）长期诉讼时效。长期诉讼时效，指时效期间比普通诉讼时效的 3 年要长，但不到 20 年的诉讼时效。如《合同法》第一百二十九条规定，涉外货物买卖合同及技术进出口合同争议提起诉讼或者仲裁的期限为 4 年。

（3）最长诉讼时效。最长诉讼时效是指期间为 20 年的诉讼时效期间。根据《民法总则》第一百八十八条的规定，权利被侵害超过 20 年的，人民法院不予保护。与其他诉讼时效相比，最长诉讼时效期间从权利被侵害时计算，而非从权利人知道或者应当知道之时起算。最长诉讼时效期间可以适用诉讼时效的延长，但不适用诉讼时效期间的中断、中止等规定。

12. 诉讼时效期间的起算

诉讼时效期间自权利人知道或者应当知道权利受到损害以及义务人之日起计算。法律另有规定的，依照其规定。权利人要能够行使请求权，原则上应当符合几个条件：有请求权受侵害的事实；权利人知道或者应当知道请求权受到损害；权利人知道或者应当知道义务人。

根据我国的法律规定和司法实践，结合各类民事法律关系的不同特点，诉讼时效起算有不同的情况：

（1）附条件的或附期限的债的请求权，从条件成就或期限届满之日起算。

（2）定有履行期限的债的请求权，从清偿期届满之日起算。当事人约定同一债务分期履行的，诉讼时效期间自最后一期履行期限届满之日起计算。

（3）未定有履行期限或者履行期限不明确的债的请求权，依照《合同法》第六十一条、第六十二条的规定，可以确定履行期限的，诉讼时效期间从履行期限届满之日起计算；不能确定履行期限的，诉讼时效期间从债权人要求债务人履行义务的宽限期届满之日起计算，但债务人在债权人第一次向其主张权利之时明确表示不履行义务的，诉讼时效期间从债务人明确表示不履行义务之日起计算。

（4）无民事行为能力人或者限制民事行为能力人对其法定代理人的请求权的诉讼时效期间，自该法定代理终止之日起计算。

（5）未成年人遭受性侵害的损害赔偿请求权的诉讼时效期间，自受害人年满十八周岁之日起计算。

（6）请求他人不作为的债权请求权，应当自义务人违反不作为义务时起算。

（7）国家赔偿的诉讼时效的起算，自赔偿请求人知道或应当知道国家机关及其工作人员行使职权时的行为侵犯其人身权、财产权之日起计算，但被羁押等限制人身自由期间不计算在内（2020年调整）。

13. 诉讼时效的中止

（1）诉讼时效中止的概念。诉讼时效中止，指在诉讼时效进行中，因一定的法定事由的发生而使权利人无法行使请求权，暂时停止计算诉讼时效期间。《民法总则》第一百九十四条规定，在诉讼时效期间的最后六个月内，因下列障碍，不能行使请求权的，诉讼时效中止：不可抗力；无民事行为能力人或者限制民事行为能力人没有法定代理人，或者法定代理人死亡、丧失民事行为能力、丧失代理权；继承开始后未确定继承人或者遗产管理人；权利人被义务人或者其他人控制；其他导致权利人不能行使请求权的障碍。自中止时效的原因消除之日起满六个月，诉讼时效期间届满。

（2）诉讼时效中止的事由。中止诉讼时效必须有法定事由的存在。根据《民法总则》的规定，中止诉讼时效的事由有两类：一是不可抗力；二是其他障碍。此处的其他障碍包括：①无民事行为能力人或者限制民事行为能力人没有法定代理人，或者法定代理人死亡、丧失民事行为能力、丧失代理权；②继承开始后未确定继承人或者遗产管理人；③权利人被义务人或者其他人控制；④其他导致权利人不能行使请求权的障碍。

（3）诉讼时效中止的时间。根据《民法总则》第一百三十九条的规定，只有在诉讼时效的最后6个月内发生中止事由，才能中止诉讼时效的进行。如果在诉讼时效期间的最后6个月以前发生权利行使障碍，而到最后6个月时该障碍已经消除，则不能发生诉讼时效的中止；如果该障碍在最后6个月时尚未消除，则应从最后6个月开始时起中止时效期间，直至该障碍消除。

（4）诉讼时效中止的法律效力。在诉讼时效中止的情况下，在时效中止的原因消除后，诉讼时效始终剩下六个月。即自中止时效的原因消除之日起满六个月，诉讼时效期间届满。在民法规定的最长诉讼时效期间内，诉讼时效中止的持续时间没有限制。

14. 诉讼时效的中断

（1）诉讼时效中断的概念。诉讼时效中断，指在诉讼时效进行中，因法定事由的发生致使已经进行的诉讼时效期间全部归于无效，诉讼时效期间重新计算。《民法总则》第一百九十五条规定，有下列情形之一的，诉讼时效中断，从中断、有关程序终结时起，诉讼时效期间重新计算：权利人向义务人提出履行请求；义务人同意履行义务；权利人提起诉讼或者申请仲裁；与提起诉讼或者申请仲裁具有同等效力的其他情形。诉讼时效的中断可以多次进行，但不得超过法律规定的20年的最长诉讼时效。

（2）诉讼时效中断的法定事由。

①权利人向义务人提出履行请求。这是指权利人在诉讼程序以外作出请求履行的主张。这种主张在客观上改变了权利不行使的事实状态，导致诉讼时效中断。具有下列情形之一的，应当认定为"当事人一方提出要求"：a. 当事人一方直接向对方当事人送交主张权利文书，对方当事人在文书上签字、盖章或者虽未签字、盖章但能够以其他方式证明该文书到达对方当事人的；b. 当事人一方以发送信件或者数据电文方式主张权利，信件或者数据电文到达或者应当到达对方当事人的；c. 当事人一方为金融机构，依照法律规定或者当事人约定从对方当事人账户中扣收欠款本息的；d. 当事人一方下落不明，对方当事人在国家级或者下落不明的当事人一方住所地的省级有影响的媒体上刊登具有主张权利内容的公告的，但法律和司法解释另有特别规定的，适用其规定；e. 权利人对同一债权中的部分债权主张权利，诉讼时效中断的效力及于剩余债权，但权利人明确表示放弃剩余债权的情形除外。其中，第1项情形中，对方当事人为法人或者其他组织的，签收人可以是其法定代表人、主要负责人、负责收发信件的部门或者被授权主体；对方当事人为自然人的，签收人可以是自然人本人、同住的具有完全行为能力的亲属或者被授权主体。

②义务人同意履行义务。义务人通过一定的方式向权利人作出愿意履行义务的意思表示，作为权利人信赖这种表示而不行使请求权，不能说是怠于行使权利，因此也构成诉讼时效的中断。义务人作出分期履行、部分履行、提供担保、请求延期履行、制定清偿债务计划等承诺或者行为，均属于义务人同意履行义务的行为。

③提起诉讼或者申请仲裁。提起诉讼是指通过司法程序行使请求权。当事人一方向人民法院提交起诉状或者口头起诉的，诉讼时效从提交起诉状或者口头起诉之日起中断。权利人向人民调解委员会以及其他依法有权解决相关民事纠纷的国家机关、事业单位、社会团体等社会组织提出保护相应民事权利的请求，诉讼时效从提出请求之日起中断。权利人向公安机关、人民检察院、人民法院报案或者控告，请求保护其民事权利的，诉讼时效从其报案或者控告之日起中断。上述机关决定不立案、撤销案件、不起诉的，诉讼时效期间从权利人知道或者应当知道不立案、撤销案件或者不起诉之日起重新计算；刑事案件进入审理阶段，诉讼时效期间从刑事裁判文书生效之日起重新计算。另外，下列事项均与提起诉讼或者申请仲裁具有同等效力：a. 申请支付令；b. 申请破产、申报破产债权；c. 为主张权利而申请宣告义务人失踪或死亡；d. 申请诉前财产保全、诉前临时禁令等诉前措施；e. 申请强制执行；f. 申请追加当事人或者被通知参加诉讼；g. 在诉讼中主张抵销。

除了上述三项诉讼时效中断的事由以外，下列情形也会发生诉讼时效中断的效果：a. 对于连带债权人、连带债务人中的一人发生诉讼时效中断效力的事由，应当认定对其他连带债权人、连带债务人也发生诉讼时效中断的效力。b. 债权人提起代位权诉讼的，应当认定对债权人的债权和债务人的债权均发生诉讼时效中断的效力。c. 债权转让的，应当认定诉讼时效从债权转让通知到达债务人之日起中断。债务承担情形下，构成原债务人对债务承认的，应当认定诉讼时效从债务承担意思表示到达债权人之日起中断。

（3）诉讼时效中断的法律效力。诉讼时效中断的法律效力为诉讼时效的重新起算，即已经经过的诉讼时效期间失去意义。诉讼时效的中断如果是一个时间点，则从该时间点重新起算诉讼时效。如果诉讼时效的中断是一个程序，则在相关程序终结时，诉讼时效重新起算。诉讼时效的中断次数没有限制，当然不得超过20年最长诉讼时效的限制。

【例2-1】（2017年单选题）根据民事法律制度的规定，下列关于附条件民事法律行为所附条件的表述中，正确的是（　　）。

A. 既可以是将来事实，也可以是过去事实

B. 既可以是人的行为，也可以是自然现象

C. 既可以是确定发生的事实，也可以是不确定发生的事实

D. 既包括约定事实，也包括法定事实

【答案】B

【解析】所附条件，可以是自然现象、事件，也可以是人的行为（选项B）。但它应当具备下列特征：（1）必须是将来发生的事实。过去的事实，不得作为条件（选项A）。（2）必须是将来不确定的（选项C）。（3）条件应当是双方当事人约定的（选项D）。（4）条件必须合法。

【例2-2】（2017年多选题）根据民事法律制度的规定，提起诉讼是中断诉讼时效的法定事由。下列各项中，与提起诉讼具有同等效力。导致诉讼时效中断的有（　　）。

A. 申请强制执行

B. 申请仲裁

C. 在诉讼中主张抵销

D. 申请追加当事人

【答案】ABCD

【解析】下列事项均与提起诉讼或者申请仲裁具有同等效力：（1）申请支付令；（2）申请破产、申报破产债权；（3）为主张权利而申请宣告义务人失踪或死亡；（4）申请诉前财产保全、诉前临时禁令等诉前措施；（5）申请强制执行；（6）申请追加当事人或者被通知参加诉讼；（7）在诉讼中主张抵销。

【例2-3】（2016年单选题）根据基本民事法律制度的规定，下列各项中，属于诉讼时效中止法定事由的是（　　）。

A. 申请支付令

B. 申请仲裁

C. 申请宣告义务人死亡

D. 权利被侵害的无民事行为能力人没有法定代理人

【答案】D

【解析】中止诉讼时效的事由有两类：一是不可抗力；二是其他障碍。此处的其他障碍包括：①无民事行为能力人或者限制民事行为能力人没有法定代理人，或者法定代理人死亡、丧失民事行为能力、丧失代理权；②继承开始后未确定继承人或者遗产管理人；③权利人被义务人或者其他人控制；④其他导致权利人不能行使请求权的障碍。选项A、B、C属于诉讼时效的中断事由。

【例2-4】（2015年单选题）根据民事法律制度的规定，下列关于可撤销的民事行为的表述中，正确的是（　　）。

A. 可撤销的民事行为亦称“效力待定的民事行为”

B. 可撤销的民事行为一经撤销，自始无效

C. 自撤销事由发生之日起1年内当事人未撤销的，撤销权消灭

D. 法官审理案件时发现民事行为具有可撤销事由的，可依职权撤销

【答案】B

【解析】本题考核可撤销民事行为的特征。选项A：可撤销民事行为与效力待定民事行为是两种不同的民事行为。选项C：《合

同法》规定，具有撤销权的当事人自知道或者应当知道撤销事由之日起1年内没有行使撤销权，撤销权消灭。选项D：可撤销民事行为的撤销，应当由撤销权人申请撤销，法院不主动干预。

【例2－5】（2018年单选题）根据民事法律制度的规定，下列各项中，属于双方民事法律行为的是（　　）。

A. 委托代理的撤销

B. 债务的免除

C. 无权代理的追认

D. 房屋的赠与

【答案】D

【解析】单方民事法律行为，是指根据一方当事人的意思表示而成立（无需他方的同意）的法律行为。如委托代理的撤销、债务的免除、无权代理的追认、订立遗嘱等。

【例2－6】（2018年单选题）根据民事法律制度的规定，下列各项中，属于民事法律行为中的处分行为的是（　　）。

A. 买卖合同

B. 租赁合同

C. 所有权转让

D. 拆除房屋

【答案】C

【解析】处分行为是直接导致权利发生变动的法律行为，并不需要义务人积极履行给付义务。物权变动——所有权转让，是典型的处分行为。

【例2－7】（2018年单选题）根据民事法律制度的规定，下列关于可撤销民事法律行为的表述中，正确的是（　　）。

A. 行为在撤销前已经生效

B. 撤销权可由司法机关主动行使

C. 撤销权的行使不受时间限制

D. 被撤销行为在撤销之前的效力不受影响

【答案】A

【解析】A选项，可撤销的民事法律行为在行为撤销前，其效力已经发生，未经撤销，其效力不消灭。B选项，可撤销的民事法律行为的撤销，应由撤销权人以撤销行为为之，人民法院不主动干预。C选项，当事人自知道或者应当知道撤销事由之日起1年内、当事人受胁迫，自胁迫行为终止之日起1年内，没有行使撤销权，撤销权消灭；重大误解的当事人自知道或者应当知道撤销事由之日起3个月内没有行使撤销权，撤销权消灭；当事人自民事法律行为发生之日起5年内没有行使撤销权的，撤销权消灭。D选项，可撤销的民事法律行为一旦被撤销，其行为效果与无效民事法律行为的效果一样，自始无效。

【例2－8】（2015年多选题）根据民事法律制度的规定，下列行为中属于滥用代理权的有（　　）。

A. 代理人甲以被代理人乙的名义将乙的一台塔吊卖给自己

B. 代理人甲以被代理人乙的名义卖出一台塔吊，该塔吊由甲以丙的名义买入

C. 代理人甲与买受人丁串通，将被代理人乙的一台塔吊低价卖给丁

D. 代理人甲在被代理人乙收回代理权后，仍以乙的名义将乙的塔吊卖给戊

【答案】ABC

【解析】滥用代理权包括：自己代理（选项A）；双方代理（选项B）；代理人与第三人恶意串通，损害被代理人的利益（选项C）；选项D属于无权代理，不属于滥用代理权。

【例2－9】（2019年单选题）根据民事法律制度的规定，下列关于意思表示的表述中，说法正确的是（　　）。

A. 要约不属于意思表示

B. 非对话的意思表示属于无相对人的意思表示

C. 继承开始后，继承人没有作出意思表示的，视为放弃继承

D. 以公告方式作出的意思表示，自公告发布时生效

【答案】D

【解析】选项A，要约属于意思表示。

选项B，有相对人的意思表示分为对话的意思表示和非对话的意思表示。选项C，继承开始后，继承人放弃继承的，应当在遗产处理前，作出放弃继承的表示；没有表示的，视为接受继承。

【例2-10】（2018年多选题）根据民事法律制度的规定，下列情形中，沉默可以视为行为人的意思表示的有（　　）。

A. 法律有明文规定

B. 当事人有约定

C. 符合当事人之间的交易习惯

D. 当事人纯获利益

【答案】ABC

【解析】沉默只有在有法律规定、当事人约定或者符合当事人之间的交易习惯时，才可以视为意思表示。

通关演练

一、单项选择题

1. 根据我国法律的相关规定，下列表述，不正确的是（　　）。

A. 侵权行为属于法律行为

B. 非法行为不是民事法律行为

C. 抛弃动产的行为属于无相对人的意思表示行为

D. 友谊关系、爱情关系不属于法律关系

2. 下列关于民事法律行为中的意思表示的表述中，正确的是（　　）。

A. 事实行为以意思表示为核心

B. 遗嘱行为属于有相对人的意思表示

C. 向非完全民事行为能力人发出的意思表示，必须到达其法定代理人时才能生效

D. 非对话的意思表示在意思表示到达相对人时生效，即采用到达主义

3. 甲、乙、丙、丁均为限制民事行为能力人，根据相关规定，下列各项，关于甲、乙、丙、丁实施的民事行为效力的表述，不正确的是（　　）。

A. 甲订立的遗嘱，有效

B. 乙购买价值5元的削笔刀，有效

C. 丙接受赠与、奖励等纯获益的行为，有效

D. 丁订立《合同法》规定不能独立实施的合同，效力待定

4. 公务员甲欲以100万元的价格出售其一套房屋。某乙找到甲，欲出价70万元，甲拒绝。乙说："我有你接受请客送礼的证据。"甲当真，便以70万元的价格卖给乙。乙实际并无甲接受请客送礼的证据。关于该房屋买卖合同的效力，下列说法正确的是（　　）。

A. 存在乘人之危的行为，属于可撤销合同

B. 存在欺诈行为，属于可撤销合同

C. 存在胁迫行为，属于可撤销合同

D. 存在重大误解，属于可撤销合同

5. 2013年11月11日，北京西单某商场营业员刘某，将一对价值20万元的情侣对戒（每个标价10万元），误以为是一对10万元卖给了宋某。根据相关规定，该民事行为属于（　　）。

A. 有效民事法律行为

B. 无效民事法律行为

C. 效力待定的民事法律行为

D. 可撤销的民事法律行为

6. 下列关于"无效民事法律行为"的解释中，不正确的是（　　）。

A. 民事行为不因违反地方性法规和行政规章而无效

B. 违反法律的行为一律无效

C. 无效的民事行为自始无效

D. 违反公序良俗和社会公共利益的民事行为无效

7. 根据我国法律的相关规定，下列关于可撤销的民事行为的说法中，正确的是（　　）。

A. 可撤销的合同，当事人可以自行撤销

B. 可撤销的民事行为的撤销，人民法院可以主动干预

C. 可撤销的民事行为，撤销前的行为并不因为撤销之后而无效

D. 可撤销的合同，自当事人知道或者应当知道撤销事由之日起 1 年内行使

8. 根据我国法律的相关规定，下列关于代理与委托的说法中不正确的是（　　）。

A. 代理和委托一样，受托人（代理人）既可以以委托人（被代理人）的名义活动，也可以以自己的名义活动

B. 委托可以是纯粹的事务性行为，如整理资料、打扫卫生

C. 在代理中，代理人和被代理人之间的关系一般按照委托处理

D. 代理和委托都既可以是有偿的，也可以是无偿的

9. 下列各项中，关于代理人与第三人恶意串通，损害被代理人利益责任承担的表述正确的是（　　）。

A. 代理人应当承担民事责任，第三人不承担责任

B. 第三人应当承担民事责任，代理人不承担责任

C. 代理人与第三人平均承担民事责任

D. 代理人应当承担民事责任，第三人和代理人负连带责任

10. 甲为腾飞公司的业务员，负责对外签订货物买卖合同。2013 年 12 月 31 日，甲离开腾飞公司，腾飞公司当日即通知供货商翔风公司，甲已经离职的事实。2014 年 2 月 15 日，甲持盖有腾飞公司印章的空白合同，与翔风公司签订货物买卖合同。根据相关法律的规定，下列各项表述不正确的是（　　）。

A. 翔风公司不享有撤销权

B. 翔风公司可以基于表见代理，主张该合同有效

C. 在腾飞公司追认前，翔风公司可以催告腾飞公司在 1 个月内进行追认

D. 腾飞公司一旦拒绝追认，则该合同归于无效

11. 下列各项中，关于最长诉讼时效的表述不正确的是（　　）。

A. 最长诉讼时效期间为 20 年

B. 可以适用诉讼时效期间的延长

C. 不适用诉讼时效期间的中断、中止

D. 从权利人知道或者应当知道权利被侵害之时起算

12. 李某与张某比邻而居，两人约定，为了使房屋在后的李某可以看到前方的海景，张某的房子高度不可以超过 10 米，李某每年支付张某 5 000 元。后李某出国深造 2 年，回国后发现张某将房屋加盖为三层，高达 15 米。根据民事法律制度的规定，下列关于李某主张权利的诉讼时效起算点正确的是（　　）。

A. 张某打算加高房子时

B. 张某房屋加高完成时

C. 李某第一次向张某主张权利时

D. 李某回国发现张某房屋加高时

二、多项选择题

1. 根据相关规定，下列关于民事法律行为的表述中，正确的有（　　）。

A. 债务的免除属于单方法律行为

B. 赠与行为属于无偿法律行为

C. 票据行为属于要式行为

D. 所有的民事行为都是民事法律行为

2. 根据规定，下列各项中，表述正确的有（　　）。

A. 民事法律行为的成立是民事法律行为生效的前提

B. 法人超越经营范围订立合同，原则上认定该合同有效

C. 限制民事行为能力人不能独立实施民事法律行为

D. 继承人自继承开始后未表示放弃继承的，不能产生接受继承的效果

3. 下列选项中，属于民事法律行为的形式的有（　　）。

A. 当面交谈　　B. 电子邮件

C. 合同书　　D. 沉默

4. 甲与乙约定：若乙能通过 2017 年

CPA经济法的考试，那么甲就将其某处的一套房子赠与乙。关于该约定，下列表述中，正确的有（　　）。

A. 该约定属于附条件的法律行为

B. 该约定属于附期限的法律行为

C. 该法律行为已经成立、但尚未生效

D. 该法律行为未成立、未生效

5. 根据相关法律规定，下列对附条件民事法律行为所附条件的表述正确的有（　　）。

A. 可以是自然现象

B. 可以是人的行为

C. 必须是将来发生的事实

D. 必须是将来确定发生的事实

6. 邵某是一名律师，根据规定，下列各项中，可以由邵某作为代理人的有（　　）。

A. 代理宋某订立遗嘱

B. 代理发明人邓某申请专利

C. 代理刘某与王某进行民事诉讼

D. 代理沈某与陈某签订货物买卖合同

7. 根据相关法律制度的规定，下列表述中正确的有（　　）。

A. 意思表示是民事法律行为的核心，也是民事法律行为与非表意行为相区别的重要标志

B. 委托代理的撤销、债务的免除、无权代理的追认等属于单方法律行为

C. 通过合法的买卖、捐赠形式来达到隐匿财产、逃避债务的目的的，属于无效民事法律行为

D. 行纪和代理都是以被代理人的名义实施法律行为

8. 根据相关规定，下列各项中，属于无权代理的有（　　）。

A. 代理权终止后的代理行为

B. 超越代理权的代理行为

C. 代理人和第三人恶意串通，损害被代理人的利益的行为

D. 同一代理人代理双方当事人进行同一项民事活动的行为

9. 下列关于代理权的表述中，不正确的有（　　）。

A. 委托代理中的授权行为是一种双方法律行为

B. 代理人与被代理人之间的基础法律关系是双方法律行为

C. 代理人以被代理人的名义与自己进行民事活动的行为为双方代理

D. 代理人和第三人恶意串通，损害被代理人利益的，代理人应当承担民事责任，第三人负补充责任

10. 甲委托乙到丙地向丁采购一批红豆，乙到丙地之后发现绿豆销量较好，于是乙决定以甲的名义向丁购买绿豆。丁未问乙的代理权，就与乙签订了买卖绿豆的合同。根据相关法律制度的规定，下列选项正确的有（　　）。

A. 甲有追认权

B. 乙有撤销权

C. 构成表见代理

D. 丁有催告权

11. 石某是甲公司负责向乙公司采购的业务员。2014年3月，石某因私收回扣被公司开除，但公司一直未收回石某手中盖有公司印章的空白合同书。2014年5月，石某持甲公司的空白合同书，与不知情的乙公司签订了价值50万元的合同。根据规定，下列表述中不正确的有（　　）。

A. 该合同有效

B. 该合同为无效合同

C. 该合同为可撤销的合同

D. 该合同为效力待定的合同

12. 根据相关规定，对下列债权请求权提出诉讼时效抗辩，不能得到人民法院支持的有（　　）。

A. 甲请求某银行支付存款本金及利息共101万元

B. 乙请求某银行兑付购买国债产生的本息共10万元

C. 股东丙请求股东丁缴付认缴的出资100万元

D. 戊请求A公司支付因向不特定对象

发行企业债券产生的本息共20万元

13. 根据相关规定，当事人可以对债权请求权提出诉讼时效抗辩，但对下列（　　）债权请求权提出诉讼时效抗辩的，人民法院不予支持。

A. 甲银行请求乙偿还贷款本金及利息的请求权

B. 张某请求贾某支付房租的请求权

C. 基于投资关系产生的缴付出资请求权

D. 王某请求丙企业偿还向不特定对象发行的企业债券本息请求权

14. 根据相关规定，下列各项中，能够引起诉讼时效中断的有（　　）。

A. 甲乙发生债权争议，甲基于其与乙之前签订的有效仲裁协议而申请仲裁

B. 丙企业资不抵债，债权人向人民法院申请丙企业破产

C. 丁不履行生效判决，权利人戊申请法院强制执行

D. 庚诉辛侵权一案中，共同侵权人已被通知参加诉讼

15. 根据民事诉讼法律制度的规定，下列情形能够引起诉讼时效中断的有（　　）。

A. 权利人申请宣告债务人失踪

B. 权利人向次债务人提起代位诉讼

C. 权利人转让债权

D. 权利人刑事案件进入审理阶段

答案及解析

一、单项选择题

1. 【答案】A

【解析】侵权行为也产生一定的法律后果，但这个法律后果并非当事人自己主张（不涉及意思表示），而是由法律规定的，属于事实行为，而非法律行为。

2. 【答案】D

【解析】（1）选项A：民事法律行为以意思表示为核心，事实行为不要求有意思表示；（2）选项B：遗嘱行为属于无相对人的意思表示，即于意思表示完成时即可产生法律效力；（3）选项C：向非完全民事行为能力人发出的意思表示，通常必须到达其法定代理人时才能生效，但限制民事行为能力人能够独立作出的意思表示除外。

3. 【答案】A

【解析】选项A：限制民事行为能力人依法不能独立实施的合同属于效力待定的合同；对于其他行为（主要表现为单方行为），则属于无效的民事行为，如限制民事行为能力人所订立的遗嘱。

4. 【答案】C

【解析】乙的行为属于胁迫行为；因胁迫而订立的合同，不损害国家利益的，属于可撤销合同。本题中没有损害国家利益，因此属于可撤销的合同。

5. 【答案】D

【解析】本来是“每个”戒指10万元，营业员却以“一对”戒指10万元的价格出售，系因重大误解而为的民事行为，属于可撤销的民事行为。

6. 【答案】B

【解析】（1）选项A：违反法律的民事行为中的“法律”包括法律和行政法规，但不包括地方性法规和行政规章，即民事行为不因违反地方性法规和行政规章而无效。（2）选项B：此处的“法律”特指强制性规范中的效力规范，即并非违反法律的行为一律无效。（3）选项C：无效的民事行为从行为开始时就没有效力。（4）选项D：民事行为违反公序良俗和社会公共利益，亦属无效。

7. 【答案】D

【解析】（1）选项A：可撤销的合同，可由当事人请求人民法院或者仲裁机构予以变更或者撤销。（2）选项B：可撤销的民事行为的撤销，应由撤销权人以撤销行为为之，人民法院不得主动干预。（3）选项C：可撤销的民事行为一经撤销，其效力溯及于行为的开始，即自行为开始时

无效。

8.【答案】A

【解析】选项A：代理是代理人在代理权限内以被代理人名义进行民事活动，其法律效果直接对被代理人发生效力。在委托中，受托人既可以以委托人名义活动，也可以以自己的名义活动。

9.【答案】D

【解析】代理人和第三人恶意串通，损害被代理人利益的，代理人应当承担民事责任，第三人和代理人负连带责任。

10.【答案】B

【解析】（1）选项B：表见代理的构成要件之一为相对人主观上为善意，翔风公司已经知道甲无代理权，所以不构成表见代理。（2）选项D：一旦本人拒绝追认，无权代理行为就确定地归于无效。

11.【答案】D

【解析】选项D：最长诉讼时效期间从权利被侵害时计算，而非从权利人知道或者应当知道之时起算。

12.【答案】D

【解析】请求他人不作为的债权请求权，应当自权利人“知道”义务人违反不作为义务时起算。

二、多项选择题

1.【答案】ABC

【解析】选项D：民事行为是民事法律行为的上位概念，不强调行为的合法性，因此并非一切民事行为都是民事法律行为。民事行为除民事法律行为外，还包括效力待定的民事行为、无效民事行为以及可撤销的民事行为。

2.【答案】AB

【解析】（1）选项C：限制民事行为能力人只能从事与其年龄和智力发育程度相当的民事法律行为，其他民事法律行为由其法定代理人代理，或者征得法定代理人的同意；无民事行为能力人不能独立实施民事法律行为，必须由其法定代理人代理。（2）选项D：继承人自继承开始后未表示放弃继承的，视为接受继承。此处“没有表示的”就属于默示表示，亦能产生意思表示的效果，即“接受继承”。

3.【答案】ABCD

【解析】民事法律行为可以采用书面形式（选项B、C）、口头形式（选项A）、推定形式、沉默形式（选项D）。

4.【答案】AC

【解析】（1）选项A、B：民事法律行为所附条件，必须是将来不确定的事实，即有可能发生也有可能不发生；而期限是将来一定会发生的。所以乙能否通过2016年CPA经济法的考试是“条件”而非“期限”；（2）选项C、D：在延缓条件成就之前，法律行为已经成立，但是效力一直处于停止状态。条件成就之后，法律行为发生法律效力。

5.【答案】ABC

【解析】（1）选项A、B：民事法律行为所附条件，既可以是自然现象、事件，也可以是人的行为；（2）选项C、D：所附条件应具备下列特征，必须是将来发生的事实，必须是将来“不确定”的事实，条件应当是双方当事人约定的，条件必须合法。

6.【答案】BCD

【解析】选项A：根据《民法总则》的规定，依照法律规定、当事人约定或者民事法律行为的性质，应当由本人亲自实施的民事法律行为，不得代理。

7.【答案】ABC

【解析】选项D：行纪是以行纪人自己的名义实施法律行为；代理是以被代理人的名义实施法律行为。

8.【答案】AB

【解析】选项C、D：属于代理权滥用。

9.【答案】ACD

【解析】（1）选项A：委托代理中的授权行为是一种单方法律行为，仅凭被代理人一方的意思表示，即可发生授权的效果；（2）选项C：代理人以被代理人的名义与自己进行民事活动的行为为自己代理；（3）选项D：代理人和第三人恶意串通，损害被代理人利益的，代理人应当承担民事责任，第三人和代理人负连带责任。

10. 【答案】AD

【解析】（1）选项A、D：相对人丁有催告权，被代理人甲有追认权；（2）选项B：在被代理人追认之前，相对人丁（而非代理人乙）有撤销权；（3）选项C：相对人丁"未问乙的代理权"即与乙订立合同，不属于表见代理中的"相对人有理由相信"代理人有代理权，不构成表见代理。

11. 【答案】BCD

【解析】行为人没有代理权限、超越代理权限或者代理权终止后以被代理人名义订立合同，相对人有理由相信行为人有代理权的，该代理行为有效。

12. 【答案】ABCD

【解析】对下列债权请求权提出诉讼时效抗辩的，人民法院不予支持：（1）支付存款本金及利息请求权（选项A）；（2）兑付国债、金融债券以及向不特定对象发行的企业债券本息请求权（选项B、D）；（3）基于投资关系产生的缴付出资请求权（选项C）；（4）其他依法不适用诉讼时效规定的债权请求权。

13. 【答案】CD

【解析】当事人可以对债权请求权提出诉讼时效抗辩，但对下列债权请求权提出诉讼时效抗辩的，人民法院不予支持：（1）支付存款本金及利息请求权；（2）兑付国债、金融债券以及向不特定对象发行的企业债券本息请求权；（3）基于投资关系产生的缴付出资请求权；（4）其他依法不适用诉讼时效规定的债权请求权。选项A：是"贷款"而不是存款本金及利息请求权，适用诉讼时效抗辩；选项B：延付或拒付租金适用1年的短期诉讼时效。

14. 【答案】ABCD

【解析】下列事项均与提起诉讼或者申请仲裁具有同等效力：（1）申请支付令；（2）申请破产、申报破产债权；（3）为主张权利而申请宣告义务人失踪或死亡；（4）申请诉前财产保全、诉前临时禁令等诉前措施；（5）申请强制执行；（6）申请追加当事人或者被通知参加诉讼；（7）在诉讼中主张抵销。

15. 【答案】ABCD

【解析】引起诉讼时效中断的情形有：权利人向义务人提出履行请求，义务人同意履行义务，提起诉讼或者申请仲裁。（1）选项A：与提起诉讼具有同等效力，可以引起诉讼时效中断；（2）选项B、C属于其他能够引起诉讼时效中断的情形；（3）选项D属于提起诉讼的范畴。

第三章　物权法律制度

本章考情分析

本章内容偏理论，内容丰富考点多；本章考试分值较高（10～15分）；题型丰富，客观题、综合题均有考查；与合同法、公司法、破产法相结合跨章节综合题的考查是最近几年的常态，也体现了本章的考试难度。要特别注意通过参考以前年度的考题，摸清出题思路。

基本内容框架

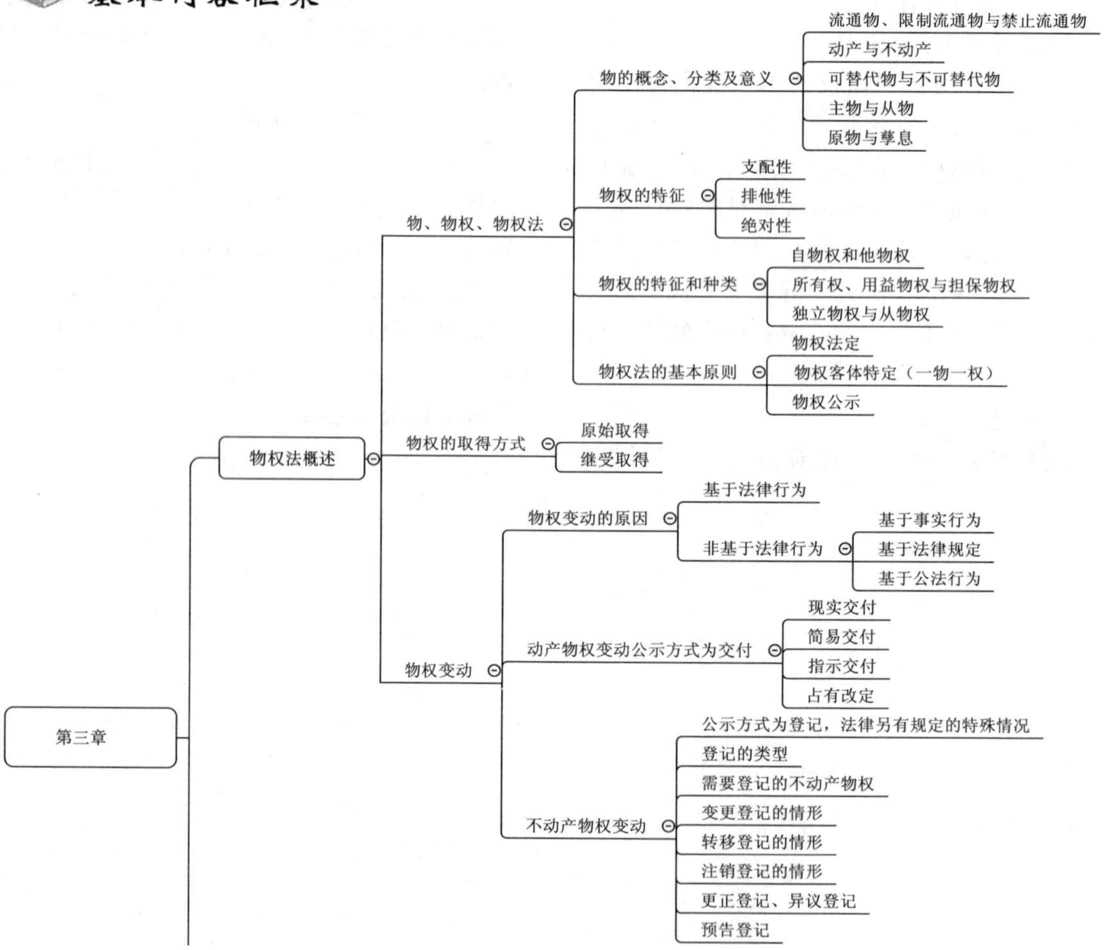

- 第三章
  - 所有权
    - 所有权概述
      - 四项权能
      - 类型
        - 国家所有权范围
        - 集体所有权范围
    - 共有
      - 共有的一般效力
      - 按份共有
        - 共有人权利义务
        - 优先购买权
      - 共同共有
        - 共有人权利义务
    - 善意取得
      - 适用范围
      - 动产善意取得条件
      - 不动产善意取得特别要件
    - 拾得遗失物
      - 返还原物
      - 拾得人与权利人之间关系
        - 通知或者送交公安
        - 可以要求费用不得要求报酬，悬赏广告不得反悔
        - 6个月后归国家
  - 用益物权
    - 种类
    - 建设用地使用权
      - 取得方式
        - 出让取得
        - 划拨取得
      - 期限
        - 划拨取得无期限
        - 70年、50年、40年，届满前一年续期
      - 登记生效
      - 出让地转让
        - 转让条件
        - 禁止情形
      - 国有土地使用权收回
  - 担保物权
    - 特征
      - 从属性、附条件、优先受偿
    - 抵押
      - 抵押物范围：7类可以押、6 类不能押、浮动抵押、房地一体
      - 抵押权设定：书面形式、流押无效、4种登记成立、其他登记对抗
      - 担保范围
        - 约定
        - 全部　主债权、利息、违约金、损害赔偿金、保管费和实现抵押权的费用
        - 特殊情况　登记与约定不一致、附和、混合、加工物、从物、新增建筑物不属于抵押财产
      - 抵押期间变更转让　经同意可以转让、涤除权、价值减少、扣押、租赁在先的
      - 抵押权实现　优先受偿、单笔担保债的清偿顺序、两个以上抵押权人的顺序
      - 最高额抵押
        - 概念
        - 转让限制
        - 债权确定
    - 质押
      - 与抵押的区别
        - 标的没有不动产，但有权利
        - 必须转移占有
        - 不能直接占有、使用、收益
      - 动产质押
        - 质权转移占有时生效
        - 特殊形式金钱可以质押
      - 权利质押
        - 可以质押的权力范围
        - 6种质权登记生效
        - 其他质权凭证交付生效
        - 票据、债券未背书的不能对抗
      - 担保范围及效力同抵押
      - 质权人有保管和返还义务
    - 留置
      - 概念
      - 构成条件
        - 先行合法占有
        - 到期且未履行
        - 同一法律关系，但企业间除外
        - 保管和通知义务（不少于两个月时间）
      - 担保范围及效力同抵押
      - 留置权人义务
        - 保管义务
        - 通知义务（给债务人履行义务的期限不少于2个月）
    - 抵押、质押、留置重合之顺序

通关重难点例题解析

本章复习重点如下：

（一）理解物权法律制度概况

（二）熟悉物的概念与种类、物权的概念与种类、物权法的基本原则

（三）熟悉物权变动的含义与形态

（四）掌握物权变动的原因、物权行为、物权变动的公示方式

（五）熟悉所有权的概念、所有权的类型

（六）掌握善意取得制度、动产所有权的特殊取得方式

（七）熟悉用益物权概述、担保物权概述

（八）掌握建设用地使用权、抵押权、质权、留置权

1. 动产物权变动的公示方式为交付

动产物权的交付，除了现实交付以外，还有以下几种情况：①简易交付，即指动产物权设立和转让前，权利人已经先行占有该动产的，无需现实交付，物权在法律行为生效时发生变动效力。②指示交付，是指让与动产物权的时候，如果让与人的动产由第三人占有，让与人可以将其享有的对第三人的返还请求权让与给受让人，以代替现实交付。指示交付作为一种观念交付，其实际交付没有发生。③占有改定，是指动产物权的让与人与受让人之间特别约定，标的物仍然由出让人继续占有，而受让人则取得对标的物的间接占有以代替标的物的现实交付。这样在双方达成物权让与合意时，视为已经交付。

2. 我国的不动产物权变动的公示方式为登记

不动产物权的设立、变更、转让和消灭，经依法登记发生效力；未经登记不发生效力，但法律另有规定的除外。法律另有规定，是指登记不是生效条件而是对抗要件，如土地承包经营权、地役权等。另外，合法建造、拆除房屋，继承、受遗赠，判决、裁决、征收决定等导致不动产物权变动的，不以登记为生效条件，但处分时要办理登记手续。不动产权属证书是权利人享有该不动产物权的证明。不动产权属证书记载的事项，应当与不动产登记簿一致；记载不一致的，除有证据证明不动产登记簿确有错误外，以不动产登记簿为准。当事人有证据证明不动产登记簿的记载与真实权利状态不符、其为该不动产物权的真实权利人，请求确认其享有物权的，应予支持。

（1）需要登记的不动产物权包括：①集体土地所有权；②房屋等建筑物、构筑物所有权；③森林、林木所有权；④耕地、林地、草地等土地承包经营权；⑤建设用地使用权；⑥宅基地使用权；⑦海域使用权；⑧地役权；⑨抵押权；⑩法律规定需要登记的其他不动产权利。国有土地所有权无需登记。

（2）不动产登记包括首次登记、变更登记、转移登记、注销登记、更正登记、异议登记、预告登记与查封登记。未办理不动产首次登记的，不得办理不动产其他类型登记，但法律、行政法规另有规定的除外。

（3）下列情形之一的，不动产权利人可以向不动产登记机构申请变更登记：①权利人的姓名、名称、身份证明类型或者身份证明号码发生变更的；②不动产的坐落、界址、用途、面积等状况变更的；③不动产权利期限、来源等状况发生变化的；④同一权利人分割或者合并不动产的；⑤抵押担保的范围、主债权数额、债务履行期限、抵押权顺位发生变化的；⑥最高额抵押担保的债权范围、最高债权额、债权确定期间等发生变化的；⑦地役权的利用目的、方法等发生变化的；⑧共有性质发生变更的；⑨法律、行政法规规定的其他不涉及不动产权利转移的变更情形。

（4）因下列情形导致不动产权利转移的，当事人可以向不动产登记机构申请转移登记：①买卖、互换、赠与不动产的；②以不动产作价出资（入股）的；③法人或者其他组织因合并、分立等原因致使不动产权利发生转移的；④不动产分割、合并导致权利发生转

移的；⑤继承、受遗赠导致权利发生转移的；⑥共有人增加或者减少以及共有不动产份额变化的；⑦因人民法院、仲裁委员会的生效法律文书导致不动产权利发生转移的；⑧因主债权转移引起不动产抵押权转移的；⑨因需役地不动产权利转移引起地役权转移的；⑩法律、行政法规规定的其他不动产权利转移情形。

（5）有下列情形之一的，当事人可以申请办理注销登记：①不动产灭失的；②权利人放弃不动产权利的；③不动产被依法没收、征收或者收回的；④人民法院、仲裁委员会的生效法律文书导致不动产权利消灭的；⑤法律、行政法规规定的其他情形。

（6）权利人、利害关系人认为登记事项错误的，可以申请更正登记。权利人不同意更正的，利害关系人可以申请异议登记。登记机构予以异议登记的，申请人在15日内不起诉，异议登记失效。异议登记不当，造成权利人损害的，权利人可以向申请人请求损害赔偿。

（7）有下列情形之一的，当事人可以申请预告登记：①预购商品房；②以预购商品房设立抵押；③房屋所有权转让、抵押；④法定的其他情况。预告登记后，未经预告登记人同意，处分该不动产的，不发生物权效力。预告登记后，债权消灭或者自能够进行不动产登记之日起3个月内未申请登记的，预告登记失效。

3. 动产的一物二卖

普通动产	出卖人就同一普通动产订立多重买卖合同，在买卖合同均“有效”的情况下，买受人均要求实际履行合同的：先行受领交付的买受人请求确认所有权已经转移的，人民法院应予支持；各买受人均未受领交付，先行支付价款的买受人请求出卖人履行交付标的物等合同义务的，人民法院应予支持；买受人均未受领交付，也未支付价款，依法成立在先合同的买受人请求出卖人履行交付标的物等合同义务的，人民法院应予支持
特殊动产	出卖人就同一船舶、航空器、机动车等特殊动产订立多重买卖合同，在买卖合同均“有效”的情况下，买受人均要求实际履行合同的：先行受领交付的买受人请求出卖人履行办理所有权转移登记手续等合同义务的，人民法院应予支持；各买受人均未受领交付，先行办理所有权转移登记手续的买受人请求出卖人履行交付标的物等合同义务的，人民法院应予支持；出卖人将标的物交付给买受人之一，又为其他买受人办理所有权转移登记，已受领交付的买受人请求将标的物所有权登记在自己名下的，人民法院应予支持；各买受人均未受领交付，也未办理所有权转移登记手续，依法成立在先合同的买受人请求出卖人履行交付标的物和办理所有权转移登记手续等合同义务的，人民法院应予支持
一房二卖	商品房买卖合同订立后，出卖人又将该房屋出卖给第三人的，由于出卖人的行为构成了欺诈，因此买受人可以在解除合同并赔偿损失的前提下，还可以要求出卖人承担不超过“已付房款”一倍的惩罚性赔偿金

4. 按份共有

按份共有，是指两个或两个以上的共有人按照各自的份额分别对共有财产享有权利和承担义务。法律规定：①除共有人之间另有约定，对共有的不动产或者动产作重大修缮的，应当经占份额2/3以上的共有人同意。共有物的管理费负担有约定的按约定，没约定的按份额负担。②对共有物的分割有约定的按约定；没有约定的随时可以请求分割，对其他共有人造成损害的要赔偿。③除另有约定外，按照份额享有权利承担义务；共有人对外承担债务超出其应当承担的份额时，可向其他共有人追偿。④处分共有物应当经占份额2/3以上的共有人同意。一个或几个共有人未经占份额2/3以上的共有人同意擅自处分共有物的，其处分行为应当作为效力待定的民事行为处理。其他共有人追认的处分有效；其他共有人不同意的处分无效，处分人对第三人承担违约责任；如果第三人是善意的，可取得该共有物，处分人向其他共有人承担赔偿责任。⑤按份共有人有权自由处分自己的共有份额，无需取得其他共有人的同意；但是共有人将份额出让（必须是交易）给共有人以外的第三人时，其他共有人在同等条件（包括价格、价款履行方式和期限等）下，有优先购买的权利。

优先购买权的行使期间，按份共有人之间有约定的按约定；没有约定或约定不明的，按照下列情形确定：①转让人向其他按份共有人发出的包含同等条件内容的通知中载明行使期间的，以该期间为准；②通知中未载明行使期间，或者载明的期间短于通知送达之日起15日的，为15日；③转让人未通知的，为其他按份共有人知道或者应当知道最终确定的同等条件之日起15日；④转让人未通知，且无法确定其他按份共有人知道或者应当知道最终确定的同等条件的，为共有份额权属转移之日起6个月。

两个以上按份共有人主张优先购买且协商不成时，请求按照转让时各自份额比例行使优先购买权的，应予支持。优先购买权不具有排他的物权效力，优先购买权受到侵害，只能向侵害人请求侵权性质的损害赔偿救济，不能主张排他效力、要求撤销共有人与第三人的份额转让合同或者认定该合同无效。

5. 共同共有

共同共有是指两个或两个以上的公民或法人，根据某种共同关系而对某项财产不分份额地共同享有权利并承担义务。需要注意的是：①对共有物作重大修缮的，应当经全体共有人同意。共有物的管理费负担有约定的按约定，没约定的共同负担。②共同共有关系终止时才能确定份额，分割共有财产。分割后，原共有人出让自己分得的财产的，如该财产与其他共有人分得的财产属于一个整体或配套使用，其他原共有人有优先购买权。③共有人共享债权、共负债务。④除共有人之间另有约定，处分共有物应当经全体共有人同意。一个或几个共有人未经其他共有人同意，擅自处分共有物的，其处分行为之效力同按份共有这一条。

6. 建设用地使用权

（1）建设用地使用权的取得方式有两种：一是创设取得包括无偿划拨和有偿出让；二是移转取得包括转让、互换、出资、赠与、抵押。

（2）无偿划转取得建设用地使用权的范围包括：①国家机关用地和军事用地；②城市基础设施用地和公益事业用地；③国家重点扶持的能源、交通、水利等基础设施用地。用于商业开发的建设用地，不得以划拨方式取得建设用地使用权。以划拨方式取得建设用地使用权的，除法律、行政法规另有规定外，没有使用期限的限制。

（3）有偿出让取得建设用地使用权是国家将国有土地使用权在一定年限内出让给土地使用者，由土地使用者向国家支付土地使用权出让金的行为。可以采取的方式包括拍卖、招标、双方协议。其中，工业、商业、旅游、娱乐和商品住宅等经营性用地以及同一土地有两个以上意向用地者的，应当采取招标、拍卖等公开竞价的方式出让。没条件的，可以采取双方协议方式。该方式出让，土地使用权的出让金不得低于按国家规定所确定的最低价。使用期限分别为：①居住用地70年，住宅建设用地使用权期间届满的，自动续期；②工业用地50年；③教育、科技、文化、卫生、体育用地50年；④商业、旅游、娱乐用地40年；⑤综合或者其他用地50年。土地使用权出让合同约定的使用年限届满，土地使用者需要继续使用土地的，应当至迟于届满前一年申请续期，除根据社会公共利益需要收回该幅土地的，应当予以批准。经批准准予续期的，应当重新签订土地使用权出让合同，依照规定支付土地使用权出让金。土地使用权出让合同约定的使用年限届满，土地使用者未申请续期或者虽申请续期但依照前款规定未获批准的，土地使用权由国家无偿收回。该土地上的房屋及其他不动产的归属，有约定的，按照约定；没有约定或者约定不明确的，依照法律、行政法规的规定办理。

（4）以出让方式取得土地使用权的，转让房地产时，应当符合下列条件：①按照出让合同约定已经支付全部土地使用权出让金，并取得土地使用权证书；②按照出让合同约定进行投资开发，属于房屋建设工程的，完成开发投资总额的25%以上，属于成片开发土地的，形成工业用地或者其他建设用地条件；③转让房地产时房屋已经建成的，还应当持有房屋所有权证书。

（5）下列房地产不得转让：①以出让方式取得土地使用权，但不符合上述转让条件的；②司法机关和行政机关依法裁定、决定查封或者以其他形式限制房地产权利的；③依法收回土地使用权的；④共有房地产，未经其他共有人书面同意的；⑤权属有争议的；⑥未依法登记领取权属证书的；⑦法律、行政法规规定禁止转让的其他情形。

（6）登记。设立建设用地使用权的，应当向登记机构申请建设用地使用权登记。建设用地使用权自登记时设立。登记机构应当向建设用地使用权人发放建设用地使用权证书。建设用地使用权转让、互换、出资或者赠与的，应当向登记机构申请变更登记。建设用地使用权消灭的，出让人应当及时办理注销登记。登记机构应当收回建设用地使用权证书。

（7）建设用地使用权的终止。合同规定使用期限届满终止。提前收回终止：有下列情形之一的，由国土资源管理部门报经原批准用地的人民政府或者有批准权的人民政府批准，可以收回国有建设用地使用权：①为公共利益需要使用土地的；②为实施城市规划进行旧城区改建，需要调整使用土地的；③土地出让等有偿使用合同约定的使用期限届满，土地使用者未申请续期或申请续期未获批准的；④因单位撤销、迁移等原因，停止使用原划拨的国有土地的；⑤公路、铁路、机场、矿场等经核准报废的。土地灭失终止。

7. 抵押权的实现

（1）债务履行期届满抵押权人未受清偿的，抵押权人可以与抵押人协议以抵押物折价或者以拍卖、变卖该抵押物所得的价款受偿。抵押权人对抵押物不足清偿的部分仍享有债权，但不享有优先受偿权。

（2）抵押物折价或者拍卖、变卖所得的款项，按照实现抵押权的费用、主债权的利息、主债权这一顺序清偿。

（3）同一财产向两个以上债权人抵押的，拍卖、变卖抵押物所得的价款按照抵押物登记的先后顺序清偿；顺序相同的按照（担保）债权比例清偿。抵押物已登记的先于未登记的清偿。

（4）同一财产向两个以上债权人抵押的，顺序在后的抵押权所担保的债权先到期的，抵押权人只能就抵押物价值超出顺序在先的抵押担保债权的部分受偿。

（5）同一财产向两个以上债权人抵押的，顺序在先的抵押权先到期，抵押权实现后的剩余价款应予提存。

（6）抵押合同未登记的，按照（担保）债权比例清偿。

（7）抵押权人可以放弃抵押权或抵押权的顺位，也可与抵押人协议变更抵押权顺位及被担保债权数额等，但未经其他抵押权人书面同意，抵押权的变更不得对其他抵押权人产生不利影响。

8. 质权的效力

（1）质押担保的范围包括主债权及利息、违约金、损害赔偿金、保管担保财产和实现质权的费用；质押合同另有约定的，按约定。

（2）动产质权的效力及于质物的从物，但从物未随同质物移交的除外。股份质权的效力及于法定孳息。

（3）出质物具有物上代位性。

（4）质权人有优先受偿权。流质条款无效。

（5）质权人有权收取孳息，所收取的孳息应先充抵收取费用。

（6）质权人有保管义务和返还义务。

（7）未经出质人同意，质权人不得擅自使用、处分质押财产；否则向出质人承担赔偿责任。

（8）未经质权人同意，出质人不得转让质押的基金份额、股权。经同意转让的，应向质权人提前清偿或提存。

（9）知识产权中的财产权出质后，出质人不得转让或者许可他人使用，但经出质人和质权人协商同意的除外。出质人转让或者许可他人使用所得的价款，应向质权人提前清偿或提存。

9. 留置权

（1）留置是指债权人按照合同约定占有债务人的动产，债务人不按合同约定的期限履行债务，债权人有权依法留置财产，以该财产折价或者以拍卖、变卖该财产的价款优先受偿。留置权属于担保物权，因此具有担保物权的从属性、不可分性和物上代位性等担保物权的特征。同时，留置权属于法定的担保物权。留置权只有在符合法律规定的条件时产生，并非依当事人约定产生。但当事人可以通过合同约定排除留置权的适用。

（2）留置权的构成条件有三项：①债权人合法占有债务人的动产。如债权人合法占有债务人交付的动产时，不知债务人无处分该动产的权利，债权人可以依法行使留置权。②债权已届清偿期且债务人未按期履行义务。③占有的动产与债权属于同一法律关系，但企业之间留置的除外。

（3）留置担保的范围包括主债权及利息、违约金、损害赔偿金、留置物保管费用和实现留置权的费用。

（4）留置权的效力及于从物、孳息和代位物。留置物为不可分物的，留置权人可以就其留置物全部行使留置权。

（5）留置权人享有优先受偿权、孳息收取权；所收取的孳息应先充抵收取费用。

（6）留置权人负有保管义务、通知义务（给债务人履行义务的期限应当为2个月以上）。

（7）同一财产法定登记的抵押权与质权并存时，抵押权人优先于质权人受偿。同一财产抵押权与留置权并存时，留置权人优先于抵押权人受偿。建设工程价款的优先受偿权优先于抵押权受偿。

【例3－1】（2017年单选题）根据物权法律制度的规定，下列关于物的种类的表述中，正确的是（　）。

A. 海域属于不动产

B. 文物属于禁止流通物

C. 金钱属于非消耗物

D. 牛属于可分割物

【答案】A

【解析】（1）选项B：文物属于限制流通物。（2）选项C：金钱属于消耗物。（3）选项D：牛属于不可分物。

【例3－2】（2017年单选题）根据物权法律制度的规定，下列各项中属于独立物权的是（　　）。

A. 地役权

B. 抵押权

C. 质权

D. 建设用地使用权

【答案】D

【解析】选项A、C、D：属于从物权。

【例3－3】（2017年单选题）朋友6人共同出资购买一辆小汽车，未约定共有形式，且每人的出资额也不能确定。部分共有人欲对外转让该车。为避免该转让成为无权处分，在没有其他约定的情况下，根据物权法律制度的规定，同意转让的共有人至少应当达到的人数是（　　）。

A. 4人　　B. 3人

C. 6人　　D. 5人

【答案】A

【解析】（1）共有人对共有的不动产没有约定为按份共有或者共同共有，除共有人具有家庭关系等外，均视为按份共有；按份共有人对共有的不动产或者动产享有的份额，可以约定；没有约定或者约定不明确的，按照出资额确定；不能确定出资额的，视为等额享有；（2）按份共有中，处分共有的不动产或者动产，当经占份额2/3以上的按份共有人同意，但共有人直接另有约定的除外。本题中，朋友6人等额享有该汽车，故同意转让的共有人至少应当达到的人数是6×2/3＝4（人）。

【例3－4】（2016年单选题）甲、乙、丙三兄弟共同继承一幅古董字画，由甲保管。甲擅自将该画以市场价出卖给丁并已交付，丁对该画的共有权属关系并不知情。根据物权法律制度的规定，下列表述中，正确的是（　）。

A. 丁取得该画的所有权，但须以乙和丙均追认为前提

B. 经乙和丙中一人追认，丁即可取得该画的所有权

C. 无论乙和丙追认与否，丁均可取得该画的所有权

D. 无论乙和丙追认与否，丁均不能取得该画的所有权

【答案】C

【解析】丁符合善意取得的条件，受法律保护。

【例3－5】（2016年多选题）根据物权法律制度的规定，以出让方式取得土地使用权的，转让房地产时，应当符合的条件有（　）。

A. 按照出让合同约定已经支付全部土地使用权出让金，并取得土地使用权证书

B. 按照出让合同约定投资开发，属于房屋建设工程的，完成开发投资总额的20%以上

C. 转让房地产时房屋已经建成的，应当持有房屋所有权证书

D. 按照出让合同约定投资开发，属于成片开发土地的，形成工业用地或其他建设用地条件

【答案】ACD

【解析】根据法律规定，按照出让合同约定进行投资开发，属于房屋建设工程的，完成开发投资总额应达25%以上。

【例3－6】（2015年单选题）根据物权法律制度的规定，下列关于更正登记与异议登记的表述中，正确的是（　）。

A. 更正登记的申请人可以是权利人，也可以是利害关系人

B. 提起更正登记之前，须先提起异议登记

C. 异议登记之日起10日内申请人不起诉的，异议登记失效

D. 异议登记不当造成权利人损害的，登记机关应承担损害赔偿责任

【答案】A

【解析】本题考核不动产登记。权利人、利害关系人认为不动产登记簿记载的事项错误的，可以申请更正登记，故选项A正确。不动产登记簿记载的权利人不同意更正的，利害关系人可以申请异议登记。因此是先更正登记，得不到实现的才异议登记，故选项B错。登记机构予以异议登记的，申请人在异议登记之日起15日内不起诉，异议登记失效，故选项C错。异议登记不当，造成权利人损害的，权利人可以向申请人请求损害赔偿，故选项D错。

【例3－7】（2015年多选题）甲、乙、丙、丁、戊、庚六人对一台挖掘机按份共有。甲的份额是2/3，其余五人的份额各为1/15。根据物权法律制度的规定，没有特别约定时下列转让挖掘机的行为中有效的有（　）。

A. 甲将挖掘机转让给辛，乙、丙、丁、戊、庚均表示反对

B. 甲、乙将挖掘机转让给辛，丙、丁、戊、庚均表示反对

C. 乙、丙、丁、戊、庚将挖掘机转让给辛，甲表示反对

D. 丙、丁、戊、庚将挖掘机转让给辛，甲、乙均表示反对

【答案】AB

【解析】法律规定，按份共有人处分共有物应当经占份额2/3以上的共有人同意，A、B选项都达到上述要求。

【例3－8】（2014年单选题）根据物权法律制度的规定，以下列权利出质时，质权自权利凭证交付时设立的是（　）。

A. 仓单

B. 基金份额

C. 应收账款

D. 股票

【答案】A

【解析】以汇票、本票、支票、债券、存款单、提单出质的，质权自权利凭证交付质权人时设立，没有权利凭证的，质权自有关

部门办理出质登记时设立。以基金份额、应收账款、股票出质的，质权自登记时设立。

【例3-9】（2018年单选题）根据物权法律制度的规定，下列各项中，属于动产的是（　　）。

A. 海域　　B. 房屋

C. 林木　　D. 船舶

【答案】D

【解析】A、B、C选项属于不动产。

【例3-10】（2019年单选题）根据物权法律制度的规定，下列关于建设用地使用权的表述中，说法正确的是（　　）。

A. 建设用地使用权自登记时成立

B. 建设用地使用权期间届满自动续期

C. 以划拨方式取得的建设用地使用权，最高使用年限为70年

D. 以划拨方式取得的建设用地使用权，非经国务院审批不得转让

【答案】A

【解析】选项B，住宅建设用地使用权届满，自动续期；其他情形依照法律规定办理。选项C，以无偿划拨方式取得的建设用地使用权，除法律、行政法规另有规定外，没有使用期限的限制。选项D，以划拨方式取得土地使用权的，转让房地产时，应当按照国务院规定，报有批准权的人民政府审批。

通关演练

一、单项选择题

1. 根据物权法律制度的规定，下列说法中不正确的是（　　）。

A. 物权只存在于确定的一物之上

B. 一项行为只能处分一物

C. 债权的客体是当事人的给付行为，并不直接存在于物

D. 物权尚未确定、甚至不存在，相应的债权合同无效

2. 2016年12月2日，张某将自己的电脑出租给李某使用，租期1年。2017年4月1日，李某向张某提出购买该电脑，张某经过考虑，于2017年6月1日与李某签订书面买卖合同，将该电脑以5 000元的价格卖与李某。根据物权法律制度的规定，李某取得该电脑所有权的时间为（　　）。

A. 2016年12月2日

B. 2017年4月1日

C. 2017年6月1日

D. 2017年12月2日

3. 画家王某在举办个人画展期间，其所画的一幅山水图被孙某看中，双方约定价款为100万元，而该山水图仍需展览至画展结束方可交付给孙某。根据物权法律制度的规定，王某、孙某约定的交付方式是（　　）。

A. 现实交付　　B. 简易交付

C. 指示交付　　D. 占有改定

4. 甲、乙各按30%和70%的份额共有一艘货船，二人将该货船出租给丙。现甲欲转让自己的份额。根据《物权法》的规定，下列表述中，正确的是（　　）。

A. 乙、丙都有优先购买权，乙的购买权优先于丙的购买权

B. 乙、丙都有优先购买权，丙的购买权优先于乙的购买权

C. 乙无优先购买权，丙有优先购买权

D. 乙有优先购买权，丙无优先购买权

5. 甲、乙按20%和80%的份额共有1间房屋。经过二人同意将房屋出租给丙，现甲欲转让自己的份额。根据物权法律制度的规定，下列表述中正确的是（　　）。

A. 乙、丙均没有优先购买权

B. 丙有优先购买权，乙无优先购买权

C. 若丙主张优先购买权，则乙无法主张

D. 若乙主张优先购买权，则丙无法主张

6. 根据物权法律制度的规定，下列表述中，不正确的是（　　）。

A. 不动产物权预告登记后，债权消灭或者自能够进行不动产登记之日起3个月内未申请登记的，预告登记失效

B. 遗失物通过转让被他人占有的，权利

人有权自知道或者应当知道受让人之日起2年内向受让人请求返还原物

C. 在最高额抵押中，当事人没有约定债权确定期间或者约定不明确，抵押权人或者抵押人自最高额抵押权设立之日起满2年后有权请求确定债权

D. 遗失物自发布招领公告之日起1年内无人认领的，归国家所有

7. 根据物权法律制度的规定，下列关于建设用地使用权的表述不正确的是（　　）。

A. 用于商业开发的建设用地，不得以划拨方式取得建设用地使用权

B. 建设用地使用权转让、互换、出资或者赠与的，应当向登记机构申请变更登记

C. 转让以划拨方式取得的土地使用权的房地产，经有批准权的政府准予转让的，应由转让方办理土地使用权出让手续，并依照国家有关规定缴纳土地使用权出让金

D. 土地使用者通过转让方式取得土地使用权，其使用年限为土地使用权出让合同规定的使用年限减去原土地使用者已使用年限后的剩余年限

8. 2017年2月15日，刘某欠孙某200万元货款，刘某以自己价值260万元的一辆轿车作为抵押，签订了抵押合同，并于2月20日办理了抵押登记。抵押期间，刘某将轿车借给朋友杨某使用，后杨某出了车祸，该轿车毁损了80%，但依法享有保险金。根据《物权法》的规定，下列表述中，不正确的是（　　）。

A. 2月15日孙某取得该轿车的抵押权

B. 2月20日孙某取得该轿车的抵押权

C. 孙某可以就该轿车的保险金优先受偿

D. 残存的轿车仍担保孙某200万元的债权

9. 天鸿公司以正在建造的船舶作为抵押向N银行贷款300万元，10月1日，双方依法签订抵押合同；10月10日，办理了抵押登记。12月1日，天鸿公司未经N银行同意将该建造好的船舶转让给不知情的甲。根据《物权法》的规定，下列表述不正确的是（　　）。

A. 抵押权设立的时间为10月1日

B. 除当事人另有约定外，抵押权的担保范围只限于主债权及其利息

C. 若甲不代替天鸿公司清偿N银行的贷款，天鸿公司到期无法清偿贷款时，N银行仍可以行使抵押权

D. 如果甲代替天鸿公司清偿N银行的贷款，则该抵押权消灭，甲取得该船舶所有权

10. 根据《物权法》的规定，下列主体不可以设定动产浮动抵押的是（　　）。

A. 天合有限合伙企业

B. 北京市国税局

C. 个体工商户甲

D. 农业生产经营者乙

11. 甲公司因资金紧张向乙公司借款100万元，以自己的小轿车设定抵押，该轿车市场价为50万元。丙公司与丁公司为该债权提供保证。借款到期后，鉴于与甲公司一直以来合作愉快，乙公司决定放弃对甲公司小轿车的抵押权。后乙公司要求丙公司与丁公司承担保证责任。根据物权法律制度的规定，下列对该案的表述正确的是（　　）。

A. 丙、丁公司有权拒绝承担保证责任

B. 丙、丁公司应承担100万元的保证责任

C. 丙、丁公司应承担50万元的保证责任

D. 因未通知丙、丁公司，乙公司的放弃行为无效

12. 刘某欠王某货款200万元，王某要求提供担保，刘某遂以其持有的甲有限责任公司股权质押给王某，双方签订股权质押合同。同日，甲公司的其他股东作出股东会决议，同意刘某将其股权质押给王某。次日，王某为股权质押合同及相关质押资料办理了公证。根据物权法律制度的规定，下列表述中正确的是（　　）。

A. 该股权的质权自双方签订股权质押合同之时设立

B. 该股权的质权未设立

C. 该股权的质权自甲公司作出股东会决

议之日起设立

D. 该股权的质权自办理公证之日起设立

13. 2017年5月2日，周某用自己所有的跑车向甲银行贷款50万元，且办理了抵押登记；5月6日，周某在一次驾车过程中不幸发生车祸，周某轻伤，而损坏严重的跑车被拖去修理。6月1日，因周某无力支付30万元的修理费，修理厂将修好的车留置，且给予周某3个月的时间筹钱来支付修理费。根据规定，下列表述不正确的是（　　）。

A. 留置期间，修理厂应妥善保管该车

B. 修理厂给予周某3个月的时间筹钱来支付修理费，符合规定

C. 若3个月后周某仍未支付修理费，修理厂可就拍卖该车的价款优先受偿

D. 因该车已设定抵押且办理了抵押登记，甲银行优先受偿拍卖该车的价款

二、多项选择题

1. 根据物权法律制度的规定，下列选项中，属于主物与从物的有（　　）。

A. 王某的外套和外套上的拉链

B. 陈某的眼镜和孙某的眼镜盒

C. 刘某的保险柜和保险柜钥匙

D. 赵某的羽毛球拍和羽毛球

2. 不可移动或如移动将损害其价值的物，为不动产，下列选项中属于不动产的有（　　）。

A. 土地　　B. 海域

C. 房屋　　D. 森林

3. 刘某因出国，将其所有的一只母贵宾犬委托朋友王某保管，并约定支付王某一笔保管费。王某保管期间，母贵宾犬生下两只小贵宾犬。刘某回来后，要求王某归还母贵宾犬以及两只小贵宾犬。王某只同意归还母贵宾犬，不同意归还两只小贵宾犬。根据物权法律制度的规定，下列说法中不正确的有（　　）。

A. 刘某无权请求王某返还小贵宾犬

B. 刘某可以小贵宾犬为天然孳息主张王某返还

C. 刘某可以小贵宾犬为法定孳息主张王某返还

D. 刘某可以基于物上请求权请求王某返还小贵宾犬

4. 根据物权法律制度的规定，下列各项中，属于原始取得物权的有（　　）。

A. 张甲去世后，张乙继承了张甲的遗产，取得房屋的所有权

B. 拾荒老人在垃圾堆中捡到王某丢弃的军大衣，取得军大衣的所有权

C. 刘某建造了一栋房屋，取得房屋的所有权

D. 薛老汉家的母牛产下一头小牛，薛老汉取得小牛的所有权

5. 不动产物权变动的公示方式为登记，根据《不动产登记暂行条例》的规定，下列说法中正确的有（　　）。

A. 我国实行不动产统一登记制度，国务院国土资源主管部门负责指导、监督全国不动产登记工作

B. 县级以上地方人民政府应当确定一个部门为本行政区域的不动产登记机构，负责不动产登记工作，并接受上级人民政府不动产登记主管部门的指导、监督

C. 集体土地所有权，森林、林木所有权均需登记

D. 继承房屋时，继承人需要办理登记，才可以取得房屋所有权

6. 根据物权法律制度的规定，下列关于更正登记与异议登记的表述中，正确的有（　　）。

A. 提起异议登记之前，须先申请更正登记

B. 更正登记的申请人可以是权利人，也可以是利害关系人

C. 异议登记之日起15日内申请人不起诉的，异议登记失效

D. 异议登记不当造成权利人损害的，登记机关应承担损害赔偿责任

7. 根据物权法律制度的规定，当事人可申请预告登记的情形有（　　）。

A. 预购商品房

B. 租赁商业用房

C. 房屋所有权转让

D. 房屋抵押

8. 根据《物权法》的规定，下列物权变动，以登记为生效要件的有（　　）。

A. 房屋抵押权

B. 建设用地使用权

C. 地役权

D. 土地承包经营权互换

9. 宏大开发商正在合法建造一栋房屋。2014年5月20日，王某与宏大开发商签订了房屋买卖合同。7月1日，王某为保障将来实现物权，按照约定向登记机构申请了预告登记。2014年9月15日该房屋建造完工。根据《物权法》的规定，下列表述中，正确的有（　　）。

A. 宏大开发商与王某之间的买卖合同有效

B. 2014年7月1日，王某取得房屋所有权

C. 预告登记期间，未经王某同意，宏大开发商不得处分该房屋

D. 宏大开发商与王某应在2014年12月15日之前办理房屋所有权转让登记，否则预告登记失效

10. 根据物权法律制度的规定，下列对集体土地使用权的表述正确的有（　　）。

A. 兴办乡镇企业经依法批准使用本集体经济组织农民集体所有的土地的，应采用先征归国有后出让的方式

B. 村民建设住宅经依法批准使用本集体经济组织农民集体所有的土地的，无需采用先征归国有后出让的方式

C. 乡（镇）村公共设施和公益事业建设经依法批准使用农民集体所有的土地的，无需采用先征归国有后出让的方式

D. 农村集体物权将集体所有的土地用作商业开发，若有开发需求，一律由国家先将土地征归国有，然后再由国家以出让国有土地使用权的方式进入市场进行商业开发

11. 王一、王二、王三按份共有一套房屋，三人各占1/3份额，三方无其他约定。为提高房屋的价值，王一主张对此房屋进行重大修缮，王二表示赞同，但王三反对。根据《物权法》的规定，下列选项中，不正确的有（　　）。

A. 因没有经过全体共有人的同意，王一、王二不得修缮

B. 因王一、王二的份额合计已达2/3，故王一、王二可以修缮

C. 王一、王二只能在自己的应有部分上修缮

D. 若王一、王二坚持修缮，须先分割共有房屋

12. 2014年7月15日，老刘将自己的一栋别墅以1 000万元的价格卖给了石某，签订了买卖合同，并交付给石某，但未办理登记。8月20日，老刘突发疾病死亡，其儿子小刘继承了该别墅。9月15日，小刘因借款将该别墅抵押给了邓某；10月10日小刘办理了房屋过户登记后，又与邓某办理了抵押登记。随后邓某多次索要欠款，小刘无力偿还，此时邓某主张行使抵押权。根据《物权法》的规定，下列表述中，不正确的有（　　）。

A. 8月20日，小刘取得该别墅的所有权

B. 9月15日，邓某的抵押权设立

C. 小刘可以主张老刘与石某之间的买卖合同无效

D. 石某可要求小刘办理房屋所有权变更登记，获得所有权

13. 李某向张某借款1 000元，李某以母牛作抵押，母牛价值1 200元。李某到期未还款，法院依法扣押了母牛，扣押期间母牛生了一头小牛。根据《物权法》的规定，下列表述中，不正确的有（　　）。

A. 李某是小牛的所有权人

B. 张某是小牛的所有权人

C. 为实现抵押权，依法将母牛、小牛变卖，价款分别为800元、300元，则张某只能就1 000元优先受偿，剩余的100元归李某

D. 为实现抵押权，依法将母牛、小牛变卖，价款分别为600元、200元，则不足的

第三章

200元张某不能向李某追偿

14. 陈某因向宋某借款将自己的汽车抵押给宋某，并办理了抵押登记。此后，陈某未经宋某同意，将汽车出租给不知情的孙某，租期3年。半年后，陈某无力偿还欠款，宋某行使抵押权拍卖该汽车，被杨某购得。根据物权法律制度的规定，下列表述中正确的有（　　）。

A. 孙某可基于租期未到来对抗宋某的拍卖行为

B. 孙某不能基于租期未到来对抗宋某的拍卖行为

C. 孙某无权要求陈某承担赔偿责任

D. 孙某可要求陈某承担赔偿责任

15. 甲用自己的房屋设定抵押，向银行借款100万元，借款到期后，甲无力清偿，遂将房屋拍卖。根据物权法律制度的规定，在不考虑利息的情况下，下列表述正确的有（　　）。

A. 假设拍卖价款为80万元，剩余的20万元仍由甲清偿，但银行仍有优先受偿权

B. 假设拍卖价款为80万元，剩余的20万元仍由甲清偿，但银行不再享有优先受偿权

C. 假设拍卖价款为110万元，100万元清偿银行，剩余10万元归甲所有

D. 假设拍卖价款为110万元，110万元全部归银行所有

16. 根据物权法律制度的规定，下列情形中，最高额抵押中抵押权人的债权确定的有（　　）。

A. 约定的债权确定期间届满

B. 新的债权不可能发生

C. 抵押人被宣告破产

D. 没有约定债权确定期间或者约定不明确，抵押权人或者抵押人自最高额抵押权设立之日起满2年后请求确定债权

17. 根据物权法律制度的规定，可以作为权利质押标的的有（　　）。

A. 甲公司向乙公司签发的面额为100万元的汇票

B. 丙购买的价值为20万元的国债

C. 丁公司与戊公司签订了货运合同，丁公司依法提货的提单

D. 辛拥有的100万元可转让基金份额

18. 陈某将自己的电脑送到某电脑修理部修理，但由于电脑主板损坏，修理费用为800元，陈某认为修理费过高，在电脑修理好后不予支付修理费，于是该电脑修理部将陈某的电脑留置。根据《物权法》的规定，下列选项中，不正确的有（　　）。

A. 电脑修理部只能通过起诉来追讨修理费，不能留置电脑来追讨修理费

B. 电脑修理部对该电脑的占有是非法占有

C. 电脑修理部只能留置电脑不能留置电脑的鼠标

D. 电脑修理部留置后可立即变卖电脑以充抵修理费

三、案例分析题

张某与李某谈恋爱期间，共同出资购买房屋一套、汽车一辆，均登记在李某名下。一年后，李某觉得汽车内饰陈旧，将汽车开至4S店重新装配，花费2万余元，李某付了20%的款项，余款尚未支付。不久后，张某收到4S店寄来的账单，张某认为李某未经自己同意擅自做主，该款项与自己无关。

2013年2月14日，二人分手，约定房屋归张某所有，汽车归李某所有。但李某一直不协助办理房屋过户手续，张某诉至法院，要求确认自己的所有权。2013年7月7日，法院生效判决房屋归张某所有，但李某仍不协助办理房屋登记过户。张某将房屋卖给王某，王某基于对判决书的信赖与张某签订了买卖合同。同时，李某将房屋以市价卖给不知情的刘某，刘某到房屋登记管理部门查询确认房屋登记在李某名下，于是交付了房款，并办理了房屋过户手续。张某得知以后要求刘某返还房屋。

要求：根据上述情况，回答以下问题。

（1）张某和李某对房屋的共有属于什么

类型的共有？说明理由。

(2) 张某是否应当承担汽车配饰的债务？说明理由。

(3) 张某何时取得房屋的所有权？说明理由。

(4) 张某与王某订立的房屋买卖合同是否有效？王某是否取得了房屋所有权？说明理由。

(5) 李某与刘某之间房屋买卖合同是否有效？说明理由。

(6) 刘某是否取得房屋所有权？说明理由。

答案及解析

一、单项选择题

1. 【答案】D

【解析】即使物权尚未确定、甚至不存在，也不影响债权合同的有效性。

2. 【答案】C

【解析】动产物权设立和转让前，权利人已经依法占有该动产的，物权自法律行为生效时发生效力。

3. 【答案】D

【解析】占有改定，是指动产物权转让时，双方又约定由出让人继续占有该动产的，物权转移自该约定生效时发生效力。

4. 【答案】D

【解析】(1) 按份共有人对其享有的份额有处分自由，故可自由转让其享有的共有的不动产或者动产份额；当按份共有人转让其共有份额时，其他共有人在同等条件下享有优先购买的权利，即乙有优先购买权；(2) 丙没有优先购买权，是因为对承租人而言，只有转让出租房屋时，承租人才有优先购买权。

5. 【答案】D

【解析】选项C、D：房屋共有人行使优先购买权的，承租人不得主张优先购买权。

6. 【答案】D

【解析】选项D：遗失物自发布招领公告之日起6个月内无人认领的，归国家所有。

7. 【答案】C

【解析】选项C：以划拨方式取得土地使用权的，转让房地产时，应当按照国务院规定，报有批准权的人民政府审批；有批准权的人民政府准予转让的，应当由“受让方”办理土地使用权出让手续，并依照国家有关规定缴纳土地使用权出让金。

8. 【答案】B

【解析】选项A、B：以生产设备、原材料、半成品、产品、交通运输工具以及正在建造的船舶、航空器抵押的，抵押权自抵押合同生效时（2月15日）设立，未经登记，不得对抗善意第三人。故孙某于2月15日已经取得了轿车的抵押权。

9. 【答案】B

【解析】选项B：抵押权的担保范围包括主债权及其利息、违约金、损害赔偿金和实现抵押权的费用。当事人另有约定的，按照约定。

10. 【答案】B

【解析】动产的浮动抵押只能由特定的主体设立，即企业、个体工商户、农业生产经营者。

11. 【答案】C

【解析】(1) 选项A、B、C：主债务人以自己的财产设定抵押，抵押权人放弃该抵押权的，其他担保人在抵押权人丧失优先受偿权益的范围内免除担保责任，但其他担保人承诺仍然提供担保的除外。(2) 选项D：抵押权人可以放弃抵押权，法律不作禁止。为了防止抵押权人通过放弃抵押权，将本应由“主债务人”自己承担的责任转嫁于其他担保人，其他担保人在抵押权人丧失优先受偿权益的范围内免除担保责任。

12. 【答案】B

【解析】以基金份额、证券登记结算机构登记的股权出质的，质权自证券登记结算机构办理出质登记时设立；以其他股权出质的，质权自工商行政管理部门办理出质登记时设立。本题中若要设立质权，应属于后者。

13.【答案】D

【解析】选项D：同一动产上已设立抵押权或质权，该动产又被留置的，留置权人优先受偿。

二、多项选择题

1.【答案】CD

【解析】从物不是主物的成分，只是作为主物发挥作用的辅助工具存在。

2.【答案】ABCD

【解析】以上全部为正确答案。

3.【答案】AC

【解析】小贵宾犬属于天然孳息而非法定孳息；天然孳息由所有权人取得，既有所有权人又有用益物权人的，由用益物权人取得，当事人另有约定的按照约定。本题中，刘某是所有权人，王某仅为保管人，并非用益物权人，刘某有权收取天然孳息。

4.【答案】BCD

【解析】(1) 选项A：为继承，属于继受取得；(2) 选项B：为先占，属于原始取得；(3) 选项C：为建造，属于原始取得；(4) 选项D：为取得孳息，属于原始取得。

5.【答案】ABC

【解析】因继承或者受遗赠取得物权的，自继承或者受遗赠开始时发生效力。

6.【答案】ABC

【解析】选项D：异议登记不当，造成权利人损害的，权利人可以向"申请人"（而非登记机关）请求损害赔偿。

7.【答案】ACD

【解析】具有下列情形之一的，当事人可以申请预告登记：(1) 预购商品房；(2) 以预购商品房设定抵押；(3) 房屋所有权转让、抵押；(4) 法律、法规规定的其他情形。

8.【答案】AB

【解析】选项C、D：属于以登记为对抗要件的情形。

9.【答案】ACD

【解析】(1) 选项B：王某与宏大开发商进行房屋所有权"转让"登记手续后方能取得房屋所有权，而进行"预告"登记后并未取得所有权；(2) 选项D：预告登记后，债权消灭或者自能够进行不动产登记之日起3个月内未申请登记的，预告登记失效。

10.【答案】BC

【解析】农村集体物权将集体所有的土地用作商业开发，若有开发需求，须由国家先将土地征归国有，然后再由国家以出让国有土地使用权的方式进入市场进行商业开发；但兴办乡镇企业和村民建设住宅经依法批准使用本集体经济组织农民集体所有的土地的，或者乡（镇）村公共设施和公益事业建设经依法批准使用农民集体所有的土地的除外。

11.【答案】ACD

【解析】对房屋的重大修缮，应当经占份额2/3以上（≥2/3）的按份共有人同意，但共有人之间另有约定的除外。本题中，三方无约定，王一、王二的比例占到了2/3，可以修缮。

12.【答案】BC

【解析】(1) 选项B：不动产的抵押权自办理登记时设立，所以，10月10日，邓某的抵押权设立；(2) 选项C：老刘与石某之间的买卖合同对小刘继续有效。

13.【答案】BD

【解析】(1) 选项A、B：债务人不履行到期债务或者发生当事人约定的实现抵押权的情形，致使抵押财产被人民法院依法扣押的，自扣押之日起抵押权人有权收取该抵押财产的天然孳息或者法定孳息（而不是取得孳息的所有权），但抵押权人未通知应当清偿法定孳息的义务人的除外；(2) 选项C、D：抵押财产折价或拍卖、变卖后，其价款超过债权数额的部分归抵押人所有，不足部分由债务人清偿。

14.【答案】BD

【解析】(1) 选项A、B：抵押权设立后抵押财产出租的，该租赁关系不得对抗已经登记的抵押权；故孙某不能基于租期未到来对抗宋某的拍卖行为；（2）选项 C、D：抵押人将已经抵押的财产出租时，如果未书面告知承租人该财产已抵押的，抵押人对出租抵押物造成承租人的损失承担赔偿责任。

15. 【答案】BC

【解析】抵押财产折价或者拍卖、变卖后，直接以所得价款清偿债务，价款若超过债权数额，剩余部分归抵押人所有，若不足债权数额，债务人负继续清偿义务，只不过剩余债权不再享有优先受偿权。

16. 【答案】ABCD

【解析】有下列情形之一的，抵押权人的债权确定：（1）约定的债权确定期间届满；（2）没有约定债权确定期间或者约定不明确，抵押权人或者抵押人自最高额抵押权设立之日起满 2 年后请求确定债权；（3）新的债权不可能发生；（4）抵押财产被查封、扣押；（5）债务人、抵押人被宣告破产或者被撤销；（6）法律规定债权确定的其他情形。

17. 【答案】ABCD

【解析】债务人或者第三人有权处分的下列权利可以出质：（1）汇票、支票、本票；（2）债券、存款单；（3）仓单、提单；（4）可以转让的基金份额、股权；（5）可以转让的注册商标专用权、专利权、著作权等知识产权中的财产权；（6）应收账款；（7）法律、行政法规规定可以出质的其他财产权利。

18. 【答案】ABCD

【解析】（1）选项 A：电脑修理部合法占有陈某的电脑，在陈某不支付修理费时，电脑修理部有权依法留置该电脑，并有权就该电脑享有优先受偿的权利；（2）选项 B：电脑修理部基于承揽合同关系对电脑合法占有；（3）选项 C：留置权的效力及于从物。电脑是主物，电脑的鼠标是从物；（4）选项 D：留置财产后应当给予债务人两个月以上的履行期限。

三、案例分析题

【答案】

（1）按份共有。根据《物权法》规定，共有人对共有的不动产或者动产没有约定为按份共有或者共同共有，或者约定不明确的，除共有人具有家庭关系等外，视为按份共有。本案中，张某和李某没有约定共有类型，二人没有家庭关系，因此，认定为按份共有。

（2）应当承担。《物权法》规定，因共有的不动产或者动产产生的债权债务，在对外关系上，共有人享有连带债权、承担连带债务。本案中张某和李某是共有关系，对汽车的共有属于按份共有，因汽车产生的债务成立连带债务，张某应当承担。

（3）2013 年 7 月 7 日法院判决生效时，张某取得房屋所有权。在 2013 年 2 月 14 日二人分手时，虽然约定房屋归张某所有，但由于没有办理房屋过户登记，因此张某并没有取得房屋的所有权。《物权法》规定，不动产物权的设立、变更、转让和消灭，经依法登记，发生效力。因人民法院、仲裁委员会的法律文书或者人民政府的征收决定等，导致物权设立、变更、转让或者消灭的，自法律文书或者人民政府的征收决定等生效时发生效力。本案中，2013 年 7 月 7 日法院判决生效，张某方获得房屋所有权。

（4）合同有效，但王某未取得房屋所有权。张某将自己所有的房屋卖给王某，订立的买卖合同有效。《物权法》规定，不动产物权的设立、变更、转让和消灭，经依法登记，发生效力；未经登记，不发生效力，但法律另有规定的除外。本案中，张某并未给王某办理房屋所有权转移登记，因此，王某未取得房屋所有权。

（5）有效。买卖合同司法解释规定，当事人一方以出卖人在缔约时对标的物没有所有权或者处分权为由主张合同无效的，人民法院不予支持。本案中，李某出卖房屋时，并不享有房屋的所有权，构成无权处分，但合同是有效的。

（6）刘某获得了房屋所有权。本案中，李某出售房屋属于无权处分，但刘某是善意不知情的，而且支付了合理的市场价格，办理了房屋所有权转移登记，符合善意取得的构成要件。刘某善意取得房屋所有权。

第四章　合同法律制度

本章考情分析

本章是历年考试的重点章节，分值高（20～25分）；题型丰富，客观题、综合题、跨章节（与物权法、破产法、票据法、公司法相结合）综合题每年都有考查；本章法律规定的内容非常丰富，但没有理解难度。认真阅读教材、精准记忆法律规定、反复演练习题是顺利过关的基本。

基本内容框架

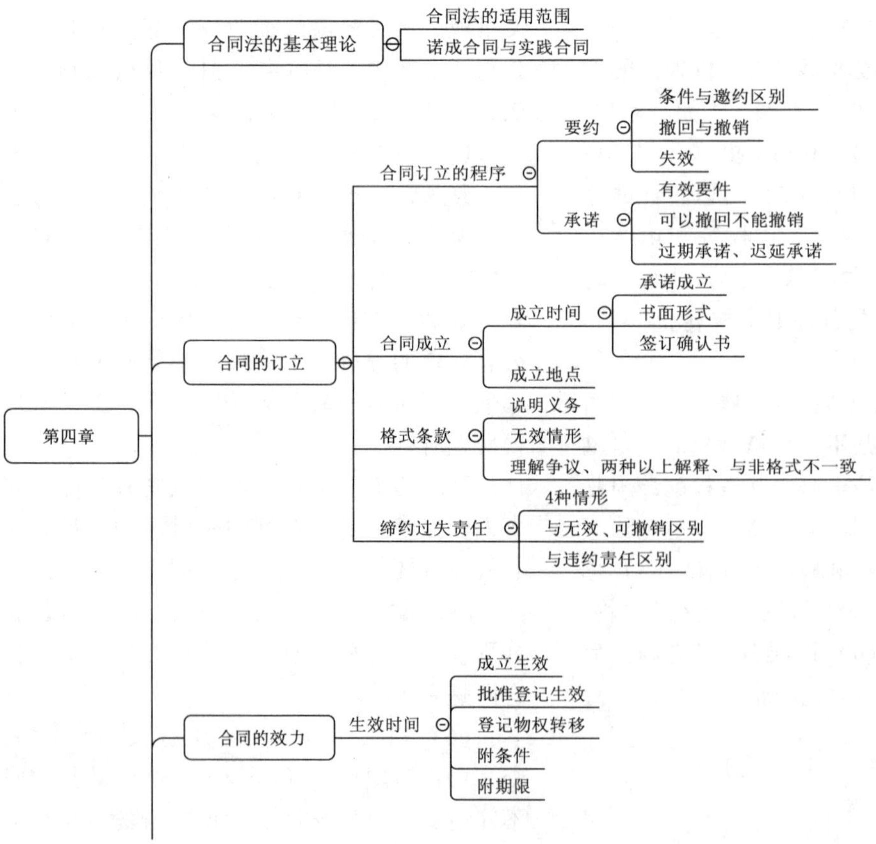

- 第四章
  - 合同的履行
    - 履行原则
      - 基本原则：不能因名称、经办人等变更而不履行
      - 约定不明确的处理
        - 协议补充
        - 合同其他条款和交易习惯
        - 法定6条
      - 由第三人履行和向第三人履行
      - 其他
        - 合并分立
        - 提前履行
        - 部分履行
    - 抗辩
      - 同时履行抗辩权：条件、暂时
      - 先履行抗辩权：条件、暂时
      - 不安抗辩权：3个条件、3种后果
    - 保全
      - 代位权：条件、诉讼当事人、权利范围、费用承担
      - 撤销权
        - 条件
          - 无偿可以撤销
          - 有偿须明显不合理且受让人知情
        - 诉讼当事人、权利范围、行使期限
        - 费用承担
  - 合同的担保
    - 基本理论
      - 反担保
      - 无效担保及后果
    - 保证
      - 书面形式
      - 保证人范围
      - 保证方式
        - 一般与连带
        - 单独保证和共同保证
      - 保证责任
        - 担保范围
        - 转让、变更
        - 保证期间与保证诉讼时效
        - 共同担保
        - 免责、追偿
      - 涉及保证人的诉讼问题
    - 定金
      - 书面形式、交付生效、20%
      - 定金效力
  - 合同的变更与转让
    - 变更：条件、程序、后果
    - 转让
      - 权利转让：通知、禁止情形、从权利、抗辩、抵销
      - 义务转让：须经同意、抗辩、从债务
    - 主体合并分立前债权债务的处理
  - 合同的终止
    - 履行：注意：给付不足以清偿对同一债权人所负的数笔相同种类的全部债务
    - 解除
      - 法定解除条件
      - 手续、异议
    - 抵销：法定抵销条件
    - 提存：条件、风险、孳息、费用、领取时间
    - 混同：同归于一人
  - 违约责任
    - 前提合同有效、要件违约行为
    - 违约种类：注意预期违约、与侵权责任竞合
    - 承担方式
      - 继续履行：注意非金钱之债之继续履行问题
      - 补救措施
      - 赔偿损失（法定、补偿性）、赔偿范围
      - 支付违约金（约定、带有惩罚性）
      - 定金、违约金、赔偿金并存的处理
    - 不可抗力免责
      - 条件
      - 全部免责、部分免责
    - 情势变更

- 第四章
  - 有名合同
    - 买卖合同
      - 交付所有权转移，可以另有约定
      - 交付风险转移，可以另有约定
      - 交付孳息转移
      - 检验时间
      - 解除合同
      - 特殊的买卖合同
        - 分期付款、凭样品买卖、试用买卖、以招投标方式订立、互易合同
        - 商品房买卖合同
          - 广告性质、预售合同效力、法定解除权、惩罚性赔偿金
    - 赠与合同
      - 诺成合同、不再履行、任意撤销与法定撤销、撤销期限
    - 借款合同
      - 金融机构贷款合同
        - 诺成合同、按约定用途使用、不得预扣利息、利息未约定的按国家规定
      - 民间借贷合同
        - 当事人确定、涉及违法处理、效力、网络平台责任、以买卖合同为担保
        - 利息与利率
          - 未约定的不得主张、约定不明的按市场
          - 24%、36%
          - 逾期利率的处理
      - 自然人之间借贷合同
        - 实践合同、利息未约定或约定不明的不得主张
    - 租赁合同
      - 20年、6个月、当事人双方权利义务
      - 房屋租赁合同
        - 无效及其处理
        - 承租人的优先权
        - 同住人的权利
    - 融资租赁合同
      - 认定、效力、特征
      - 租赁物的所有权
      - 承租人拒绝受领、出租人解除合同的条件
      - 维修义务及风险承担
      - 提前解除返还租金的办法
    - 承揽合同
      - 当事人双方权利义务
      - 定作人的解除权
    - 建设工程合同
      - 无效及其处理分包、垫资、委托监理合同
      - 双方当事人的权利义务
      - 竣工日期和工程价款结算
    - 委托合同
      - 当事人关系、费用与报酬、损失赔偿、共同处理委托事务
    - 运输合同
      - 客运合同
        - 当事人的权利义务
      - 货运合同
        - 不可抗力的处理
        - 同一方式联运合同的处理
    - 行纪合同
      - 与委托合同区别
      - 当事人权利义务，注意高价卖出的利益归属
      - 介入条件、与第三人订立的合同
    - 技术合同
      - 主体、解除、职务技术成果
      - 技术开发合同和技术转让合同
        - 委托开发与共同开发的区别
        - 技术开发合同中的权利归属
        - 技术转让合同当事人的权利义务

通关重难点例题解析

本章复习重点如下：

（一）理解合同与合同法、合同的分类

（二）掌握合同的相对性

（三）掌握合同的订立程序——要约与承诺

（四）理解合同成立的时间与地点、格式条款、免责条款、缔约过失责任

（五）掌握合同的生效

（六）理解合同的履行原则

（七）掌握双务合同履行中的抗辩权、代位权、撤销权

（八）理解合同担保的基本理论、定金

（九）掌握保证

（十）理解合同的变更、债务承担、债权债务的概括转移

（十一）掌握债权转让

（十二）了解合同终止的基本理论、清偿

（十三）理解抵销、免除与混同

（十四）掌握解除、提存

（十五）理解违约责任的基本理论、违约形态、免责事由

（十六）掌握违约责任的承担方式

（十七）掌握教材中几种主要的有名合同

1. 要约

要约的条件包括：①内容具体确定；②表明经受要约人承诺，要约人即受该意思表示的约束（以订立合同为目的）。要约到达受要约人时生效。

寄送的价目表、拍卖公告、招标公告、招股说明书、商业广告等为要约邀请。但商业广告的内容符合要约规定的，视为要约。悬赏广告、对商品房买卖合同的订立和价格确定有重大影响的售楼广告和宣传都视为要约。

要约可以撤回（对未生效的宣告不生效）和撤销（对已生效的宣告失效）。但有下列情形的要约不得撤销：①要约人确定了承诺期限；②要约人以其他形式表示要约不可撤销；③受约人有理由认为要约不可撤销，并已经为履行合同做了准备工作。

有下列情形之一的，要约失效：①拒绝要约的通知到达要约人；②要约人依法撤销要约；③要约已过有效期限；④受要约人对要约的内容作出实质性变更。

2. 承诺

承诺的有效要件是：①承诺必须由受要约人向要约人作出。②承诺应当以通知的方式作出。通常对沉默或不作为不能视为承诺，除非有法律规定或双方约定的。③承诺必须在有效期内到达对方。④承诺对要约的内容作实质性变更的为新要约。

承诺可以撤回，但不能撤销，因为承诺生效时合同即成立。

3. 合同的成立

合同成立的时间的几种情况：①一般情况下，承诺生效时合同成立；②当事人约定采用书面形式的，双方签字盖章时合同成立；③采用信件、数据电文等形式订立合同的，当事人可以在作出承诺前要求签订确认书。因此，合同在签订确认书时成立。

②、③情况下如果当事人未采用书面形式，或采用书面形式但尚未签字盖章时，一方履行了合同的主要义务，另一对方又接受的，合同也成立。当事人在合同书上按手印的，具有与签字或者盖章同等的法律效力。合同成立的地点：采用书面形式订立合同，合同约定的签订地与实际签字或者盖章地点不符的，约定的签订地为合同签订地；合同没有约定签订地，双方当事人签字或者盖章不在同一地点的，最后签字或者盖章的地点为合同签订地。

4. 合同的履行原则

当事人应当正确、适当、全面地完成合同约定的各项义务。当事人不得因姓名、名称的变更或法定代表人、负责人、承办人的变动而不履行合同义务。

合同生效以后，当事人就质量、价款或报酬、履行地点等内容没有约定或约定不明的，可以协议补充；不能达成补充协议的，按合同有关条款或交易惯例确定；按有关条款或交易惯例仍不能确定的，按法定规则履行。①质量要求不明确的，按照国家标准、行业标准履行；没有国家标准、行业标准的，按照通常标准或者符合合同目的的特定标准履行。②价款或者报酬不明确的，按照订立合同时履行地的市场价格履行；依法应当执行政府定价或者政府指导价的，按照规定履行。③履行地点不明确，给付货币的，在接受货币一方所在地履行；交付不动产的，在不动产所在地履行；其他标的，在履行义务一方所在地履行。④履行期限不明确的，债务人可以随时履行，债权人也可以随时要求履行，但无论债务人履行还是债权人要求履行，都必须给对方必要的准备时间。⑤履行

方式不明确的，按照有利于实现合同目的的方式履行。⑥履行费用的负担不明确的，由履行义务一方负担。请特别注意履行地点、履行费用的负担约定不明确的处理办法。

当事人约定由债务人向第三人履行合同的，债务人违约时，向债权人承担违约责任；当事人约定由第三人向债权人履行合同的，第三人违约时，由债务人向债权人承担违约责任。

债权人分立、合并或者变更住所没有通知债务人，致使履行债务发生困难的，债务人可以中止履行或者将标的物提存。

债权人可以拒绝债务人提前履行债务，但提前履行不损害债权人利益的除外。债务人提前履行债务给债权人增加的费用，由债务人负担。

债权人可以拒绝债务人部分履行债务，但部分履行不损害债权人利益的除外。债务人部分履行债务给债权人增加的费用，由债务人负担。

5. 双务合同履行中的抗辩权

（1）同时履行抗辩权。当事人互负债务，没有先后履行顺序，应当同时履行。一方在对方履行之前有权拒绝其履行要求；一方在对方履行债务不符合约定时，有权拒绝其相应的履行要求。一旦对方履行债务符合约定了，抗辩方应当恢复履行合同义务。

（2）先履行抗辩权。当事人互负债务，有先后履行顺序。先履行一方未履行时，后履行一方有权拒绝其履行要求；先履行一方履行债务不符合约定的，后履行一方有权拒绝其相应的履行要求。一旦先履行义务方履行债务符合约定了，抗辩方应当恢复履行合同义务。

（3）不安抗辩权。有先后履行顺序的双务合同中，先履行一方当事人有确切证据证明对方有以下情形之一的，在对方未能履行合同或提供担保时，可以中止履行合同：①经营状况严重恶化；②转移财产、抽逃资金，以逃避债务；③丧失商业信誉；④有丧失或可能丧失履行债务能力的其他情形。

先履行方行使不安抗辩权时，应当及时通知对方。①对方提供适当担保的，合同应当继续履行；②对方在合理期限内未恢复履约能力并未提供适当担保的，中止方可以解除合同；③证据失误，中止履行方承担违约责任。

6. 债权人的代位权

代位权是指合同债务人怠于行使对第三人享有的到期债权而危及债权人的债权时，债权人为保全债权，可以自己的名义代位行使债务人对第三人的债权的权利。

行使代位权的条件为：①债权人对债务人的债权合法。②债务人怠于行使其到期债权，对债权人造成损害。此处请考生注意，怠于行使到期债权指债务人不履行其对债权人的到期债务，又不以诉讼方式或者仲裁方式向其债务人主张其享有的以金钱为标的的债权。③债务人的债权已到期。④债务人的债权不是专属于债务人自身的债权。专属于债务人自身的债权是指基于扶养关系、抚养关系、赡养关系、继承关系产生的给付请求权和劳动报酬、退休金、养老金、抚恤金、安置费、人寿保险、人身伤害赔偿请求权等权利。债权人的债权不受是否专属于债权人自身的限制。

债权人行使代位权应通过诉讼程序进行。债权人是原告，次债务人是被告，债务人为第三人。代位权行使的范围以债权人的债权为限。债权人行使债权的必要费用由债务人负担。债权人在代位权之诉中胜诉的，诉讼费由次债务人承担。债权人的债权就代位权行使的结果有优先受偿权。在代位权诉讼中，次债务人对债务人的抗辩可以向债权人主张。

7. 债权人的撤销权

撤销权是指合同债权人对于合同债务人所为的危害债权行为，请求法院予以撤销的权利。

撤销权成立要件因无偿行为和有偿行为而不同。在无偿行为的情况下，债权人可以行使撤销权；在有偿行为的情况下（以明显不合理的低价转让财产或者以明显不合理的高价收购他人财产，对债权人造成损害），并且受让人知道该情形，债权人可以行使撤销权，如果受让人不知道，则债权人不能行使撤销权。“明显不合理”价格的判断标准：转让价格达不到交易时交易地的指导价或者市场交易价70%的，一般可以视为明显不合理的低价；对转让价格高于当地指导价或者市场交易价30%的，一般可以视为明显不合理的高价。

撤销权由债权人以诉讼方式行使，且以债权人的债权为限。债权人行使撤销权的费用，由债务人负担；第三人有过错的应当适当负担。行使撤销权的期限为债权人知道或者应当知道撤销事由之日起1年以内；债权人在撤销事由发生之日起5年内没有行使撤销权的，该撤销权消灭。

8. 保证

保证合同是第三人与债权人之间的合同，必须采用书面形式。但以下三种情况保证合同成立：①保证人在订有保证条款的主合同上，以保证人身份签字或盖章的；②第三人单方以书面形式向债权人出具担保书，债权人接受且未提出异议的；③主合同虽没有保证条款，但保证人在主合同上以保证人身份签字或盖章的。

保证人中的特殊情况：①经国务院批准，为使用外国政府或者国际经济组织贷款进行转贷担保时，国家机关可以成为保证人；②从事经营活动的事业单位、社会团体可以作为保证人；③企业法人的职能部门不能作为保证人；④企业法人的分支机构有法人书面授权的，可以在授权范围内提供保证；⑤不具备完全代偿能力的保证人订立保证合同后，不能以自己没有代偿能力为由要求免除保证责任。

保证的方式分为一般保证和连带责任保证。保证人的保证方式为有约定的按约定，没有约定的承担连带责任。当事人在保证合同中约定在债务人不能履行债务时由保证人承担保证责任的，为一般保证方式。

在一般保证的情形下，如果主合同纠纷未经审判或仲裁，并就债务人财产依法强制执行仍不能履行债务前，保证人对债权人可以拒绝承担保证责任。但有以下三种情况的保证人不能行使先诉抗辩权：①债务人的住所变更，致使债权人要求其履行债务发生重大困难的；②人民法院受理债务人破产案件，中止执行程序的；③保证人以书面形式放弃先诉抗辩权的。

一般保证人在主债权履行期限届满后，向债权人提供了债务人可供执行的财产的情况，债权人放弃或怠于行使权利导致该财产不能被执行的，保证人可请求法院在该财产实际价值范围内免除保证责任。

在连带责任保证的情形下，只要债务人在主合同规定的债务履行期届满没有履行债务的，债权人既可以要求债务人履行债务，也可以要求保证人在其保证范围内承担保证责任。

两个以上保证人保证担保同一债权（共同保证）时，与债权人约定保证份额的按照约定，没有约定保证份额的为连带共同保证（此处请注意连带责任保证与连带共同保证的区别）。

保证责任：①保证担保的范围包括主债权及利息、违约金、损害赔偿金和实现债权的费用（物权担保加担保物的保管费）。保证合同另有约定的按照约定。②保证期间，债权人依法将债权出让的，除另有约定外，保证人应在原保证范围内承担保证责任；债务人将债务出让的，应取得保证人书面同意，否则保证人不再承担保证责任。③保证期间，债权人与债务人未经保证人书面同意对主合同内容作了变动，如果减轻债务人债务的，保证人仍应对变更后的合同承担保证责任；如果加重债务人债务的，保证人对加重的部分不承担保证责任。债权人与债务人未经保证人书面同意对主合同履行期限作了变动的，保证期间为原合同约定的或者法律规定的期间。主合同当事人协议以新贷还旧贷的，除保证人知道或者应当知道者外，保证人不承担民事责任；但新贷与旧贷系同一保证人的除外。

共同担保下的保证责任：①同一债权上既有抵押又有保证的，根据当事人的约定确定承担责任的顺序。没有约定或约定不明的，先就债务人的物的担保求偿。没有约定或约定不明，又没有债务人的物担保的，第三人物保和保证担保同一顺序清偿；如果其中一人承担了担保责任，则只能向债务人追偿，不能向另一个担保人追偿。②同一债权上有两个以上保证人的，按照与债权人的约定承担保证责任；没有约定的，承担连带保证责任。连带共同保证的保证人承担保证责任后，向债务人不能追偿的部分，由各连带保证人按其内部约定的比例分担。没有约定的，平均分担。

保证人不承担责任的情形：①主合同当事人双方串通，骗取保证人提供保证的。②合同债权人采取欺诈、胁迫等手段，使保证人在违背真实意思的情况下提供保证的。③主合同债务人采取欺诈、胁迫等手段，使保证人在违背真实意思的情况下提供保证的，债权人知道或者应当知道欺诈、胁迫事实的，保证人不承担民事责任。债务人与保证人共同欺骗债权人，订立主合同和保证合同的，债权人可以请求法院予以撤销，保证人与债务人就因此造成的损失承担连带赔偿责任。

保证人的追偿权：保证人承担保证责任后，有权向债务人追偿；其行使追偿权的诉讼时效自保证人向债权人承担保证责任之日开始计算。保证人自行履行保证责任时，其实际清偿额大于主债权范围的，保证人只能在主债权范围内对债务人行使追偿权。

9. 合同的转让

（1）合同权利转让不须取得合同债务人同意，但应通知债务人，否则该转让对债务人无效。合同义务转让应取得债权人同意，否则该转让对债权人无效。在并存的债务承担中，原债务人不脱离债的关系，故原则上不以债权人同意为必要。合同权利义务概括转让也需经对方同意。

（2）下列情形的债权禁止转让：根据合同性质不得转让的（主要指基于当事人特定身份而订立的合同）；按照当事人约定不得转让的；依照法律规定不得转让的。

（3）合同债权转让的，受让人取得与债权有关的从权利，但该从权利专属于债权人自身的除外。

（4）债务人接到债权转让通知后，债务人对让与人的抗辩权转为对受让人行使；债务人对让与人享有债权，并先于转让债权到期或同时到期的，债务人可以向受让人主张抵销。

（5）合同义务转让后，原债务人对债权人的抗辩，转为由新债务人行使。新债务人应当承担与主债务有关的从债务，但该从债务专属于原债务人自身的除外。

10. 合同的解除

合同解除分为合意解除和法定解除两种。合意解除是指根据当事人事先约定或事后协商一致而解除合同。法定解除是指根据法律的规定而解除合同。

法定解除合同的情形有：①因不可抗力致使不能实现合同目的；②在履行期限届满之前，当事人一方明确表示或者以自己的行为表明不履行主要债务（注意与不安抗辩权的区别）；③当事人一方迟延履行主要债务，经催告后在合理期限内仍未履行；④当事人一方迟延履行主要债务或有其他违约行为致使不能实现合同目的；⑤法律规定的其他情形。主要的几种情况有：a. 承揽合同中定作人可以随时解除承揽合同，造成承揽人损失的应当赔偿损失；b. 货运合同中托运人有单方解除权，但应当赔偿承运人因此所受的损失；c. 委托合同中委托人与受托人均可以随时解除委托合同，因解除合同给对方造成损失的应当赔偿损失。

当事人解除合同，如果法律、法规要求办理批准、登记手续的，当事人应当办理有关手续，否则不发生解除的效力。当事人对解除虽有异议，但是在约定的异议期限届满后才提出异议并向人民法院起诉的，人民法院不予支持。如果没有约定异议期间，在解除合同通知到达之日起3个月以后才向人民法院起诉的，人民法院不予支持。

合同解除后，当事人可以要求恢复原状，采取其他补救措施，并有权要求赔偿损失。

11. 违约责任

违约责任以合同的有效存在为前提。违约责任的归责原则为严格责任原则，即违约责任的构成不以过错为要件，仅以违约行为（不履行和不适当履行合同）为构成要件。但承担特殊违约责任，其构成要件由《合同法》另行规定。

违约责任的种类包括：预期违约、届期违约等。违约责任与侵权责任竞合的，当事人可以选择要求违约方承担违约责任或侵权责任。

承担违约责任的方式主要有：①继续履行合同（金钱之债一定可以要求继续履行，非金钱之债可以要求继续履行，符合解除条件的除外：法律上或者事实上不能履行；债务的标的不适于强制履行或者履行费用过高；债权人在合理期限内未要求履行）；②补救措施；③赔偿损失（法定、补偿性）；④支付违约金（约定、带有惩罚性）。

当事人因不可抗力而违约，可以免责。

不可抗力免责的条件为：①不可抗力发生在合同履行期限内；②不可抗力影响合同履行；③违约方及时通知对方；④违约方在合理期限内提供证明。当事人迟延履行后发生不可抗力的，不能免除责任。

根据不可抗力的影响，不可抗力免责可分为全部免责和部分免责；部分免责又可分为免部分不履行合同的责任和免延期履行合同的责任。

情势变更制度。合同成立以后，如果客观情况发生了当事人在订立合同时无法预见的、非不可抗力造成的不属于商业风险的重大变化，继续履行合同对于一方当事人明显不公平或者不能实现合同目的，当事人请求人民法院变更或者解除合同的，人民法院应当根据公平原则，并结合案件的实际情况确定是否变更或者解除。

12. 主要合同

（1）买卖合同。

①标的物交付的法律效力。标的物的所有权自交付时转移，法律另有规定的除外。标的物为不动产的所有权自登记时转移。标的物为动产的，如果当事人约定买受人未履行支付价款或其他义务，标的物所有权属于出卖人的除外（所有权保留条款）。

②标的物毁损、灭失的风险负担。标的物毁损、灭失的风险在标的物交付之前由出卖人承担，交付之后由买受人承担，但法律另有规定或者当事人另有约定的除外。因买受人的原因致使标的物不能按照约定的期限交付的，买受人应当自违反约定之日起承担标的物毁损、灭失的风险。出卖人出卖交由承运人运输的在途标的物，除当事人另有约定的以外，毁损、灭失的风险自合同成立时起由买受人承担。当事人没有约定交付地点或者约定不明确，标的物需要运输的，出卖人将标的物交付给第一承运人后，标的物毁损、灭失的风险由买受人承担。出卖人按照约定或者依照《合同法》有关规定将标的物置于交付地点，买受人违反约定没有收取的，标的物毁损、灭失的风险自违反约定之日起由买受人承担。出卖人未按照约定交付有关标的物的单证和资料的，不影响标的物毁损、灭失风险的转移。因标的物不符合质量要求，致使不能实现合同目的的，买受人可以拒绝接受标的物或者解除合同。买受人拒绝接受标的物或者解除合同的，标的物毁损、灭失的风险由出卖人承担。标的物毁损、灭失的风险由买受人承担的，不影响因出卖人履行债务不符合约定，买受人要求其承担违约责任的权利。

③标的物检验。买受人收到标的物时应当在约定的检验期间内检验。当事人约定检验期间的，买受人应当在检验期间内将标的物的数量或者质量不符合约定的情形通知出卖人。买受人怠于通知的，视为标的物的数量或者质量符合约定。没有约定检验期间的，应当及时检验。当事人没有约定检验期间的，

买受人应当在发现或者应当发现标的物的数量或者质量不符合约定的合理期间内通知出卖人。买受人在合理期间内未通知或者自标的物收到之日起2年内未通知出卖人的，视为标的物的数量或者质量符合约定，但对标的物有质量保证期的，适用质量保证期，不适用该2年的规定。

④合同特别解除规则。因标的物的主物不符合约定而解除合同的，解除合同的效力及于从物；标的物的从物因不符合约定被解除的，解除的效力不及于主物。标的物为数物的，其中一物不符合约定，买受人可以就该物解除合同；但该物与他物分离使标的物的价值显受损害的，当事人可以就数物解除合同。出卖人分批交付标的物的，其中一批标的物不交付或交付不符合约定，致使该批标的物不能实现合同目的的，买受人可以就该批标的物解除；出卖人不交付其中一批标的物或者交付不符合约定，致使今后其他各批标的物的交付不能实现合同目的的，买受人可以就该批以及今后其他各批标的物解除；买受人如果就其中一批标的物解除，该批标的物与其他各批标的物相互依存的，可以就已经交付和未交付的各批标的物解除。分期付款的买卖合同，买受人未支付到期价款的金额达到全部价款的1/5的，出卖人可以要求其支付到期与未到期的全部价款或解除合同。

⑤商品房买卖合同特别规定。

（2）赠与合同。

赠与合同的撤销。

（3）借款合同。

①金融机构借款合同的基本规定。借款合同应采用书面形式。借款人未按照约定的借款用途使用借款的，贷款人可以停止发放借款、提前收回借款或者解除合同。借款的利息不得预先在本金中扣除。利息预先在本金中扣除的，应当按照实际借款数额返还借款并计算利息。对支付利息的期限没有约定或者约定不明确，依照《合同法》有关规定仍不能确定的，借款期间不满1年的，应当在返还借款时一并支付；借款期间1年以上的，应当在每届满1年时支付，剩余期间不满1年的，应当在返还借款时一并支付。

②民间借贷。a. 合同效力。法人之间、其他组织之间以及它们相互之间为生产、经营需要订立的民间借贷合同，原则上有效，除非存在如下情形之一：存在《合同法》第五十二条规定的无效情形；存在套取金融机构信贷资金又高利转贷给借款人，且借款人事先知道或者应当知道的；以向其他企业借贷或者向本单位职工集资取得的资金又转贷给借款人牟利，且借款人事先知道或者应当知道的；出借人事先知道或者应当知道借款人借款用于违法犯罪活动仍然提供借款的；违背社会公序良俗的；其他违反法律、行政法规效力性强制性规定的。b. 法律责任。借贷双方通过网络贷款平台形成借贷关系（P2P），网络贷款平台的提供者仅提供媒介服务（居间），不承担担保责任。网络贷款平台的提供者通过网页、广告或者其他媒介明示或者有其他证据证明其为借贷提供担保，网络贷款平台的提供者应当承担担保责任。企业法定代表人或负责人以企业名义与出借人签订民间借贷合同，出借人、企业或者其股东能够证明所借款项用于企业法定代表人或负责人个人使用，出借人可以请求将企业法定代表人或负责人列为共同被告或者第三人。企业法定代表人或负责人以个人名义与出借人签订民间借贷合同，所借款项用于企业生产经营，出借人可以请求企业与个人共同承担责任。c. 利息支付。借贷双方没有约定利息，出借人不得主张支付借期内利息。除自然人之间借贷的外，借贷双方对借贷利息约定不明，出借人主张利息的，人民法院应当结合民间借贷合同的内容，并根据当地或者当事人的交易方式、交易习惯、市场利率等因素确定利息。d. 利率的确定。借贷双方约定的利率未超过年利率24%，出借人请求借款人按照约定的利率支付利息的，人民法院应予支持。借贷双方约定的利率超过年利率36%，超过部分的利息约定无效。借款人请求出借人返还已支付的超过年利率36%

部分的利息的，人民法院应予支持。借贷双方对前期借款本息结算后将利息计入后期借款本金并重新出具债权凭证，如果前期利率没有超过年利率24%，重新出具的债权凭证载明的金额可认定为后期借款本金；超过部分的利息不能计入后期借款本金。约定的利率超过年利率24%，当事人主张超过部分的利息不能计入后期借款本金的，人民法院应予支持。借款人在借款期间届满后应当支付的本息之和，不能超过最初借款本金与以最初借款本金为基数，以年利率24%计算的整个借款期间的利息之和。出借人请求借款人支付超过部分的，人民法院不予支持。借贷双方对逾期利率有约定的，从其约定，但以不超过年利率24%为限。借贷双方未约定逾期利率或者约定不明的，区分不同情况处理：既未约定借期内的利率，也未约定逾期利率，出借人主张借款人自逾期还款之日起按照年利率6%支付资金占用期间利息的，人民法院应予支持；约定了借期内的利率但未约定逾期利率，出借人主张借款人自逾期还款之日起按照借期内的利率支付资金占用期间利息的，人民法院应予支持。

（4）租赁合同。

租赁合同租赁期限不得超过20年。超过20年的，超过部分无效。租赁期间届满，当事人可以续订租赁合同，但约定的租赁期限自续订之日起仍不得超过20年。租赁期限6个月以上的，合同应当采用书面形式。当事人未采用书面形式的，视为不定期租赁。

①有关出租人。承租人未按照约定的方法或者租赁物的性质使用租赁物，致使租赁物受到损失的，出租人可以解除合同并要求赔偿损失。出租人应当履行租赁物的维修义务，但当事人另有约定的除外。承租人在租赁物需要维修时可以要求出租人在合理期限内维修。出租人未履行维修义务的，承租人可以自行维修，维修费用由出租人负担。因维修租赁物影响承租人使用的，应当相应减少租金或者延长租期。承租人无正当理由未支付或者迟延支付租金的，出租人可以要求承租人在合理期限内支付。承租人逾期不支付的，出租人可以解除合同。承租人未经出租人同意转租的，出租人可以解除合同。

②有关承租人。承租人按照约定的方法或者租赁物的性质使用租赁物，致使租赁物受到损耗的，不承担损害赔偿责任。承租人经出租人同意，可以将租赁物转租给第三人。承租人转租的，承租人与出租人之间的租赁合同继续有效，第三人对租赁物造成损失的，承租人应当赔偿损失。在租赁期间因占有、使用租赁物获得的收益，归承租人所有，但当事人另有约定的除外。对租金支付期限没有约定或者约定不明确，依照《合同法》有关规定仍不能确定的，租赁期间不满一年的，应当在租赁期间届满时支付；租赁期间一年以上的，应当在每届满一年时支付，剩余期间不满一年的，应当在租赁期间届满时支付。

（5）融资租赁合同。

融资租赁的租赁物是出租人为承租人的使用而特别购入的，在融资租赁合同中，承租人解除合同的权利应受到一定限制，在合同有效期内，无正当、充分的理由不得解除合同。出租人根据承租人对出卖人、租赁物的选择订立的买卖合同，未经承租人同意，出租人不得变更与承租人有关的合同内容。出租人享有租赁物的所有权。承租人破产的，租赁物不属于破产财产。承租人占有租赁物期间，租赁物造成第三人的人身伤害或者财产损害的，出租人不承担责任。出租人和承租人可以约定租赁期间届满租赁物的归属。对租赁物的归属没有约定或者约定不明确，依照《合同法》有关规定仍不能确定的，租赁物的所有权归出租人。

（6）承揽合同。

承揽人将其承揽的主要工作交由第三人完成的，应当就该第三人完成的工作成果向定作人负责；未经定作人同意的，定作人可以解除合同。承揽人可以将其承揽的辅助工作交由第三人完成，并就该第三人完成的工作成果向定作人负责。定作人应当按照约定的期限支付报酬。对支付报酬的期限没有约定或者约定不明确的，双方应当协议补充，不能达成补充协议的，应当按照合同的有关条款或者交易习惯确定；仍不能确定的，定作人应当在承揽人交付工作成果时支付；工作成果部分交付的，定作人应当相应支付。定作人可以随时解除承揽合同，但定作人因此造成承揽人损失的，应当赔偿损失。

（7）建设工程合同。

①建设工程合同的无效。建设工程合同具有下列情形之一的属于无效合同：承包人未取得建筑施工企业资质或者超越资质等级的；没有资质的实际施工人借用有资质的建筑施工企业名义的；建设工程必须进行招标而未招标或者中标无效的。承包人超越资质等级许可的业务范围签订建设工程施工合同，在建设工程竣工前取得相应资质等级，不按照无效合同处理。

②建设工程合同的分包。总承包人或者勘察、设计、施工承包人经发包人同意，可以将自己承包的部分工作交由第三人完成。第三人就其完成的工作成果与总承包人或者勘察、设计、施工承包人向发包人承担连带责任。承包人不得将其承包的全部建设工程转包给第三人或者将其承包的全部建设工程肢解以后以分包的名义分别转包给第三人。禁止承包人将工程分包给不具备相应资质条件的单位。禁止分包单位将其承包的工程再分包。建设工程主体结构的施工必须由承包人自行完成。

③承包人垫资。当事人对垫资和垫资利息有约定，承包人可以请求按照约定返还垫资及其利息，但是约定的利息计算标准高于中国人民银行发布的同期同类贷款利率的部分无效。当事人对垫资没有约定的，按照工程欠款处理。当事人对垫资利息没有约定，承包人无权请求支付利息。

④工程价款结算的优先权（2020 年调整）。发包人未按照约定支付价款的，承包人可以催告发包人在合理期限内支付价款。发包人逾期不支付的，除按照建设工程的性质不宜折价、拍卖的以外，承包人可以与发包人协议将该工程折价，也可以申请人民法院将该工程依法拍卖。建设工程的价款就该工程折价或者拍卖的价款优先受偿。该优先受偿权优于抵押权和其他债权。建筑工程价款包括承包人为建设工程应当支付的工作人员报酬、材料款等实际支出的费用，不包括承包人因发包人违约所造成的损失。建设工程承包人行使优先权的期限为 6 个月，自发包人应当给付建设工程款之日起计算。发包人与承包人约定放弃或者限制建设工程款优先受偿权，损害建筑工人利益的，发包人根据约定主张承包人不享有建设工程款优先受偿权的，人民法院不予支持。

（8）委托合同。

①隐名代理。受托人以自己的名义，在委托人的授权范围内与第三人订立的合同，第三人在订立合同时知道受托人与委托人之间的代理关系的，该合同直接约束委托人和第三人，但有确切证据证明该合同只约束受托人和第三人的除外。受托人以自己的名义与第三人订立合同时，第三人不知道受托人与委托人之间的代理关系的，处理规则如下：受托人因第三人的原因对委托人不履行义务，受托人应当向委托人披露第三人，委托人因此可以行使受托人对第三人的权利，但第三人如果知道该委托人存在，就不会与受托人订立合同的除外。受托人因委托人的原因对第三人不履行义务，受托人应当向第三人披露委托人，第三人因此可以选择受托人或者委托人作为相对人主张其权利，但第三人不得变更选定的相对人。

②委托合同费用与报酬。受托人为处理委托事务垫付的必要费用，委托人应当偿还该“费用及其利息”。委托合同可以是有偿合同，也可以是无偿合同。因不可归责于受托人的事由，委托合同解除或者委托事务不能完成的，委托人应当向受托人支付相应的报酬。当事人另有约定的，从其约定。

（9）运输合同。

承运人对运输过程中货物的毁损、灭失承担损害赔偿责任，但承运人证明货物的毁损、灭失是因不可抗力、货物本身的自然性质或者合理损耗以及托运人、收货人的过错造成的，不承担损害赔偿责任。货物在运输过程中因不可抗力灭失，未收取运费的，承运人不得要求支付运费；已收取运费的，托运人可以要求返还。

货物的毁损、灭失的赔偿额，当事人有约定的，按照其约定；没有约定或者约定不明确，依照《合同法》的有关规定仍不能确定的，按照交付或者应当交付时货物到达地的市场价格计算。法律、行政法规对赔偿额的计算方法和赔偿限额另有规定的，依照其规定。

两个以上承运人以同一运输方式联运的，与托运人订立合同的承运人应当对全程运输承担责任。损失发生在某一运输区段的，与托运人订立合同的承运人和该区段的承运人承担连带责任。

托运人或者收货人不支付运费、保管费以及其他运输费用的，承运人对相应的运输货物享有留置权，但当事人另有约定的除外。

收货人不明或者收货人无正当理由拒绝受领货物的，承运人可以提存货物。

（10）技术合同。

①技术合同的解除。当事人一方迟延履行主要债务，经催告后在30日内仍未履行，另一方有权主张解除合同。当事人在催告通知中附有履行期限且该期限超过30日的，在该履行期限届满后方可有权提出解除合同的主张。

②职务技术成果。职务技术成果的界定：履行法人或者其他组织的岗位职责或者承担其交付的技术开发任务完成的技术成果；离职后1年内继续从事与其原岗位职责或者原单位交付的技术开发任务有关的技术开发工作而完成的技术成果；主要利用法人的物质技术条件（这些物质技术条件对形成该技术成果具有实质性的影响）完成的技术成果。职务技术成果的权利归属：职务技术成果的使用权、转让权属于法人或者其他组织的，法人或者其他组织可以就该项职务技术成果订立技术合同。法人或者其他组织应当从使用和转让该项职务技术成果所取得的收益中提取一定比例，对完成该项职务技术成果的个人给予奖励或者报酬。法人或者其他组织订立技术合同转让职务技术成果时，职务技术成果的完成人享有以同等条件优先受让的权利。

③委托开发的权利归属。委托开发完成的发明创造，申请专利的权利属于研究开发人。研究开发人取得专利权的，委托人可以免费实施该专利。研究开发人转让专利申请权的，委托人在同等条件下有优先受让权。

④合作开发的权利归属。合作开发完成的发明创造，申请专利的权利属于合作开发的当事人共有。当事人一方不同意申请专利的，另一方不得申请专利；当事人一方放弃申请专利的，另一方可以申请专利。但取得专利后，放弃申请方有免费使用的权利；当事人一方转让其共有的专利申请权的，其他各方享有以同等条件优先受让的权利。

⑤委托或合作开发完成的技术秘密。技术秘密成果的使用权、转让权以及利益的分配办法，由当事人约定。当事人没有约定或者约定不明确，按照《合同法》的规定仍不能确定的，当事人均有使用和转让的权利，包括当事人均有不经对方同意而自己使用或者以“普通使用许可”的方式许可他人使用技术秘密，并独占由此所获利益的权利。

【例4-1】（2017年单选题）甲、乙双方签订买卖合同，约定甲支付货款一周后乙交付货物。甲未在约定日期付款，却请求乙交货。根据合同法律制度的规定，对于甲的请求，乙可行驶的抗辩权是（ ）。

A. 不安抗辩权

B. 先诉抗辩权

C. 不履行抗辩权

D. 先履行抗辩权

【答案】D

【解析】先履行抗辩权是指当事人互负债务，有先后履行顺序，先履行一方（甲）未履行时，后履行一方（乙）有权拒绝其履行要求；先履行一方履行债务不符合约定的，后履行一方有权拒绝其相应的履行要求。

【例4-2】(2017年单选题) 根据合同法律制度的规定，下列关于法定抵销权性质的表述中，正确的是（　　）。

A. 支配权　　B. 请求权

C. 抗辩权　　D. 形成权

【答案】D

【解析】法定抵销权中的抵销权在性质上属于形成权，当事人主张抵销的，应当通知对方，抵销的效果自通知到达对方时生效。

【例4-3】(2017年多选题) 保证合同是保证人与债权人订立的在主债务人不履行其债务时，由保证人按照约定履行债务或者承担责任的协议。根据合同法律制度的规定，下列关于保证合同性质的表述中，正确的有（　　）。

A. 单务合同　　B. 要式合同

C. 有偿合同　　D. 诺成合同

【答案】ABD

【解析】保证合同是单务合同、无偿合同、诺成合同、要式合同、从合同。

【例4-4】(2017年多选题) 赠与合同履行后，受赠人有特定忘恩行为时，赠与人有权撤销赠与合同。根据合同法律制度的规定，下列各项中，属于此类忘恩行为的有（　　）。

A. 受赠人严重侵害赠与人亲属

B. 受赠人严重侵害赠与人

C. 受赠人不履行赠与合同约定的业务

D. 受赠人对赠与人有扶养业务而不履行

【答案】ABCD

【解析】法定撤销是指受赠人有下列三种法定情形之一的，无论何种情况（包括救灾、扶贫等社会公益、道德义务性质的赠与合同和经过公证的赠与合同），赠与均可撤销。①严重侵害赠与人或赠与人的近亲属；②对赠与人有扶养义务而不履行；③不履行赠与合同约定的义务。

【例4-5】(2016年单选题) 根据合同法律制度的规定，下列情形中，构成有效承诺的是（　　）。

A. 受要约人向要约人发出承诺函后，随即又发出一封函件表示收回承诺。两封函件同时到达要约人

B. 受要约人向要约人回函表示：“若价格下调5%，我司即与贵司订立合同”

C. 受要约人发出表示承诺的函件时已超过要约人规定的承诺期限，要约人收到后未作任何表示

D. 受要约人在承诺期内发出承诺，正常情形下可如期到达要约人，但因连日暴雨致道路冲毁，承诺通知到达要约人时已超过承诺期限，要约人收到承诺通知后未作任何表示

【答案】D

【解析】A项属于承诺撤回。B项的受约人对要约作出了实质性变更，属于新的要约。C项为迟延承诺，除要约人及时通知受要约人该承诺有效外，该承诺视为新要约。

【例4-6】(2016年多选题) 甲为庆祝好友乙60岁生日，拟赠与其古董瓷瓶一只。但双方约定，瓷瓶交付乙后，甲可以随时借用该瓷瓶。根据合同法律制度的规定，下列表述中，正确的有（　　）。

A. 瓷瓶交付乙前，甲不得撤销赠与

B. 瓷瓶交付乙前，若甲的经济状况显著恶化，严重影响其生活，可不再履行赠与义务

C. 瓷瓶交付乙后，若甲请求借用时被乙拒绝，甲可以撤销赠与

D. 瓷瓶交付乙后，若被鉴定为赝品，乙有权以欺诈为由撤销赠与

【答案】BC

【解析】法律规定，一般赠与合同可以撤销，具有救灾、扶贫等社会公益、道德义务性质的赠与合同或者经过公证的赠与合同，赠与人不得任意撤销，故选项A错；赠与合同成立后，赠与人的经济状况显著恶化，严重影响其生产经营或者家庭生活的，可以不再履行赠与义务，故选项B对；受赠人不履行赠与合同约定义务的，赠与人可以撤销赠

与，故选项C对；赠与的财产有瑕疵的，赠与人不承担责任，故选项D错。

【例4－7】（2016年单选题）根据合同法律制度的规定，建设工程合同当事人对工程实际竣工日期有争议时，下列处理规则中，正确的是（　　）。

A. 工程竣工验收合格的，以工程转移占有之日为竣工日期

B. 承包人已提交竣工验收报告，发包人拖延验收的，以承包人提交验收报告之日为竣工日期

C. 工程未经竣工验收，发包人擅自使用的，以工程封顶之日为竣工日期

D. 工程未经竣工验收，发包人擅自使用的，以开始使用之日为竣工日期

【答案】B

【解析】法律规定，当事人对建设工程实际竣工日期有争议的，按照以下情形分别处理：建设工程经竣工验收合格的，以竣工验收合格之日为竣工日期，故选项A错；承包人已经提交竣工验收报告，发包人拖延验收的，以承办人提交验收报告之日为竣工日期，故选项B对；建设工程未经竣工验收，发包人擅自使用的，以转移占有建设工程之日为竣工日期，故选项C、D错。

【例4－8】（2015年单选题）甲对乙的债务清偿期已届满却未履行，乙欲就甲对他人享有的债权提起代位权诉讼。根据合同法律制度的规定，甲享有的下列债权中，乙可代位行使的是（　　）。

A. 抚恤金请求权

B. 劳动报酬请求权

C. 人身伤害赔偿请求权

D. 财产损害赔偿请求权

【答案】D

【解析】A、B、C选项系专属于债务人自身的债权，债权人不得对之行使代位权。

【例4－9】（2015年单选题）债权人甲下落不明。为履行到期债务，其债务人乙将标的物提存。根据合同法律制度的规定，下列表述中正确的是（　　）。

A. 提存费用由乙负担

B. 标的物提存后毁损、灭失的风险由乙承担

C. 甲领取提存物的权利自提存之日起5年内不行使则消灭

D. 若甲自提存之日起5年内不领取提存物，提存物归乙所有

【答案】C

【解析】法律规定：标的物提存后，毁损、灭失的风险由债权人承担；提存费用由债权人承担，债权人自提存之日起5年内不行使该权利的，该权利消灭，提存物扣除提存费用后归国家所有。故A、B、D选项错。

【例4－10】（2015年单选题）根据合同法律制度的规定，下列关于委托合同的表述中，正确的是（　　）。

A. 原则上受托人有权转委托不必征得委托人同意

B. 无偿的委托合同因受托人一般过失给委托人造成损失的，委托人可以要求赔偿损失

C. 有偿的委托合同，因不可归责于受委托人事由，委托事务不能完成的，委托人有权拒绝支付报酬

D. 两个以上的受托人共同处理委托事务的，对委托人承担连带责任

【答案】D

【解析】本题考核委托合同。法律规定，经委托人同意，受托人可以转委托，故选项A错；无偿的委托合同，因受托人的故意或者重大过失给委托人造成损失的，委托人可以要求赔偿损失，故选项B错；因不可归责于受托人的事由，委托合同解除或者委托事务不能完成的，委托人应当向受托人支付相应的报酬；当事人另有约定的，按照其约定，故选项C错。

【例4－11】（2019年多选题）根据合同法律制度的规定，下列关于债权转让的表述中，正确的有（　　）。

A. 债权转让无需债务人同意

B. 债务人可与债权人约定债权不得转让

C. 债权转让应当通知债务人

D. 债权转让后，受让人不能取得债权的从权利

【答案】ABC

【解析】选项A、C，债权人转让权利，不需要经债务人同意，但应当通知债务人。未经通知，该转让对债务人不发生效力。选项B，债务人可与债权人约定债权不得转让。选项D，债权人转让权利的，受让人同时取得与主债权有关的从权利，但该从权利专属于债权人自身的除外，选项D错误。

【例4-12】（2019年单选题）甲向乙借款200万元，丙作为保证人，借款期间为2017年1月1日起至2019年12月31日止。2019年年初，甲向乙追加借款100万元，双方约定全部借款于2020年12月31日清偿。丙对甲向乙追加借款与首期借款期限延长之事不知情。根据合同法律制度的规定，下列关于丙的保证责任的表述中，正确的是（　　）。

A. 保证责任范围是200万元，期限至2020年12月31日

B. 保证责任范围是200万元，期限至2019年12月31日

C. 保证责任范围是300万元，期限至2019年12月31日

D. 保证责任范围是300万元，期限至2020年12月31日

【答案】B

【解析】根据规定，未经保证人书面同意，加重债务人的债务的，保证人对加重的部分不承担保证责任；变更主合同履行期限的，保证期间为原合同约定的或者法律规定的期间。

【例4-13】（2018年单选题）根据合同法律制度的规定，下列各项中，应当承担缔约过失责任的是（　　）。

A. 甲假借订立合同，恶意与乙进行磋商

B. 丙未按时履行支付租金的义务

C. 丁驾驶机动车违反交通规则撞伤行人

D. 戊辞职后违反竞业禁止约定从事同业竞争

【答案】A

【解析】当事人在订立合同过程中有下列情形之一，给对方造成损失的，应当承担损害赔偿责任：（1）假借订立合同，恶意进行磋商；（2）故意隐瞒与订立合同有关的重要事实或者提供虚假情况；（3）当事人泄露或者不正当地使用在订立合同过程中知悉的商业秘密；（4）有其他违背诚实信用原则的行为。

【例4-14】（2017年综合题）2016年4月4日，甲公司从乙银行借款80万元，用于购置A型号自行车1 000辆，借款期限自2016年4月4日至2016年6月4日，并以价值90万元的自有房屋一套为乙银行设定抵押，同时，乙银行与丙公司签订书面保证合同，约定丙公司为甲公司的借款承担连带保证责任。因自行车价格上调，甲公司于4月5日，又向乙银行追加借款20万元，借款期限自2016年4月5日至2016年6月4日。4月7日，甲公司与自行车生产商丁公司正式签署买卖合同。合同约定：“丁公司为甲公司提供A型号自行车1 000辆，总价100万元，甲公司应于4月9日、4月20日分别支付价款50万元，丁公司应于4月16日、4月27日分别交付A型号自行车500辆。”双方未就自行车质量问题作出约定。4月9日，甲公司向丁公司支付第一期自行车价款50万元。4月16日，丁公司交付A型号自行车500辆。甲公司在验货时发现该批自行车存在严重质量瑕疵，非经维修无法符合使用要求。4月18日，甲公司表示同意收货，但要求丁公司减少价款，被丁公司拒绝。理由是：第一，双方未就自行车的质量要求作出约定；第二，即使自行车存在质量问题，甲公司也只能就质量问题导致的损失要求赔偿。4月20日，丁公司请求甲公司支付第二期自行车价款50万元，甲公司调查发现，丁公司经营状况严重恶化，可能没有能力履行合同，遂告知丁暂不履行合同并要求丁在15天内提供具有足够履约能力的保证，丁公司未予理会。

5月6日，丁公司发函告知甲公司：如果再不付款，将向人民法院起诉甲公司违约。甲公司收到函件后，了解到丁公司经营状况继续恶化，便通知丁公司解除未交付的500辆自行车买卖合同。5月20日，甲公司隐瞒已受领的500辆自行车的质量瑕疵，将该批自行车以30万元卖与戊公司，约定6月30日付款交货。5月25日，庚公司告知甲公司，愿以35万元购买上述500辆自行车。5月30日，甲公司以自己隐瞒质量瑕疵为由，主张撤销与戊公司之间的买卖合同。6月4日，甲公司无力偿还乙银行两笔贷款，乙银行考虑到拍卖抵押房屋比较烦琐，遂直接要求丙公司还贷，被丙公司拒绝。

要求：根据上述内容，分别回答下列问题。

（1）甲公司是否取得已受领自行车的所有权？并说明理由。

（2）甲公司是否有权要求减少价款？并说明理由。

（3）甲公司中止履行向丁公司支付第二期自行车价款的义务，是否构成违约？并说明理由。

（4）甲公司是否有权就未交付的自行车解除合同？并说明理由。

（5）甲公司是否有权撤销与戊公司买卖合同？并说明理由。

（6）乙银行是否有权要求丙公司偿还第一笔贷款？并说明理由。

（7）乙银行是否有权要求丙公司偿还第二笔贷款？并说明理由。

【答案及解析】

（1）甲公司已经取得已受领自行车的所有权。根据规定，动产物权的设立和转让，自“交付”时发生效力，但法律另有规定的除外。

（2）甲公司有权要求减少价款。根据规定，当事人履行合同义务，质量不符合约定的，应当按照当事人的约定承担违约责任。对违约责任没有约定或者约定不明确，受损害方根据标的的性质以及损失的大小，可以合理选择要求对方承担修理、更换、重作、退货、减少价款或者报酬等违约责任。

（3）甲公司中止履行向丁公司支付第二期自行车价款的义务不构成违约。根据规定，双务合同中应当先履行义务的一方当事人，有确切证据证明相对人经营状况严重恶化的，可以行使不安抗辩权，中止合同履行。

（4）甲公司有权就未交付的自行车解除合同。根据规定，当事人行使不安抗辩权中止履行的，应当及时通知对方。对方提供适当担保的，应当恢复履行。中止履行后，对方在合理期限内未恢复履行能力并且未提供适当担保的，中止履行的一方可以解除合同。

（5）甲公司无权撤销与戊公司买卖合同。根据规定，对于因“欺诈”而订立的不损害国家利益的合同，只有受损害方才有撤销权。

（6）乙银行无权要求丙公司偿还第一笔贷款。根据规定，被担保的债权既有物的担保又有人的担保的，债务人不履行到期债务或者发生当事人约定的实现担保物权的情形，债权人应当按照约定实现债权；没有约定或者约定不明确的，债务人自己提供物的担保的，债权人应当先就该物的担保实现债权。

（7）乙银行无权要求丙公司偿还第二笔贷款。根据规定，未经保证人同意的主合同的变更，如果加重债务人的债务的，保证人对加重的部分不承担保证责任。

【例4-15】（2016年综合题）2014年3月5日，机床生产商甲公司向乙公司出售机床20台，每台20万元。乙公司因资金周转困难，欲向丙银行贷款400万元，并与甲公司约定：“仅在乙公司的400万元银行借款于2014年6月2日前到账时，机床买卖合同开始生效。”

2014年4月2日，乙公司与丙银行签订借款合同，并以其自有房屋一套为丙银行设定抵押。双方签订了书面抵押合同，但未办理抵押登记。直至6月16日，乙公司始获得丙银行发放的3个月短期贷款400万元。6月17日，乙公司请求甲公司履行机床买卖合同，甲公司以合同未生效为由拒绝。

同年5月20日，甲公司与丁公司签订买卖合同。双方约定："甲公司向丁公司出售机床5台，每台21万元；甲公司应于2014年7月11日前交付机床，交付机床的同时，丁支付货款。"6月20日，丁公司与乙公司签订买卖合同，将拟从甲公司购入的5台机床以每台22万元的价格转售给乙公司。双方约定于7月12日交货付款。

6月5日，甲公司的债权人戊公司要求其清偿到期债务100万元。甲公司遂将对丁公司的合同债权让与戊公司用以抵债，并通知丁公司；丁公司表示反对。7月11日，甲公司欲向丁公司交付机床，同时要求丁公司将货款支付给戊公司。丁公司拒绝向戊公司付款，甲公司遂停止交付机床。

7月12日，乙公司请求丁公司交付机床，丁公司无货可交。7月20日，乙公司另行购得机床5台，共计花费120万元。7月28日，乙公司请求丁公司赔偿其另行购买机床多花费的10万元。

9月16日，乙公司无法偿还丙银行到期贷款，丙银行要求实现在乙公司房屋上设定的抵押权。

要求：根据上述内容，分别回答下列问题。

（1）甲公司是否有义务向乙公司交付机床？并说明理由。

（2）乙公司与丙银行之间的抵押合同是否有效？并说明理由。

（3）丁公司反对甲公司将债权转让给戊公司，该债权转让是否有效？并说明理由。

（4）丁公司拒绝向戊公司付款，甲公司是否有权停止向丁公司交付机床？并说明理由。

（5）乙公司是否有权请求丁公司赔偿其另行购买机床多花费的10万元？并说明理由。

（6）丙银行要求实现抵押权的主张能否得到支持？并说明理由。

【答案及解析】

（1）甲公司没有义务向乙公司交付机床。根据民事法律制度的规定，甲公司与乙公司签订的合同为附延缓（或答"生效""停止"）条件的合同，在条件成就之前，合同不生效。乙公司借款到账的时间超过条件所设时间，条件不成就，故双方买卖合同不生效，甲公司不负有交付机床的义务。

（2）乙公司与丙银行之间的抵押合同有效。根据物权法律制度的规定，抵押合同须采用书面形式，合同成立即生效。

（3）甲公司与戊公司的债权转让有效。根据合同法律制度的规定，债权人转让权利的，只需通知债务人，无须债务人同意。

（4）甲公司有权停止向丁公司交付机床。根据合同法律制度的规定，甲公司与戊公司的债权转让有效，且该转让已通知丁公司，故丁公司向甲公司的付款义务转换为向戊公司的付款义务。依合同约定，交付机床与付款两项义务应同时履行，丁公司拒绝付款时，甲公司享有同时履行抗辩权，有权停止履行交付义务。

（5）乙公司有权请求丁公司赔偿其另行购买机床多花费的10万元。根据合同法律制度的规定，当事人一方不履行合同义务的，应当承担损害赔偿责任，损失赔偿额应相当于违约所造成的损失。

（6）丙银行要求实现抵押权的主张不能得到支持。根据物权法律制度的规定，以建筑物抵押的，除有效的抵押合同外，还须将抵押权登记，抵押权自登记之日起设立。丙银行的抵押权未登记，故未能设立，不得行使抵押权。

【例4-16】（2018年综合题）2015年4月，甲公司与乙建筑公司签订写字楼建筑工程总承包合同，约定：工程造价4 000万元，工期1年。合同签订后，甲公司依约先行支付2 000万元工程款，剩余2 000万元拟在工程竣工验收合格后一次付清。

2015年5月，乙公司从丙融资租赁公司租赁塔吊一台。双方约定：租金共计48万元，从当年6月开始，按月分12期支付，每期4万元。双方未就乙公司拖欠租金时如何处理以及塔吊在租赁期满后的归属作出约定。

2015年8月，因遭受强台风袭击，塔吊损坏。乙公司为修复塔吊花去维修费3万元。乙公司要求丙公司承担维修费，丙公司拒绝。为此，乙公司从2015年9月开始停止支付租金。

2016年1月，丙公司通知乙公司：由于欠交4个月租金，乙公司须在2016年2月的租金支付日支付全部剩余租金，否则解除合同。乙公司无奈，在2016年2月将剩余租金一次性全部交清。

租赁期满后，丙公司要求乙公司返还塔吊，乙公司拒绝。

2015年10月，甲公司以在建写字楼抵押向A银行借款3亿元，借期1年。双方办理了抵押登记。2016年4月，甲公司从丁公司借款5 000万元，借期1个月，月利率3%。甲公司仍以在建写字楼为抵押，并为丁公司办理第二顺位抵押登记。

2016年4月，乙公司如期完成工程建设，要求甲公司验收，并支付剩余2 000万元工程款。甲公司验收合格，但拒绝支付剩余工程款，理由是：根据相关规定，承接该工程需具备一级总承包资质，但乙公司在签订建设工程总承包合同时仅有二级资质，一级资质直到2016年1月才取得，故合同无效。

2016年5月，甲公司无力偿还丁公司借款。丁公司诉至人民法院，请求拍卖甲公司写字楼，偿还所欠其借款本金5 000万元及利息150万元。2016年6月，写字楼拍得价款3.5亿元。乙公司要求首先清偿其工程款债权2 000万元，A银行要求提存3亿元及利息以确保其债权到期后能获清偿。

要求：根据上述内容，回答下列问题。

(1) 甲公司关于乙公司签订建设工程总承包合同时仅有二级资质，合同因而无效的主张是否成立？并说明理由。

(2) 丙公司是否有权拒绝承担塔吊的维修费用？并说明理由。

(3) 丙公司是否有权要求乙公司在2016年2月支付全部剩余租金？并说明理由。

(4) 租赁期满后，塔吊应归属于谁？并说明理由。

(5) 对于丁公司向甲公司主张的150万元利息，人民法院应支持多少金额？并说明理由。

(6) 乙公司关于写字楼拍得价款首先清偿其工程款债权的主张是否成立？并说明理由。

(7) A银行要求提存3亿元及利息以确保其债权到期后能获清偿的主张是否成立？并说明理由。

【答案及解析】

(1) 甲公司的主张不成立。根据合同法律制度的规定，承包人超越资质等级许可的业务范围签订建设工程施工合同，在建设工程竣工前取得相应资质等级，不按照无效合同处理。

(2) 丙公司有权拒绝承担塔吊的维修费用。根据合同法律制度的规定，融资租赁期间，承租人应承担租赁物的维修义务。

(3) 丙公司有权要求乙公司在2016年2月支付全部剩余租金。根据合同法律制度的规定，承租人经催告后在合理期限内仍不支付租金的，出租人可以要求支付全部租金。

(4) 租赁期满后，塔吊应归属于丙公司。根据合同法律制度的规定，当事人对于租赁物的归属没有约定（也不能依照《合同法》有关规定确定的），租赁期满后，租赁物的所有权归出租人。

(5) 对于丁公司向甲公司主张的150万元利息，人民法院应支持100万元。根据合同法律制度的规定，民间借贷双方约定的年利率超过24%（月利率2%）的，超过部分法院不予支持。

(6) 乙公司就写字楼拍得价款首先清偿其工程款债权的主张成立。根据合同法律制度的规定，承包人有权主张建设工程价款就该工程拍卖所得价款优先受偿，并且该优先受偿权优于抵押权。

(7) A银行要求提存3亿元及利息以确保其债权到期后能获清偿的主张成立。根据物权法律制度的规定，顺位在后的抵押权所担保的债权先到期、抵押权人主张实现抵押权时，抵押物拍卖后，须从所得价款中剔除顺位在先抵押权所担保的债权额，予以提存，剩余部分方可供顺位在后的抵押权优先受偿。

通关演练

一、单项选择题

1. 北京的甲公司向青岛的乙公司订购了一批海鲜，约定由乙公司于12月23日运抵北京的甲公司。12月23日当天，乙公司因渔民未能向其交付海鲜，而无法履行与甲公司之间的海鲜买卖合同。根据合同法律制度的规定，下列表述正确的是（　　）。

A. 甲公司应当要求该渔民承担违约责任

B. 乙公司不必向甲公司承担违约责任

C. 甲公司应当要求乙公司和该渔民承担连带责任

D. 乙公司应当向甲公司承担违约责任

2. 2016年5月4日，汇丰公司工作人员拟定了向天通公司购买按摩椅的要约函件，但未载明日期；5月5日交到当地邮局邮寄；5月6日邮局盖上当日邮戳寄出该函件；5月10日天通公司收到了汇丰公司的函件。根据合同法律制度的规定，承诺期限自（　　）开始计算。

A. 5月4日　　B. 5月5日

C. 5月6日　　D. 5月10日

3. 甲纺织厂向乙棉花厂发出要约，称“购买甲级皮棉1吨，价格5 000元，由甲纺织厂上门取货”。乙棉花厂收到该要约后，回函“同意，但我公司负责送货上门，甲纺织厂不必上门取货”。根据合同法律制度的规定，乙公司的回函属于（　　）。

A. 要约邀请　　B. 新要约

C. 承诺　　D. 拒绝要约

4. 甲企业于1月1日以信件的形式向乙企业发出一份订购药材的要约，要求10日内答复，乙企业于1月3日收到该要约，次日回函表示同意；但因甲企业所在地区连续数日遭遇暴雨导致通讯中断，甲企业至1月11日仍未收到该回函；因该药材价格下跌，甲企业遂于1月8日再次发函至乙企业，表示撤销其要约；1月14日，甲企业收到乙企业先前的回函，未作处理。假设正常情况下，乙企业的函件可在5日内送达甲企业，则下列说法中，正确的是（　　）。

A. 甲企业与乙企业之间的合同于1月4日成立

B. 乙企业的回函属于迟延承诺，该承诺有效

C. 乙企业的回函属于迟到承诺，该承诺有效

D. 甲企业1月8日的函件属于对要约的撤销，导致原要约失效

5. 根据合同法律制度的规定，双方当事人对格式条款的理解发生争议时，下列表述正确的是（　　）。

A. 应当作出不利于提供格式条款一方的解释

B. 应当由双方协商决定

C. 应当按照字面含义及通常理解予以解释

D. 应当遵循公平原则予以确定

6. 天天乐超市与李某签订书面合同，约定李某向天天乐超市出售300箱方便面，一手交钱一手交货。后因超市资金周转困难，请求延期付款，但要求李某当即交付方便面。根据合同法律制度的规定，李某可以行使（　　），拒绝向超市交付方便面。

A. 先履行抗辩权

B. 不安抗辩权

C. 同时履行抗辩权

D. 先诉抗辩权

7. 甲公司向银行借款100万元，张某与李某提供了保证，张某、李某与甲公司约定，张某对40万元承担连带保证责任，李某对60万元承担连带保证责任。借款到期后，甲公司无力清偿借款，而李某并无代偿能力。根

据合同法律制度的规定，下列表述正确的是（　　）。

A. 银行只能要求张某承担 40 万元的保证责任

B. 银行无权要求李某承担保证责任

C. 若张某清偿了 100 万元，只能向甲公司追偿

D. 若张某清偿了 100 万元，有权向李某追偿 60 万元

8. 根据《合同法》及《担保法》的相关规定，下列有关担保方式的表述，正确的是（　　）。

A. 保证、抵押、质押属于约定担保方式，留置、定金属于法定担保方式

B. 抵押、质押、留置属于物的担保，保证、定金属于金钱担保

C. 反担保只能由债务人提供

D. 保证、抵押、质押可以作为反担保方式，留置、定金不能作为反担保方式

9. 甲公司因资金紧张向乙公司借款 100 万元，丙公司在借款合同上签字，但未表明其保证人的身份与保证方式。借款到期后，甲公司不能履行还款义务，乙公司主张丙公司承担责任。根据合同法律制度的规定，下列表述中正确的是（　　）。

A. 丙公司应当承担连带责任保证

B. 乙公司要求丙公司承担保证责任，丙公司可以主张先诉抗辩权

C. 丙公司不承担保证责任

D. 乙公司有其他事实证明丙公司为保证人的，可以要求丙公司承担一般保证责任

10. 甲企业向乙银行借款 100 万元，丙企业和丁企业在甲企业与乙银行的借款合同上以保证人的身份签字，但未就保证方式作出约定；丙企业与丁企业事后约定，甲企业不能清偿借款时，丙企业和丁企业平均承担保证责任。甲企业的借款到期但无力清偿，乙银行遂向丙企业主张保证责任，要求其偿还 100 万元的债务。根据以上表述及《合同法》的相关规定，下列各项中，不正确的是（　　）。

A. 丙企业与丁企业提供的是连带共同保证

B. 丙企业应当向乙银行清偿 100 万元的债务

C. 丙企业承担保证责任后，有权向甲企业追偿 100 万元

D. 丙企业承担保证责任后，有权向丁企业追偿 100 万元

11. 甲公司因资金周转困难向乙银行借款 500 万元，丙公司与丁公司作为保证人与乙银行签订保证合同，但是没有约定各自承担的保证份额，亦未约定保证方式。甲公司到期不能还款，乙银行要求丙公司承担 500 万元的债务。根据合同法律制度的规定，下列关于丙公司的主张中正确的是（　　）。

A. 丙公司承担 500 万元债务后有权向甲公司追偿 500 万元

B. 丙公司承担 500 万元债务后有权直接向丁公司追偿 250 万元

C. 丙公司有权主张乙银行必须先向甲公司要求偿还，甲公司无力偿还时再承担保证责任

D. 丙公司主张只承担 250 万元的保证责任

12. 根据合同法律制度的规定，下列表述正确的是（　　）。

A. 合同的变更，不仅对变更后未履行的部分有效，对已履行的部分也有溯及力

B. 合同的变更，只存在双方通过合意变更合同的情形

C. 当事人对合同变更的内容约定不明确的，推定为未变更

D. 合同的变更包括合同内容的变更和合同主体的变更

13. 2014 年 2 月 1 日，王某委托程某保管钢琴的 5 000 元保管费到期；3 月 1 日，程某欠王某的 1 万元借款到期，程某以自有的一部高档摄像机提供抵押担保。3 月 5 日，王某通知程某将其全部债权转让给赵某。根据合同法律制度的规定，下列表述中不正确的是（　　）。

A. 程某可向赵某主张抵销 5 000 元

B. 因王某与赵某之间的债权转让未经程某同意，所以不发生效力

C. 若程某到期不履行债务的，应向赵某承担违约责任

D. 若程某到期不履行债务的，赵某可以主张实现抵押权

14. 根据合同法律制度的规定，债务人除支付主债务之外还应当支付利息和费用，当其给付不足以清偿全部债务时，并且当事人没有约定的，法院应按照下列顺序抵充（　　）。

A. 实现债权的有关费用，主债务，利息

B. 实现债权的有关费用，利息，主债务

C. 主债务，利息，实现债权的有关费用

D. 主债务，实现债权的有关费用，利息

15. 根据合同法律制度的规定，下列有关抵销的表述，不正确的是（　　）。

A. 提供劳务的债务不得法定抵销

B. 法定抵销的债务只要求同种类、同性质，不要求数额或者价值相等

C. 抵销可以附条件或者附期限

D. 若其中一方债权诉讼时效已完成，则诉讼时效完成后的债权，不得作为主动债权主张法定抵销

16. 根据合同法律制度的规定，下列有关提存后当事人权利义务的表述，不正确的是（　　）。

A. 标的物毁损、灭失的风险自提存之日起由债权人承担

B. 除债权人下落不明的以外，债务人提存后对债权人负有及时通知的义务

C. 提存期间，标的物的孳息归债权人所有，提存费用由债权人负担

D. 债权人领取提存物的权利，自提存之日起3年内不行使则消灭，提存物扣除提存费用后归国家所有

17. 2015年2月2日，乙公司从甲公司购买一辆保时捷卡宴3.0T轿车，当日双方签订了书面买卖合同，价款90万元，并约定乙公司在10日内支付货款，在3月15日前提车；2月10日，乙公司已依约支付全部价款。同年2月15日，甲公司为解决经营中的资金困难，隐瞒已与乙公司签约的事实，与丙公司签订该车买卖合同，将该车以95万元的价格卖予丙公司，当日丙公司即支付全部货款并办理了过户登记手续，但同时约定3月15日前提车。3月10日，乙公司、丙公司均前来提车，得知一车二卖的事实。根据合同法律制度的规定，下列表述正确的是（　　）。

A. 乙公司有权要求甲公司将轿车交付给自己，因其合同成立在先

B. 乙公司有权要求甲公司将轿车交付给自己，因其先行支付价款

C. 丙公司有权要求甲公司将轿车交付给自己，因其先行办理登记手续

D. 乙公司有权主张甲公司与丙公司之间的买卖合同无效，并要求甲公司承担缔约过失责任

18. 甲公司向乙公司购入一条生产线，该生产线由三台设备组成：A设备进行原材料加工；B设备进行产品生产；C设备进行完工产品检测。三台设备都配备有一台小型检测仪和一种专用润滑剂。乙公司交货后，甲公司经检测发现：A设备附带的检测仪、C设备存在严重质量问题，则根据合同法律制度的规定，下列表述中正确的是（　　）。

A. 甲公司只能就C设备主张解除合同

B. 甲公司只能就A设备和C设备主张解除合同

C. 甲公司只能就A设备的检测仪部分、C设备主张解除合同

D. 甲公司有权主张解除整个合同

19. 老王将其自有的一辆自行车赠与老林，但是故意未告知该自行车刹车不灵。老林骑车在下坡的时候，因刹车失灵将邻居家的纯种英国牧羊犬撞死。老林不仅赔偿了邻居家的牧羊犬损失8万元，同时自己因摔伤花去医疗费500元。根据合同法律制度规定，下列说法中符合法律规定的是（　　）。

A. 老林赔偿邻居家8万元的费用与老王无关

B. 老王应当就老林的医疗费承担赔偿责任

C. 如果老王告知该自行车刹车不灵，那么老王仍然要赔偿老林的医疗费

D. 如果老王告知该自行车刹车不灵，那么老王仍然要赔偿老林支付给邻居的8万元

20. 根据合同法律制度的规定，下列关于借款合同的表述，不正确的是（　　）。

A. 金融机构贷款的借款合同是诺成合同，自双方意思表示一致时成立

B. 自然人之间的借款合同为实践合同，自出借人提供借款时生效

C. 借款合同转移的是货币的所有权，而非使用权

D. 借款合同只能采用书面形式订立

21. 甲将自己的房屋出租给乙，租期1年。半年后，甲将该房屋出卖给了不知情的丙，并与丙办理了过户登记手续，则根据合同法律制度的规定，下列表述中正确的是（　　）。

A. 丙有权取得该房屋的所有权

B. 甲丙之间的房屋转让合同因侵害乙的优先购买权而无效

C. 甲乙之间的租赁合同自甲丙之间的买卖合同生效之日起自动解除

D. 甲乙之间的租赁合同须经过丙的同意方能继续有效

22. 2014年1月2日，甲公司因资金周转困难将5套生产设备卖给乙公司，并约定将其中一套生产设备租回使用。双方约定租期为3年，年租金300万元，其他并无约定。甲公司对于该套生产设备的经营使用取得了行政许可，但乙公司未取得该行政许可。后甲公司占有使用该套生产设备期间，该套生产设备因地震发生毁损。后甲公司和乙公司因责任承担发生纠纷，乙公司依法向人民法院提起诉讼。根据融资租赁合同法律制度及司法解释的规定，下列表述中，正确的是（　　）。

A. 因承租人和出卖人同为甲公司，人民法院应认定不构成融资租赁关系

B. 因乙公司未取得行政许可，人民法院应认定该融资租赁合同无效

C. 因该生产设备已毁损，乙公司要求甲公司继续支付租金的，人民法院不予支持

D. 若甲公司被申请破产，该套生产设备不属于破产财产

23. 根据合同法律制度的规定，有关承揽合同的下列各项表述中，不正确的是（　　）。

A. 承揽合同中的工作成果可以是有形的，也可以是无形的

B. 承揽人未经定作人同意将其承揽的主要工作交由第三人完成的，定作人有权解除合同

C. 承揽人可以将其承揽的辅助工作交由第三人完成，并就该第三人完成的工作成果向定作人负责

D. 定作人和承揽人可以随时解除承揽合同，但因此给对方造成损失的，应当赔偿损失

24. 甲公司与A建筑公司签订建设工程施工合同，由A公司作为总承包商承建甲公司的一栋厂房。该厂房竣工后经验收不合格，后甲公司发现A公司未取得建筑施工企业资质，A公司对承建的厂房进行了修复，则根据合同法律制度的规定，下列表述中不正确的是（　　）。

A. 甲公司与A公司之间的建设工程施工合同无效

B. 修复后的厂房经竣工验收不合格的，A公司无权请求支付工程价款

C. 修复后的厂房经竣工验收合格的，甲公司应承担修复费用

D. 甲公司对建设工程不合格造成的损失有过错的，应承担相应的民事责任

25. 根据合同法律制度的规定，下列关于运输合同的表述中，正确的是（　　）。

A. 运输中的货物因不可抗力灭失的，已经收取运费的，托运人可以要求返还

B. 承运人对运输中货物的毁损、灭失，不承担责任

C. 承运人擅自变更运输工具提高服务标准的，可以加收票款

D. 承运人对运输途中旅客的伤亡不承担

损害赔偿责任

26. 根据合同法律制度的规定，下列关于行纪合同和委托合同的表述中，正确的是（　　）。

A. 行纪人、受托人都应当以自己的名义与第三人订立合同

B. 行纪合同限于贸易活动，委托合同并无此限制

C. 委托合同、行纪合同都是有偿合同

D. 处理委托事务的费用由受托人或者行纪人承担

二、多项选择题

1. 根据合同法律制度的规定，下列情形属于合同相对性原则的例外的有（　　）。

A. 债的保全的规定

B. “所有权让与不破租赁”的规定

C. 分包人与承包人共同对发包人承担连带责任的规定

D. 单式联运合同中某一区段的承运人与总的承运人共同向托运人承担连带责任的规定

2. 吉祥房地产开发公司（以下简称吉祥公司）在有关某小区的销售广告中宣称：该小区开发有温泉休闲中心 2 处，面积共计 200 平方米，24 小时免费向居民开放，且可为小区提供生态热源。此广告发布后，该小区的房屋价格比市价高出 10%，但仍被抢购一空。而该内容并未订入吉祥公司与购房者的购房合同中，则根据合同法律制度的规定，下列有关该销售广告的表述中正确的有（　　）。

A. 该销售广告属于要约邀请

B. 该销售广告属于要约

C. 该内容属于购房合同的组成部分

D. 吉祥公司违反该内容的，应当承担违约责任

3. 甲公司与刘某签订了运输合同，合同约定因为运输原因发生的重大财产损失不赔偿，甲公司提醒刘某仔细阅读该条款，同意接受该条款后再签字确认。根据合同法律制度的规定，下列表述不正确的有（　　）。

A. 该合同有效　　B. 该合同无效

C. 该条款有效　　D. 该条款无效

4. 上海的甲公司与北京的乙公司在青岛市签订了一份货物买卖合同，由甲公司向乙公司出售一批花卉；但是双方对履行地点没有约定，且无法协商补充，依照合同有关条款或交易习惯仍无法确定。根据合同法律制度的规定，下列表述不正确的有（　　）。

A. 双方应在青岛交货、付款

B. 甲公司应当在北京交货

C. 乙公司应当在上海付款

D. 乙公司应当在北京付款

5. 根据合同法律制度的规定，下列关于合同保全中代位权与撤销权的表述不正确的有（　　）。

A. 两者均要求债权人对债务人的债权到期

B. 两者的诉讼当事人相同，债权人为原告、次债务人为被告

C. 代位权与撤销权诉讼，均由债务人住所地人民法院管辖

D. 代位权中，债权人对行使结果享有优先受偿权；但撤销权中，债权人对行使结果不享有优先受偿权

6. 恒达企业与 Q 银行签订保证合同，约定恒达企业为盛大企业自 2014 年 3 月 1 日起向 Q 银行的 1 年期借款（600 万元）提供连带责任保证，保证期间 6 个月。2014 年 8 月 1 日，盛大企业与 Q 银行协议变更借款合同，将借款数额降为 500 万元，还款期限由原来的一年变更为截至 2016 年 3 月 1 日。合同变更后，电话通知了恒达企业，恒达企业当即同意继续为新的债务提供保证担保。根据以上表述及相关法律规定，下列表述不正确的有（　　）。

A. 恒达企业对盛大企业的借款无需再承担保证责任

B. 恒达企业仍需对盛大企业变更后的借款承担保证责任

C. 恒达企业的保证期间截至 2015 年 9 月 1 日

D. 恒达企业的保证期间截至2016年9月1日

7. 甲公司向A银行借款100万元，用自己所有的机器设备设定了抵押担保，同时乙公司为此提供了一般保证，丙公司用自己所有的股票设定了质押；各方对实现担保的顺序没有约定。借款到期后，甲公司无力清偿借款。根据担保法律制度的规定，下列表述正确的有（　　）。

A. A银行应当先就机器设备实现债权

B. A银行应当先就乙公司的保证实现债权

C. A银行就乙公司的保证与丙公司的质押实现债权，无先后顺序

D. 假设乙公司承担了保证责任，则有权向甲公司追偿

8. 甲公司因资金紧张向乙公司借款100万元，丙公司作为保证人在借款合同上签字，保证方式为一般保证。借款到期后，甲公司不能履行还款义务，乙公司向人民法院提起诉讼，要求甲公司还款付息。根据合同法律制度的规定，下列表述中正确的有（　　）。

A. 人民法院可以追加保证人为共同被告

B. 人民法院应当追加保证人为共同被告

C. 丙公司有权要求人民法院先执行甲公司财产，强制执行完毕后仍不能清偿债务的，由其承担补充责任

D. 为了使甲公司快速还钱，乙公司放弃20万元债权，但是保证人仍应当对100万元承担保证责任

9. 兰某欠张某100万元货款，到期无力清偿。根据合同法律制度的规定，对兰某的下列行为，张某可行使撤销权的有（　　）。

A. 兰某放弃了对邓某享有的未到期债权20万元

B. 兰某放弃了马某对其债权提供的抵押担保

C. 为逃避债务，恶意延长了牛某清偿债务的期限

D. 以市场价60%的价格，将房屋卖与不知情的王某

10. 甲公司向乙公司订购一批价值50万元的红酒，双方约定合同订立后1个月内交货，货到后3个月内付款。乙公司履行义务后，甲公司通知乙公司，将其债务全部转移给异地的丙公司，乙公司表示同意。丙公司在第二个月通知乙公司，丁公司愿意与丙公司一起承担债务，乙公司表示丁公司信誉不佳，不同意丙公司的做法，但丁公司仍旧向乙公司履行该债务。根据合同法律制度的规定，下列表述中正确的有（　　）。

A. 丙公司履行债务不符合约定的，甲公司应当向乙公司承担违约责任

B. 丁公司向乙公司履行债务的行为无效

C. 甲公司将其债务转移给丙公司的行为属于免责的债务承担

D. 丁公司加入债的关系属于并存的债务承担

11. 2015年2月2日，朱某将其房屋以100万元的价格卖与齐某，双方签订的书面合同约定：合同订立后3日内齐某搬入居住，自签约起3个月内由朱某负责协助办妥房屋产权过户登记手续。但是，签约1个月后，朱某又与不知情的周某签订合同，将该房卖与周某，价格130万元，并为周某办理了产权过户登记手续，现周某要求齐某搬出该房屋。根据相关法律制度的规定，下列关于表述正确的有（　　）。

A. 两个房屋买卖合同都有效

B. 朱某与齐某的房屋买卖合同自房屋产权人变更登记为周某之日起失效

C. 周某已取得该房屋的所有权

D. 齐某有权要求朱某承担不超过已付房款1倍的惩罚性赔偿金

12. 根据合同法律制度的规定，下列表述正确的有（　　）。

A. 当事人订立合同后合并的，由合并后的法人或者其他组织行使合同权利，履行合同义务

B. 当事人订立合同后分立的，由分立的法人或者其他组织对合同的权利和义务享有连带债权，承担连带债务

C. 合同当事人发生合并或分立时，就会有法定的概括移转的发生

D. 合同当事人发生合并或分立时，就会有意定的概括移转的发生

13. 王某向杨某借款20万元，2014年1月10日到期；一个月后，王某又向杨某借款10万元，2014年3月1日到期。杨某曾向王某借款25万元，2014年10月1日到期。2014年4月1日，双方均未向对方主张过债权，根据合同法律制度的规定，下列表述正确的有（　　）。

A. 杨某无权主张抵销

B. 王某无权主张抵销

C. 杨某有权就25万元债务主张抵销

D. 杨某有权就30万元债务主张抵销

14. 甲公司与张某签订了一份电脑买卖合同，但在甲公司向张某交货时，张某却下落不明，通过各种途径均找不到张某。无奈，甲公司将电脑向当地的公证机关进行提存，下列对此表述正确的有（　　）。

A. 甲公司应当及时通知张某或张某的继承人、监护人

B. 提存期间，产生的孳息归张某所有；费用由张某承担

C. 提存后，电脑毁损、灭失的风险由张某承担

D. 若张某在5年内没有提取电脑，则扣除提存费用后，电脑归甲公司所有

15. 根据合同法律制度的相关规定，下列关于违约责任的表述中正确的有（　　）。

A. 违约责任以合同的有效存在为前提

B. 违约责任不仅在具有合同关系的当事人之间发生，还涉及第三人

C. 当事人一方不履行合同义务或者履行合同义务不符合约定的，应当承担继续履行、采取补救措施或者赔偿损失等违约责任

D. 违约责任是合同当事人不履行合同义务所产生的责任，如果当事人违反的不是合同义务，而是法律规定的其他义务，则应负其他责任

16. 2014年2月2日，张某将自己所有的房屋出租于李某，双方签订了书面租赁合同，租期1年。下列情形下，李某不能主张优先购买权的有（　　）。

A. 张某出售房屋前已依法通知李某，但李某并未参加拍卖

B. 张某将自己的房屋低价出售给外祖母养老

C. 张某已将房屋卖与善意第三人，但尚未办理房屋过户登记手续

D. 张某出售房屋前已依法通知李某，但李某在之后的1个月内无任何表示

17. 小马与小王签订了一份买卖合同，后小马未能及时履行合同义务，小王要求其承担违约责任。根据合同法律制度的规定，下列可以作为小马的法定免责事由的有（　　）。

A. 自然灾害　　B. 政府行为

C. 交通事故　　D. 战争的爆发

18. 张某向李某出售一台笔记本电脑，双方签订买卖合同后尚未支付价款前，买受人李某有确切证据证明第三人谢某可能主张该笔记本电脑的所有权。根据合同法律制度规定，下列说法中符合法律规定的有（　　）。

A. 买卖合同已经签订，李某不可以中止支付相应的价款

B. 虽然买卖合同已经签订，但是李某可以中止支付相应的价款

C. 张某提供担保后，李某仍可以拒绝继续履行合同义务

D. 张某提供担保后，李某应继续履行合同义务

19. 2014年3月1日，小明委托小红保管一台电脑，期限一年。5月1日，小明与小红约定将该电脑转让给小红，价款5 000元；小红于6月3日支付价款后合同生效。而6月2日，电脑因洪水毁损，假设小明、小红之间没有其他约定，根据合同法律制度的相关规定，下列表述中不正确的有（　　）。

A. 电脑的所有权属于小明

B. 电脑的所有权属于小红

C. 电脑毁损的风险应由小明承担

D. 电脑毁损的风险应由小红承担

20. 2月1日，甲从A商场购买一台电脑，双方约定总价款1万元，分5次付清，自3月份开始每月的1日支付2 000元。至5月1日，甲支付了3次共计6 000元，其余款项未进行支付。根据合同法律制度的规定，7月10日A商场的下列做法中，正确的有（　　）。

A. A商场可以要求甲一并支付剩余4 000元价款

B. A商场有权主张解除合同

C. A商场主张解除合同的，甲应返还电脑，A商场应返还甲已支付的6 000元

D. A商场主张解除合同的，有权要求甲支付该电脑的使用费

21. 孟某看中了北京市昌平区某楼盘的A2-1-301的户型，与开发商签订了商品房买卖合同。根据合同法律制度的规定，商品房买卖合同有下列（　　）情形的，孟某享有法定解除权。

A. 房屋套内建筑面积仅为合同约定面积96%的

B. 出卖人迟延交付房屋，经催告后在1个月内履行交付义务的

C. 约定或者法定的办理房屋所有权登记的期限届满后第2年，因出卖人的原因导致买受人仍无法办理房屋所有权登记的

D. 因房屋质量问题严重影响正常居住使用的

22. 根据合同法律制度的规定，具有下列（　　）情形的，赠与人可以行使法定撤销权。

A. 受赠人严重侵害赠与人或者赠与人的近亲属

B. 受赠人对赠与人有扶养义务而不履行

C. 受赠人不履行赠与合同约定的义务

D. 受赠人拒绝接受赠与

23. 速递公司以增加收发快递的车辆为借款用途向Q银行贷款100万元，后Q银行发现速递公司将该笔资金用来购买转运的风水石。根据合同法律制度的规定，Q银行可以（　　）。

A. 停止发放借款

B. 提前收回借款

C. 解除借款合同

D. 对速递公司处以罚款

24. 下列关于民间借贷的表述中，不符合法律规定的有（　　）。

A. 因从事贷款业务的金融机构的分支机构发放贷款引起的纠纷属于民间借贷

B. 借贷双方通过网络贷款平台形成借贷关系，网络贷款平台的提供者仅提供媒介服务，不承担担保责任

C. 借贷双方约定的利率超过年利率36%的，约定无效

D. 自然人之间的借款合同对支付利息没有约定或者约定不明确的，按照银行同期利率计算利息

25. 根据合同法律制度的规定，下列租赁合同中，为不定期租赁的有（　　）。

A. 甲与乙签订的书面房屋租赁合同中约定的租赁期限为30年

B. 甲与丙口头约定，将房屋出租给丙，租期为1年

C. 甲与丁签订的房屋租赁合同对租赁期限没有作出约定，依照合同法的有关规定仍不能确定

D. 甲与戊的房屋租赁合同到期后，承租人戊继续使用该房屋，甲未提出异议

26. 根据合同法律制度的规定，下列情形无效的有（　　）。

A. 李某明知张某借钱是为了到黑市买枪仍借钱给张某

B. 王某向邓某借钱，用以支付钱某代孕的费用

C. 企业拨付特别款项借给优秀员工购买房屋，分期十年还清，约定利率为20%

D. 甲公司从银行取得贷款后高利转贷给知情的乙公司

27. 2014年3月，甲公司与乙公司签订一份融资租赁合同，甲公司按照乙公司的要求从丙公司购入一台起重机，提供给乙公司

使用，租金每月3万元，每月的10日支付，租期1年。2014年10月，乙公司停止向甲公司支付租金，经甲公司多次催告，乙公司一直未支付租金，根据合同法律制度的规定，甲公司可以采取的措施包括（　　）。

A. 要求乙公司支付全部租金

B. 要求乙公司承担违约责任

C. 请求确认融资租赁合同无效

D. 要求解除融资租赁合同，收回起重机

28. 甲公司与乙公司签订一项承揽合同，双方约定由乙公司为甲公司加工400套塑钢窗，甲公司提供图纸；乙公司提供材料，甲公司派2名技术人员协助乙公司进行加工；期限3个月。合同签订后，甲公司的技术人员一直未到位，乙公司发生误工损失3万元，则根据合同法律制度的规定，乙公司有权采取的措施有（　　）。

A. 催告甲公司在合理期限内履行义务

B. 要求顺延履行期限

C. 直接解除该承揽合同

D. 要求甲公司赔偿因此所受的损失

29. 甲公司委托张某到黑龙江省采购10吨大米，张某要求甲公司预付10万元处理委托事务的费用，甲公司予以拒绝，双方无其他约定。后张某在处理委托事务过程中自己垫付了5万元的必要费用。但因黑龙江省遭受旱灾，致使大米歉收，张某无法采购到符合甲公司质量要求的大米。根据合同法律制度的规定，下列表述中正确的有（　　）。

A. 甲公司应当预付张某处理委托事务的费用

B. 张某有权要求甲公司偿还为处理委托事务所支付的必要费用及利息

C. 甲公司有权随时解除委托合同

D. 若甲公司解除委托合同，张某有权要求甲公司支付相应的报酬

30. 2017年4月1日，甲在一次交通事故中将乙撞伤，因该事故乙对甲享有10万元的债权，甲无力偿还该债务。此时乙调查得知，丙欠付甲到期货款10万元未偿还，甲虽然没有对丙提起诉讼，但是已书面通知丙偿还该债务；丁在2016年4月1日将甲打伤，甲对丁享有5万元债权，丁一直不予偿还，甲已经对丁提起诉讼。根据合同法律制度的规定，下列表述中不正确的有（　　）。

A. 因甲已经书面通知丙偿还债务，乙不得对丙提起代位权诉讼

B. 因甲已经对丁提起诉讼，乙可以对丁提起代位权诉讼

C. 甲对丁的债权属于专属债权，乙不得对丁提起代位权诉讼

D. 因乙对甲的债权专属于自身，乙不得提起代位权诉讼

三、案例分析题

1. 2014年5月20日，上海的甲公司与北京的乙公司签订了一份买卖合同，约定：甲公司向乙公司购买100吨大米，总价款为200万元；乙公司在合同签订后1个月内将货运至甲公司指定的仓库，甲公司在验货后7日内付款。合同签订后，为担保甲公司按期付款，甲公司以小汽车一辆做抵押，签了抵押合同但未办理抵押登记。由于小汽车的价值仅为100万元，甲公司又请求丙公司为该笔借款提供了保证担保。乙与丙公司的保证合同没有约定保证方式及保证范围，但约定保证人承担保证责任的期限至借款本息还清时为止。

6月10日，乙公司准备发货时，甲公司的竞争对手告知乙公司，甲公司经营状况不佳，将要破产。乙公司随即暂停了货物发运，并电告甲公司暂停发货的原因。甲公司告知乙公司：本公司经营正常，货款已经备齐，而且货款支付已有担保，乙公司应尽快履行合同，否则将追究违约责任。6月25日，乙公司向铁路运输部门支付了运费并发货。货物在运输途中，遇泥石流灾害全部灭失。乙公司要求甲公司付款，甲公司则认为自己没有收到货物，无需支付。

要求：根据上述内容，回答以下问题。

（1）乙公司暂停发货是否有法律依据？

（2）丙公司的保证方式是一般保证还是

连带保证？保证期间为多长时间？

（3）乙能否直接要求丙承担保证责任？

（4）货物灭失的损失应当由谁承担？

（5）乙公司是否有权要求运输部门退还所支付的运费？

（6）乙公司是否有权要求甲公司支付货款？

2. 2014年7月，开发商甲公司与乙建筑公司订立建设工程合同，由乙公司为其承建商品房一栋。乙公司将其中的主体工程转包给无相应建筑资质的丙公司。

丙公司为承建该工程，向丁公司融资租赁塔吊两台，丁公司因此与厂家签订了买卖合同，合同未约定质量检验期。丁公司与丙公司的融资租赁合同仅约定租期两年，年租金40万元，对其他内容没有约定。一年后，丙公司因资金短缺，将其中一台塔吊以市价卖给不知情的戊公司，双方签订了买卖合同，戊公司将塔吊取走。2015年9月，另一台塔吊发生故障，无法正常使用。丙公司要求丁公司承担违约责任，丁公司则要求丙公司找厂家。

丙公司建造工程完工后，验收合格，但甲公司尚有部分工程款未支付给乙，乙因此未能将工程款全部支部给丙。

商品房在建过程中，甲公司取得了预售许可证，准备将商品房出售。甲公司委托房产中介公司代为销售，签订了商品房包销协议。后来甲公司又将其中一套卖给张某。中介公司认为甲公司无权自行销售，诉至法院。

要求：根据以上内容回答问题。

（1）乙公司与丙公司之间转包建筑工程的合同是否有效？

（2）根据丁公司与丙公司的融资租赁合同，租期届满塔吊的所有权归谁？

（3）丙公司将其中一台塔吊卖给戊公司的合同是否有效？戊公司能否获得塔吊的所有权？

（4）对于另一台塔吊发生故障，丙公司应当要求丁公司还是厂家承担责任？

（5）丙公司是否有权要求乙公司支付工程款？

（6）甲公司与张三订立的房屋买卖合同是否有效？中介公司是否有权要求甲公司承担违约责任？

答案及解析

一、单项选择题

1.【答案】D

【解析】订购合同是由甲乙两公司签订的，由于乙公司未能向甲公司履约，所以应向乙公司承担违约责任。

2.【答案】C

【解析】要约以信件或者电报作出的，承诺期限自信件载明的日期或者电报交发之日开始计算；信件未载明日期的，自投寄该信件的邮戳日期（5月6日）开始计算。

3.【答案】B

【解析】受要约人对要约的内容作出实质性变更的，为新要约。有关合同标的、数量、质量、价款或者报酬、履行期限、履行地点和方式、违约责任和解决争议方法等内容的变更，是对要约内容的实质性变更，故本题中乙公司的回函属于新要约。

4.【答案】C

【解析】（1）选项A：一般情况下承诺自通知到达要约人时生效，承诺生效时合同成立。本题中，乙企业的承诺在1月4日发出，而不是到达甲企业，所以甲企业与乙企业之间的合同在1月4日并未成立，选项A错误。（2）选项B：受要约人超过承诺期限发出承诺，为迟延承诺，除要约人及时通知受要约人该承诺有效的以外，迟延的承诺应视为新要约。本题中，乙企业在承诺期限内发出承诺，并未超过承诺期限，因此不属于迟延承诺，选项B错误。（3）选项C：受要约人在承诺期限内发出承诺，按照通常情形能够及时到达要约人，但因其他原因使承诺到达要约人时超过承诺期限的，为迟到承诺；除要约人及时通知受要约人因承诺超过期限不接受该承诺的以外，迟到的承诺为有效承诺。本题中，乙企业在承诺期限内发出承诺，按照通常情形能够在甲企业要求的日期内及时到达，不能按时到达是因为其他原因（暴雨）所致，因此该承诺属于迟到承诺，除非甲企业明确表示不接受该承诺，否则该承诺有效，选项C正确。（4）选项D：甲企业的要约确定了承诺期限，属于不可撤销的要约，甲企业1月8日的函件不能导致原要约的失效，选项D错误。

5.【答案】C

【解析】对格式条款的理解发生争议的，应当按照字面含义及通常理解予以解释。对格式条款有两种以上解释的，应当作出不利于提供格式条款一方的解释。

6.【答案】C

【解析】“一手交钱一手交货”说明没有履行的先后，故为同时履行抗辩权。

7.【答案】D

【解析】（1）选项A、B：连带共同保证是各保证人约定均对全部主债务承担担保义务或者保证人与“债权人”之间没有约定所承担保证份额的共同保证；连带共同保证的债务人在主合同规定的债务履行期限届满没有履行债务的，债权人可以要求债务人履行债务，也可以要求任何一个保证人承担全部保证责任。故银行有权要求张某或李某承担100万元的保证责任。（2）选项B：李某为不具有完全代偿能力的主体，但只要以保证人身份订立保证合同后，就应当承担保证责任，不具有代偿能力并不影响李某的保证责任承担。（3）选项C、D：连带共同保证中，已经承担保证责任的保证人，有权向“债务人”追偿，或者要求承担连带责任的“其他保证人”清偿其应当承担的份额。本题中，虽未与债权人约定份额，但保证人之间的约定仍旧有效，故张某有权向李某追偿60万元。

8.【答案】D

【解析】（1）选项A：保证、抵押、质押和定金，都是依据当事人的合同而设立，为约定担保；留置则是直接依据法律的规定而设立，无须当事人之间的特别约定，为法定担保。（2）选项B：保证是以保证人的财产和信用为担保的基础，属于人的担保；抵押、质押、留置，是以一定的财产为担保的基础，属于物的担保；定金是以一定的金钱为担保的基础，为金钱担保。（3）选项C：反担保方式可以是债务人提供的抵押或者质押，也可以是其他人提供的保证、抵押、质押。

9.【答案】C

【解析】（1）选项A、B、C：主合同中虽然没有保证条款，但是，保证人在主合同上以保证人的身份签字或者盖章的，保证合同成立。但是，当事人在借据、收据、欠条等债权凭证或者借款合同上签字或者盖章，但未表明其保证人身份或者承担保证责任，或者通过其他事实不能推定其为保证人的，出借人不能要求当事人承担保证责任。（2）选项D：当事人在保证合同中对保证方式没有约定或者约定不明确的，承担“连带”保证责任。本题中，乙公司以其他证据证明丙公司为保证人，但是无法证明保证方式，对保证方式没有约定，所以丙公司应当承担连带保证责任。

10.【答案】D

【解析】（1）选项A：各保证人约定均对全部主债务承担保证义务或保证人与“债权人”之间没有约定所承担保证份额的共同保证为连带共同保证，本题中，丙企业与丁企业之间的约定属于双方的内部约定，对债权人乙银行没有约束力，二者承担的是连带共同保证，选项A正确；（2）选项B：连带共同保证的债务人在主合同规定的债务履行期届满没有履行债务的，债权人可以要求债务人履行债务，也可以要求任何一个保证人承担全部保证责任，本题中，债权人乙银行有权要求丙企业承担全部的保证责任，丙企业应当履行，选项B正确；（3）选项C、D：已经承担保证责任的保证人，有权向债务人追偿，或者要求承担连带责任的其他保证人清偿按照约定其应当承担的份额。本题中，丙企业承担了全部的保证责任后，有权向甲企业追偿，也有权向丁企业追偿其应当承担的份额，但是无权向丁企业追偿全部的保证份额，因此选项C正确，选项D错误。

11.【答案】A

【解析】(1) 选项A、B：连带共同保证的保证人承担保证责任后，向债务人不能追偿的部分，由各连带保证人按其内部约定的比例分担；没有约定的，平均分担。所以，丙公司承担保证责任后，应先向甲公司追偿；向甲公司不能追偿的部分，有权要求丁公司承担相应份额。(2) 选项C：如果当事人在保证合同中对保证方式没有约定或者约定不明确的，按照连带责任保证承担保证责任。连带共同保证的债务人在主合同规定的债务履行期届满没有履行债务的，债权人可以要求债务人履行债务，也可以要求任何一个保证人承担全部保证责任。(3) 选项D：数个保证人共同担保同一债权并且没有与债权人约定所承担保证份额的为连带共同保证。债权人可以要求其中一个或数个保证人承担全部或部分债务。

12.【答案】C

【解析】(1) 选项A：合同的变更，除当事人另有约定的以外，仅对变更后未履行的部分有效，对已履行的部分无溯及力。(2) 选项B：除了双方通过合意变更合同以外，还存在法定变更的情形，即一方当事人单方通知对方变更合同的权利。(3) 选项D：合同的变更是指合同内容的变更，合同主体的变更属于合同的转让。

13.【答案】B

【解析】(1) 选项A：债务人接到债权转让通知时，债务人对让与人享有债权，并且其债权先于转让的债权到期或者同时到期的，债务人可以向受让人主张抵销。(2) 选项B：债权人转让债权的，无须债务人同意，但应当通知债务人。(3) 选项C、D：在全部转让债权的情形下，原债权人脱离债权债务关系，受让人取代债权人地位，受让人取得与债权有关的从权利（专属于债权人自身的权利除外）。

14.【答案】B

【解析】根据合同法律制度的规定，债务人除支付主债务之外还应当支付利息和费用，当其给付不足以清偿全部债务时，并且当事人没有约定的，法院应按照下列顺序抵充：(1) 实现债权的有关费用；(2) 利息；(3) 主债务。

15.【答案】C

【解析】选项C：抵销不可以附条件或者附期限。

16.【答案】D

【解析】选项D：债权人领取提存物的权利，自提存之日起5年内不行使则消灭，提存物扣除提存费用后归国家所有。

17.【答案】C

【解析】(1) 选项D：出卖人就同一标的物订立多重买卖合同，如合同均不具有《合同法》规定的无效情形，买受人因不能按照合同约定取得标的物的所有权，请求追究出卖人违约责任的，法院应予支持；即合同有效，乙公司有权要求甲公司承担违约责任。(2) 选项A、B、C：出卖人就同一船舶、航空器、机动车等特殊动产订立多重买卖合同，在买卖合同均“有效”的情况下，买受人均要求实际履行合同的：①先行受领交付的买受人请求出卖人履行办理所有权转移登记手续等合同义务的，法院应予支持；②各买受人均未受领交付，先行办理所有权转移登记手续的买受人请求出卖人履行交付标的物等合同义务的，法院应予支持；③出卖人将标的物交付给买受人之一，又为其他买受人办理所有权转移登记，已受领交付的买受人请求将标的物所有权登记在自己名下的，法院应予支持；④各买受人均未受领交付，也未办理所有权转移登记手续，依法成立在先合同的买受人请求出卖人履行交付标的物和办理所有权转移登记手续等合同义务的，法院应予支持。

18.【答案】D

【解析】买卖合同中，标的物为数物，其中一物不符合约定的，买受人可以就该物解除合同，但该物与他物分离使标的物的价值显受损害的，当事人可以就数物解除合同。本题中，标的物为一条生产线，缺失该条生产线三台设备中的哪一台，都将导致无法完成生产，因此，其中一台设备不符合约定，且该物与他物的分离使标的物的价值显受损害，当事人可就整个合同主张解除。

19.【答案】B

【解析】赠与人故意不告知瑕疵或者保证无瑕疵，造成受赠人损失的，应当承担损害赔偿责任。

20.【答案】D

【解析】选项D：借款合同应采用书面形式，但自然人之间借款另有约定的除外。

21.【答案】A

【解析】(1) 选项A：甲对房屋是有权出售的，甲丙之间的房屋买卖合同合法有效，办理过户登记手续后，丙取得房屋的所有权；(2) 选项B：第三人善意购买租赁房屋并已经办理登记手续的，承租人不得主张优先购买权；出租人出卖租赁房屋未在合理期限内通知承租人或者存在其他侵害承租人优先购买权的情形，承租人可以请求出租人承担赔偿责任，但不得主张出租人与第三人签订的房屋买卖合同无效；(3) 选项C、D：租赁物在租赁期间发生所有权变动的，不影响租赁合同的效力，这称为"买卖不破租赁"，但要注意，所有的所有权让与均不破租赁，并非局限于买卖。

22.【答案】D

【解析】(1) 选项A：承租人将其自有物出卖给出租人，再通过融资租赁合同将租赁物从出租人处租回的，人民法院不应仅以承租人和出卖人系同一人为由认定不构成融资租赁法律关系；(2) 选项B、C：融资租赁合同标的物的行政许可、风险承担等问题上采取如下处理规则：①如果承租人对于租赁物的经营使用应当取得行政许可，出租人未取得行政许可的，不得以此为理由认定融资租赁合同无效。②承租人占有租赁物期间，租赁物毁损、灭失的风险由承租人承担，出租人要求承租人继续支付租金的，人民法院应予支持。但当事人另有约定或者法律另有规定的除外。

23.【答案】D

【解析】选项D：定作人可以随时解除承揽合同，定作人因此造成承揽人损失的，应当赔偿损失。

24.【答案】C

【解析】(1) 选项A：承包人在未取得建筑施工企业资质的情形下订立的建设工程施工合同无效。(2) 选项B、C：建设工程施工合同无效，且建设工程经竣工验收不合格的，按照以下情形分别处理：①修复后的建设工程经竣工验收合格，发包人可以请求承包人承担修复费用；②修复后的建设工程经竣工验收不合格，承包人无权请求支付工程价款。(3) 选项D：发包人对建设工程不合格造成的损失有过错的，也应承担相应的民事责任。

25.【答案】A

【解析】(1) 选项B：承运人对运输中货物的毁损、灭失，承担损害赔偿责任。但是，承运人证明货物的毁损、灭失是因不可抗力、货物本身的自然性质或者合理损耗以及托运人、收货人的过错造成的，不承担损害赔偿责任。(2) 选项C：承运人擅自变更运输工具提高服务标准的，不应当加收票款。(3) 选项D：承运人应当对运输途中旅客的伤亡承担损害赔偿责任，但伤亡是旅客自身健康原因造成的或者承运人证明伤亡是旅客故意、重大过失造成的除外。

26.【答案】B

【解析】(1) 选项A：行纪合同的行纪人必须以自己的名义与第三人订立合同；委托合同中的受托人可以委托人的名义，也可以自己的名义与第三人订立合同。(2) 选项C：委托合同可以是有偿合同，也可以是无偿合同；行纪合同均为有偿合同。(3) 选项D：在委托合同中，受托人处理委托事务的费用由委托人承担；在行纪合同中，行纪人处理委托事务支出的费用，一般由行纪人自行承担。

二、多项选择题

1.【答案】ABCD

【解析】以上选项均突破了合同相对性原则。

2.【答案】BCD

【解析】对于商品房销售中出现的销售广告和宣传资料，根据《商品房买卖合同解释》的规定，有几个要点：第一，有关商品房的销售广告和宣传资料为要约邀请，对出卖人无合同上的约束力。第二，出卖人就商品房开发规划范围内的房屋及相关设施所作的说明和允诺具体确定，并对合同的订立以及房屋价格的确定有重大影响的，视为要约。第三，第二点的内容即使未订入合同，仍属于合同的组成部分，当事人违反这些内容的，承担违约责任。本题中，吉祥公司在销售广告中对开发温泉休闲中心的承诺具体确定，且对合同的订立和房屋价格都产生了重大影响，应视为要约；该内容即使未订入购房合同，仍属于合同的组成部分，当事人违反该内容的，应当承担违约责任。

3.【答案】BC

【解析】(1) 选项A、B：甲公司与刘某签订的运输合同是有效的；(2) 选项C、D：运输合同中的该条款属于格式条款，合同法律制度规定，提供格式条款一方免除其责任、加重对方责任、排除对方主要权利的，该条款无效。

4.【答案】ABD

【解析】合同生效后，当事人就质量、价款或者报酬、履行地点等内容没有约定或者约定不明确的，可以协议补充；不能达成补充协议的，按照合同有关条款或者交易习惯确定；依照上述规则仍不能确定的，则履行地点不明确，给付货币的，在接受货币一方所在地履行（上海）；交付不动产的，在不动产所在地履行；其他标的，在履行义务一方所在地履行（上海）；故本题中，不论是交货还是付款，均须在上海进行。

5.【答案】ABC

【解析】(1) 选项A：代位权要求债权人对债务人的债权到期，但是撤销权中，债权人对债务人的债权可以到期，也可以不到期；(2) 选项B：代位权诉讼中，债权人是原告、次债务人是被告，债务人为诉讼上的第三人；撤销权诉讼中，债权人是原告、债务人为被告、受益人或者受让人为诉讼上的第三人；(3) 选项C：代位权诉讼和撤销权诉讼中，均由“被告”住所地人民法院管辖，但是代位权的被告是次债务人，撤销权的被告是债务人。

6.【答案】AD

【解析】(1) 选项A、B：保证期间，债权人与债务人协议变更主合同的，应当取得保证人书面同意。未经保证人同意的主合同变更，如果减轻债务人的债务的，保证人仍应当对变更后的合同承担保证责任；如果加重债务人的债务的，保证人对加重的部分不承担保证责任。本题中，借款合同的变更减轻了债务人的债务，保证人恒达企业仍应当对变更后的借款承担保证责任，因此选项A错误，选项B正确。(2) 选项C、D：债权人与债务人对主合同履行期限作了变动，未经保证人书面同意的，保证期间为原合同约定的或者法律规定的期间。本题中，借款合同对履行期限的变更未经保证人书面同意，恒达企业仍在原合同约定的保证期间内承担保证责任，因此选项C正确，选项D错误。

7.【答案】ACD

【解析】被担保的债权既有物的担保又有人的担保的，债务人不履行到期债务或者发生当事人约定的实现担保物权的情形，债权人应当按照约定实现债权；没有约定或者约定不明确，债务人自己提供物的担保的，债权人应当先就该物的担保实现债权，选项A正确；第三人提供物的担保的，债权人可以就物的担保实现债权，也可以要求保证人承担保证责任，选项C正确。提供担保的第三人承担担保责任后，有权向债务人追偿，选项D正确。

8.【答案】AC

【解析】（1）选项A、B：保证人为借款人提供一般保证，出借人仅起诉保证人的，人民法院“应当”追加借款人为共同被告；出借人仅起诉借款人的，人民法院“可以”不追加保证人为共同被告。（2）选项C：一般保证人承担补充赔偿责任，只有在强制执行债务人财产仍不能清偿债务时，一般保证人才承担责任。（3）选项D：债权人放弃全部或者部分债权的，保证人在债权人放弃的范围内免除保证责任。

9.【答案】ABC

【解析】（1）选项A、B、C：债务人放弃债权（到期、未到期均可）、放弃债权担保或者恶意延长到期债权的履行期限，对债权人造成损害，债权人可以撤销；（2）选项D：债务人无偿转让财产，对债权人造成损害；债务人以明显不合理的低价转让财产或者以明显不合理的高价收购他人财产，对债权人造成损害，并且受让人“知道”该情形。无偿转让，不管受让人是否知情，但低价转让或高价收购需受让人知道方可撤销。

10.【答案】CD

【解析】（1）选项A、C：甲公司将其合同义务全部转移给了丙，属于免责的债务承担，甲公司退出原来的债权债务关系，丙公司履行债务不符合约定的，由丙公司向乙公司承担违约责任。（2）选项B、D：第三人以担保为目的加入债的关系，与原债务人共同承担同一债务的，属于并存的债务承担。由于并存的债务承担并不使得原债务人脱离债的关系，因此原则上不以债权人的同意为必要。本题中，丁公司加入债的关系原则上并不需要取得乙公司的同意，其向乙公司履行债务的行为应是有效的。

11.【答案】AC

【解析】（1）选项A、B：当事人之间订立有关设立、变更、转让和消灭不动产物权的合同，除法律另有规定或者合同另有约定外，自合同成立时生效，未办理物权登记的，不影响合同效力；虽然齐某未办理登记手续，并不影响买卖合同的效力，只是不能取得房屋的所有权。（2）选项C：不动产物权的设立、变更、转让和消灭，经依法登记，发生效力；未经登记，不发生效力，但法律另有规定的除外。（3）选项D：“商品房买卖合同”订立后，出卖人又将该房屋出卖给第三人的，买受人在解除合同并赔偿损失的前提下，还可以要求出卖人承担不超过已付房款一倍的惩罚性赔偿金；本案中，并非商品房买卖合同，不适用惩罚性赔偿金的规定。

12.【答案】AC

【解析】（1）选项B：当事人订立合同后分立的，“除债权人和债务人另有约定的以外”，由分立的法人或者其他组织对合同的权利和义务享有连带债权，承担连带债务。（2）选项D：合同当事人发生合并或分立时，就会有法定的概括移转的发生。

13.【答案】BC

【解析】若一项债务已届清偿期，而另一项债务未届清偿期，则未到期的债务人可以主张抵销。本题中，至2014年4月1日，杨某对王某所负债务25万元尚未到期，王某对杨某所负到期债务为30万元；王某、杨某互负金钱债务，种类、性质相同，杨某有权主张抵销25万元，王某无权主张抵销。

14.【答案】BC

【解析】（1）选项A：标的物提存后，除债权人下落不明的以外，债务人应当及时通知债权人或者债权人的继承人、监护人；本题中，因张某下落不明，不必通知，也无法通知。（2）选项D：债权人领取提存物的权利，自提存之日起5年内不行使而消灭，提存物扣除提存费用后归“国家”所有。

15.【答案】ACD

【解析】选项B：违约责任只能在具有合同关系的当事人之间发生。

16.【答案】ABD

【解析】（1）选项A：出租人委托拍卖人拍卖租赁房屋，应当在拍卖5日前通知承租人。承租人未参加拍卖的，法院应当认定承租人放弃优先购买权。（2）选项B、C、D：具有下列情形之一，承租人主张优先购买房屋的，法院不予支持：①房屋共有人行使优先购买权的；②出租人将房屋出卖给近亲属，包括配偶、父母、子女、兄弟姐妹、祖父母、外祖父母、孙子女、外孙子女的（选项B）；③出租人履行通知义务后，承租人在“15日内”未明确表示购买的（选项D）；④第三人善意购买租赁房屋并已经办理“登记”手续的（选项C）。

17.【答案】ABD

【解析】《合同法》规定的法定的免责事由仅限于不可抗力。《合同法》规定，常见的不可抗力有：(1) 自然灾害（选项A）；(2) 政府行为（选项B）；(3) 社会异常现象（选项D）。

18.【答案】BD

【解析】出卖人就交付的标的物，负有保证第三人不得向买受人主张任何权利的义务，但买受人订立合同时知道或者应当知道第三人对买卖的标的物享有权利的，或法律另有其他规定的除外。买受人有确切证据证明第三人可能就标的物主张权利的，可以中止支付相应的价款，但出卖人提供适当担保的除外。

19.【答案】BD

【解析】(1) 标的物在订立合同之前已为买受人占有的，合同生效的时间为交付时间。本题中，小明、小红约定，在小红6月3日支付价款后合同生效，合同生效时为电脑的交付时间，6月2日电脑仍未交付。(2) 除法律另有规定外，标的物的所有权自标的物交付时起转移；标的物毁损、灭失的风险在标的物交付之前由出卖人承担，交付之后由买受人承担。本题中，电脑还未交付，其所有权和风险都未发生转移，所有权应属于小明，风险也由小明承担。

20.【答案】ABCD

【解析】分期付款的买受人未支付到期价款的金额达到全部价款的1/5的，出卖人可以要求买受人一并支付到期与未到期的全部价款或者解除合同。出卖人解除合同的，双方应互相返还财产，出卖人可以向买受人要求支付该标的物的使用费。本题中，至7月10日，甲未支付的到期价款为 $2\ 000+2\ 000=4\ 000$（元），$4\ 000/10\ 000=2/5>1/5$，因此，A商场可以要求甲一并支付剩余的全部价款或者解除合同。A商场主张解除合同的，双方应互相返还财产，且A商场可以要求甲支付电脑的使用费。

21.【答案】ACD

【解析】商品房买卖合同中当事人可以行使解除权的情形有：第一，因房屋主体结构质量不合格不能交付使用，或者房屋交付使用后，房屋主体结构质量经核验确属不合格的；第二，因房屋质量问题严重影响正常居住使用的（选项D正确）；第三，房屋套内建筑面积或者建筑面积与合同约定的面积误差比绝对值超过3%的（选项A正确）；第四，出卖人迟延交付房屋或者买受人迟延支付购房款，经催告后在3个月的合理期限内仍未履行的（选项B错误）；第五，约定或者法定的办理房屋所有权登记的期限届满后超过1年，因出卖人的原因导致买受人无法办理房屋所有权登记的（选项C正确）。

22.【答案】ABC

【解析】受赠人有下列情形之一的，赠与人可以行使法定撤销权：(1) 严重侵害赠与人或者赠与人的近亲属；(2) 对赠与人有扶养义务而不履行；(3) 不履行赠与合同约定的义务。

23.【答案】ABC

【解析】借款合同中，借款人未按照约定的借款用途使用借款的，贷款人可以停止发放借款、提前收回借款、解除借款合同。

24.【答案】ACD

【解析】(1) 选项A：经金融监管部门批准设立的从事贷款业务的金融机构及其分支机构，因发放贷款等相关金融业务引发的纠纷，不属于民间借贷。(2) 选项B：借贷双方通过网络贷款平台形成借贷关系，网络贷款平台的提供者仅提供媒介服务，不承担担保责任。(3) 选项C：借贷双方约定的利率超过年利率36%，超过部分的利息约定无效。

第四章

(4) 选项 D：自然人之间的借款合同对支付利息没有约定或者约定不明确的，视为不支付利息。

25.【答案】BCD

【解析】根据《合同法》的规定，不定期租赁主要有以下几种情况：(1) 租赁期限6个月以上的，合同应当采用书面形式。当事人未采用书面形式的，视为不定期租赁。(2) 当事人对租赁期限没有约定或者约定不明确，依照《合同法》的有关规定仍不能确定的，视为不定期租赁。(3) 租赁期届满，承租人继续使用租赁物，出租人没有提出异议的，原租赁合同继续有效，但租赁期限为不定期。选项 A：租赁期限不得超过 20 年，超过 20 年的，超过部分无效，故该房屋租赁合同期限为 20 年，但仍为定期合同。

26.【答案】ABD

【解析】法人之间、其他组织之间以及它们相互之间为生产、经营需要订立的民间借贷合同，原则上有效，除非存在如下情形之一：(1) 存在《合同法》第五十二条规定的无效情形；(2) 套取金融机构信贷资金又高利转贷给借款人，且借款人事先知道或者应当知道的（选项 D)；(3) 以向其他企业借贷或者向本单位职工集资取得的资金又转贷给借款人牟利，且借款人事先知道或者应当知道的；(4) 出借人事先知道或者应当知道借款人借款用于违法犯罪活动仍然提供借款的（选项 A)；(5) 违背社会公序良俗的（选项 B)；(6) 其他违反法律、行政法规效力性强制性规定的。

27.【答案】ABD

【解析】(1) 选项 A、C、D：承租人应当按照约定支付租金。承租人经催告后在合理期限内仍不支付租金的，出租人可以要求支付全部租金；也可以解除合同，收回租赁物；但是不能因此确认合同无效。(2) 选项 B：乙公司不按约定期限支付租金的行为属于违约，甲公司有权要求乙公司承担违约责任。

28.【答案】ABD

【解析】(1) 选项 A、B、C：承揽工作需要定作人协助的，定作人有协助的义务。定作人不履行协助义务致使承揽工作不能完成的，承揽人可以催告定作人在合理期限内履行义务，并可以顺延履行期限；定作人逾期不履行的，承揽人可以解除合同。(2) 选项 D：因定作人的违约行为给承揽人造成损失的，承揽人有权要求定作人赔偿损失。

29.【答案】ABCD

【解析】(1) 选项 A、B：委托人应当预付处理委托事务的费用。受托人为处理委托事务垫付必要费用的，委托人应当偿还该费用及其利息；(2) 选项 C：委托人或者受托人可以随时解除委托合同，因解除合同给对方造成损失的，除不可归责于当事人的事由外，应当赔偿损失；(3) 选项 D：因不可归责于受托人的事由，委托合同解除或者委托事务不能完成的，委托人应当向受托人支付相应的报酬。当事人另有约定的，按照其约定。

30.【答案】D

【解析】在因第三人的行为造成债务不能履行的情况下，债务人仍应向债权人承担违约责任（选项 D)。

三、案例分析题

1.【答案】

(1) 乙公司暂停发货没有法律依据。根据规定，应当先履行债务的当事人，有确切证据证明对方经营状况严重恶化的，可以行使不安抗辩权，中止合同履行。在本题中，乙公司并没有确切证据证明甲公司经营状况严重恶化，而且该笔货款已有担保，因此，乙公司暂停发货没有法律依据。

(2) 丙公司是连带保证。根据规定，保证合同未约定保证方式的，保证人承担连带保证责任。保证期间为主债务履行期限届满之日起 2 年。本案中保证合同约定保证责任承担到债务本息还清为止，这属于对保证期间约定不明，应当为主债务履行期限届满之日起两年。

（3）不能。根据规定，没有约定或者约定不明确的，同一债权既有保证又有债务人提供的物的担保时，债权人应当先就该物的担保实现债权。在本题中，丙银行应当优先执行主债务人甲公司的抵押，因此，丙银行不能直接要求丁公司承担保证责任。

（4）货物灭失的损失应当由乙公司承担。根据规定，在买卖合同中，标的物毁损灭失的风险在交付之前由出卖人承担，交付之后由买受人承担。本案中，双方约定由乙公司将货运至甲公司指定的仓库，意味着交付地点在甲公司指定的仓库，在运输途中，货物尚未交付，则毁损灭失的风险由出卖方乙公司承担。

（5）有权。《合同法》规定，货物在运输过程中因不可抗力灭失，未收取运费的，承运人不得要求支付运费，已收取运费的，托运人可以要求返还。本案中，货物因不可抗力灭失，乙公司有权要求运输部门退还所支付的运费。

（6）无权要求。因为货物毁损灭失的风险由乙公司承担，乙没有按期交货，甲公司无需支付货款。

2. 【答案】

（1）无效。《合同法》规定，建设工程合同转包一律无效。

（2）归丁公司。《合同法》规定，融资租赁合同中未约定租期届满标的物所有权归属的，应当归出租人所有。

（3）合同有效，戊公司可以获得塔吊的所有权。丙公司出售融资租赁的塔吊，构成无权处分，但不影响合同的效力。由于戊公司是善意的，且支付了合理对价，并将塔吊取走，满足善意取得的构成要件，因此善意取得所有权。

（4）应当要求厂家承担责任。原因如下：第一，融资租赁合同的出租人一般不承担瑕疵担保责任，租赁物瑕疵问题，承租人可以直接向出卖人要求承担责任；第二，买卖合同没有约定检验期，应当适用合理期限 2 年，本案中并未超出该合理期限。

（5）有权。虽然乙丙之间合同无效，但由于建设工程验收合格，施工方丙公司可以要求参照合同约定支付工程款。

（6）甲公司与张三之间的房屋买卖合同有效，但中介公司有权要求甲公司承担违约责任。因为甲公司有房屋的所有权，甲公司将自己享有所有权的房屋卖给张三属于有权处分，合同有效，但由于甲公司与中介公司之间有包销协议，甲公司将房屋卖给张三违反了包销协议，应当承担违约责任。

第五章　合伙企业法律制度

本章考情分析

本章的考试比重一般，分值不高（7～9分）；题型以客观题为主，综合题偶有考查。本章内容比较简单，考点不多，记忆容易。

基本内容框架

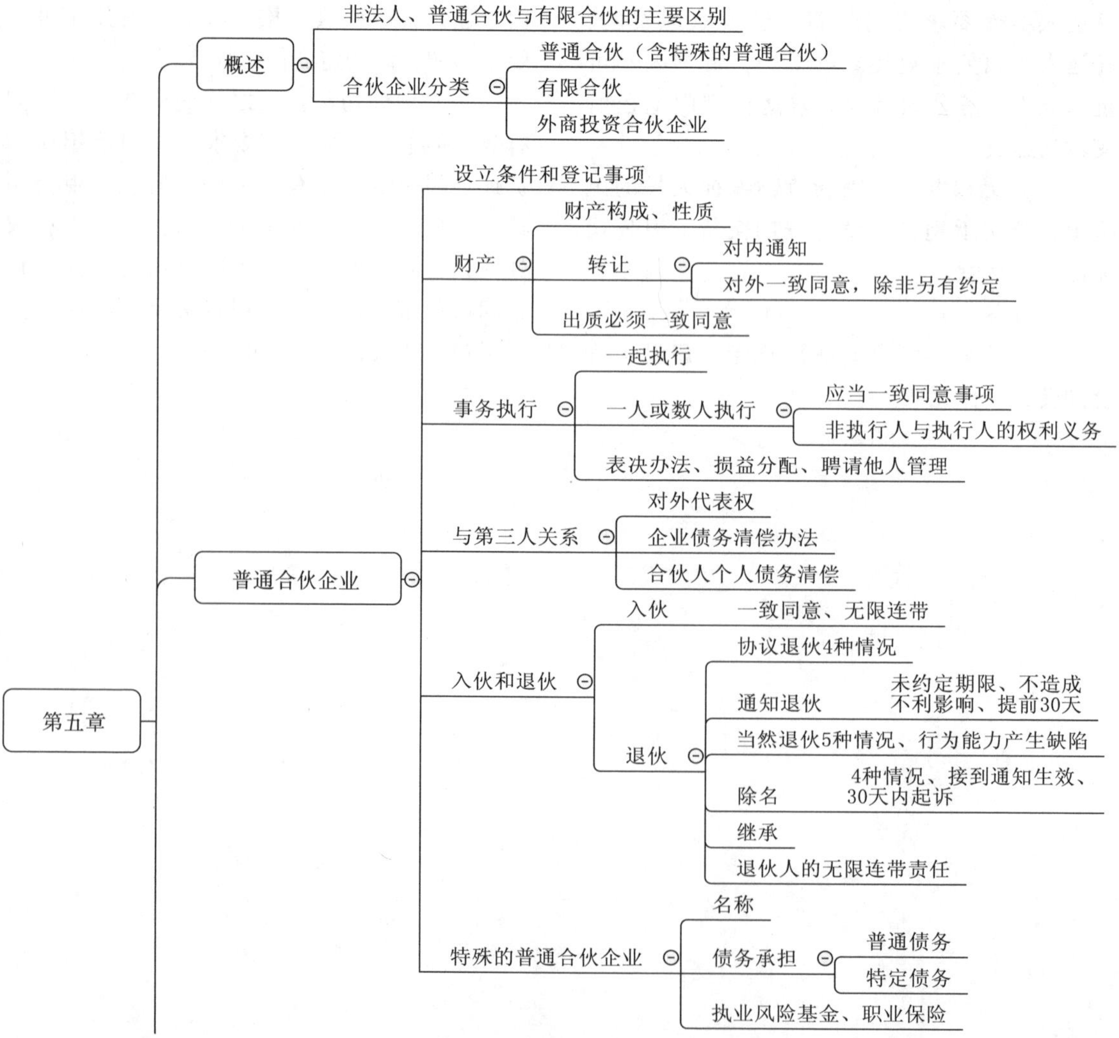

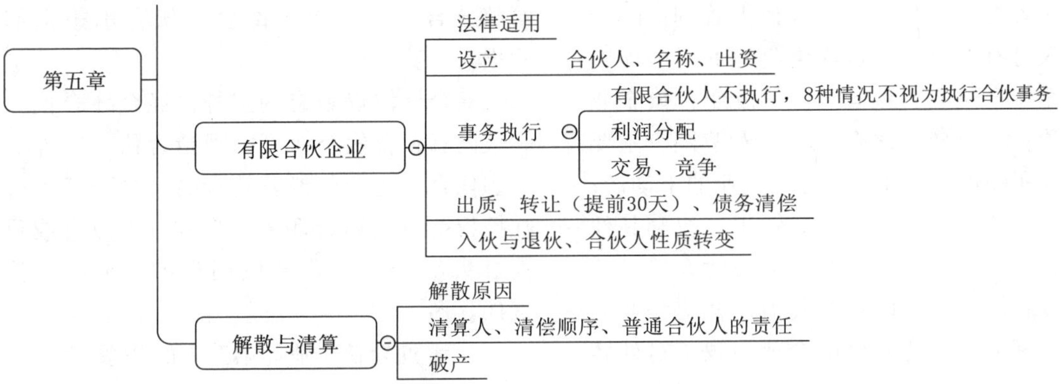

通关重难点例题解析

本章复习重点如下：

（一）了解合伙企业的概念和分类、合伙企业法的概念和基本原则、普通合伙企业概念

（二）理解普通合伙企业的设立

（三）掌握合伙企业财产、合伙事务执行、合伙企业与第三人的关系、入伙和退伙、特殊的普通合伙企业

（四）了解有限合伙企业的概念和法律适用

（五）掌握有限合伙企业设立、事务执行、财产出质与转让、债务清偿、入伙和退伙的特殊规定、合伙人性质转变的特殊规定

（六）理解合伙企业的解散、清算

1. 普通合伙企业的设立条件

（1）2个以上合伙人。合伙人为自然人的，应当具有完全民事行为能力。国有独资公司、国有企业、上市公司以及公益性的事业单位、社会团体不得成为普通合伙人。

（2）有书面合伙协议。修改或者补充合伙协议，应当经全体合伙人一致同意；但是，合伙协议另有约定的除外。

（3）有合伙人认缴或者实际缴付的出资。合伙人可以用货币、实物、知识产权、土地使用权或者其他财产权利出资，也可以用劳务出资。合伙人以劳务出资的，其评估办法由全体合伙人协商确定，并在合伙协议中载明。

以非货币财产出资的，依照法律、行政法规的规定，需要办理财产权转移手续的，应当依法办理。

（4）有合伙企业的名称和生产经营场所。普通合伙企业应当在其名称中标明“普通合伙”字样。合伙企业的主要经营场所只能有一个，并且应当在其企业登记机关登记管辖区域内。

（5）法律、行政法规规定的其他条件。

2. 普通合伙企业的财产

合伙人的出资、以合伙企业名义取得的收益和依法取得的其他财产，均为合伙企业的财产。合伙企业的财产具有独立性、完整性。

合伙人之间转让在合伙企业中的全部或者部分财产份额时，应当通知其他合伙人。除合伙协议另有约定外，合伙人向合伙人以外的人转让其在合伙企业中的全部或者部分财产份额时，须经其他合伙人一致同意。合伙人向合伙人以外的人转让其在合伙企业中的财产份额的，在同等条件下，其他合伙人有优先购买权；但是，合伙协议另有约定的除外。

合伙人以其在合伙企业的财产份额出质的，须经其他合伙人一致同意；未经其他合伙人一致同意，其行为无效，由此给善意第三人造成损失的，由行为人依法承担赔偿责任。（特点：不能另有约定；不保护善意第三人。）

3. 普通合伙企业的合伙事务执行

合伙企业事务可以由全体合伙人共同管

理，或者委托一个或数个合伙人管理。除合伙协议另有约定外，合伙企业的下列事项应当经全体合伙人一致同意：①改变合伙企业的名称；②改变合伙企业的经营范围、主要经营场所的地点；③处分合伙企业的不动产；④转让或者处分合伙企业的知识产权和其他财产权利；⑤以合伙企业名义为他人提供担保；⑥聘任合伙人以外的人担任合伙企业的经营管理人员。还有修改合伙协议、对外转让财产份额、财产份额对外出质、同意合伙事务执行人与本合伙企业进行交易、吸收新人入伙、协议退伙、除名（其他合伙人一致同意）、同意普通合伙人继承、同意不具有完全民事行为能力人转为有限合伙人或继承、同意合伙人转变性质；其他一致同意都可以另有约定，合伙财产份额对外出质、除名、同意不具有完全民事行为能力人转为有限合伙人或继承必须一致同意，不能另有约定。

合伙人在执行合伙事务中的权利主要包括以下内容：①合伙人对执行合伙事务享有同等的权利。②不执行合伙事务的合伙人有监督权、查阅权、异议权和撤销权。执行事务合伙人应当定期向其他合伙人报告事务执行情况以及合伙企业的经营和财务状况。合伙人不得自营或者同他人合作经营与本合伙企业相竞争的业务。除合伙协议另有约定或者经全体合伙人一致同意外，合伙人不得同本合伙企业进行交易。

合伙人对合伙企业有关事项作出决议：①按照合伙协议约定的表决办法办理，但不能违反法律的强制性规定。②合伙协议未约定或者约定不明确的，实行合伙人一人一票并经全体合伙人过半数通过的表决办法；但《合伙企业法》对合伙企业的表决办法另有规定的，从其规定。

合伙企业的损益分配原则为：①按照合伙协议的约定办理；合伙协议未约定或者约定不明确的，由合伙人协商决定；协商不成的，由合伙人按照实缴出资比例分配、分担；无法确定出资比例的，由合伙人平均分配、分担。②合伙协议不得约定将全部利润分配给部分合伙人或者由部分合伙人承担全部亏损。

除合伙协议另有约定外，经全体合伙人一致同意，合伙企业可以聘请合伙人以外的人担任合伙企业的经营管理者。被聘任人应在授权范围内履行职务；越权、因故意或重大过失给合伙企业造成损失的，承担赔偿责任。

4. 普通合伙企业与第三人的关系

可以取得合伙企业对外代表权的合伙人，主要有三种情况：全体合伙人都有权对外代表合伙企业；只有受委托执行合伙企业事务的那一部分合伙人有权对外代表合伙企业；由于特别授权在单项合伙事务上有执行权的合伙人，依照授权范围可以对外代表合伙企业。合伙企业对合伙人执行合伙事务以及对外代表合伙企业权利的限制，不得对抗善意第三人。

合伙企业对其债务，应先以其全部财产进行清偿。合伙企业不能清偿到期债务的，合伙人承担无限连带责任。债权人可以根据自己的清偿利益，请求全体合伙人中的一人或数人承担全部清偿责任，也可以按照自己确定的清偿比例向合伙人分别追索。合伙人之间的分担比例对债权人没有约束力。合伙人由于承担无限连带责任，清偿数额超过规定的其亏损分担比例的，有权向其他合伙人追偿。如果某一合伙人实际支付的清偿数额超过其依照既定比例所应承担的数额，该合伙人有权就超过部分向其他未支付或者未足额支付应承担数额的合伙人追偿。

合伙人发生与合伙企业无关的债务，相关债权人不得以其债权抵销其对合伙企业的债务；也不得代位行使合伙人在合伙企业中的权利。合伙人的自有财产不足清偿其与合伙企业无关的债务的，该合伙人可以以其从合伙企业中分取的收益用于清偿；债权人也可以依法请求人民法院强制执行该合伙人在合伙企业中的财产份额用于清偿。人民法院强制执行合伙人的财产份额时，应当通知全体合伙人，其他合伙人有优先购买权；其他合伙人未购买，又不同意将该财产份额转让给他人的，为该合伙人办理退伙结算，或者办理削减该合伙人相应财产份额的结算。

5. 普通合伙企业的入伙和退伙

（1）入伙。新合伙人入伙，除合伙协议另有约定外，应当经全体合伙人一致同意，并依法订立书面入伙协议。新合伙人对入伙前合伙企业的债务承担无限连带责任。

（2）退伙。合伙人退伙一般有两种原因：自愿退伙、强制退伙。自愿退伙可以分为协议退伙和通知退伙两种，强制退伙分为当然退伙和除名两类。

①协议退伙。合伙协议约定合伙期限的，在合伙企业存续期间，有下列情形之一的，合伙人可以退伙：a. 合伙协议约定的退伙事由出现；b. 经全体合伙人一致同意；c. 发生合伙人难以继续参加合伙的事由；d. 其他合伙人严重违反合伙协议约定的义务。合伙人违反上述规定退伙的，应当赔偿由此给合伙企业造成的损失。

②通知退伙。合伙协议未约定合伙期限的，合伙人在不给合伙企业事务执行造成不利影响的情况下，可以退伙，但应当提前30日通知其他合伙人。合伙人违反上述规定退伙的，应当赔偿由此给合伙企业造成的损失。

③当然退伙。合伙人有下列情形之一的，当然退伙：a. 作为合伙人的自然人死亡或者被依法宣告死亡；b. 个人丧失偿债能力；c. 作为合伙人的法人或者其他组织依法被吊销营业执照、责令关闭、撤销，或者被宣告破产；d. 法律规定或者合伙协议约定合伙人必须具有相关资格而丧失该资格；e. 合伙人在合伙企业中的全部财产份额被人民法院强制执行。当然退伙以退伙事由实际发生之日为退伙生效日。

合伙人被依法认定为无民事行为能力人或者限制民事行为能力人的，经其他合伙人一致同意，可以依法转为有限合伙人，普通合伙企业依法转为有限合伙企业。其他合伙人未能一致同意的，该无民事行为能力或者限制民事行为能力的合伙人退伙。

④除名。合伙人有下列情形之一的，经其他合伙人一致同意，可以决议将其除名：未履行出资义务；因故意或者重大过失给合伙企业造成损失；执行合伙事务时有不正当行为；发生合伙协议约定的事由。对合伙人的除名决议应当书面通知被除名人。被除名人接到除名通知之日，除名生效，被除名人退伙。被除名人对除名决议有异议的，可以自接到除名通知之日起30日内，向人民法院起诉。

合伙人死亡或者被依法宣告死亡的，继承人按照合伙协议的约定或者经全体合伙人一致同意，从继承开始之日起，取得该合伙企业的合伙人资格。有下列情形之一的，合伙企业应当向继承人退还被继承合伙人的财产份额：a. 继承人不愿意成为合伙人；b. 法律规定或者合伙协议约定合伙人必须具有相关资格，而该继承人未取得该资格；c. 合伙协议约定不能成为合伙人的其他情形。合伙人的继承人为无民事行为能力人或者限制民事行为能力人的，经全体合伙人一致同意，可以依法成为有限合伙人，普通合伙企业依法转为有限合伙企业。全体合伙人未能一致同意的，合伙企业应当将被继承合伙人的财产份额退还该继承人。

合伙人退伙，其他合伙人应当与该退伙人按照退伙时的合伙企业财产状况进行结算。退伙人对基于其退伙前的原因发生的合伙企业债务，承担无限连带责任。

6. 有限合伙企业事务执行的特殊规定

有限合伙企业由普通合伙人执行合伙事务。有限合伙人不执行合伙事务，不得对外代表有限合伙企业。有限合伙人的下列行为，不视为执行合伙事务：①参与决定普通合伙人入伙、退伙；②对企业的经营管理提出建议；③参与选择承办有限合伙企业审计业务的会计师事务所；④获取经审计的有限合伙企业财务会计报告；⑤对涉及自身利益的情况，查阅有限合伙企业财务会计账簿等财务资料；⑥在有限合伙企业的利益受到侵害时，向有责任的合伙人主张权利或者提起诉讼；⑦执行事务合伙人怠于行使权利时，督促其行使权利或者为了本企业的利益以自己的名义提起诉讼；⑧依法为本企业提供担保。

第三人有理由相信有限合伙人为普通合伙人并与其交易的，该有限合伙人对该笔交易承担与普通合伙人同样的责任。有限合伙人未经授权以有限合伙企业名义与他人进行交易，给有限合伙企业或者其他合伙人造成损失的，该有限合伙人应当承担赔偿责任。

有限合伙企业不得将全部利润分配给部分合伙人，但合伙协议另有约定的除外。

有限合伙人可以同本有限合伙企业进行交易，但合伙协议另有约定的除外。有限合伙人可以自营或者同他人合作经营与本有限合伙企业相竞争的业务，但合伙协议另有约定的除外。

7. 有限合伙企业入伙与退伙的特殊规定

（1）入伙。新入伙的有限合伙人对入伙前有限合伙企业的债务，以其认缴的出资额为限承担责任。

（2）退伙。有限合伙人出现下列情形时当然退伙：①作为合伙人的自然人死亡或者被依法宣告死亡；②作为合伙人的法人或者其他组织依法被吊销营业执照、责令关闭、撤销，或者被宣告破产；③法律规定或者合伙协议约定合伙人必须具有相关资格而丧失该资格；④合伙人在合伙企业中的全部财产份额被人民法院强制执行。

作为有限合伙人的自然人在有限合伙企业存续期间丧失民事行为能力的，其他合伙人不得因此要求其退伙。

作为有限合伙人的自然人死亡、被依法宣告死亡或者作为有限合伙人的法人及其他组织终止时，其继承人或者权利承受人可以依法取得该有限合伙人在有限合伙企业中的资格。

有限合伙人退伙后，对基于其退伙前的原因发生的有限合伙企业债务，以其退伙时从有限合伙企业中取回的财产承担责任。

8. 合伙企业的解散与清算

合伙企业有下列情形之一的，应当解散：①合伙期限届满，合伙人决定不再经营；②合伙协议约定的解散事由出现；③全体合伙人决定解散；④合伙人已不具备法定人数满30天；⑤合伙协议约定的合伙目的已经实现或者无法实现；⑥依法被吊销营业执照、责令关闭或者被撤销；⑦法律、行政法规规定的其他原因。

合伙企业解散，应当由清算人进行清算。清算人由全体合伙人担任；经全体合伙人过半数同意，可以自合伙企业解散事由出现后15日内指定一个或者数个合伙人，或者委托第三人，担任清算人。自合伙企业解散事由出现之日起15日内未确定清算人的，合伙人或者其他利害关系人可以申请人民法院指定清算人。

合伙企业财产按照顺序清偿：支付清算费用；职工工资、社会保险费用、法定补偿金；缴纳所欠税款；清偿债务。剩余财产依照《合伙企业法》关于利润分配和亏损分担的规定进行分配。

合伙企业注销后，原普通合伙人对合伙企业存续期间的债务仍应承担无限连带责任。

合伙企业不能清偿到期债务的，债权人可以依法向人民法院提出破产清算申请，也可以要求普通合伙人清偿。合伙企业依法被宣告破产的，普通合伙人对合伙企业的债务仍应承担无限连带责任。

【例5-1】（2017年单选题）根据企业破产法律制度的规定，下列各项中，免于申报的破产债权是（　　）。

A. 社会保障债权

B. 税收债权

C. 对债务人特定财产享有担保权的债权

D. 职工劳动债权

【答案】D

【解析】（1）选项A、C、D：外国企业或者个人在中国境内设立合伙企业，应当由全体合伙人制定的代表或者共同委托的代理人向国务院工商行政管理部门授权的地方工商行政管理部门申请设立登记，领取《外商投资合伙企业营业执照》后，方可从事经营活动；（2）选项B：外国企业或者个人用于出资的货币应当是可自由兑换的外币，也可以是依法获得的人民币。

【例5-2】（2017年单选题）根据合伙企业法律制度的规定，下列关于普通合伙企业合伙人的表述中，正确的是（　　）。

A. 非法人组织不能成为合伙人

B. 国有企业不能成为合伙人

C. 限制民事行为能力的自然人可以成为合伙人

D. 公益性社会团体可以成为合伙人

【答案】B

【解析】（1）选项A：合伙人可以是自然人，也可以是法人或者其他组织（如个人独资企业、合伙企业）。（2）选项C：合伙人为自然人的，应当具有完全民事行为能力。无民事行为能力人合限制民事行为能力人不得成为普通合伙人。（3）选项B、D：国有独资公司、国有企业、上市公司以及公益性的事业单位、社会团体不得成为普通合伙人。

【例5-3】（2017年单选题）某普通合伙企业合伙人甲死亡，其未成年子女乙、丙是其全部合法继承人。根据合伙企业法律制度的规定，下列表述中，正确的是（　　）。

A. 乙、丙可以继承甲的财产份额，但不能成为合伙人

B. 乙、丙因继承甲的财产份额自动取得合伙人资格

C. 经全体合伙人一致同意，乙、丙可以成为有限合伙人

D. 应解散合伙企业，清算后向乙、丙退还甲的财产份额

【答案】C

【解析】根据规定，合伙人死亡或者被依法宣告死亡的，对该合伙人在合伙企业中的财产份额享有合法继承权的继承人，按照合伙协议的约定或者经全体合伙人一致同意，从继承开始之日起，取得该合伙企业的合伙人资格。

【例5-4】（2017年多选题）甲、乙和丙设立某普通合伙企业，从事餐饮服务，2017年6月5日，甲退伙：6月10日，丁入伙。6月9日，合伙企业经营的餐厅发生卡式燃气炉灼伤顾客戊的事件，需要支付医疗费用等总计45万元，经查，该批燃气炉系当年4月合伙人共同决定购买，其质量不符合相关国家标准。该合伙企业支付30万元赔偿后已无赔偿能力。现戊请求合伙人承担其余15万元赔偿责任。根据合伙企业法律制度的规定，应承担赔偿责任的合伙人有（　　）。

A. 乙　　B. 甲

C. 丁　　D. 丙

【答案】ABCD

【解析】（1）选项A、D：合伙企业不能清偿到期债务的，普通合伙人（乙、丙）承担无限连带责任。（2）选项B：普通合伙人退伙后，对基于其退伙前的原因发生的合伙企业债务，承担无限连带责任。（3）选项C：普通合伙人入伙，新合伙人对入伙前合伙企业的债务承担无限连带责任。

【例5-5】（2017年多选题）根据合伙企业法律制度的规定，下列有限合伙人的行为中，视为执行合伙事务的有（　　）。

A. 参与决定转让合伙企业的知识产权

B. 参与决定普通合伙人退伙

C. 参与决定合伙企业为第三人提供担保

D. 对合伙企业的经营管理提出建议

【答案】AC

【解析】有限合伙人的下列行为，不视为执行合伙事务：（1）参与决定普通合伙人入伙、退伙；（2）对企业的经营管理提出建议；（3）参与选择承办有限合伙企业审计业务的会计师事务所；（4）获取经审计的有限合伙企业财务会计报告；（5）对涉及自身利益的情况，查阅有限合伙企业财务会计账簿等财务资料；（6）在有限合伙企业的利益受到侵害时，向有责任的合伙人主张权利或者提起诉讼；（7）执行事务合伙人怠于行使权利时，督促其行使权利或者为了本企业的利益以自己的名义提起诉讼；（8）依法为本企业提供担保。

【例5-6】（2016年单选题）根据合伙企

业法律制度的规定，下列出资形式中，只能由全体合伙人协商确定价值评估办法的是（　　）。

A. 实物　　B. 劳务

C. 知识产权　　D. 土地使用权

【答案】B

【解析】法律规定，合伙人以劳务出资的，其评估办法由全体合伙人协商确定，并在合伙协议中载明。

【例5-7】（2016年单选题）某普通合伙企业的一名合伙人拟将其合伙财产份额转让给合伙人以外的人，但合伙协议对该事项的决定规则未作约定。根据合伙企业法律制度的规定，下列关于该事项决定规则的表述中，正确的是（　　）。

A. 须其他合伙人半数以上同意

B. 须其他合伙人过半数同意

C. 须其他合伙人2/3以上同意

D. 须其他合伙人一致同意

【答案】D

【解析】法律规定，除合伙协议另有约定外，合伙人向合伙人以外的人转让其在合伙企业中的全部或者部分财产份额时，须经其他合伙人一致同意。

【例5-8】（2016年多选题）某普通合伙企业经营期间，吸收甲入伙。甲入伙前合伙企业已负债20万元。甲入伙1年后退伙，在此期间合伙企业新增负债10万元。甲退伙后半年，合伙企业解散，以企业全部财产清偿债务后，尚有80万元债务不能清偿。根据合伙企业法律制度的规定，下列关于甲承担清偿责任的表述中，正确的有（　　）。

A. 甲对入伙前合伙企业的20万元债务承担无限连带责任

B. 甲对担任合伙人期间合伙企业新增的10万元债务承担无限连带责任

C. 甲对合伙企业解散后尚未清偿的全部80万元债务承担无限连带责任

D. 甲对入伙后至合伙企业解散时新增的60万元债务承担无限连带责任

【答案】AB

【解析】法律规定，新入伙人对入伙前的债承担无限连带责任；退伙人对基于其退伙前的原因发生的合伙企业债务，承担无限连带责任。

【例5-9】（2016年单选题）甲、乙、丙、丁拟共同投资设立一有限合伙企业，甲、乙为普通合伙人，丙、丁为有限合伙人。四人草拟了一份合伙协议。该合伙协议的下列内容中，符合合伙企业法律制度规定的是（　　）。

A. 丙任执行事务合伙人

B. 合伙企业名称为“环宇商贸有限公司”

C. 丙、丁可以将其在合伙企业中的财产份额出质

D. 甲以房屋作价30万元出资，乙以专利技术作价15万元出资，丙以劳务作价20万元出资，丁以现金50万元出资

【答案】C

【解析】有限合伙人不执行合伙事务，不得对外代表有限合伙企业，故选项A错；合伙企业名称中不能有公司字样，故选项B错；有限合伙人不得以劳务出资，故选项D错。

【例5-10】（2016年单选题）根据合伙企业法律制度的规定，合伙企业解散清算时，企业财产首先应当清偿或支付的是（　　）。

A. 所欠税款

B. 清算费用

C. 所欠职工工资

D. 所欠银行借款

【答案】B

【解析】法律规定，合伙企业解散时，优先支付清算费用和职工工资。

【例5-11】（2015年单选题）某普通合伙企业举行合伙人会议表决对外投资事项，但合伙协议对该事项的表决办法未作约定。根据合伙企业法律制度的规定，下列关于表决办法的表述中，正确的是（　　）。

A. 须经全体合伙人一致同意

B. 须持有过半数财产份额的合伙人同意

C. 须过半数合伙人同意

D. 必须2/3以上合伙人同意

【答案】C

【解析】本题考核合伙企业的事务执行。合伙人对合伙企业有关事项作出决议，按照合伙协议约定的表决办法办理。合协议未约定或者约定不明确的，实行合伙人一人一票并经全体合伙人过半数通过的表决办法；但《合伙企业法》对表决办法另有规定的，从其规定。《合伙企业法》对对外投资事项表决没有特别规定，本题合伙企业对该事项的表决办法未作约定，故适用一人一票并经全体合伙人过半数通过的表决办法。

【例5-12】（2015年单选题）根据合伙企业法律制度的规定，下列关于普通合伙企业债务清偿的表述中，正确的是（　　）。

A. 债权人应当首先向合伙企业求偿

B. 债权人应当首先向合伙人求偿

C. 债权人应当同时向合伙企业及其合伙人求偿

D. 债权人可以选择向合伙企业或其合伙人求偿

【答案】A

【解析】法律规定，合伙企业对其债务，应先以其全部财产进行清偿。合伙企业不能清偿到期债务的，合伙人承担无限连带责任。

【例5-13】（2015年多选题）根据合伙企业法律制度的规定，下列各项中，属于普通合伙企业的合伙人当然退伙情形的有（　　）。

A. 经全体合伙人一致同意

B. 个人丧失偿债能力

C. 合伙人在合伙企业中的全部财产份额被人民法院强制执行

D. 发生合伙人难以继续参加合伙的事由

【答案】BC

【解析】本题考核普通合伙人的退伙。根据规定，合伙人有下列情形之一的，当然退伙：（1）作为合伙人的自然人死亡或者被依法宣告死亡；（2）丧失偿债能力；（3）作为合伙人的法人或者其他组织依法被吊销营业执照、责令关闭、撤销或者被宣告破产；（4）法律规定或者合伙协议约定合伙人必须具有相关资格而丧失该资格；（5）合伙人在合伙企业中的全部财产份额被人民法院强制执行。选项A与选项D属于协议退伙的情形。

【例5-14】（2018年单选题）2017年，甲有限合伙企业实现利润300万元。2018年年初，合伙企业向普通合伙人乙、丙及有限合伙人丁各分配利润100万元。根据合伙企业法律制度的规定，就上述可分配利润应缴纳所得税的主体是（　　）。

A. 丁

B. 乙和丙

C. 乙、丙和丁

D. 甲、乙、丙和丁

【答案】C

【解析】C选项，合伙企业的生产经营和其他所得，按照国家有关税收规定，由合伙人分别缴纳所得税。

【例5-15】（2018年单选题）甲为某普通合伙企业的执行合伙事务的合伙人。甲为清偿其对合伙企业以外的第三人乙的20万元个人债务，私自将合伙企业的一台工程机械以25万元的市价卖给善意第三人丙并交付。甲用所获价款中的20万元清偿了对乙的债务，剩余5万元被其挥霍一空。根据合伙企业法律制度的规定，下列表述中，正确的是（　　）。

A. 合伙企业有权从丙处取回工程机械

B. 乙应将20万元款项直接返还给合伙企业

C. 甲与丙的工程机械买卖合同不成立

D. 合伙企业有权就企业所受损失向甲追偿

【答案】D

【解析】合伙企业的财产具有独立性和完整性。合伙人在合伙企业清算前，不得请求分割合伙企业的财产；但是，法律另有规定的除外。合伙人在合伙企业清算前私自转移或者处分合伙企业财产的，合伙企业不得以此对抗善意第三人。在确认善意取得的情况下，合伙企业的损失只能向合伙人进行追索，而不能向善意第三人追索。

【例 5－16】（2018 年单选题）2017 年 6 月，自然人甲、乙、丙设立某合伙企业。合伙协议约定：甲、乙各出资 30 万元，丙出资 90 万元，均应于合伙企业成立之日起 2 年内缴清。合伙协议未约定利润分配事项。2018 年 6 月，合伙企业拟分配利润，此时甲、乙已完全履行出资义务，丙已向合伙企业出资 60 万元。在甲、乙、丙未能就利润分配方案达成一致意见的情形下，下列关于此次利润应如何分配的表述中，正确的是（　　）。

A. 甲、乙、丙应按 1∶1∶1 的比例分配

B. 甲、乙、丙应按 1∶1∶2 的比例分配

C. 甲、乙、丙应按 1∶1∶3 的比例分配

D. 甲、乙、丙应按各自对合伙企业的贡献度分配

【答案】B

【解析】合伙企业的损益分配原则为：（1）按照合伙协议的约定办理；合伙协议未约定或者约定不明确的，由合伙人协商决定；协商不成的，由合伙人按照实缴出资比例分配、分担；无法确定出资比例的，由合伙人平均分配、分担。（2）合伙协议不得约定将全部利润分配给部分合伙人或者由部分合伙人承担全部亏损。

【例 5－17】（2018 年单选题）根据合伙企业法律制度的规定，合伙协议未约定合伙期限的，在不给合伙企业事务执行造成不利影响的情况下，合伙人可以退伙，但应当提前一定期限通知其他合伙人。该期限是（　　）。

A. 7 日　　B. 10 日

C. 15 日　　D. 30 日

【答案】D

【解析】合伙协议未约定合伙期限的，合伙人在不给合伙企业事务执行造成不利影响的情况下，可以退伙，但应当提前 30 日通知其他合伙人。

【例 5－18】（2018 年多选题）甲为某普通合伙企业合伙人，因个人原因欠合伙企业以外的第三人乙 10 万元。乙欠合伙企业货款 15 万元。现甲无力以个人财产清偿欠乙的债务。乙的下列主张中，符合合伙企业法律制度规定的有（　　）。

A. 代位行使甲在合伙企业中的各项权利

B. 以其对甲的债权部分抵销其欠合伙企业的债务

C. 以甲从合伙企业中分得的利润偿付债务

D. 以甲在合伙企业中的财产份额偿付债务

【答案】CD

【解析】C、D 选项，合伙人的自有财产不足清偿其与合伙企业无关的债务的，该合伙人可以以其从合伙企业中分取的收益用于清偿；债权人也可以依法请求人民法院强制执行该合伙人在合伙企业中的财产份额用于清偿。

【例 5－19】（2018 年多选题）根据合伙企业法律制度的规定，下列各项中，属于普通合伙企业合伙人当然退伙情形的有（　　）。

A. 自然人合伙人被宣告死亡

B. 法人合伙人被吊销营业执照

C. 因重大过失给合伙企业造成损失

D. 未履行出资义务

【答案】AB

【解析】当然退伙。合伙人有下列情形之一的，当然退伙：①作为合伙人的自然人死亡或者被依法宣告死亡（A 选项）；②个人丧失偿债能力；③作为合伙人的法人或者其他组织依法被吊销营业执照、责令关闭、撤销，或者被宣告破产（B 选项）；④法律规定或者合伙协议约定合伙人必须具有相关资格而丧失该资格；⑤合伙人在合伙企业中的全部财产份额被人民法院强制执行。C、D 选项除名退伙。

通关演练

一、单项选择题

1. 根据《合伙企业法》的规定，下列选项中可以成为普通合伙人的是（　　）。

A. 国有独资公司

B. 国有企业

C. 上市公司

D. 自然人张某

2. 甲、乙、丙三人成立特殊的普通合伙企业，甲在执行合伙事务时，由于重大过失造成合伙企业200万元债务，此时合伙企业的财产为150万元。则下列说法不正确的是（　　）。

A. 应当先用合伙企业的150万元，清偿债务

B. 甲、乙、丙对合伙企业财产不能清偿的部分承担无限连带责任

C. 甲对合伙企业财产不能清偿的部分承担无限责任

D. 乙、丙对合伙企业财产不能清偿的部分不再承担责任

3. 甲、乙、丙、丁拟设立A普通合伙企业，出资比例为3∶3∶2∶2。下列关于合伙协议约定的利润分配和亏损分担的表述中，不正确的是（　　）。

A. 按3∶3∶2∶2的比例分配损益

B. 按3∶4∶2∶1的比例分配损益

C. 由各合伙人平均分担亏损

D. 亏损按照3∶4∶2∶1的比例分担，利润由甲、乙平均分配

4. 甲、乙、丙、丁投资设立A普通合伙企业，合伙协议约定如果聘任合伙人以外的人担任合伙企业的经营管理人员，必须经全体合伙人2/3以上同意才可以。现欲聘任戊担任合伙企业的经营管理人员。根据合伙企业法律制度的规定，下列表述正确的是（　　）。

A. 应当经全体合伙人一致同意才可以

B. 应当经全体合伙人过半数同意才可以

C. 应当经全体合伙人2/3以上同意才可以

D. 应当经全体合伙人1/2以上同意才可以

5. 甲合伙企业为生产电动车的企业，欲与生产电动车电池的乙企业达成协议进行合作，合伙企业对此事项无特殊约定。下列说法中正确的是（　　）。

A. 须经全体合伙人一致同意

B. 全体合伙人按照出资额行使表决权，表决权二分之一以上通过

C. 全体合伙人按照出资额行使表决权，表决权三分之二以上通过

D. 全体合伙人一人一票并经全体合伙人过半数通过

6. 甲、乙、丙、丁投资设立A普通合伙企业，选举甲执行合伙事务，同时约定甲对外签订合同金额在8 000元以上的，必须取得全体合伙人一致同意才可以，否则合同无效。甲在执行合伙事务期间，未征得其他合伙人的同意，与不知情的第三人戊签订了一份合同价款为10 000元的合同。根据合伙企业法律制度的规定，下列表述正确的是（　　）。

A. 该合同有效

B. 该合同无效

C. 该合同效力待定

D. 该合同可撤销

7. 甲、乙、丙、丁四人投资设立A有限合伙企业，甲、乙是普通合伙人，丙、丁是有限合伙人。根据合伙企业法律制度的规定，对合伙企业不足清偿的债务，下列表述正确的是（　　）。

A. 甲、乙、丙、丁承担无限连带责任

B. 甲、乙、丙、丁以其实缴的出资额为限承担有限责任

C. 甲、乙承担无限连带责任，丙、丁以其认缴的出资额为限承担有限责任

D. 甲、乙、丙、丁均以其认缴的出资额为限承担有限责任

8. 张、王、李投资设立A会计师事务所（特殊普通合伙企业）。张某在执业活动中非因故意亦非因重大过失给合伙企业造成50万元的债务，关于该债务的承担方式，下列表述正确的是（　　）。

A. 张某承担无限连带责任，王某、李某承担有限责任

B. 张某、王某、李某承担无限连带责任

C. 张某承担有限责任，王某、李某承担无限连带责任

D. 张某、王某、李某承担有限责任

9. 根据《合伙企业法》的规定，下列关于有限合伙企业的表述中，正确的是（　　）。

A. 上市公司可以成为有限合伙企业的普通合伙人

B. 有限合伙人可以用劳务出资

C. 有限合伙人不执行合伙事务，不得对外代表有限合伙企业

D. 有限合伙企业仅剩普通合伙人的，应当解散

10. 甲、乙成立A有限合伙企业，甲是有限合伙人，乙是普通合伙人，甲持合伙企业事务执行委托书与不知情的第三人丙进行交易。下列说法中正确的是（　　）。

A. 甲对该笔交易以出资额为限承担责任

B. 甲对该笔交易承担无限责任

C. 乙对该笔交易以出资额为限承担责任

D. 乙对该笔交易不承担责任

11. 已知在A有限合伙企业中，甲、乙是有限合伙人，丙、丁是普通合伙人。根据合伙企业法律制度的规定，除合伙协议另有约定外，下列表述中，不正确的是（　　）。

A. A企业不得将全部利润只分配给甲、丙

B. 甲可以同A企业进行交易

C. 丙可以经营与A企业相竞争的业务

D. 乙可以参与选择承办A企业审计业务的会计师事务所

12. 张、王、李、赵共同设立了甲有限合伙企业，张、王为普通合伙人，李、赵为有限合伙人。3月3日，甲企业向建设银行借款10万元。4月4日，刘、马二人分别作为普通合伙人和有限合伙人加入该企业；5月5日，张、李二人分别转变为有限合伙人、普通合伙人；6月6日，王、赵二人退伙。7月7日，甲企业欠建设银行的10万元到期。对于该笔债务，下列表述正确的是（　　）。

A. 张、王、刘、李承担无限连带责任，马以其认缴的出资额为限承担责任，赵以其从甲企业分回的财产承担责任

B. 张、李、刘承担无限连带责任，马以其认缴的出资额为限承担责任，王、赵二人不承担责任

C. 张、王承担无限连带责任，李、赵以其认缴的出资额为限承担责任，刘、马不承担责任

D. 张、王承担无限连带责任，李以其认缴的出资额为限承担责任，赵以其从合伙企业分回的财产承担责任，刘、马不承担责任

13. 根据合伙企业法律制度规定，下列关于合伙企业的清算说法正确的是（　　）。

A. 合伙企业解散，清算人必须由合伙人担任

B. 清算人自被确定之日起10日内将合伙企业解散事项通知债权人，并于30日内在报纸上公告

C. 合伙企业财产依法清偿后仍有剩余时，对剩余财产由合伙人按照实缴出资比例分配

D. 合伙企业被依法宣告破产的，普通合伙人对合伙企业的债务仍应承担无限连带责任

14. 根据《合伙企业法》的规定，若出现下列情形（　　）之一的，合伙企业应当解散。

A. 合伙期限届满、合伙人对继续经营产生严重分歧

B. 合伙协议约定的合伙目的已经实现

C. 有2/3以上的合伙人决定解散

D. 合伙人已不具备法定人数满15天

二、多项选择题

1. 甲上市公司与李某共同设立了乙合伙企业。根据合伙企业法律制度的规定，下列表述正确的有（　　）。

A. 该合伙企业只能为有限合伙企业

B. 李某可以以劳务出资

C. 乙合伙企业合伙人的人数为2人以上，没有最高限额

D. 乙合伙企业的事务应当由李某执行，甲上市公司不得执行合伙事务

2. 甲、乙、丙、丁投资设立A普通合伙企业，根据合伙企业法律制度的规定，除合

伙协议另有约定外，下列行为的实施必须取得甲、乙、丙、丁四人同意的有（　　）。

A. 将合伙企业的厂房卖给第三人戊

B. 将合伙企业的主要营业场所由上海转移到北京

C. 以合伙企业的名义为第三人辛提供担保

D. 将合伙企业名称更改为B合伙企业

3. 甲、乙、丙、丁投资设立A普通合伙企业，主要经营电子科技产品。合伙人甲同他人合作经营与A普通合伙企业相竞争的业务，获得20万元的收益，同时甲的行为给合伙企业造成了10万元的损失。根据合伙企业法律制度的规定，下列表述正确的有（　　）。

A. 该20万元的收益归A企业所有

B. 该20万元收益归甲个人所有

C. 甲应当依法承担赔偿责任

D. 甲不必承担赔偿责任

4. 根据《合伙企业法》的规定，下列关于普通合伙企业利润分配的表述中，正确的有（　　）。

A. 合伙协议约定比例的，按约定比例分配

B. 合伙协议没有约定比例的，由各合伙人协商确定

C. 合伙协议没有约定比例的，由各合伙人按照实缴出资比例分配

D. 合伙协议可以约定将全部的利润分配给部分合伙人

5. 甲向A银行借款50万元作为出资与乙设立了某普通合伙企业。借款到期后，A银行要求甲偿还借款，甲个人财产不足以清偿。根据合伙企业法律制度的规定，下列表述中，正确的有（　　）。

A. 甲可以用其从合伙企业分取的收益偿还借款

B. A银行可以代位行使甲在合伙企业中的权利

C. A银行可以对甲的债权抵销其对合伙企业的债务

D. A银行可以请求人民法院强制执行甲在合伙企业中的财产份额用于清偿借款

6. 甲、乙、丙共同出资设立A普通合伙企业。甲因个人原因欠丁银行10万元借款，丁银行亦欠A企业10万元。根据合伙企业法律制度的规定，下列表述中，正确的有（　　）。

A. 丁银行可以以对甲的债权抵销其对A企业的债务

B. 丁银行不得代位行使甲在A企业中的权利

C. 甲可以用其从A企业分取的收益偿还丁银行的借款

D. 如果甲无力清偿丁银行的借款，丁银行可以请求人民法院强制执行甲在A企业的财产份额

7. 甲是普通合伙企业的合伙人，合伙协议约定合伙期限为2年，在合伙企业存续期间，发生下列情形，甲可以退伙的有（　　）。

A. 合伙协议约定的退伙事由出现

B. 经过全体合伙人一致同意甲退伙

C. 发生了甲难以继续参加合伙的事由

D. 其他合伙人严重违反合伙协议约定的义务

8. 甲、乙、丙、丁成立了A合伙企业，其中甲、乙是普通合伙人，丙、丁是有限合伙人，则下列说法正确的有（　　）。

A. 甲欲将自己全部财产份额转让给丙，则应当通知其他合伙人

B. 合伙协议可以约定，甲以自己的财产份额出质无须经其他合伙人一致同意

C. 丙欲将自己全部财产份额转让给第三人戊，则应当提前30日通知其他合伙人

D. 丁欲将自己在合伙企业中的财产份额出质，须经其他合伙人一致同意，除非合伙协议另有约定

9. 张某为甲普通合伙企业的合伙人，并负责执行合伙企业事务。根据合伙企业法律制度的规定，下列事项，除合伙协议另有约定外，应当经全体合伙人一致同意的有（　　）。

A. 张某自营与企业相竞争的业务

B. 聘任合伙人以外的人担任企业的经营管理人员

C. 改变企业的经营范围

D. 处分企业的不动产

10. 根据《合伙企业法》的规定，合伙人出现下列情形时，经其他合伙人一致同意，可以决议将其除名的情形有（ ）。

A. 未履行出资义务

B. 因过失给合伙企业造成损失

C. 执行合伙事务时有不正当行为

D. 被依法宣告破产

11. 张某、李某、王某共同出资设立某普通合伙企业。后来张某死亡，继承人只有小张。合伙协议对合伙人资格取得或者丧失未作约定。根据《合伙企业法》的规定，下列表述中，正确的有（ ）。

A. 如果小张具备完全民事行为能力，可以自动取得普通合伙人资格

B. 如果小张具备完全民事行为能力，经全体合伙人一致同意，小张可以取得普通合伙人资格

C. 如果小张为无民事行为能力人或者限制民事行为能力人，无须全体合伙人一致同意，就可以依法成为有限合伙人，普通合伙企业依法转为有限合伙企业

D. 如果小张为无民事行为能力人或者限制民事行为能力人，经全体合伙人一致同意，可以依法成为有限合伙人，普通合伙企业依法转为有限合伙企业

12. 律师张某、高某、刘某投资设立了A律师事务所（特殊的普通合伙企业）。根据合伙企业法律制度的规定，下列表述中正确的有（ ）。

A. 若律师刘某在代理案件过程中因重大过失造成A律师事务所负债的，刘某应对该笔债务承担无限责任

B. 若律师刘某因重大过失造成A律师事务所负债，则高某、张某应承担无限连带责任

C. 若律师高某在代理案件过程中非因故意造成A律师事务所负债的，高某应对该笔债务承担无限责任

D. 若律师刘某因故意造成律所负债的，以A律师事务所的财产对外承担责任后，刘某应当按照合伙协议的约定对给律师事务所造成的损失承担赔偿责任

13. 10月3日，宋某、陈某投资设立了甲有限合伙企业，宋某为普通合伙人，陈某为有限合伙人。合伙协议约定宋某为合伙企业事务执行人，其他事项均未作约定。12月1日，陈某与于某签订了价款为10万元的买卖合同，且于某有理由相信陈某为普通合伙人。12月10日，陈某未经授权的情况下又以甲企业的名义与刘某进行交易，给甲企业造成5万元的损失。根据合伙企业法律制度的规定，下列表述中正确的有（ ）。

A. 陈某应对其与于某的交易承担无限责任

B. 陈某应对其与于某的交易以其认缴的出资额为限承担责任

C. 陈某应对给企业造成的5万元损失承担赔偿责任

D. 该有限合伙企业不得将全部利润分配给陈某

14. 根据合伙企业法律制度的规定，下列关于合伙人责任承担方式的表述正确的有（ ）。

A. 普通合伙人转变为有限合伙人，对其作为普通合伙人期间发生的合伙企业债务承担无限连带责任

B. 有限合伙人转变为普通合伙人，对作为有限合伙人期间发生的合伙企业债务承担无限连带责任

C. 有限合伙人退伙的，对退伙前的原因发生的合伙企业债务，以其退伙时从有限合伙企业中分回的财产为限承担责任

D. 普通合伙人退伙的，对退伙前的原因发生的合伙企业债务，以退伙时从合伙企业中分回的财产为限承担责任

三、综合分析题

2016年1月15日，甲、乙、丙、丁四人投资设立A普通合伙企业（以下简称“A企业”），并签订了书面合伙协议。协议的部分内容如下：甲、乙、丙、丁各以货币20万元作为出资，四人平均分配利润、分担风险；

由乙执行A企业事务，对外代表A企业；对其他事项无约定。

A企业存续期间，发生如下事实：

(1) 2017年2月1日，乙因A企业事务繁忙，独自决定聘任合伙人以外的戊担任A企业经营管理人员。

(2) 2018年6月10日甲因出国定居与丁达成转让其全部财产份额的协议，通知乙、丙时，二人认为该协议未经他们同意，所以无效。

(3) 2018年10月国庆节期间乙出游因车祸不幸成为植物人，丙、丁认为乙已丧失合伙人资格，应当退出企业。

(4) 2019年3月30日，B公司欠A企业的30万元到期；丙欠B公司的30万元亦到期（与A企业无关），B公司拟将该债权债务抵销。

要求：根据上述事实以及合伙企业法律制度的规定，分别回答下列问题。

(1) 根据本题要点(1)，乙聘任戊的行为是否符合法律规定？并说明理由。

(2) 根据本题要点(2)，在甲与丁协议转让其全部财产份额事务中，乙、丙的说法是否成立？并说明理由。

(3) 根据本题要点(3)，合伙人乙因车祸成为植物人，其合伙人资格应当如何处理，法律是如何规定的？

(4) 根据本题要点(4)，B公司能否将该债权债务抵销？并说明理由。

(5) 根据本题要点(4)，若丙的自有财产不足清偿欠B公司的30万元，应如何处理？并说明理由。

答案及解析

一、单项选择题

1.【答案】D

【解析】国有独资公司、国有企业、上市公司以及公益性的事业单位、社会团体不得成为普通合伙人。

2.【答案】B

【解析】一个合伙人或者数个合伙人在执业活动中因故意或者重大过失造成合伙企业债务的，应当承担无限责任或者无限连带责任，其他合伙人以其在合伙企业中的财产份额为限承担责任。所以甲承担无限责任，乙、丙以其在合伙企业中的财产份额为限承担责任，对不能清偿的部分不再承担责任。

3.【答案】D

【解析】(1) 选项A、B、C：合伙企业的利润分配、亏损分担，按照合伙协议的约定办理；(2) 选项D：普通合伙企业的合伙协议不得约定将全部利润分配给部分合伙人或者由部分合伙人承担全部亏损。

4.【答案】C

【解析】除合伙协议另有规定外，聘任合伙人以外的人担任合伙企业的经营管理人员，应当经过全体合伙人一致同意，本题中合伙协议有约定，那么按照合伙协议约定执行就可以了。

5.【答案】D

【解析】合伙人对合伙企业有关事项作出决议，按照合伙协议约定的表决办法办理。合伙协议未约定或者约定不明确的，实行合伙人一人一票并经全体合伙人过半数通过的表决办法。

6.【答案】A

【解析】《合伙企业法》规定，合伙企业对合伙人执行合伙事务以及对外代表合伙企业权利的限制，不得对抗善意第三人，即订立的合同有效。

7.【答案】C

【解析】有限合伙企业，指由有限合伙人和普通合伙人共同组成，普通合伙人对合伙企业债务承担无限连带责任，有限合伙人以其认缴的出资额为限对合伙企业债务承担责任的合伙组织。

8.【答案】B

【解析】对合伙人在执业活动中非因故意或者重大过失造成的合伙企业债务以及合伙

企业的其他债务，全体合伙人承担无限连带责任。

9.【答案】C

【解析】(1) 选项A：国有独资公司、国有企业、上市公司以及公益性的事业单位、社会团体不得成为普通合伙人，但可以成为有限合伙人；(2) 选项B：有限合伙人不得以劳务出资；(3) 选项C：有限合伙人不执行合伙事务，不得对外代表有限合伙企业；(4) 选项D：有限合伙企业仅剩有限合伙人的，应当解散；有限合伙企业仅剩普通合伙人的，应当转为普通合伙企业。

10.【答案】B

【解析】第三人有理由相信有限合伙人为普通合伙人并与其交易的，该有限合伙人对该笔交易承担与普通合伙人同样的责任。

11.【答案】C

【解析】选项C：除合伙协议另有约定外，有限合伙人可以经营与本企业相竞争的业务，而普通合伙人不得经营与本企业相竞争的业务的。

12.【答案】A

【解析】(1) 刘、马：新入伙的普通合伙人对入伙前合伙企业的债务承担无限连带责任；新入伙的有限合伙人对入伙前有限合伙企业的债务，以其认缴的出资额为限承担责任；(2) 张、李：普通合伙人转变为有限合伙人的，对其作为普通合伙人期间合伙企业发生的债务承担无限连带责任；有限合伙人转变为普通合伙人的，对其作为有限合伙人期间有限合伙企业发生的债务承担无限连带责任；(3) 王、赵：退伙的普通合伙人对基于其退伙前的原因发生的合伙企业债务，承担无限连带责任；退伙的有限合伙人对基于其退伙前的原因发生的有限合伙企业债务，以其退伙时从有限合伙企业中取回的财产为限承担责任。

13.【答案】D

【解析】(1) 选项A：清算人由全体合伙人担任；经全体合伙人过半数同意，可以自合伙企业解散事由出现后15日内指定一个或者数个合伙人，或者委托第三人担任清算人。自合伙企业解散事由出现之日起15日内未确定清算人的，合伙人或者其他利害关系人可以申请人民法院指定清算人。(2) 选项B：清算人自被确定之日起10日内将合伙企业解散事项通知债权人，并于60日内在报纸上公告。(3) 选项C：剩余财产按照合伙协议的约定办理；合伙协议未约定或者约定不明确的，由合伙人协商决定；协商不成的，由合伙人按照实缴出资比例分配；无法确定出资比例的，由合伙人平均分配。

14.【答案】B

【解析】(1) 选项A：合伙期限届满，合伙人“决定不再经营”，应当解散；(2) 选项C：应当为全体合伙人决定解散；(3) 选项D：合伙人已不具备法定人数满30天，合伙企业应当解散。此外，解散事由还包括依法被吊销营业执照、责令关闭或被撤销，合伙协议约定的合伙目的无法实现，合伙协议约定的解散事由出现，法律、行政法规规定的其他原因。

二、多项选择题

1.【答案】ABD

【解析】(1) 选项A、B：国有独资公司、国有企业、上市公司以及公益性的事业单位、社会团体不得成为普通合伙人，故甲上市公司只能作为有限合伙人，李某作为普通合伙人，该合伙企业为有限合伙企业；李某作为普通合伙人，可以以劳务出资。(2) 选项C：普通合伙企业合伙人为2人以上，没有最高限额；有限合伙企业合伙人为2人以上50人以下，故乙合伙企业的合伙人最高限额为50人。(3) 选项D：有限合伙企业由普通合伙人执行合伙事务，有限合伙人不执行合伙事务，不得对外代表有限合伙企业。

2.【答案】ABCD

【解析】除合伙协议另有约定外，合伙企业的下列事项应当经全体合伙人一致同意：(1) 改变合伙企业的名称（选项D）；(2) 改变合伙企业的经营范围、主要经营场所的地点（选项B）；(3) 处分合伙企业的不动产（选项

A)；(4) 转让或者处分合伙企业的知识产权和其他财产权利；(5) 以合伙企业名义为他人提供担保（选项C)；(6) 聘任合伙人以外的人担任合伙企业的经营管理人员。

3.【答案】AC

【解析】合伙人违反《合伙企业法》的规定或者合伙协议的约定，从事与本合伙企业相竞争的业务的，该收益归合伙企业所有；给合伙企业或者其他合伙人造成损失的，依法承担赔偿责任。

4.【答案】AB

【解析】(1) 选项A、B、C：合伙企业的利润分配、亏损分担，按照合伙协议的约定办理；合伙协议未约定或者约定不明确的，由合伙人协商决定；协商不成的，由合伙人按照实缴出资比例分配、分担；无法确定出资比例的，由合伙人平均分配、分担。(2) 选项D：合伙协议不得约定将全部利润分配给部分合伙人或者由部分合伙人承担全部亏损。

5.【答案】AD

【解析】(1) 选项A、D：普通合伙人的自有财产不足清偿其与合伙企业无关的债务的，该合伙人可以以其从合伙企业中分取的收益用于清偿；债权人也可以依法请求人民法院强制执行该合伙人在合伙企业中的财产份额用于清偿。(2) 选项B、C：合伙人发生与合伙企业无关的债务，相关债权人不得以其债权抵销其对合伙企业的债务；也不得代位行使合伙人在合伙企业中的权利。

6.【答案】BCD

【解析】(1) 选项A、B：合伙人发生与合伙企业无关的债务，相关债权人不得以其债权抵销其对合伙企业的债务；也不得代位行使合伙人在合伙企业中的权利；(2) 选项C、D：普通合伙企业合伙人的自有财产不足清偿其与合伙企业无关的债务的，该合伙人可以以其从合伙企业中分取的收益用于清偿；债权人也可以依法请求人民法院强制执行该合伙人在合伙企业中的财产份额用于清偿。

7.【答案】ABCD

【解析】合伙协议约定期限的，在合伙企业存续期间，有下列情形之一的，合伙人可以退伙：(1) 合伙协议约定的退伙事由出现；(2) 经全体合伙人一致同意；(3) 发生合伙人难以继续参加合伙的事由；(4) 其他合伙人严重违反合伙协议约定的义务。

8.【答案】AC

【解析】(1) 选项B：普通合伙人以其在合伙企业中的财产份额出质，须经其他合伙人一致同意，未经其他合伙人一致同意，其行为无效。这是法律的强制性规定，合伙协议也无权作其他约定。(2) 选项D：有限合伙人可以将其在合伙企业中的财产份额出质，但是合伙协议另有约定的除外。

9.【答案】BCD

【解析】(1) 选项A：普通合伙人不得自营或者同他人合作经营与本合伙企业相竞争的业务；不管有没有约定，不管是否经全体合伙人一致同意。(2) 选项B、C、D：除合伙协议另有约定外，合伙企业的下列事项应当经全体合伙人一致同意：改变合伙企业的名称；改变合伙企业的经营范围、主要经营场所的地点；处分合伙企业的不动产；转让或者处分合伙企业的知识产权和其他财产权利；以合伙企业名义为他人提供担保；聘任合伙人以外的人担任合伙企业的经营管理人员。

10.【答案】AC

【解析】合伙人有下列情形之一的，经其他合伙人一致同意，可以决议将其除名：(1) 未履行出资义务；(2) 因故意或者重大过失给合伙企业造成损失；(3) 执行合伙事务时有不正当行为；(4) 发生合伙协议约定的事由。选项D属于当然退伙。

11.【答案】BD

【解析】(1) 选项A、B：普通合伙人的继承人具备完全民事行为能力的，按照合伙协议的约定或者经全体合伙人一致同意，可以取得普通合伙人资格。(2) 选项C、D：普通合伙人的继承人为无民事行为能力人或者限制民事行为能力人的，经全体合伙人一致同意，可以依法成为有限合伙人，普通合伙企业依法转为有限合伙企业。

12.【答案】ACD

【解析】(1) 选项A、B：一个合伙人或者数个合伙人在执业活动中因故意或者重大过失造成合伙企业债务的，应当承担无限责任或者无限连带责任，其他合伙人以其在合伙企业中的财产份额为限承担责任。(2) 选项C：对合伙人在执业活动中非因故意或者重大过失造成的合伙企业债务以及合伙企业的其他债务，全体合伙人承担无限连带责任。

13.【答案】ACD

【解析】(1) 选项A、B：第三人有理由相信有限合伙人为普通合伙人并与其交易的，该有限合伙人对该笔交易承担与普通合伙人同样的责任。(2) 选项D：有限合伙企业不得将全部利润分配给部分合伙人；但是，合伙协议另有约定的除外。

14.【答案】ABC

【解析】选项D：普通合伙人退伙的，对退伙前的原因发生的合伙企业债务，承担无限责任。

三、综合分析题

【答案】

(1) 乙聘任戊的行为不符合法律规定。根据规定，合伙企业聘任合伙人以外的人担任合伙企业的经营管理人员，除合伙协议另有约定外，应当经全体合伙人一致同意。本案中，合伙协议对此并无约定，乙未经全体合伙人一致同意，独自决定聘任戊担任A企业的经营管理人员，不符合法律规定。

(2) 在甲与丁协议转让其全部财产份额事务中，乙、丙的说法不成立。根据规定，普通合伙人之间转让在合伙企业中的全部或者部分财产份额时，应当通知其他合伙人。没有需要征得其他合伙人同意的规定。

(3) 根据规定，普通合伙人为自然人的应当具有完全行为能力。普通合伙人被依法认定为无民事行为能力人或者限制民事行为能力人的，经其他合伙人一致同意，可以依法转为有限合伙人，普通合伙企业依法转为有限合伙企业；其他合伙人未能一致同意的，该无民事行为能力或者限制民事行为能力的合伙人退伙。本案中，合伙人乙因车祸成为植物人不再具备普通合伙人资格，可以按照上述规定处理，或者丙、丁同意，乙变更为有限合伙人，A企业变更为有限合伙企业；或者丙、丁不能达成一致同意，按照当然退伙给乙办理退伙手续。

(4) B公司不能将该债权债务抵销。根据规定，合伙人发生的与合伙企业无关的债务，相关债权人不得以其债权抵销其对合伙企业的债务。本案中，丙欠B公司的30万元与A企业无关，其债权人B公司不得以其债权抵销其对A企业的债务。

(5) 若丙的自有财产不足清偿欠B公司的30万元，可以以其从A企业中分取的收益用于清偿；债权人B公司也可以依法请求人民法院强制执行丙在A企业中的财产份额用于清偿。根据规定，合伙人的自有财产不足清偿其与合伙企业无关的债务的，该合伙人可以以其从合伙企业中分取的收益用于清偿；债权人也可以依法请求人民法院强制执行该合伙人在合伙企业中的财产份额用于清偿。

第六章　公司法律制度

本章考情分析

本章内容的特点是一个“多”字，内容多，考点多，重点多，要记忆的多，要区分的多，关联考点多。本章以前年度的分值高（18 分左右）；难度大，综合题、跨章节（与证券法相结合）综合题在每一年试卷中都有隆重推出。注意参考以前年度考题。

基本内容框架

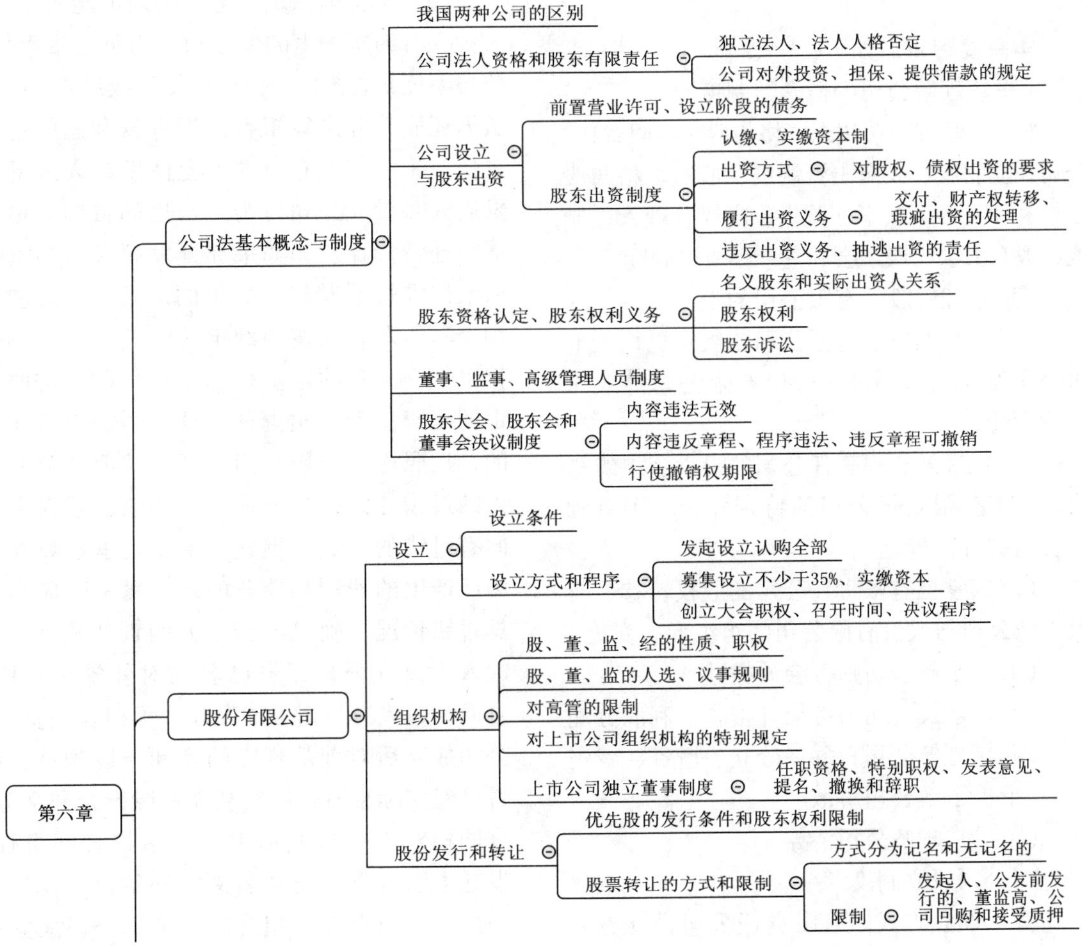

- 第六章
  - 有限责任公司
    - 设立条件、组织机构
    - 一人有限公司
    - 国有独资公司
      - 组织机构特殊性、重大事项决策
    - 股权转让
      - 内部转让
      - 对外转让
        - 过半数同意、优先购买权、强制执行、继承、一股二卖
    - 组织形态变更
      - 整体转制连续计算、折合股本不得高于公司净资产额
  - 财务会计
    - 财务会计报告
    - 利润分配
      - 顺序
      - 提取法定公积金
  - 公司重大变更
    - 合并、分立
      - 程序、债权债务处理
    - 增资、减资程序
  - 解散和清算
    - 解散公司之诉的条件和理由
    - 清算组、公司行为限制、清算责任

通关重难点例题解析

本章复习重点如下：

（一）理解公司的概念与制度

（二）掌握公司法人资格与股东有限责任、公司设立制度、股东出资制度、股东资格与股东权利和义务，董事、监事、高级管理人员制度，股东大会、股东会和董事会决议制度

（三）理解股份有限公司的设立

（四）掌握股份有限公司的组织机构、上市公司独立董事制度、股份有限公司的股份发行和转让

（五）理解有限责任公司的设立、组织机构、一人有限责任公司的特别规定、国有独资公司的特别规定

（六）掌握有限责任公司的股权转移、有限责任公司与股份有限公司的组织形态变更

（七）了解公司财务会计概述

（八）掌握公司财务会计报告、利润分配

（九）理解公司合并、分立、增资、减资

（十）了解公司解散

（十一）理解公司清算

1. 公司设立制度

（1）设立方式。有限责任公司设立方式是发起设立。股份有限公司设立方式包括发起设立和募集设立。

（2）批准与登记。根据法律、行政法规的规定设立公司必须经批准的，应当申请批准。公司设立登记，由登记机关签发营业执照；营业执照签发之日是公司的成立日期。

（3）设立阶段的债务。公司不能成立时，对设立行为所产生的债务和费用负连带责任；公司不能成立时，对认股人已缴纳的股款，负返还股款并加算银行同期存款利息的连带责任。①债权人有权请求全体发起人或部分发起人对设立公司行为所产生的费用和债务承担连带责任。②如果部分发起人承担责任后，请求其他发起人分担的，人民法院应当判令其他发起人按照约定的责任承担比例分担责任；没有约定责任承担比例的，按照约定的出资比例分担责任；没有约定出资比例的，按照均等份额分担责任。③因部分发起人的过错导致公司未成立，其他发起人可以向有过错的发起人追索，主张其承担设立行为所产生的费用和债务的，人民法院应当根据过错情况，确定过错一方的责任范围。发起人为设立公司以自己名义对外签订合同，合同相对人有权请求该发起人承担合同责任。公司成立后对前款规定的合同予以确认，或者已经实际享有合同权利或者履行合同义务，合同相对人也有权请求公司承担合同责任。发起人以设立中公司名义对外签订合同，公司成立后应自动承担合同义务。公司成立后合同相对人也有权请求公司承担合同责任。但是，公司成立后有证据证明发起人利用设立中公司的名义为自己的利益与相对人签订

合同，且相对人对此知情，则公司拥有抗辩权，可以以此为由主张不承担合同责任；但相对人为善意的除外。发起人因设立公司而对他人造成损害的，公司成立后应自动承受该侵权责任；公司未成立，受害人请求全体发起人承担连带赔偿责任。公司或者无过错的发起人承担赔偿责任后，可以向有过错的发起人追偿。

2. 股东出资

以募集设立方式设立股份公司的，发起人和认股人认购股份后，即负有一次性缴足股款或出资的义务，否则公司不得成立。《公司法》规定，发起人须认购公司应发行股份的一部分（不少于股份总数的35%，法律、行政法规另有规定的除外），其余股份向社会公开募集或者向特定对象募集。募集设立的股份公司实行注册资本实缴制和验资制度。发起人、认股人在认购股份之后即应缴足出资或股款，不得分期缴纳。发起人完成出资、募资并验资之后，应按时召开创立大会，审议筹办情况、通过公司章程、选举产生董事会、监事会；随后，董事会应按时向公司登记机关申请设立登记。全体股东（包括发起人和认股人）认缴并实缴的股款或者出资中，在会计上记入“股本”科目的金额，即为公司成立时的注册资本数额。

3. 股东权利之查阅权

为便利胜诉股东行使查阅权，《公司法解释（四）》要求，人民法院对股东诉讼请求予以支持的，“应当在判决中明确查阅或者复制公司特定文件材料的时间、地点和特定文件材料的名录”。股东可能不具备查账所必需的财务知识，《公司法解释（四）》规定，股东依生效判决查阅公司文件材料的，“在该股东在场的情况下，可以由会计师、律师等依法或者依据执业行为规范负有保密义务的中介机构执业人员辅助进行”。公司董事、高管有义务依法制作、保存公司资料。如果公司董事、高管未依法履行职责，导致公司未制作或保存股东有权查阅的资料，造成股东损失的，应承担赔偿责任。

股东行使查阅权，同时也负有保密义务。《公司法解释（四）》规定，股东查阅信息后如泄露公司商业秘密导致公司损害，则须对公司承担赔偿责任。辅助股东查阅的会计师、律师等专业人员，负有相同义务，适用同一规则。

4. 股东权利之股利分配请求权

《公司法解释（四）》规定，股东起诉请求公司分配利润的案件，应当列公司为被告。一审法庭辩论终结前，其他股东基于同一分配方案请求分配利润并申请参加诉讼的，应当列为共同原告。《公司法解释（四）》延续了审判实践长期以来坚持的审判思路，即法院原则上不干预公司的利润分配事务，除非存在有违公平的特定情形。依照《公司法解释（四）》，如果公司股东会或者股东大会已作出含具体分配方案的有效决议，而公司又无正当理由拒不执行该决议的，法院可以判决公司依决议履行分配利润的义务；如果股东在诉讼中未提交上述决议，法院应驳回其要求公司分配利润的请求，除非公司不分配利润是因部分股东滥用股东权利所致，而且不分配利润损害了其他股东的利益。

分配利润的股东会或者股东大会决议作出后，公司应当在决议载明的时间内完成利润分配。决议没有载明时间的，以公司章程规定的为准。决议、章程中均未规定时间或者时间超过1年的，公司应当自决议作出之日起1年内完成利润分配。决议中载明的利润分配完成时间超过公司章程规定时间的，股东可以依据《公司法》第二十二条第二款规定请求人民法院撤销决议中关于该时间的规定（2020年新增）。

5. 股东诉讼

（1）股东代表诉讼。

股东代表诉讼，也称股东代位诉讼、股东间接诉讼，是指当董事、监事、高级管理人员或者他人的违反法律、行政法规或者公司章程的行为给公司造成损失，公司拒绝或者怠于向该违法行为人请求损害赔偿时，具备法定资格的股东有权代表其他股东，代替公司提起诉讼，请求违法行为人赔偿公司损失的行为。股东代表诉讼的目的，是为了保护公司利益和股东的共同利益，而不仅仅是个别股东的利益。为保护个别股东利益而进行的诉讼是股东直接诉讼。

根据责任人身份的不同与具体情况的不同，提起股东代表诉讼有以下几种程序：

其一，股东对公司董事、监事、高级管理人员给公司造成损失行为提起诉讼的程序。按照《公司法》的规定，公司董事、监事、高级管理人员执行公司职务时违反法律、行政法规或者公司章程的规定，给公司造成损失的，应当承担赔偿责任。为了确保责任者真正承担相应的赔偿责任，《公司法》对股东代表诉讼作了如下规定：

①股东通过监事会或者监事提起诉讼。《公司法》第一百五十一条第一款规定，公司董事、高级管理人员执行公司职务时违反法律、行政法规或者公司章程的规定，给公司造成损失的，有限责任公司的股东、股份有限公司连续180日以上单独或者合计持有公司1%以上股份的股东，可以书面请求监事会或者不设监事会的有限责任公司的监事向人民法院提起诉讼。《公司法解释（四）》规定，监事会或者不设监事会的有限责任公司的监事依据《公司法》第一百五十一条第一款规定对董事、高级管理人员提起诉讼的，应当列公司为原告，依法由监事会主席或者不设监事会的有限责任公司的监事代表公司进行诉讼。

②股东通过董事会或者董事提起诉讼。《公司法》第一百五十一条第一款还规定，监事执行公司职务时违反法律、行政法规或者公司章程的规定，给公司造成损失的，有限责任公司的股东、股份有限公司连续180日以上单独或者合计持有公司1%以上股份的股东，可以书面请求董事会或者不设董事会的有限责任公司的执行董事向人民法院提起诉讼。《公司法解释（四）》规定，董事会或者不设董事会的有限责任公司的执行董事依据《公司法》第一百五十一条第一款规定对监事提起诉讼的，或者依据《公司法》第一百五十一条第三款规定对他人提起诉讼的，应当列公司为原告，依法由董事长或者执行董事代表公司进行诉讼。

③股东直接提起诉讼。《公司法》第一百五十一条第二款，监事会、不设监事会的有限责任公司的监事，或者董事会、执行董事收到上述股东的书面请求后拒绝提起诉讼，或者自收到请求之日起30日内未提起诉讼，或者情况紧急、不立即提起诉讼将会使公司利益受到难以弥补的损害的，有限责任公司的股东、股份有限公司连续180日以上单独或者合计持有公司1%以上股份的股东，有权为了公司的利益以自己的名义直接向人民法院提起诉讼。《公司法解释（四）》规定，符合《公司法》第一百五十一条第一款规定条件的股东，依据《公司法》第一百五十一条第二款、第三款规定，直接对董事、监事、高级管理人员或者他人提起诉讼的，应当列公司为第三人参加诉讼。一审法庭辩论终结前，符合《公司法》第一百五十一条第一款规定条件的其他股东，以相同的诉讼请求申请参加诉讼的，应当列为共同原告。

其二，股东对他人给公司造成损失的行为提起诉讼的程序。《公司法》第一百五十一条第三款规定，公司董事、监事、高级管理人员以外的他人侵犯公司合法权益，给公司造成损失的，有限责任公司的股东、股份有限公司连续180日以上单独或者合计持有公司1%以上股份的股东可以书面请求监事会或者监事、董事会或者董事向人民法院提起诉讼，或者直接向人民法院提起诉讼。提起诉讼的具体程序，依照上述股东对公司董事、监事、高级管理人员给公司造成损失行为提起诉讼的程序进行。

根据《公司法解释（四）》，股东依据《公司法》第一百五十一条第二款、第三款规定直接提起诉讼的案件，胜诉利益归属于公司。股东请求被告直接向其承担民事责任的，人民法院不予支持。另外，为鼓励股东行使诉讼权利，《公司法解释（四）》还规定，股东依据《公司法》第一百五十一条第二款、第三款规定直接提起诉讼的案件，其诉讼请求部分或者全部得到人民法院支持的，公司应当承担股东因参加诉讼支付的合理费用。

（2）股东直接诉讼。

这是指股东对董事、高级管理人员损害股东利益行为提起的诉讼。根据《公司法》的规定，公司董事、高级管理人员违反法律、行政法规或者公司章程的规定，损害了股东利益的，股东可以依法向人民法院提起诉讼。

6. 股东义务

股东义务主要有以下三个方面：

（1）出资义务，即按照法律和公司章程的规定，向公司按期足额缴纳出资。股东违反出资义务可能导致其股东权利受限甚至丧失股东资格。首先，公司有权通过章程或者股东（大）会决议对该类股东的利润分配请求权、新股优先认购权、剩余财产分配请求权等权利予以限制。其次，有限公司股东“未履行出资义务或者抽逃全部出资，经公司催告缴纳或者返还，其在合理期间内仍未缴纳或者返还出资”，公司可以通过股东会决议“解除该股东的股东资格”。最后，如果公司章程或者股东（大）会决议未对股东权利设置限制，法院可能在个案判决中认定未出资或出资不足之股东的股东权利应受限制。

（2）善意行使股权的义务。这项义务的主要含义是，股东不得滥用其权利。《公司法》第20条规定，公司股东应当遵守法律、行政法规和公司章程，依法行使股东权利，不得滥用股东权利损害公司或者其他股东的利益。公司股东滥用股东权利给公司或者其他股东造成损失的，应当依法承担赔偿责任。这是关于股东不得滥用权力的一般条款。某种行为是否属于滥用股东权力，须根据上述一般条款，应依个案情节认定。

（3）公司出现解散事由后，股东有组织清算的义务。公司出现解散或者破产事由时应启动清算程序。清算的主要任务是，终结公司营业，清理财产，清偿债务，分配剩余财产。清算程序的结果是公司法人资格消灭。公司因破产而依《企业破产法》清算，为破产清算。因解散而依《公司法》清算，为非破产清算。公司出现解散事由后，应在规定时间内组织清算；有限公司股东直接组成清算组，股份公司的清算组由董事组成或者由股东大会确定的人员组成。有限公司股东、股份公司控股股东，未依法启动清算，损害债权人利益的，应承担相应的民事责任（详见本章第六节的“公司清算”部分）。破产清算自法院裁定宣告公司破产时开始，在法院控制之下，由破产管理人实施，公司股东无权参与。

7. 股东大会、股东会和董事会决议制度

公司的股东大会、股东会、董事会、监事会以作出决议的方式行使其权力。这里主要讨论股东大会、股东会、董事会的决议制度。

（1）决议的法律特征。

决议由决议机构成员按一定程序作出的意思表示构成。决议可以是全体成员一致的意思表示，也可以是依特定表决规则形成的、反映部分成员（如半数以上成员或者代表半数以上表决权的成员）意志的意思表示。在决议机构由两个以上成员组成的情况下，“多数决”（即按照持较多表决权成员的意思形成决议，持较少表决权成员有义务服从决议），是通常接受的表决规则。

决议依表决规则作出之时即告成立，无法定形式。《公司法》规定，无论有限公司还是股份公司，其股东会或股东大会、董事会、监事会都应当对所议事项的决定做成“会议记录”，由出席会议的人员签名。会议记录只是证明决议存在的书面证据，而非决议的法定形式。换言之，即便没有合格的会议记录，其他证据（如决议过程的录像）也可以证明会议作出了决议。当然，公司章程可以对决议的形式作出规定。

决议首先对参与作出决议的人具有约束力，包括赞同的、弃权的和反对的决议参加者。例如，公司股东会会议多数表决权通过的决议事项，对投反对票的股东也有约束力。

其次，决议对决议机构成员或公司的全体股东具有约束力。例如，公司股东会的决议对未出席会议也未参加表决的股东亦有约束力。最后，决议调整公司内部关系，而不是公司与第三人之间的关系。要调整公司与第三人间关系，须以公司名义同第三人成立法律行为。

（2）决议不成立之诉。

决议是一种法律行为。在认定决议效力之前，须首先判断其是否成立。决议成立的问题，公司法虽未提及，但审判实践中早已出现争议。《公司法解释（四）》正式确认“决议不成立之诉”。

决议成立，意指公司机构依程序作出或通过决议。决议不成立，则是指当事人所主张的某一决议，事实上从未作出或者不满足程序要求而不构成通过。依《公司法解释（四）》的规定，某一决议（包括股东会或股东大会决议、董事会决议）事实上未作出，包括两种情形：①公司未召开会议作出该决议，除非依《公司法》第三十七条第二款或公司章程规定可以不召开股东会或股东大会而直接作出该决定，且由全体股东在决定文件上签名、盖章；②公司尽管召开了会议，但未表决该决议事项。不满足程序要求而不构成决议通过，也有两种情况：①到会人数或者到会股东所持表决权数，不符合法律或公司章程的规定，也即不具备表决决议事项的必要条件；②虽具备表决条件，但“表决结果未达到公司法或者公司章程规定的通过比例”。除以上四种典型情况外，人民法院还可以认定导致决议不成立的其他情形。

根据《公司法解释（四）》第一条，有资格提起决议不成立之诉的人包括公司股东、董事、监事等。

（3）决议无效与撤销之诉。

股东影响公司决议的直接渠道是在股东会、股东大会行使表决权，或者推选董事，进而影响董事会决议。但对许多中小股东而言，由于持股比例较小，纵使法律上有表决权和选举权，也对股东会、股东大会和董事会决议难以产生影响力。为了防止股东会、股东大会或者董事会中的多数滥用权利损害少数股东的正当利益，《公司法》允许股东及其他利益相关人通过民事诉讼机制对违反法律、法规和公司章程的决议提起无效之诉或者撤销之诉。

《公司法》第二十二条第一款规定，公司股东会或者股东大会、董事会的决议内容违反法律、行政法规的无效。此处所谓“无效”是指决议自作出之时起无效。应当看到，只有在有人请求法院宣告特定决议无效，并得到判决支持的情况下，该决议才能在事实上不发生拘束力。《公司法》并未明确规定谁有资格依第二十二条第一款提起决议无效之诉。《公司法解释（四）》第一条规定，“公司股东、董事、监事等”有资格提起决议无效之诉。根据《民事诉讼法》（2012 年修订）第一百一十九条之规定，原告应与诉讼争议“有直接利害关系”。因此，除股东、董事、监事外，公司高级管理人员、员工甚至公司债权人，如能证明其与所诉决议“有直接利害关系”，则也应当承认他们具有提起公司决议无效之诉的资格。

依据《公司法》第二十二条和《公司法解释（四）》第二条的规定，股东会或者股东大会、董事会的会议召集程序、表决方式违反法律、行政法规或者公司章程，或者决议内容违反公司章程的，股东可以自决议作出之日起60 日内，请求人民法院撤销。提起此类诉讼的原告须在起诉时具有公司股东资格。60 日期限属于除斥期间。该期间自决议作出之日起算，超过该期间，股东即丧失诉权。

以上规定限制了决议撤销之诉的对象，即只能是两类决议：一是“会议召集程序、表决方式违反法律、行政法规或者公司章程”的决议；二是“内容违反公司章程”的决议。在最高人民法院发布的指导案例 10 号——“李建军诉上海佳动力环保科技有限公司决议撤销纠纷案”中，法院拒绝对公司董事会解除原总经理职务的事实依据是否属实进行审查。法院在判决中阐述的理由是：该公司做出案涉决议的召集程序和表决方式符合章程规定，公司章程未对董事会解聘经理职权予以限制，故决议内容也未违反公司章程，决议不符合《公司法》第二十二条第二款所规定的决议撤销条件。也就是说，法院认为会议召集程序、表决方式不违反法律、行政法规或者公司章程，且内容也不违反公司章程的决议，属于公司自治事项，法院原则上不应当去审查决议本身是否合理，决议的事实依据是否属实。

为尽量保持公司决议的稳定性，《公司法解释（四）》规定，“会议召集程序或者表决方式仅有轻微瑕疵，且对决议未产生实质影响的，人民法院不予支持”。

《公司法》还规定，股东提起决议撤销之诉的，人民法院可以应公司的请求，要求股东提供相应担保。该规则旨在限制股东滥用诉讼，但什么条件下法院应当支持公司的请求，要求股东提供多大金额的担保是合理的，都有待明确。

人民法院宣告该决议无效或者撤销该决议后，公司根据股东会或者股东大会、董事会决议已办理的公司登记变更应当恢复原状，公司应当向公司登记机关申请撤销变更登记。但是，公司依据该决议与善意相对人形成的民事法律关系（例如与善意相对人订立的合同）不受影响。

最后，关于决议不成立、无效和撤销之诉案件的诉讼当事人问题，《公司法解释（四）》第三条规定，原告请求确认股东会或者股东大会、董事会决议不成立、无效或者撤销决议的案件，应当列公司为被告。对决议涉及的其他利害关系人，可以依法列为第三人。一审法庭辩论终结前，其他有原告资格的人以相同的诉讼请求申请参加前款规定诉讼的，可以列为共同原告。

8. 有限责任公司的股权移转

（1）股权移转的概念和类型。

股权移转，是指有限公司的股权基于一定的法律事实而发生权属变更。股权移转只是股东发生变化，公司的法人资格不发生变化，公司的财产不发生变化，公司以其财产对外承担的责任也不发生变化。

根据《公司法》的规定，有限公司股权移转包括：基于股东法律行为的自愿转让、基于法院强制执行的强制移转以及基于自然人股东死亡而发生的股权继承。

从受让人是否为原有股东的角度看，股权移转又可以分为对内移转和对外移转。对内移转，是指股东之间转让全部或者部分股权。对外移转，是指股东将自己的全部或部分股权转让给股东以外的人。对外移转将使原有股东以外的人加入公司，成为新的股东。

（2）股权转让规则。

与股份公司有所不同，有限公司通常股东人数不多，股东间存在一定紧密关系，股东群体具有一定封闭性。因此，有限公司股权发生对外转让时，原有股东通常希望对股权流向有一定的控制力。为此，《公司法》对于有限公司股东对外转让股权设置了一套限制规则；但同时又规定，“公司章程对股权转让另有规定的，从其规定”，为公司自主设置符合自身需求的股权转让规则预留了空间。对于股权的对内转让，《公司法》未设限制。

①有限公司的股东之间可以相互转让全部或者部分股权。《公司法》对此未设任何限制。

②股东向股东以外的人转让股权，应当经其他股东过半数同意。此处的“过半数”，不是股东出资比例上的过半数，而是股东人数上的过半数。转让股权的股东可以通过召开股东会会议的方式征求其他股东意见，也可以不召开会议而分别征求意见。《公司法》规定，股东应就其股权转让事项以“书面或者其他能够确认收悉的合理方式”通知其他股东征求同意，其他股东自接到书面通知之日起满30日未答复的，视为同意转让。其他股东半数以上不同意转让的，不同意的股东应当购买该转让的股权；不购买的，视为同意转让。《公司法解释（四）》第十七条第一款将通知方式由“书面”方式扩展并限定为

“书面或者其他能够确认收悉的合理方式”。按文义理解，“确认收悉”意指收信人确认信息之收到。

③股权转让即便获得其他股东过半数同意，股权也未必可以无障碍地转让给股东以外的人，因为其他股东仍可行使优先购买权。《公司法》规定，经股东同意转让的股权，在同等条件下，其他股东有优先购买权。两个以上股东主张行使优先购买权的，协商确定各自的购买比例；协商不成的，按照转让时各自的出资比例行使优先购买权。为保障其他股东及时行使优先购买权，《公司法解释（四）》规定，经股东同意转让的股权，其他股东主张转让股东应当向其以书面或者其他能够确认收悉的合理方式通知转让股权的同等条件的，人民法院应当予以支持。

关于如何确定“同等条件”，《公司法解释（四）》规定，法院应当考虑转让股权的数量、价格、支付方式及期限等因素。有限责任公司的股东主张优先购买转让股权的，应当在收到通知后，在公司章程规定的行使期间内提出购买请求。公司章程没有规定行使期间或者规定不明确的，以通知确定的期间为准，通知确定的期间短于三十日或者未明确行使期间的，行使期间为三十日。

根据《公司法解释（四）》，有限责任公司的转让股东有撤回其股权转让意思的权利。如果转让股东在其他股东主张优先购买后又不同意转让股权，则对于其他股东优先购买的主张，人民法院不予支持，但是，公司章程另有规定或者全体股东另有约定的除外（例如，公司章程可能规定股东不得撤回股权转让的意思）。其他股东如因转让股东撤回转让意思而受有损失，则可以主张转让股东赔偿其损失，人民法院对具有合理理由的请求应当予以支持。

如果转让股东未就其股权转让事项通知其他股东征求意见，致使其他股东无从行使先买权，或者以欺诈、恶意串通等手段妨碍其他股东行使先买权，《公司法解释（四）》规定，其他股东主张按同等条件购买拟转让股权的，人民法院应予支持；但是，其他股东须在一定期限内提出上述主张，该期限为其他股东“自知道或者应当知道”行使先买权同等条件之日起30日内，最长不超过“股权变更登记之日起1年”。其他股东如果仅提出确认股权转让合同及股权变动效力等请求，未同时主张按照同等条件购买转让股权，则人民法院不予支持，但其他股东非因自身原因导致无法行使优先购买权，请求损害赔偿的除外。

如果此前转让股东已经与股东以外的第三人成立股权转让合同，则转让股东可能因其他股东优先购买股权而不能履行该合同。这种情况下，第三人有权向转让股东主张损害赔偿，除非合同预先订有免责条款。

④《公司法解释（四）》规定，通过拍卖向股东以外的人转让有限责任公司股权的，适用《公司法》第七十一条第二款、第三款或者第七十二条规定的“书面通知”“通知”“同等条件”时，根据相关法律、司法解释确定。在依法设立的产权交易场所转让有限责任公司国有股权的，适用《公司法》第七十一条第二款、第三款或者第七十二条规定的“书面通知”“通知”“同等条件”时，可以参照产权交易场所的交易规则。

（3）股权强制执行的规则。

人民法院依照法律规定的强制执行程序移转股东股权的，应当通知公司及全体股东，其他股东在同等条件下有优先购买权。其他股东自人民法院通知之日起满20日不行使优先购买权的，视为放弃优先购买权。

（4）股权继承规则。

在公司章程没有另外规定的情况下，自然人股东死亡后，其合法继承人可以直接继承股东资格。《公司法解释（四）》规定，有限公司的自然人股东因继承发生变化时，其他股东主张依据《公司法》第七十一条第三款规定行使优先购买权的，人民法院不予支持，但公司章程另有规定或者全体股东另有约定的除外。

（5）股权移转的程序。

公司内部股东之间股权转让的，出让方

与受让方签订股权转让协议，完成股权转让后，公司应当注销原股东的出资证明书，向受让股东重新签发出资证明书，由公司相应修改公司章程和股东名册中有关股东及其出资额的记载。但对公司章程的该项修改不需要再由股东会表决。

股东向股东之外的人转让股权的，除了新股东要提交主体资格证明或自然人身份证明外，其他手续与前述转让手续相同。

（6）“一股二卖”的处理规则。

股权转让后，公司可能没有立即向公司登记机关办理变更登记，如果原股东将仍登记于其名下的股权转让、质押或者以其他方式处分给第三人，则会给受让人造成损失。根据《公司法解释（三）》之规定，对于上述情况，受让股东以其对于股权享有实际权利为由，请求认定处分股权行为无效的，人民法院可以参照《物权法》第一百零六条的规定处理。这就是说，需要考察第三人在受让原股东处分的股权时是否构成善意取得，如果构成善意取得，则最终获得该股权；否则，原股东处分股权的行为无效。

如果原股东处分股权造成受让股东损失的，受让股东可以请求原股东承担赔偿责任；同时，受让股东还可以要求未及时办理变更登记有过错的董事、高级管理人员或者实际控制人承担相应责任。但是，受让股东对于未及时办理变更登记也有过错的，可以适当减轻上述董事、高级管理人员或者实际控制人的责任。

9. 公司减资

公司为避免资本闲置、向股东返还出资或者减免股东出资负担，可依法定程序减少注册资本。当公司出现严重亏损时，也可以通过减资弥补亏损。

基于上述目的，公司可采取以下方式实施减资：

（1）返还出资或股款，即将股东已缴付的出资财产或股款部分或全部返还股东。

（2）减免出资或购股义务，即部分或全部免除股东已认缴或认购但未实缴的出资金额。

（3）缩减股权或股份。公司为弥补亏损而减资时，不向股东返还出资或股款，而是注销股东的一部分股权或股份。公司按照一定比例将已发行股份合并（例如二股合为一股），也可达到缩减股份的目的。

【例6-1】（2017年单选题）甲、乙、丙三人拟设立一有限责任公司。在公司设立过程中，甲在搬运为公司购买的办公家具时，不慎将丁撞伤。根据公司法律制度的规定，下列关于对丁的侵权责任承担的表述中，正确的是（　　）。

A. 若公司未成立，丁仅能请求甲承担该侵权责任

B. 若公司成立，则由公司自动承受该侵权责任

C. 若公司未成立，丁应先向甲请求赔偿，不足部分再由乙、丙承担

D. 无论公司是否成立，该侵权责任应由甲、乙、丙共同承担

【答案】B

【解析】发起人因设立公司对他人造成损害的，公司成立后应自动承担该侵权责任；公司未成立的，受害人有权请求全体发起人承担连带赔偿责任的；公司或者无过错的发起人承担赔偿责任后，可以向有过错的发起人追偿。

【例6-2】（2017年单选题）甲盗用乙的身份证，以乙的名义向丙公司出资。乙被记载于丙公司股东名册，并进行了工商登记，但直至出资期限满仍未履行出资义务。根据公司法律制度的规定，下列关于出资责任承担的表述中，正确的是（　　）。

A. 乙承担出资责任

B. 甲承担出资责任

C. 乙首先承担出资责任，不足部分再由甲补足

D. 甲、乙对出资承担连带责任

【答案】B

【解析】冒用他人名义出资并将该他人作为股东在公司登记机关登记的，冒名登记人

应当承担相应责任；公司、其他股东或者公司债权人以未履行出资义务为由，请求被冒名登记为股东的承担补足出资责任或者对公司债务不能清偿部分的赔偿责任的，人民法院不予支持。

【例6-3】(2017年单选题) 甲有限责任公司成立于2017年1月5日。公司章程规定，股东乙以其名下的一套房产出资。乙于1月7日将房产交付公司，但未办理权属变更手续。5月9日，股东丙诉至人民法院，要求乙履行出资义务。5月31日，人民法院责令乙于10日内办理权属变更手续。6月6日，乙完成办理权属变更手续。根据公司法律制度的规定，乙享有股东权利的起始日期是（　　）。

A. 1月7日　　B. 1月5日

C. 6月6日　　D. 5月31日

【答案】A

【解析】出资人以房屋、土地使用权或者需要办理权属登记的知识产权等财产出资，已经交付公司使用但未办理权属变更手续的，当公司、其他股东或者公司债权人主张认定出资人未履行出资义务的，人民法院应当责令当事人在指定的合理期间内办理权属变更手续；在前述期间内办理了权属变更手续的，人民法院应当认定其已经履行了出资义务；出资人主张自其实际交付财产给公司使用时享有相应股东权利的，人民法院应予支持。

【例6-4】(2017年多选题) 甲有限责任公司未设董事会，股东乙为执行董事。根据公司法律制度的规定，在公司章程无特别规定的情形下，乙可以行使的职权有（　　）。

A. 决定公司的投资计划

B. 召集股东会会议

C. 决定公司的利润分配方案

D. 决定聘任公司经理

【答案】BD

【解析】(1) 选项A：决定公司的"经营计划"和"投资方案"（而非"投资计划"）；(2) 选项C：属于股东会的职权。

【例6-5】(2017年单选题) 根据公司法律制度的规定，股份有限公司以超过股票票面金额的价格发行股份所得的溢价款，应当列为（　　）。

A. 盈余公积金　　B. 未分配利润

C. 法定公益金　　D. 资本公积金

【答案】D

【解析】股份有限公司以超过股票票面金额的发行价格发行股份所得的溢价款以及国务院财政部门规定列入资本公积金的其他收入，应当列为公司资本公积金。

【例6-6】(2016年多选题) 甲、乙、丙、丁拟设立一家贸易公司，委派丙负责租赁仓库供公司使用。因公司尚未成立，丙以自己的名义与戊签订仓库租赁合同。根据公司法律制度的规定，下列关于仓库租赁合同义务承担的表述中，正确的有（　　）。

A. 若贸易公司未能成立，戊可请求丙承担合同义务

B. 贸易公司一经成立，戊即可请求该公司承担合同义务

C. 贸易公司成立后，对租赁合同明确表示承认的，戊可请求贸易公司承担合同义务

D. 贸易公司成立后，戊仍可请求丙承担合同义务

【答案】ACD

【解析】发起人为设立公司以自己名义对外签订合同，合同相对人请求该发起人承担合同责任的，人民法院应予支持；公司成立后对前款规定的合同予以确认或者已经实际享有合同权利或者履行合同义务，合同相对人请求公司承担合同责任的，人民法院应予支持。

【例6-7】(2016年单选题) 某股份有限公司于2016年3月7日首次公开发行股份并在上海证券交易所上市交易。2016年4月8日，该公司召开股东大会，拟审议的有关董事、高级管理人员（简称高管）持股事项的议案中包含下列内容。其中，符合公司法律制度规定的是（　　）。

A. 董事、高管离职后半年内，不得转让其所持有的本公司股份

B. 董事、高管在任职期间，每年转让的

股份不得超过其所持本公司股份总数的50%

C. 董事、高管持有的本公司股份，自决议通过之日起3个月后可以内部自由转让

D. 董事、高管持有的本公司股份，自决议通过之日起6个月后可以对外自由转让

【答案】A

【解析】法律规定，董事、高管在任职期间，每年转让的股份不得超过其所持本公司股份总数的25%，故选项B错。董事、高管持有的本公司股份，自上市交易之日起1年内不得转让，故选项C、D错。

【例6-8】(2016年多选题）根据公司法律制度的规定，有限责任公司股东会会议的下列决议中，须经代表2/3以上表决权的股东通过的有（　　）。

A. 修改公司章程

B. 增加注册资本

C. 对外提供担保

D. 决定利润分配方案

【答案】AB

【解析】有限责任公司特别决议事项：修改公司章程，公司增加或者减少注册资本，公司合并、分立、解散以及变更公司形式。

【例6-9】(2016年单选题）根据公司法律制度的规定，下列关于一人有限责任公司（简称一人公司）的表述中，正确的是（　　）。

A. 一个自然人只能投资设立一个一人公司，但该一人公司可以再投资设立新的一人公司

B. 一人公司的股东应当对公司债务承担连带清偿责任

C. 一人公司设立时，股东应当一次缴足公司章程规定的出资额

D. 一人公司应当在公司登记中注明自然人独资或者法人独资

【答案】D

【解析】法律规定，一个自然人只能投资设立一个一人有限责任公司，该一人有限责任公司不能投资设立新的一人有限责任公司，故选项A错。一人有限责任公司的股东对公司债务承担有限责任；当其不能证明公司财产独立于股东自己的财产的，应当对公司债务承担连带责任，故选项B错。公司股东可以分期缴纳出资，法律并未规定一人公司股东应当一次缴足公司章程规定的出资额，故选项C错。

【例6-10】(2016年单选题）某有限责任公司有甲、乙、丙三名股东。甲、乙各持8%的股权，丙持84%的股权。丙任执行董事，乙任监事。甲发现丙将公司资产以极低价格转让给其妻开办的公司，严重损害了本公司利益，遂书面请求乙对丙提起诉讼。乙碍于情面予以拒绝。根据公司法律制度的规定，下列表述中，正确的是（　　）。

A. 甲可以提议召开临时股东会，要求丙对相关事项作出说明

B. 甲可以请求公司以合理价格收购其股权，从而退出公司

C. 甲可以以公司内部监督机制失灵、公司和股东利益严重受损为由，请求人民法院判决解散公司

D. 甲可以以自己的名义对丙提起诉讼，要求其赔偿公司损失

【答案】D

【解析】法律规定，有限责任公司代表1/10以上表决权的股东可以提议召开临时股东会，甲仅持有8%的股权，故选项A错。只有在公司连续5年符合分配利润条件不向股东分配利润、合并、分立、转让主要财产、解散事由出现股东会决议存续的，有限公司股东才可以要求公司回购股份，故选项B错。单独或者合计持有公司全部股东表决权10%以上的股东，有合法的理由可以提起解散公司诉讼，故选项C错。

【例6-11】(2015年多选题）根据公司法律制度的规定，下列各项中，有权要求有限责任公司在2个月内召开临时股东会的有（　　）。

A. 持有公司1/10股份的股东

B. 1/3的董事

C. 董事长

D. 监事会

【答案】ABD

【解析】本题考核临时股东会的召开，法律规定，有下列情形之一的有权要求有限责任公司在2个月内召开临时股东会：(1) 1/10 以上表决权股东；(2) 1/3 以上董事；(3) 监事会或监事。

【例6-12】(2015 年单选题) 根据公司法律制度的规定，公司董事的下列行为中涉嫌违反勤勉义务的是（　　）。

A. 擅自披露公司商业秘密

B. 将公司资金以个人名义开立账户存储

C. 无正当理由长期不出席董事会会议

D. 篡夺公司商业机会

【答案】C

【解析】A、B、D 项属于对公司的忠实义务。

【例6-13】(2015 年单选题) 根据公司法律制度的规定，下列各项中，属于董事会职权的是（　　）。

A. 修改公司章程

B. 决定有关董事的报酬事项

C. 决定公司内部管理机构的设置

D. 决定发行公司债券

【答案】C

【解析】本题考核董事会的职权，选项 ABD 是股东会的职权。

【例6-14】(2018 年单选题) 根据公司法律制度的规定，下列各项中，不得作为出资的是（　　）。

A. 知识产权　　B. 债权

C. 特许经营权　　D. 股权

【答案】C

【解析】股东可以用货币出资，也可以用实物、知识产权、土地使用权等可以用货币估价并可以依法转让的非货币财产作价出资；但是股东不得以劳务、信用、自然人姓名、商誉、特许经营权（C 选项）或者设定担保的财产等作价出资。

【例6-15】(2018 年单选题) 根据公司法律制度的规定，股份有限公司发起人持有的本公司股份，自公司成立之日起一定期限内不得转让。该期限是（　　）。

A. 6 个月　　B. 1 年

C. 2 年　　D. 3 年

【答案】B

【解析】发起人持有的本公司股份，自公司成立之日起一年内不得转让。

【例6-16】(2018 年单选题) 根据公司法律制度的规定，在股东起诉请求公司分配利润的案件中，应当列为被告的是（　　）。

A. 公司

B. 反对分配利润的董事

C. 反对分配利润的股东

D. 公司及反对分配利润的股东

【答案】A

【解析】A 选项，股东起诉请求公司分配利润的案件，应当列公司为被告。

【例6-17】(2015 年单选题) 根据公司法律制度的规定，下列主体中，有资格提出上市公司独立董事候选人的是（　　）。

A. 上市公司的职工代表大会

B. 持有上市公司已发行股份 1% 以上的股东

C. 上市公司的董事长

D. 上市公司的监事会主席

【答案】B

【解析】上市公司董事会、监事会、单独或者合并持有上市公司已发行股份 1% 以上的股东（B 选项）可以提出独立董事候选人，并经股东大会选举决定。

【例6-18】(2018 年多选题) 根据公司法律制度的规定，下列各项中，属于有限责任公司股东义务的有（　　）。

A. 出资义务

B. 经营管理公司的义务

C. 善意行使股权的义务

D. 公司出现解散事由后，组织清算的义务

【答案】ACD

【解析】股东义务主要有以下两三个方

面：首先，是出资义务（A 选项）；其次，是善意行使股权的义务（C 选项）；再次，是公司出现解散事由后，股东有组织清算的义务（D 选项）。

【例 6-19】（2018 年多选题）根据公司法律制度的规定，下列各项中，属于公司减少注册资本可以采取的方式有（　　）。

A. 向股东返还出资或股款

B. 减免股东的出资或购股义务

C. 股东对外转让股权

D. 缩减股权或股份

【答案】ABD

【解析】公司减资的具体方法包括：返还出资或股金（A 选项）、减免出资义务（B 选项）、缩减股权或股份（D 选项）等。

通关演练

一、单项选择题

1. 杨某与宋某签订协议，约定由杨某实际出资并享有投资权益，宋某为名义股东。合同不存在其他违法之处。后来公司分配利润，宋某见有利可图，向法院主张合同无效。下列表述中，正确的是（　　）。

A. 法院应当认定该合同无效

B. 若杨某以其履行了实际出资义务为由主张宋某返还利润给自己，法院应当支持

C. 若宋某以其为股东名册记载的股东为由主张取得利润，法院应当支持

D. 杨某可以以双方的合同为依据，直接要求公司变更股东

2. 张某、王某、李某三人成立了一家有限责任公司。因公司规模较小，决定不设董事会，由张某担任公司的执行董事。公司经营期间，因张某滥用职权，给股东王某造成了巨大的损失。根据我国公司法律制度的规定，下列选项的表述中，正确的是（　　）。

A. 王某可以直接向人民法院对张某提起诉讼

B. 王某应当请求监事会对张某提起诉讼

C. 王某应当以公司的名义提起诉讼

D. 王某至少连续 180 日持有该公司 1% 以上股份才有权提起诉讼

3. 李某拟与其朋友张某、刘某设立 A 有限责任公司。李某在准备公司设立的相关事项时，发生了车祸，于是李某与其担任某公司高管的儿子小李商议，在公司设立登记时登记小李的名字，小李为名义股东，李某为实际出资人。后小李购房急需资金，未征得李某同意便擅自将其持有的 A 公司股权以合理价格转让给了不知情的王某，并办理了股权变更登记。根据我国公司法律制度的规定，下列各项的表述中，正确的是（　　）。

A. 王某已取得该股权的所有权

B. 李某有权要求王某返还该股权

C. 张某、刘某有权要求王某返还该股权

D. 李某有权撤销小李和王某之间的股权转让合同

4. 甲股份有限公司于 2016 年 7 月 5 日在上海证券交易所上市，公司章程对股份转让未作特别规定。该公司有关人员的下列股份转让行为中，符合公司法律制度的是（　　）。

A. 董事赵某于 2016 年 8 月离职，2016 年 12 月将所持本公司股份全部转让

B. 监事周某于 2016 年 9 月将所持本公司的 1 000 股股份全部转让

C. 董事吴某于 2016 年 8 月离职，2017 年 8 月将所持本公司全部股份 800 股一次性转让

D. 发起人王某于 2016 年 11 月转让了其所持有的本公司公开发行前已发行的股份总数的 25%

5. 张某、郭某、刘某拟共同投资设立 A 股份有限公司，在公司成立过程中，张某为了自己的利益，以 A 股份有限公司的名义与不知情的王某签订了一份金额为 50 万元的合同。根据公司法律制度的规定，在公司成立后，下列关于合同承担方式正确的是（　　）。

A. 公司承担合同责任

B. 张某承担合同责任

C. 由张某和公司承担连带责任

D. 公司承担主要合同责任，张某承担补充责任

6. 根据公司法律制度的规定，股份有限公司出现下列情形时，异议股东可以申请公司回购其股权的是（　　）。

A. 公司合并、分立

B. 公司连续5年不向股东分配利润，而公司该5年连续盈利，并且符合法律规定的分配利润条件

C. 转让主要财产

D. 公司章程规定的营业期限届满或者章程规定的其他解散事由出现，股东会会议通过决议修改章程使公司存续

7. 根据公司法律制度的规定，下列选项中，属于有限责任公司临时股东会召开条件的是（　　）。

A. 代表10%以上表决权的股东提议时

B. 董事长提议时

C. 1/3以上监事提议时

D. 董事人数不足法定最低人数5人或者不足公司章程规定人数的2/3时

8. 甲、乙、丙、丁四人成立A有限责任公司，公司章程对股权转让未作特别规定。下列有关股权转让的表述中，正确的是（　　）。

A. 甲拟将其所持本公司的全部股权转让给乙，丙、丁表示不同意

B. 甲拟将其所持本公司的全部股权转让给第三人戊，应当经乙、丙、丁一致同意

C. 甲拟将其所持本公司的全部股份转让给丙，只要甲丙协商一致即可转让

D. 甲拟将其所持本公司的全部股权转让给第三人戊，只需电话通知其他股东即可

9. 根据公司法律制度的规定，某股份有限公司董事会由11名董事组成，下列情形中，能使董事会决议通过的是（　　）。

A. 5名董事出席会议，一致同意

B. 8名董事出席会议，5名董事同意

C. 9名董事出席会议，6名董事同意

D. 10名董事出席会议，5名董事同意

10. 根据公司法律制度的规定，下列人员中，可以担任公司的董事、监事或者高级管理人员的是（　　）。

A. 甲所负债务数额较大且到期未清偿

B. 乙因贪污罪被判处刑罚，执行期满3年

C. 丙的年龄不满18周岁但学识渊博

D. 担任破产清算公司的董事并对公司破产负有个人责任的，自公司破产清算完结之日已满5年

11. 甲、乙、丙、丁四人拟竞聘A上市公司独立董事的职位。根据《上市公司独立董事制度》的规定，下列选项中，能够竞聘成功的是（　　）。

A. 甲系A上市公司董事长的弟弟

B. 乙于1年前卸任C公司副董事长之职，C公司持有A上市公司已发行股份的7%

C. 丙长期为A上市公司提供法律咨询服务

D. 丁之妻半年前卸任A上市公司之附属企业B公司总经理之职

12. 张某于2013年7月毕业于北京大学，准备进行创业，于是出资10万元设立了A一人有限责任公司（简称“A公司”）。根据我国公司法律制度的规定，下列选项中，关于A公司的表述，不正确的是（　　）。

A. 如果A公司持续盈利，5年后张某还可以设立B一人有限责任公司

B. 如果张某决定聘请其大学同学王某为A公司的董事，那么该决定应当采用书面形式，并由张某签字后置备于公司

C. A公司应当在每一会计年度终了时编制财务会计报告，并经会计师事务所审计

D. 如果张某不能证明公司财产独立于其自己的财产，应当对公司债务承担连带责任

13. 根据公司法律制度的规定，下列关于国有独资公司的表述中，正确的是（　　）。

A. 国有独资公司设立股东会

B. 国有独资公司董事长由董事会选举产生

C. 国有独资公司必须设1名董事长和1名副董事长

D. 国有独资公司监事会主席由国有资产监督管理机构从监事会成员中指定

14. 根据我国公司法律制度的规定，下列选项中，关于公司财务会计报告的表述，不正确的是（　　）。

A. 公司财务会计报告应当由董事会负责编制，并对其真实性、完整性和准确性负责

B. 公司聘用、解聘承办公司审计业务的会计师事务所，应由董事会决定

C. 股份有限公司的财务会计报告应当在召开股东大会年会的20日前置备于本公司

D. 公开发行股票的股份有限公司必须公告其财务会计报告

15. 甲有限责任公司拟吸收合并乙有限责任公司。根据公司法律制度的规定，下列表述不正确的是（　　）。

A. 公司应当自作出合并决议之日起10日内通知债权人，并于30日内在报纸上公告

B. 该合并事项必须经过代表2/3以上表决权的股东通过

C. 在股东会对该合并事项投反对票的股东可以请求公司按照合理的价格收购其股权

D. 债权人只能要求公司清偿债务，不能要求公司提供相应的担保

16. 甲有限责任公司章程规定的营业期限届满而解散，并自行清算。根据公司法律制度的规定，下列人员中，可以作为清算组成员的是（　　）。

A. 监事蔡某

B. 董事王某

C. 股东张某

D. 独立董事于某

17. 公司在经营活动中可以以自己的财产为他人提供担保。根据公司法律制度的规定，下列关于担保的表述中，正确的是（　　）。

A. 公司股东会可以决定为本公司的股东提供担保

B. 公司经理可以决定为本公司的股东提供担保

C. 公司董事会可以决定为公司客户提供担保

D. 接受担保的股东或者受实际控制人支配的股东可以参加表决

二、多项选择题

1. 赵某是畅达有限责任公司的股东，公司成立后，赵某在公司董事陈某的协助下利用关联交易将其出资转出，给公司造成了严重的损失。根据公司法律制度的规定，下列表述正确的有（　　）。

A. 赵某的行为构成抽逃出资

B. 公司其他股东可以请求其向公司返还出资本息

C. 董事陈某对此应当承担连带责任

D. 公司债权人可以请求赵某在抽逃出资本息范围内对公司债务不能清偿的部分承担补充赔偿责任

2. 甲同他人投资设立A有限责任公司，但是甲自己不愿意成为股东，于是在未征得其好友乙同意的情况下，冒用乙的名义作为股东在公司登记机关登记，后来甲未完全履行出资，未履行出资金额10万元。根据公司法律制度的规定，下列表述正确的有（　　）。

A. 乙是该公司的股东

B. 甲是该公司的股东

C. 乙应当承担补足出资的责任

D. 甲应当承担补足出资的责任

3. 根据公司法律制度的规定，下列各项中，属于董事会职权的有（　　）。

A. 决定公司的经营计划和投资方案

B. 制订公司发行公司债券的方案

C. 决定公司内部管理机构的设置

D. 决定解聘或聘任公司经理

4. 根据公司法律制度的规定，下列文件中，有限责任公司股东可以查询和复制的有（　　）。

A. 公司会计账簿

B. 董事会会议决议

C. 监事会会议决议

D. 公司章程

5. 某股份有限公司董事、高级管理人员的下列行为，不符合公司法律制度规定的有（　）。

A. 将公司资金以其个人名义开立账户存储

B. 挪用公司资金

C. 违反公司章程的规定，未经股东大会或者董事会同意，将公司资金借贷给他人或者以公司财产为他人提供担保

D. 经股东大会同意，自营与所任职公司同类的业务

6. 郝某、郑某、陈某和赵某四人拟成立一家有限责任公司。下列关于四人出资方式的表述中，符合公司法律制度规定的有（　）。

A. 郝某以现金 30 万元出资

B. 郑某以其设定了抵押担保的房屋作价 120 万元出资

C. 陈某以劳务出资

D. 赵某以其所有的小汽车作价 50 万出资

7. 甲有限责任公司成立于 2013 年 1 月 1 日，以房地产开发而著名。在公司经营期间，公司股东张某发现公司董事长王某在没有经过股东会同意的情况下，擅自以极高的价格购进了其妻子所设立的公司生产的建筑原材料，给甲公司造成了巨大损失。张某向监事会反映了该情况，请求监事会对王某提起诉讼。监事会认为张某只持有了公司 5% 的股权并且才连续持有 1 年，无权请求监事会提起诉讼，又鉴于董事长对监事会施加的压力，决定不处理此事。于是张某决定向法院提起诉讼。根据我国公司法律制度的规定，下列选项的表述中，不正确的有（　）。

A. 张某无权提起诉讼

B. 假如张某有权提起诉讼，张某应当先请求董事会解决，只有董事会也不解决的才可以提起诉讼

C. 假如张某有权提起诉讼，张某应当以甲公司的名义进行诉讼

D. 只有在情况紧急、不立即起诉将会使公司利益受到难以弥补的损害的情况下，张某才有权提起诉讼

8. 下列关于创立大会的表述中，符合公司法律制度规定的有（　）。

A. 募集方式设立公司的，发起人应当在足额缴纳股款、验资证明出具之日后 30 日内主持召开公司创立大会

B. 创立大会应有代表股份总数过半数的发起人、认股人出席方可举行

C. 创立大会对通过公司章程作出决议，必须经全体认股人所持表决权过半数通过

D. 创立大会作出不设立公司决议的，认股人可以按照所缴股款并加算银行同期存款利息，要求发起人返还

9. 根据公司法律制度的规定，A 上市公司出现下列情形时，应当召开临时股东大会的有（　）。

A. 董事人数仅为公司章程规定人数的 1/4

B. 单独持有公司 5% 股份的股东郑某请求召开

C. 公司未弥补的亏损达实收股本总额的 2/3

D. 公司监事会提议召开

10. 甲有限责任公司于 2013 年 1 月 1 日成立，以从事婚纱摄影业务被大家所熟知。该公司成立了监事会，并在公司章程中规定了监事每届任期为 2 年，连选可连任。监事会成员中可以不包括职工代表，并由公司董事长李某任命公司的董事王某为监事会主席。根据我国公司法律制度规定，下列选项的表述中，不正确的有（　）。

A. 甲有限责任公司监事每届任期的约定不符合规定

B. 甲有限责任公司监事会成员中不包括职工代表的约定，符合规定

C. 甲有限责任公司的监事会主席的产生方式不符合规定

D. 甲有限责任公司的董事王某可以同时兼任公司的监事主席

11. 根据公司法律制度的规定，下列事项

中，属于股东大会特别决议事项的有（ ）。

A. 公司合并、分立

B. 修改公司章程

C. 选举和更换非由职工代表担任的董事

D. 决定公司的经营方针和投资计划

12. 根据公司法律制度的规定，下列关于股份有限公司董事会的表述中，正确的有（ ）。

A. 董事会成员中应当有公司职工代表

B. 董事任期为 2 年

C. 董事长、副董事长的产生办法由公司章程规定

D. 董事会会议应当有过半数的董事出席方可举行

13. 根据公司法律制度的规定，下列选项中，属于上市公司独立董事职权的有（ ）。

A. 独立聘请外部审计机构和咨询机构

B. 提议召开董事会

C. 向董事会提议聘用或者解聘会计师事务所

D. 可以在股东大会召开前公开向股东征集投票权

14. 某股份有限公司注册资本为 1 000 万元，公司现有法定公积金 400 万元，任意公积金 400 万元，现该公司拟以公积金 400 万元增资派股，下列方案中，符合公司法律制度规定的有（ ）。

A. 将法定公积金 400 万元转为公司资本

B. 将任意公积金 400 万元转为公司资本

C. 将法定公积金 200 万元，任意公积金 200 万元转为公司资本

D. 将法定公积金 100 万元，任意公积金 300 万元转为公司资本

15. 2015 年 6 月 1 日，甲公司吸收合并乙公司。已知乙公司自作出合并决议之日起在规定期限通知了债权人，并于 30 日内在报纸上进行了公告。企业吸收合并后，乙公司债权人于某向人民法院起诉请求合并方清偿债权 100 万元。已知于某在公告期内申报过该笔债权，但是由于乙公司工作人员疏忽未及时清偿该笔债权。根据公司法律制度的规定，下列关于该笔债权的表述中，正确的有（ ）。

A. 由甲公司承担该笔债权

B. 由乙公司承担该笔债权

C. 若甲公司承担该笔债权后，可以向乙公司进行追偿

D. 人民法院应当驳回于某请求，告知其另行起诉乙公司

16. 根据公司法律制度的规定，下列关于提起解散公司诉讼的表述中，属于人民法院应予受理的情形有（ ）。

A. 公司无故拒绝股东查询公司会计账簿

B. 公司被吊销营业执照未进行清算的

C. 公司持续 2 年以上无法召开股东会或者股东大会，公司经营管理发生严重困难

D. 股东表决时无法达到法定或者公司章程规定的比例，持续 2 年以上不能作出有效的股东会或者股东大会决议，公司经营管理发生严重困难

17. 根据公司法律制度的规定，下列关于公司分立的表述中，不正确的有（ ）。

A. 公司分立前的债务由分立后的公司承担连带责任

B. 公司应当自作出分立决议之日起 10 日内通知债权人，并于 30 日在报纸上公告

C. 公司应当自作出分立决议之日起 10 日内通知债权人，并于 60 日在报纸上公告

D. 债权人有权请求公司清偿债务或者提供担保

18. 甲股份有限公司经股东大会决议解散公司，根据公司法律制度的规定，在下列情况下，债权人可以向人民法院申请指定清算组进行清算的有（ ）。

A. 自解散事由出现之日起 15 日内未成立清算组

B. 成立了清算组但是故意拖延清算

C. 存在违法清算的情况，可能严重损害债权人的利益

D. 存在违法清算的情况，可能严重损害

股东利益的

19. 根据公司法律制度的规定，下列说法中，属于股份有限公司可以收购本公司股份的有（　　）。

A. 减少公司注册资本

B. 与持有本公司股份的其他公司合并

C. 将股份奖励给本公司职工

D. 股东因对股东大会作出的公司解散决议持异议，要求公司收购其股份的

三、案例分析题

1. 2013年4月1日，甲、乙、丙共同出资设立一家有限责任公司，并制定了公司章程。该公司章程有关要点如下：公司注册资本为500万元，甲以货币出资200万元；乙以机器设备作价150万元出资；丙以一项专利权作价100万元出资，另以货币出资50万元。

2013年5月12日，公司召开了首次股东会，该次会议由股东甲召集和主持。

2013年6月3日，公司的经理提议召开临时股东会，董事会以该经理无权提议召开临时股东会为由拒绝。

2013年7月12日，公司股东会通过了公司分立的决议，在股东会上投反对票的股东丙请求公司以合理价格收购其股权，但至2013年9月15日，公司与股东丙仍未能达成股权收购协议。丙遂于2013年9月16日向人民法院提起诉讼。

要求：根据公司法律制度的规定，分别回答以下问题。

（1）公司章程所规定的股东出资方式是否符合法律规定？并说明理由。

（2）首次股东会由股东甲召集和主持是否符合法律规定？并说明理由。

（3）董事会拒绝召开临时股东会是否符合法律规定？并说明理由。

（4）丙向人民法院提起诉讼是否符合法律规定？并说明理由。

2. 2015年3月5日，田某、蔡某、王某、陈某投资设立A股份有限公司（以下简称A公司）。其中田某、陈某分别以现金100万元出资，蔡某以自己的一套房屋作价200万元出资，王某以其知识产权作价50万元出资。同时公司章程规定，田某、蔡某、王某、陈某按照1∶1∶1∶1的比例平均分配利润。

4月1日，蔡某即将其房屋交付给公司使用，但是一直未办理过户登记手续。7月1日，公司债权人姚某向人民法院主张认定蔡某未履行出资义务，同时承担相应的赔偿责任。

8月1日，A公司在上海证券交易所上市，同时聘任公司总经理的妻弟万某为公司独立董事。

10月1日，A公司为开拓市场，决定增加注册资本100万元，在股东大会上，股东王某投了反对票，同时请求公司以合理价格回购其所持的全部10%的股份，遭到公司拒绝。

11月20日，王某拟退出公司，将所持有的股份全部转让给第三人薛某。

要求：根据上述材料，回答以下问题。

（1）公司章程关于分配利润的约定是否符合法律规定？并说明理由。

（2）人民法院是否可以直接认定股东蔡某未履行出资义务？并说明理由。

（3）万某是否符合独立董事的任职资格？并说明理由。

（4）公司是否有权拒绝股东王某回购请求？并说明理由。

（5）王某将其所持有的股份全部转让给薛某是否符合规定？并说明理由。

3. 甲、乙、丙、丁等六个发起人于2011年3月6日发起设立了A股份公司，其中甲、乙、丙、丁各持15%的股份。2015年1月9日，A公司获准发行5 000万股社会公众股，并于同年3月10日在证券交易所上市。2016年5月，证监会在对A公司进行检查时发现以下事实：

（1）2016年3月5日，甲将所持A公司2%的股份转让给B公司，直到检查时，甲都未向A公司报告。

（2）2016年5月6日，A公司董事会召开会议，公司共有董事9人，其中4人出席，董事乙书面委托另一董事代为表决。出席会议的董事一致通过：发行公司债券的方案；公司增资1 000万元；解聘公司经理王某，由李某担任公司经理。王某不服，向法院提起诉讼。

（3）2016年5月23日，A公司召开临时股东大会，在临时股东大会上，除审议通过了发行公司债券的决议外，还根据丙的提议，临时增加了一项增选一名公司董事的议案，并经出席会议的股东所持表决权的过半数通过。

（4）2016年5月25日，A公司董事丁未经董事会同意，投资设立了C一人公司，但C公司的经营业务与A公司无关。

（5）2016年5月27日，A公司拟出售重大资产，小股东张某表示反对，要求A公司回购其股份。

要求：根据以上事实并结合法律规定，回答下列问题。

（1）甲转让A公司股份给B公司的行为是否符合法律规定？并说明理由。

（2）2016年5月6日，A公司董事会决议是否符合法律规定？并说明理由。

（3）A公司临时股东大会通过发行公司债券的决议和增选一名公司董事的决议是否符合法律规定？并说明理由。

（4）丁设立C一人公司的行为是否违反法律规定？并说明理由。

（5）小股东张某是否有权要求A公司回购其股份？说明理由。

答案及解析

一、单项选择题

1.【答案】B

【解析】实际出资人与名义股东因投资权益的归属发生争议，实际出资人以其实际履行了出资义务为由向名义股东主张权利的，人民法院应予支持。所以选项B正确。

2.【答案】A

【解析】公司董事、高级管理人员违反法律、行政法规或者公司章程的规定，损害股东利益的，股东可以依法向人民法院提起诉讼。（1）选项A、B：因为是损害股东王某自己的利益，所以王某可以直接向人民法院提起诉讼；（2）选项C：王某应当以自己的名义提起诉讼；（3）选项D：有限责任公司对此没有持股比例的限制。

3.【答案】A

【解析】根据《公司法司法解释（三）》的规定，名义股东将登记于其名下的股权转让、质押或者以其他方式处分，实际出资人以其对于股权享有实际权利为由，请求认定处分股权行为无效的，人民法院可以参照《物权法》第一百零六条的规定处理。这就是说，只要受让方构成善意取得，交易的股权可以最终为其所有。本题中，王某构成善意取得，可以取得该股权，李某、张某、刘某均无权要求返还该股权。

4.【答案】C

【解析】（1）选项A、C：公司董事、监事和高级管理人员离职半年内不得转让其所持有的本公司股份；选项A中，董事赵某离职不到半年，故不得转让其所持有的本公司股份，而选项C中，董事吴某离职一年，因此可以转让。（2）选项B：公司董事、监事和高级管理人员所持本公司股份自公司股票上市交易之日起1年不得转让。本题中，甲公司于2016年7月5日上市，周某于2016年9月转让股票，间隔不到1年，故选项B错误。（3）选项D：公司公开发行股份前已发行的股份，自公司股票在证券交易所上市交易之日起1年内不得转让。

5.【答案】A

【解析】如果合同相对人不知道发起人是为了自己利益而订立合同，即为善意，则仍应由公司承担合同责任。

6.【答案】A

【解析】(1) 选项A：股份有限公司异议股东的股份回购请求权仅限于对股东大会作出的公司“合并、分立”决议持有异议的情形。(2) 选项B、C、D：属于有限责任公司异议股东股份回购请求权的情形。

7.【答案】A

【解析】(1) 选项A、B、C：根据《公司法》的有关规定，代表1/10以上表决权的股东、1/3以上的董事、监事会或者不设监事会的公司的监事提议召开临时会议的，应当在两个月内召开临时股东会议。(2) 选项D：属于股份有限公司临时股东大会的召开条件。

8.【答案】C

【解析】(1) 选项A、C：有限公司的股东之间可以相互转让全部或者部分股权，《公司法》对此未设任何限制；甲将其所持股份转让给同公司的乙或丙，没有任何限制，只要甲乙或甲丙协商一致即可，不需要其他股东的同意。(2) 选项B：股东向股东以外的人转让股权，应当经其他股东过半数同意。(3) 选项D：股东应就其股权转让事项“书面通知”其他股东征求同意，其他股东自接到书面通知之日起满30日未答复的，视为同意转让；其他股东半数以上不同意转让的，不同意的股东应当购买该转让的股权；不购买的，视为同意转让。

9.【答案】C

【解析】(1) 董事会会议必须有“过半数”(≥6) 的董事出席方可举行；(2) 董事会的决议必须经“全体董事”(而非出席会议) 的“过半数”(≥6) 通过。

10.【答案】D

【解析】根据《公司法》的规定，有下列情形之一的，不得担任公司的董事、监事、高级管理人员：(1) 无民事行为能力或者限制民事行为能力 (选项C)。(2) 因贪污、贿赂、侵占财产、挪用财产或者破坏社会主义市场经济秩序，被判处刑罚，执行期满未逾5年，或者因犯罪被剥夺政治权利，执行期满未逾5年 (选项B)。(3) 担任破产清算的公司、企业的董事或者厂长、经理，对该公司、企业的破产负有个人责任的，自该公司、企业破产清算完结之日起未逾3年。(4) 担任因违法被吊销营业执照、责令关闭的公司、企业的法定代表人，并负有个人责任的，自该公司、企业被吊销营业执照之日起未逾3年 (选项D)。(5) 个人所负数额较大的债务到期未清偿 (选项A)。

11.【答案】B

【解析】(1) 选项A、D：现在或者最近1年内曾经在上市公司或者其附属企业任职的人员及其直系亲属、主要社会关系，不得担任独立董事；(2) 选项B：现在或者最近1年内曾经在直接或间接持有上市公司已发行股份5%以上的股东单位或者在上市公司前5名股东单位任职的人员及其直系亲属，不得担任独立董事。在本题中，尽管乙曾经在C公司 (持有A上市公司5%以上的股东单位) 任职，但1年前已经卸任，不影响其担任A上市公司的独立董事；(3) 选项C：为上市公司或者其附属企业提供财务、法律、咨询等服务人员，不得担任独立董事。

12.【答案】A

【解析】选项A：一个自然人只能设立一个一人有限责任公司，禁止其设立多个一人有限责任公司，而且该一人有限责任公司不能再投资设立新的一人有限责任公司。

13.【答案】D

【解析】(1) 选项A：国有独资公司不设股东会，由国有资产监督管理机构行使股东会职权；(2) 选项B：国有独资公司的董事长、副董事长由国有资产监督管理机构从董事会成员中“指定”；(3) 选项C：董事会设董事长1人，可以 (而非必须) 设副董事长。

14.【答案】B

【解析】选项B：公司聘用、解聘承办公司审计业务的会计师事务所，依照公司章程的规定，由股东会、股东大会或者董事会决定。

15.【答案】D

【解析】选项D：债权人自接到通知书之日起30日内，未接到通知书的自公告之日起

45日内，可以要求公司清偿债务或者提供相应的担保。

16.【答案】C

【解析】有限责任公司的清算组由股东组成，股份有限公司的清算组由董事或者股东大会确定的人员组成。

17.【答案】A

【解析】（1）选项A、B：公司为公司股东或者实际控制人提供担保的，必须经股东会或者股东大会决议。（2）选项C：公司为他人提供担保，按照公司章程的规定由董事会或者股东会、股东大会决议；（3）选项D：接受担保的股东或者受实际控制人支配的股东不得参加表决。

二、多项选择题

1.【答案】ABCD

【解析】（1）选项A：公司成立后，利用关联交易将出资转出，构成抽逃出资；（2）选项B、C：对抽逃出资的股东，公司或者其他股东可请求其向公司返还出资本息，还可以要求协助抽逃出资的其他股东、董事、高级管理人员或者实际控制人对此承担连带责任；（3）选项D：公司债权人也可以请求抽逃出资的股东在抽逃出资本息范围内对公司债务不能清偿的部分承担补充赔偿责任，并要求协助抽逃出资的其他股东、董事、高级管理人员或者实际控制人对此承担连带责任。

2.【答案】BD

【解析】如未经他人同意，冒用他人名义出资并将该他人作为股东在公司登记机关登记的，则冒名登记行为人应承担相应责任，被冒名登记者并不需要承担任何责任。

3.【答案】ABCD

【解析】董事会对股东大会负责，行使下列职权：（1）召集股东大会会议，并向股东大会报告工作；（2）执行股东大会的决议；（3）决定公司的经营计划和投资方案（选项A）；（4）制订公司的年度财务预算方案、决算方案；（5）制订公司的利润分配方案和弥补亏损方案；（6）制订公司增加或者减少注册资本以及发行公司债券的方案（选项B）；（7）制订公司合并、分立、解散或者变更公司形式的方案；（8）决定公司内部管理机构的设置（选项C）；（9）决定聘任或者解聘公司经理及其报酬事项，并根据经理的提名决定聘任或者解聘公司副经理、财务负责人及其报酬事项（选项D）；（10）制定公司的基本管理制度；（11）公司章程规定的其他职权。

4.【答案】BCD

【解析】《公司法》规定，有限责任公司"股东有权查阅、复制公司章程、股东会会议记录、董事会会议决议、监事会会议决议和财务会计报告。股东可以要求查阅公司会计账簿"。股东可以"查阅"公司会计账簿，但不能复制。

5.【答案】ABC

【解析】公司董事、高级管理人员不得有下列行为：（1）挪用公司资金（选项B）；（2）将公司资金以其个人名义或者以其他个人名义开立账户存储（选项A）；（3）违反公司章程的规定，未经股东会、股东大会或者董事会同意，将公司资金借贷给他人或者以公司财产为他人提供担保（选项C）；（4）违反公司章程的规定或者未经股东会、股东大会同意，与本公司订立合同或者进行交易；（5）未经股东会或者股东大会同意，利用职务便利为自己或者他人谋取属于公司的商业机会，自营或者为他人经营与所任职公司同类的业务；（6）接受他人与公司交易的佣金归为己有；（7）擅自披露公司秘密；（8）违反对公司忠实义务的其他行为。

6.【答案】AD

【解析】（1）选项A、D：根据《公司法》的规定，股东可以用货币出资，也可以用实物、知识产权、土地使用权等可以用货币估价并可以依法转让的非货币财产作价出资；但是，法律、行政法规规定不得作为出资的财产除外。（2）选项B、C：《公司登记管理条例》明确规定：股东不得以劳务、信用、自然人姓名、商誉、特许经营权或者设定担保的财产等作价出资。

7.【答案】ABCD

【解析】公司董事、高级管理人员执行公司职务时违反法律、行政法规或者公司章程的规定，给公司造成损失的，有限责任公司的股东、股份有限公司连续180日以上单独或者合计持有公司1%以上股份的股东，可以书面请求监事会或者不设监事会的有限责任公司的监事向人民法院提起诉讼。监事会、不设监事会的有限责任公司的监事收到上述股东的书面请求后拒绝提起诉讼，或者自收到请求之日起30日内未提起诉讼，或者情况紧急、不立即提起诉讼将会使公司的利益受到难以弥补的损害的，有限责任公司的股东、股份有限公司连续180日以上单独或者合计持有公司1%以上股份的股东，有权为了公司的利益以自己的名义直接向人民法院提起诉讼。

8.【答案】ABD

【解析】选项C：创立大会对通过公司章程作出决议，必须经"出席会议"的认股人所持表决权过半数通过。

9.【答案】ACD

【解析】（1）选项A：董事人数不足《公司法》规定人数或者公司章程所规定人数的2/3时；（2）选项B：单独或者合计持有公司10%以上股份的股东请求时；（3）选项C：公司未弥补的亏损达实收股本总额1/3时；（4）选项D：监事会提议召开时。

10.【答案】BD

【解析】（1）选项A：监事的任期每届为3年，监事任期届满，连选可以连任；（2）选项B：监事会应当包括股东代表和适当比例的公司职工代表，其中职工代表的比例不得低于1/3，具体比例由公司章程规定。监事会的职工代表由公司职工通过职工代表大会、职工大会或者其他形式民主选举产生；（3）选项C、D：监事会设主席一人，由全体监事过半数选举产生。董事、高级管理人员不得兼任监事。

11.【答案】AB

【解析】（1）选项A、B：股东大会对修改公司章程、增加或者减少注册资本，以及公司合并、分立、解散或者变更公司形式的特别事项作出决议，必须经出席会议的股东所持表决权的2/3以上通过。（2）选项C、D：属于股东大会的普通决议事项，须经出席会议的股东所持表决权过半数通过。

12.【答案】BD

【解析】（1）选项A：董事会成员中"可以"（而非"必须"）有职工代表；（2）选项B：董事任期由公司章程规定，但每届任期不得超过3年；（3）选项C：董事长、副董事长由董事会以全体董事的过半数选举产生。

13.【答案】ABCD

【解析】参考教材。

14.【答案】BD

【解析】（1）用任意公积金转增资本的，法律没有限制；（2）用法定公积金转增资本时，转增后所留存的该项公积金不得少于"转增前"公司注册资本的25%。

15.【答案】AC

【解析】（1）选项A、B、C：如债权人在公告期内申报过该笔债权，则合并方应当承担责任，合并方在承担民事责任后，可再行向被合并企业原资产管理人（出资人）追偿；（2）选项D：如果债权人在公告期内未申报过该笔债权，则合并方不承担民事责任，债权人只能另行起诉被合并企业原资产管理人（出资人）。

16.【答案】CD

【解析】选项A、B：股东不得以知情权、利润分配请求权等权益受到损害，或者公司亏损、财产不足以偿还全部债务以及公司被吊销企业法人营业执照未进行清算等为由，提起解散公司诉讼。

17.【答案】ACD

【解析】（1）选项A：公司分立前的债务由分立后的公司承担连带责任。但是，公司在分立前与债权人就债务清偿达成书面协议另有约定的除外；选项A表述不严谨。（2）选项B、C：公司应当自作出分立决议之日起10日内通知债权人，并于30日（而非

"60 日"）在报纸上公告。（3）选项 D：法律并没有规定在公司分立的情形下，债权人有请求公司清偿债务或者提供担保的权利。

18.【答案】ABCD

【解析】《公司法司法解释（二）》规定，在下列情况下，债权人可以向人民法院申请指定清算组进行清算：（1）公司解散逾期不成立清算组进行清算（选项 A）；（2）虽然成立清算组但故意拖延清算的（选项 B）；（3）违法清算可能严重损害债权人或者股东权益的（选项 C、D）。

19.【答案】ABC

【解析】公司不得收购本公司股份。但是，有下列情形之一的除外：（1）减少公司注册资本；（2）与持有本公司股份的其他公司合并；（3）将股份奖励给本公司职工；（4）股东因对股东大会作出的公司合并、分立决议持异议，要求公司收购其股份的。

三、案例分析题

1.【答案】

（1）股东出资方式符合法律规定。根据规定，有限责任公司的股东可以用货币出资，也可以用实物、知识产权、土地使用权等可以用货币估价并可以依法转让的非货币财产作价出资。

（2）首次股东会由股东甲召集和主持符合法律规定。根据公司法律制度的规定，有限责任公司首次股东会会议由出资最多的股东召集和主持。本题中，甲是出资最多的股东，首次股东会由甲召集和主持符合法律规定。

（3）董事会拒绝召开临时股东会符合法律规定。根据公司法律制度的规定，有限责任公司代表 1/10 以上表决权的股东，1/3 以上的董事，监事会或者不设监事会的公司的监事提议召开临时股东会会议的，应当在 2 个月内召开临时会议。经理无权提议召开临时股东会议。

（4）丙向人民法院提起诉讼符合法律规定。根据公司法律制度的规定，有限责任公司合并、分立、转让主要财产的，对股东会该项决议投反对票的股东可以请求公司按照合理的价格收购其股权。自股东会会议决议通过之日起 60 日内，股东与公司不能达成股权收购协议的，股东可以自股东会会议决议通过之日起 90 日内向人民法院提起诉讼。截至 2013 年 9 月 15 日，距股东会会议决议通过超过了 60 日，公司与股东丙未能达成股权收购协议；因此丙有权向人民法院提起诉讼。

2.【答案】

（1）公司章程关于利润的约定符合法律规定。根据规定，公司弥补亏损后和提取公积金所余税后利润，有限责任公司按照股东实缴的出资比例分配，但全体股东约定不按照出资比例分配的除外；股份有限公司按照股东持有的股份比例分配，但股份有限公司章程规定不按持股比例分配的除外。本题中，公司章程中可以约定不按照持股比例分配。

（2）人民法院不能直接认定股东蔡某未履行出资义务。根据规定，出资人以房屋、土地使用权或者需要办理权属登记的知识产权等财产出资，已经交付公司使用但未办理权属变更手续的，当公司、其他股东或者公司债权人主张认定出资人未履行出资义务的，人民法院应当责令当事人在指定的合理期间内办理权属变更手续；在前述期间办理了权属变更手续的，人民法院应当认定其已经履行了出资义务。本题中，人民法院应当责令蔡某在指定的合理期间内办理权属变更手续，不能直接认定其未履行出资义务。

（3）万某不符合独立董事的任职资格。根据规定，在上市公司或者其附属企业任职的人员及其直系亲属、主要社会关系（直系亲属是指配偶、父母、子女等；主要社会关系是指兄弟姐妹、岳父母、儿媳女婿、兄弟姐妹的配偶、配偶的兄弟姐妹等）不得担任独立董事。本题中万某属于主要社会关系，不得担任独立董事。

（4）公司有权拒绝股东王某的回购请求。根据规定，股份有限公司异议股东回购请求权只是限于对股东大会作出的公司合并、分立决议持异议的情形。本题中，增加注册资本不属于异议股东请求回购股权的范围，公司有权拒绝股东王某的回购请求权。

（5）王某将其所持有的股份全部转让给薛某不符合规定。根据规定，公司公开发行股份前已经发行的股份，自公司在证券交易所上市交易之日起1年内不得转让。因司法强制、继承、遗赠、依法分割等导致股份变动的除外。本题中，王某转让所持股份的时间距公司在证券交易所上市交易不足1年。

3.【答案】

（1）不合法。《公司法》规定，公司发起人持有的股份，自公司上市之日起1年内不得转让。本案中A公司2015年3月10日在证券交易所上市，甲2016年3月5日转让自己持有的股份，不足一年的时间，该转让行为不合法。

（2）董事会表决程序符合法律规定，但决议内容部分不合法。公司法规定董事会召开需有全体董事过半数出席，会议决议由全体董事过半数表决通过。A公司共有董事9人，其中4人出席，董事乙书面委托另一董事代为表决。出席会议的董事一致同意通过了决议，因此，出席会议的董事人数和表决人数都符合公司法规定。但是，董事会决议内容部分不合法：审议发行公司债券方案和聘任、解聘经理都属于董事会的职权范围，是合法的；但决议增资是股东大会的职权，不属于董事会的职权范围。

（3）首先，A公司临时股东大会通过发行公司债券的决议符合法律规定。根据规定，对发行公司债券作出决议属于股东大会的职权，该决议经出席会议的股东所持表决权的过半数通过即可。其次，A公司临时股东大会通过增选一名公司董事的决议不符合法律规定。根据规定，临时股东大会不得对通知中未列明的事项进行表决。

（4）丁设立C一人公司不违法，因为C公司没有从事与A公司相竞争的业务。

（5）无权，因为只有对公司合并、分立投反对票的股东才有权利要求公司回购其股份，本案中，A公司并未合并或分立。

第七章　证券法律制度

本章考情分析

本章的内容丰富，考点多，虽然没有太多的理解障碍，但需要记忆、区分的知识点比比皆是。在历年考试中本章都是重点章节，考试比重最高（25～30 分，有时更高），考试难度大，每年都有综合题，且占据 2 个席位。考试中若这一章失守后果可想而知。所以勤学苦练是掌握这一章的必要方法。

基本内容框架

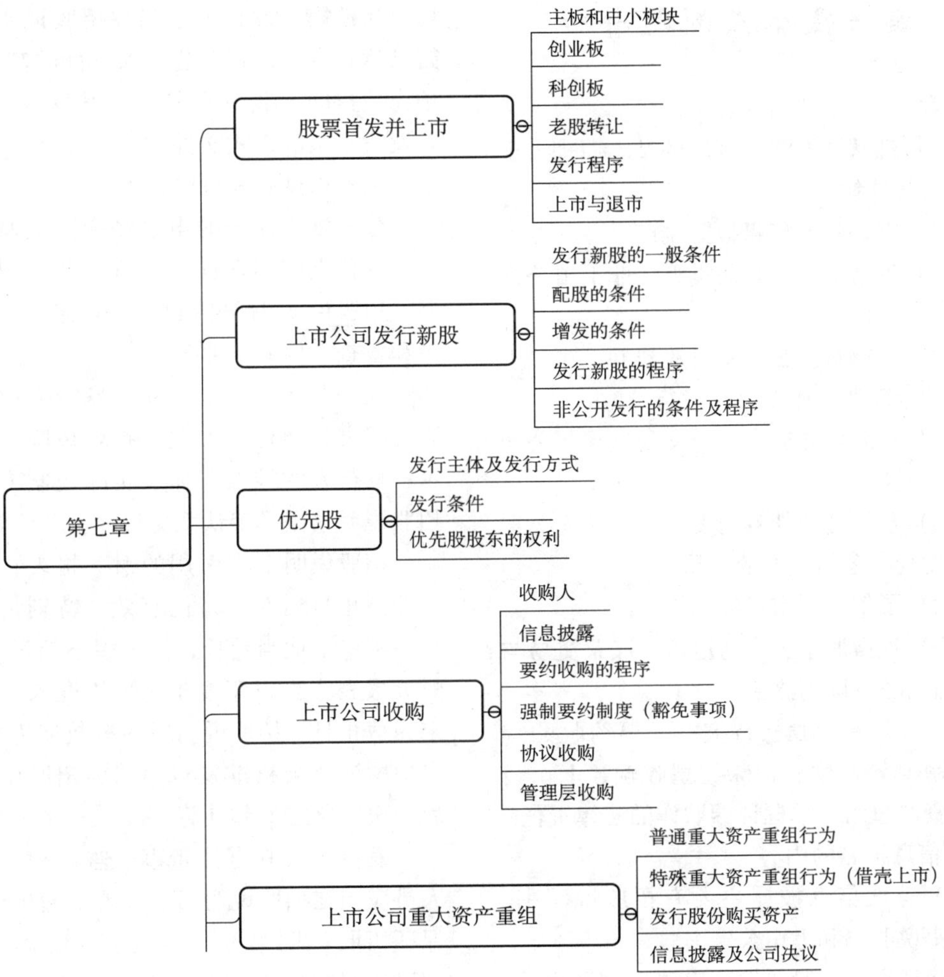

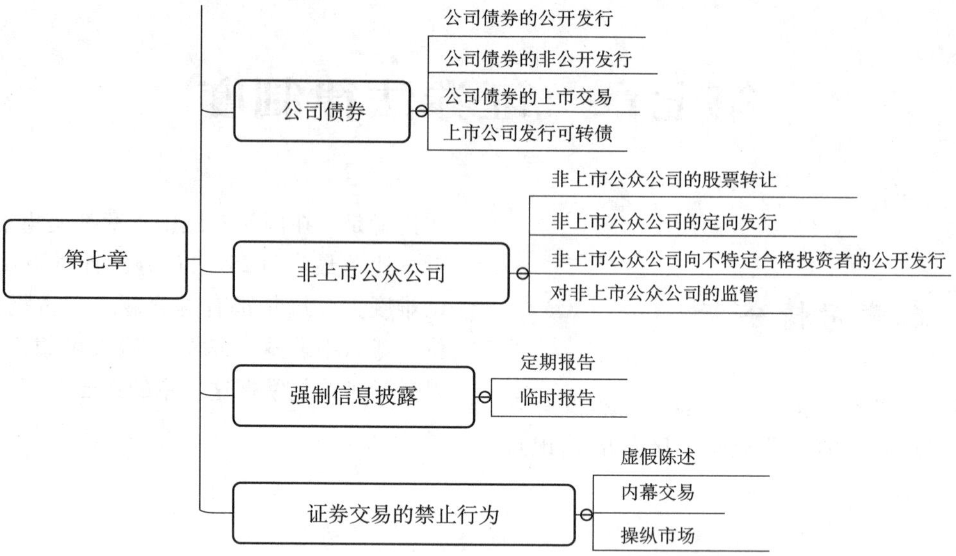

通关重难点例题解析

本章复习重点如下：

（一）理解证券法律制度的基本原理、证券市场监管体制

（二）掌握强制信息披露制度

（三）理解股票发行的类型、非上市公众公司

（四）掌握首次公开发行股票并上市、上市公司发行新股、股票公开发行的方式

（五）理解优先股发行与交易试点、公司债券的一般理论

（六）掌握公司债券的发行、可转换公司债券的发行、公司债券的交易

（七）了解股票市场的结构

（八）理解股票上市与退市、股票交易与结算、上市公司收购概述

（九）掌握持股权益披露、要约收购程序、强制要约制度、特殊类型收购、上市公司重大资产重组、掌握证券欺诈的法律责任

1. 信息披露的内容

（1）首次信息披露主要有招股说明书、债券募集说明书和上市公告书。

法律规定，在股票发行申请文件受理后、发行审核委员会审核前，发行人应当将招股说明书（申报稿）在中国证监会的网站预先披露。凡是对投资者决策有重大影响的信息，均应当披露。发行人应当在招股说明书中披露已达到发行监管对公司独立性的基本要求。预先披露的招股说明书（申报稿）不是发行人发行股票的正式文件，不能含有价格信息，发行人不得据此发行股票。

公开发行证券的申请经中国证监会核准后，发行人应当在证券发行前公告招股说明书。招股说明书包括封面、目录、正文、附录和备查文件五个部分。

在创业板上市的公司，发行人应当在招股说明书显要位置作关于投资风险的特别提示；发行人的控股股东、实际控制人应当对招股说明书出具确认意见，并签名、盖章。

招股说明书中引用的财务报表在其最近一期截止日后6个月内有效。特别情况下发行人可申请适当延长，但至多不超过1个月。财务报表应当以年度末、半年度末或者季度末为截止日。招股说明书的有效期为6个月，自中国证监会核准发行申请前招股说明书最后一次签署之日起计算。

发行人及其全体董事、监事和高级管理人员应当在招股说明书上签署书面确认意见，保证招股说明书的内容真实、准确、完整。招股说明书应当加盖发行人公章。保荐人及其保荐代表人应当对招股说明书的真实性、准确性、完整性进行核查，并在核查意见上签字、盖章。在创业板上市的公司，发行人的控股股东、实际控制人应当对招股说明书出具确认意见，并签名、盖章。

公司发行债券应当编制公司债券募集说明书，也称债券募集办法。这是公司债券的发行人依法编制、经中国证监会核准，记载公司债券发行相关的重要信息的法律文件。

上市公告书发行人发行证券完成后，申请证券上市交易，应当按照证券交易所的规定编制上市公告书，并经证券交易所审核同意后公告。

（2）定期报告包括年度报告、中期报告和季度报告。年度报告应当在每一个会计年度结束之日起 4 个月内编制完成并披露。中期报告应当在每个会计年度的上半年结束之日起 2 个月内编制完成并披露。季度报告应当在每个会计年度第 3 个月、第 9 个月结束后的 1 个月内编制完成并披露。

上市公司预计经营业绩发生亏损或者发生大幅变动的，应当及时进行业绩预告。定期报告披露前出现业绩泄露，或者出现业绩传闻且公司证券及其衍生品种交易出现异常波动的，上市公司应当及时披露本报告期相关财务数据。

（3）下列情况为应当报送临时报告的重大事件：①公司的经营方针和经营范围的重大变化；②公司的重大投资行为和重大的购置财产的决定；③公司订立重要合同，可能对公司的资产、负债、权益和经营成果产生重要影响；④公司发生重大债务和未能清偿到期重大债务的违约情况，或者发生大额赔偿责任；⑤公司发生重大亏损或者重大损失；⑥公司生产经营的外部条件发生的重大变化；⑦公司的董事、1/3 以上监事或者经理发生变动；董事长或者经理无法履行职责；⑧持有公司 5% 以上股份的股东或者实际控制人，其持有股份或者控制公司的情况发生较大变化；⑨公司减资、合并、分立、解散及申请破产的决定；或者依法进入破产程序、被责令关闭；⑩涉及公司的重大诉讼、仲裁，股东大会、董事会决议被依法撤销或者宣告无效；公司涉嫌违法违规被有权机关调查，或者受到刑事处罚、重大行政处罚；公司董事、监事、高级管理人员涉嫌违法违纪被有权机关调查或者采取强制措施；新公布的法律、法规、规章、行业政策可能对公司产生重大影响；董事会就发行新股或者其他再融资方案、股权激励方案形成相关决议；法院裁决禁止控股股东转让其所持股份；任一个股东所持公司 5% 以上股份被质押、冻结、司法拍卖、托管、设定信托或者被依法限制表决权；主要资产被查封、扣押、冻结或者被抵押、质押；主要或者全部业务陷入停顿；对外提供重大担保；获得大额政府补贴等可能对公司资产、负债、权益或者经营成果产生重大影响的额外收益；变更会计政策、会计估计；因前期已披露的信息存在差错、未按规定披露或者虚假记载，被有关机关责令改正或者经董事会决定进行更正；中国证监会规定的其他情形。

上市公司披露重大事件后，已披露的重大事件出现可能对上市公司证券及其衍生品种交易价格产生较大影响的进展或者变化的，应当及时披露进展或者变化情况、可能产生的影响。上市公司控股子公司发生重大事件，可能对上市公司证券及其衍生品种交易价格产生较大影响的，上市公司应当履行信息披露义务。

2. 在主板和中小板上市的公司首次公开发行股票的条件

（1）发行人应当是依法设立且合法存续一定期限的股份有限公司。第一，该股份有限公司应自成立后，持续经营时间在 3 年以上；第二，有限责任公司按原账面净资产值折股整体变更为股份有限公司的，持续经营时间可以从有限责任公司成立之日起计算，并达 3 年以上（经国务院批准，有限责任公司在依法变更为股份有限公司时，可以采取募集设立方式公开发行股票）；第三，经国务院批准，可以不受上述时间的限制。

（2）发行人已合法并真实取得注册资本

项下载明的资产。发行人的注册资本已足额缴纳，发起人或者股东用作出资的资产的财产权转移手续已经办理完毕，发行人的主要资产不存在重大权属纠纷。

（3）发行人的生产经营符合法律、行政法规和公司章程的规定符合国家产业政策。

（4）发行人最近3年内主营业务和董事、高级管理人员没有发生重大变化，实际控制人没有发生变更。

（5）发行人股权清晰，控股股东和受控股股东、实际控制人支配的股东持有的发行人股份不存在重大权属纠纷。

（6）发行人具备健全且运行良好的组织机构。

（7）发行人具有持续盈利能力，不得有下列影响持续盈利能力的情形：①发行人的经营模式、产品或服务的品种结构已经或者将发生重大变化，并对发行人的持续盈利能力构成重大不利影响；②发行人的行业地位或发行人所处行业的经营环境已经或者将发生重大变化，并对发行人的持续盈利能力构成重大不利影响；③发行人最近一个会计年度的营业收入或净利润对关联方或者存在重大不确定性的客户存在重大依赖；④发行人最近一个会计年度的净利润主要来自合并财务报表范围以外的投资收益；⑤发行人在用的商标、专利、专有技术以及特许经营权等重要资产或技术的取得或者使用存在重大不利变化的风险；⑥其他可能对发行人持续盈利能力构成重大不利影响的情形。

（8）发行人的财务状况良好。①财务管理规范。发行人的内部控制在所有重大方面应是有效的，并由注册会计师出具了无保留结论的内部控制鉴证报告。发行人完整披露关联方关系并按重要性原则恰当披露关联交易。关联交易价格公允，不存在通过关联交易操纵利润的情形。②财务指标良好。第一，最近3个会计年度净利润均为正数且累计超过人民币3 000万元，净利润以扣除非经常性损益前后较低者为计算依据。第二，最近3个会计年度经营活动产生的现金流量净额累计超过人民币5 000万元；或者最近3个会计年度营业收入累计超过人民币3亿元。第三，发行前股本总额不少于人民币3 000万元。第四，最近一期期末无形资产（扣除土地使用权、水面养殖权和采矿权等后）占净资产的比例不高于20%。第五，最近一期期末不存在未弥补亏损。③发行人的经营成果对税收优惠不存在严重依赖。④发行人不存在重大偿债风险，不存在影响持续经营的担保、诉讼以及仲裁等重大或有事项。⑤财务资料真实完整。

（9）发行人不存在法定违法行为。发行人存在下列情形之一的，构成首次发行股票并上市的法定障碍：①最近36个月内未经《证券法》规定的程序，擅自公开或者变相公开发行过证券；或者有关违法行为虽然发生在36个月前，但目前仍处于持续状态。②最近36个月内违反工商、税收、土地、环保、海关以及其他法律、行政法规，受到行政处罚，且情节严重。③最近36个月内曾发行申请，但报送的发行申请文件有虚假记载、误导性陈述或重大遗漏；或者伪造、变造发行人或其董事、监事、高级管理人员的签字、盖章。④本次报送的发行申请文件有虚假记载、误导性陈述或者重大遗漏。⑤涉嫌犯罪被司法机关立案侦查，尚未有明确结论意见（2020年修改）。

3. 公司在创业板上市，首次公开发行股票应当符合的条件

（1）发行人是依法设立且持续经营三年以上的股份有限公司。有限责任公司按原账面净资产值折股整体变更为股份有限公司的，持续经营时间可以从有限责任公司成立之日起计算。

（2）最近2年连续盈利，最近2年净利润累计不少于1 000万元；或者最近1年盈利，最近1年营业收入不少于5 000万元。净利润以扣除非经常性损益前后孰低者为计算依据。

（3）最近一期末净资产不少于2 000万元，且不存在未弥补亏损。

（4）发行后股本总额不少于3 000万元。

（5）发行人的注册资本已足额缴纳，发起人或者股东用作出资的资产的财产权转移手续已办理完毕。发行人的主要资产不存在重大权属纠纷。

（6）发行人应当主要经营一种业务，其生产经营活动符合法律、行政法规和公司章程的规定，符合国家产业政策及环境保护政策。

（7）发行人最近两年内主营业务和董事、高级管理人员均没有发生重大变化，实际控制人没有发生变更。

（8）发行人的股权清晰，控股股东和受控股股东、实际控制人支配的股东所持发行人的股份不存在重大权属纠纷。

（9）发行人具有完善的公司治理结构，依法建立健全股东大会、董事会、监事会以及独立董事、董事会秘书、审计委员会制度，相关机构和人员能够依法履行职责。

（10）发行人会计基础工作规范，财务报表的编制符合企业会计准则和相关会计制度的规定，在所有重大方面公允地反映了发行人的财务状况、经营成果和现金流量，并由注册会计师出具无保留意见的审计报告。

（11）发行人内部控制制度健全且被有效执行，能够合理保证公司财务报告的可靠性、生产经营的合法性、营运的效率与效果，并由注册会计师出具无保留结论的内部控制鉴证报告。

（12）发行人的董事、监事和高级管理人员具备法律、行政法规和规章规定的资格，了解股票发行上市相关法律法规，知悉上市公司及其董事、监事和高级管理人员的法定义务和责任，且不存在下列情形：①被中国证监会采取证券市场禁入措施尚在禁入期的；②最近三年内受到中国证监会行政处罚，或者最近一年内受到证券交易所公开谴责的；③因涉嫌犯罪被司法机关立案侦查或者涉嫌违法违规被中国证监会立案调查，尚未有明确结论意见的。

（13）发行人及其控股股东、实际控制人最近3年内不存在损害投资者合法权益和社会公共利益的重大违法行为。发行人及其控股股东、实际控制人最近3年内不存在未经《证券法》规定的程序，擅自公开或者变相公开发行证券，或者有关违法行为虽然发生在3年前，但目前仍处于持续状态的情形（2020年修改）。

4. 科创板首次公开发行股票的发行条件和程序

（1）发行条件。

①发行人是依法设立且持续经营3年以上的股份有限公司，具备健全且运行良好的组织机构，相关机构和人员能够依法履行职责。有限责任公司按原账面净资产值折股整体变更为股份有限公司的，持续经营时间可以从有限责任公司成立之日起计算。

②发行人会计基础工作规范，财务报表的编制和披露符合企业会计准则和相关信息披露规则的规定，在所有重大方面公允地反映了发行人的财务状况、经营成果和现金流量，并由注册会计师出具标准无保留意见的审计报告。发行人内部控制制度健全且被有效执行，能够合理保证公司运行效率、合法合规和财务报告的可靠性，并由注册会计师出具无保留结论的内部控制鉴证报告。

③资产完整，业务及人员、财务、机构独立，与控股股东、实际控制人及其控制的其他企业间不存在对发行人构成重大不利影响的同业竞争，不存在严重影响独立性或者显失公平的关联交易。

④发行人主营业务、控制权、管理团队和核心技术人员稳定，最近2年内主营业务和董事、高级管理人员及核心技术人员均没有发生重大不利变化；控股股东和受控股股东、实际控制人支配的股东所持发行人的股份权属清晰，最近2年实际控制人没有发生变更，不存在导致控制权可能变更的重大权属纠纷。

⑤发行人不存在主要资产、核心技术、商标等的重大权属纠纷，重大偿债风险，重大担保、诉讼、仲裁等或有事项，经营环境已经或者将要发生重大变化等对持续经营有

重大不利影响的事项。

⑥最近3年内，发行人及其控股股东、实际控制人不存在贪污、贿赂、侵占财产、挪用财产或者破坏社会主义市场经济秩序的刑事犯罪，不存在欺诈发行、重大信息披露违法或者其他涉及国家安全、公共安全、生态安全、生产安全、公众健康安全等领域的重大违法行为。董事、监事和高级管理人员不存在最近3年内受到中国证监会行政处罚，或者因涉嫌犯罪被司法机关立案侦查或者涉嫌违法违规被中国证监会立案调查，尚未有明确结论意见等情形。

（2）发行程序——注册制。

①发行人董事会应当依法就本次股票发行的具体方案、本次募集资金使用的可行性及其他必须明确的事项作出决议，并提请股东大会批准。

发行人股东大会就本次发行股票作出的决议，至少应当包括下列事项：本次公开发行股票的种类和数量；发行对象；定价方式；募集资金用途；发行前滚存利润的分配方案；决议的有效期；对董事会办理本次发行具体事宜的授权；其他必须明确的事项。

②发行人申请首次公开发行股票并在科创板上市，应当按照中国证监会有关规定制作注册申请文件，由保荐人保荐并向交易所申报。交易所收到注册申请文件后，5个工作日内作出是否受理的决定。

注册申请文件受理后，未经中国证监会或者交易所同意，不得改动。发生重大事项的，发行人、保荐人、证券服务机构应当及时向交易所报告，并按要求更新注册申请文件和信息披露资料。

③交易所应当自受理注册申请文件之日起3个月内形成审核意见。

不计算在内的时间：发行人补充、修改注册申请文件的时间；交易所对发行人实施现场检查的时间；交易所要求保荐人、证券服务机构对有关事项进行专项核查的时间。

④中国证监会在20个工作日内对发行人的注册申请作出同意注册或者不予注册的决定。

不计算在内的时间：发行人补充、修改注册申请文件的时间；证监会要求交易所进一步问询的时间；证监会要求保荐人、证券服务机构对有关事项进行专项核查的时间。

补充审核的，交易所补充审核后，重新向证监会报送审核意见及相关资料，20个工作日的注册期限重新计算。

交易所因不同意发行人股票公开发行并上市，作出终止发行上市审核决定，或者中国证监会作出不予注册决定的，自决定作出之日起6个月后，发行人可以再次提出公开发行股票并上市申请。

⑤中国证监会同意注册的决定自作出之日起1年内有效，发行人应当在注册决定有效期内发行股票，发行时点由发行人自主选择。

⑥信息披露。

发行人的义务——注册后、股票上市交易前，发行人应当及时更新信息披露文件内容，财务报表过期的，发行人应当补充财务会计报告等文件；

保荐人的义务——保荐人及证券服务机构应当持续履行尽职调查职责；发生重大事项的，发行人、保荐人应当及时向交易所报告。

交易所的义务——交易所应当对上述事项及时处理，发现发行人存在重大事项影响发行条件、上市条件的，应当出具明确意见并及时向中国证监会报告。

⑦暂停与撤销。

注册后、股票上市交易前，发现可能影响本次发行的重大事项的，证监会可以要求发行人暂缓或者暂停发行、上市。

相关重大事项导致发行人不符合发行条件的，可以撤销注册。

证监会撤销注册后，股票尚未发行的，发行人应当停止发行；股票已经发行尚未上市的，发行人应当按照发行价并加算银行同期存款利息返还股票持有人。

（3）科创板的终止上市。

①科创公司股票交易量、股价、市值、

股东人数等交易指标触及终止上市标准的，股票应当终止上市，具体标准由交易所规定。

②科创公司丧失持续经营能力，财务指标触及终止上市标准的，股票应当终止上市。科创板不适用单一的连续亏损终止上市指标，设置能够反映公司持续经营能力的组合终止上市指标，具体标准由交易所规定。

③科创公司信息披露或者规范运作方面存在重大缺陷，严重损害投资者合法权益、严重扰乱证券市场秩序的，其股票应当终止上市。

5. 上市公司发行新股的一般条件（适用于配股、向社会公众发行新股、发行可转债、发行分离交易可转债，不适用于非公开发行股票）

（1）组织机构健全，运行良好。上市公司现任董事、监事和高级管理人员不存在违法行为，且最近36个月内未受到过证监会的行政处罚、最近12个月内未受到过证券交易所的公开谴责；上市公司与控股股东或实际控制人的人员、资产、财务分开，机构、业务独立，能够自主经营管理；最近12个月内不存在违规对外提供担保的行为（见《公司法》的相关规定）。

（2）盈利能力应具有可持续性。上市公司最近3个会计年度连续盈利。扣除非经常性损益后的净利润与扣除前的净利润相比，以低者作为计算依据；业务和盈利来源相对稳定，不存在严重依赖于控股股东、实际控制人的情形……高级管理人员和核心技术人员稳定，最近12个月内未发生重大不利变化……不存在可能严重影响公司持续经营的担保、诉讼、仲裁或其他重大事项；最近24个月内曾公开发行证券的，不存在发行当年营业利润比上年下降50%以上的情形。

（3）财务状况良好。上市公司最近3年及一期财务报表未被注册会计师出具保留意见、否定意见或无法表示意见的审计报告；被注册会计师出具带强调事项段的无保留意见审计报告的，所涉及的事项对发行人无重大不利影响或者在发行前重大不利影响已经消除；不良资产不足以对公司财务状况造成重大不利影响；最近3年资产减值准备计提充分合理，不存在操纵经营业绩的情形；最近3年以现金方式累计分配的利润不少于最近3年实现的年均可分配利润的30%。上市公司可以进行中期现金分红。

（4）财务会计文件无虚假记载。上市公司不存在违法且情节严重，受到证监会等机构的行政处罚，或者受到刑事处罚的行为。

（5）募集资金的数额和使用符合规定。上市公司募集资金数额不超过项目需要量；除金融类企业外，本次募集资金使用项目不得为持有交易性金融资产和可供出售的金融资产、借予他人、委托理财等财务性投资，不得直接或间接投资于以买卖有价证券为主要业务的公司。投资项目实施后，不会与控股股东或实际控制人产生同业竞争或影响公司生产经营的独立性；建立募集资金专项存储制度，募集资金必须存放于公司董事会决定的专项账户。

（6）上市公司不存在下列行为：①本次发行申请文件有虚假记载、误导性陈述或重大遗漏；②擅自改变前次公开发行证券募集资金的用途而未作纠正；③上市公司最近12个月内受到过证券交易所的公开谴责；④上市公司及其控股股东或实际控制人最近12个月内存在未履行向投资者作出的公开承诺的行为；⑤上市公司或其现任董事、高级管理人员因涉嫌犯罪被司法机关立案侦查或涉嫌违法违规被证监会立案调查；⑥严重损害投资者的合法权益和社会公共利益的其他情形。

6. 上市公司向原股东配售股份（以下简称配股）的条件（6+3）

配股除了应当符合前述一般条件之外，还应当符合以下条件：①拟配售股份数量不超过本次配售股份前股本总额的30%；②控股股东应当在股东大会召开前公开承诺认配股份的数量；③采用《证券法》规定的代销方式发行。控股股东不履行认配股份的承诺，或者代销期限届满，原股东认购股票的数量未达到拟配售数量70%的，发行人应当按照发行价并加算银行同期存款利息返还已经认购的股东。

7. 上市公司向不特定对象公开募集股份（以下简称增发）的条件（6+3）

增发除了符合前述一般条件之外，还应当符合下列条件：①最近3个会计年度加权平均净资产收益率平均不低于6%。扣除非经常性损益后的净利润与扣除前的净利润相比，以低者作为加权平均净资产收益率的计算依据；②除金融类企业外，最近一期期末不存在持有金额较大的交易性金融资产和可供出售的金融资产、借予他人款项、委托理财等财务性投资的情形；③发行价格应不低于公告招股意向书前20个交易日公司股票均价或前一个交易日的均价（转债的转股价格不低于募集说明书公告日前20个交易日公司股票均价和前一个交易日的均价）。

上市公司增发可以全部或部分向原股东优先配售，优先配售比例应当在发行公告中披露。

8. 上市公司非公开发行股票应当符合的规定

（1）发行对象不超过10名。

（2）发行对象属于下列情形之一的，认购的股份自发行结束之日起36个月内不得转让：①上市公司的控股股东、实际控制人或其控制的关联人；②通过认购本次发行的股份取得上市公司实际控制权的投资者；③董事会拟引入的境内外战略投资者。除以上之外的发行对象认购的股份，自发行结束之日起12个月内不得转让。

（3）发行价格不低于定价基准日前20个交易日公司股票均价的90%。

上市公司存在下列情形之一的，不得非公开发行股票：①本次发行申请文件有虚假记载、误导性陈述或重大遗漏。②上市公司的权益被控股股东或实际控制人严重损害且尚未消除。③上市公司及其附属公司违规对外提供担保且尚未解除。④现任董事、高级管理人员最近36个月内受到过证监会的行政处罚，或者最近12个月内受到过证券交易所公开谴责。⑤上市公司或其现任董事、高级管理人员因涉嫌犯罪正被司法机关立案侦查或涉嫌违法违规正被证监会立案调查。⑥最近一年及一期财务报表被注册会计师出具保留意见、否定意见或无法表示意见的审计报告。保留意见、否定意见或无法表示意见所涉及事项的重大影响已经消除或者本次发行涉及重大重组的除外。⑦严重损害投资者合法权益和社会公共利益的其他情形。

9. 上市公司发行新股的程序

股东大会就发行事项作出决议，必须经出席会议的股东所持表决权的2/3以上通过。向本公司特定的股东及其关联人发行的，股东大会就发行方案进行表决时，关联股东应当回避。

上市公司公开发行股票，均应当由证券公司承销。

10. 公开发行公司债券的一般条件及发行障碍（2020年修改）

（1）发行条件：①具备健全且运行良好的组织机构；②最近三年平均可分配利润足以支付公司债券一年的利息；③国务院规定的其他条件。

（2）再发障碍：①对已发行的公司债券或者其他债务有违约或者迟延支付本息的事实，仍处于继续状态；②违反规定，改变公开发行公司债券所募资金的用途。

（3）资信状况符合以下标准的公司债券可以向公众投资者公开发行，也可以自主选择仅面向合格投资者公开发行：①发行人最近三年无债务违约或者迟延支付本息的事实；②发行人最近三个会计年度实现的年均可分配利润不少于债券一年利息的1.5倍；③债券信用评级达到AAA级；④中国证监会根据投资者保护的需要规定的其他条件。未达上述标准的，只能向合格投资者公开发行。

11. 公司债券的非公开发行

非公开发行的公司债券应当向合格投资者发行，每次发行对象不得超过200人。

合格投资者，应当具备相应的风险识别和承担能力，知悉并自行承担公司债券的投资风险，并符合下列资质条件：①经有关金融监管部门批准设立的金融机构，包括证券公司、基金管理公司及其子公司、期货公司、商业银行、保险公司和信托公司等以及经中国证券投资基金业协会（简称基金业协会）登记的私募基金管理人；②上述金融机构面向投资者发行的理财产品，包括但不限于证券公司资产管理产品、基金及基金子公司产品、期货公司资产管理产品、银行理财产品、保险产品、信托产品以及经基金业协会备案的私募基金；③净资产不低于人民币1 000万元的企事业单位法人、合伙企业；④合格境外机构投资者（QFII）、人民币合格境外机构投资者（RQFII）；⑤社会保障基金、企业年金等养老基金，慈善基金等社会公益基金；⑥名下金融资产不低于人民币300万元的个人投资者；⑦经中国证监会认可的其他合格投资者。

上述所称的金融资产包括：银行存款、股票、债券、基金份额、资产管理计划、银行理财产品、信托计划、保险产品、期货权益等；理财产品、合伙企业拟将主要资产投向单一债券，需要穿透核查最终投资者是否为合格投资者并合并计算投资者人数，具体标准由基金业协会规定。

非公开发行公司债券是否进行信用评级由发行人确定，并在债券募集说明书中披露。

非公开发行公司债券，承销机构或依法自行销售的发行人应当在每次发行完成后5个工作日内向中国证券业协会备案。

非公开发行公司债券可以转让。非公开发行的公司债券仅限于合格投资者范围内转让。转让后，持有同次发行债券的合格投资者合计不得超过200人。

发行人的董事、监事、高级管理人员及持股比例超过5%的股东，可以参与本公司非公开发行公司债券的认购与转让，不受上述合格投资者资质条件的限制。

12. 公开发行可转换债券的条件

上市公司发行可转换债券，除了应当符合增发股票的一般条件之外，还应当符合以下条件（6+3）：

（1）最近三个会计年度加权平均净资产收益率平均不低于6%。扣除非经常性损益后的净利润与扣除前的净利润相比，以低者作为加权平均净资产收益率的计算依据。

（2）本次发行后累计公司债券余额不超过最近一期末净资产额的40%。

（3）最近三个会计年度实现的年均可分配利润不少于公司债券一年的利息。

发行分离交易的可转换公司债券，除符合公开增发股票的一般条件外，还应当符合下列条件（6+4）：

（1）公司最近一期末经审计的净资产不低于人民币15亿元；

（2）最近三个会计年度实现的年均可分配利润不少于公司债券一年的利息；

（3）最近三个会计年度经营活动产生的现金流量净额平均不少于公司债券一年的利息，但最近三个会计年度加权平均净资产收益率平均不低于6%（扣除非经常性损益后的净利润与扣除前的净利润相比，以低者作为加权平均净资产收益率的计算依据）除外；

（4）本次发行后累计公司债券余额不超过最近一期末净资产额的40%，预计所附认股权全部行权后募集的资金总量不超过拟发行公司债券金额。

上市公司存在下列情形之一的，不得公开发行可转换公司债券：①本次发行申请文件有虚假记载、误导性陈述或重大遗漏；②擅自改变前次公开发行证券募集资金的用途而未纠正；③上市公司最近12个月内受到过证券交易所的公开谴责；④上市公司及其控股股东或实际控制人最近12个月内存在未履行向投资者作出的公开承诺的行为；⑤上市公司或者其现任董事、高级管理人员因涉嫌犯罪被司法机关立案侦查或涉嫌违法违规被证监会立案调查；⑥严重损害投资者的合法利益和社会公共利益的其他情形。

【例7-1】（2017年单选题）甲上市公司上一期经审计的净资产额为50亿元人民币。甲公司拟为乙公司提供保证担保，担保金额为6亿元，并经董事会会议决议通过。甲公司章程规定，单笔对外担保额超过公司最近一期经审计净资产10%的担保须经公司股东大会批准。根据证券法律制度的规定，甲公司披露该笔担保的最早时点应当是（　　）。

A. 甲公司股东大会就该笔担保形成决议时

B. 甲公司董事会就该笔担保形成决议时

C. 甲公司与乙公司的债权人签订保证合同时

D. 证券交易所核准同意甲公司进行担保时

【答案】B

【解析】上市公司应当在最先发生的以下任一时点，及时履行重大事件的信息披露义务：①董事会或者监事会就该重大事件形成决议时；②有关各方就该重大事件签署意向书或者协议时；③董事、监事或者高级管理人员知悉该重大事件发生并报告时。

【例7－2】（2017年单选题）根据证券法律制度的规定，招股说明书有效期为6个月，有效期的起算日是（　　）。

A. 发行人全体董事在招股说明书上签名盖章之日

B. 保荐人及保荐代表人在核查意见上签名盖章之日

C. 中国证监会核准发行申请前招股说明最后次签署之日

D. 中国证监会在指定网站第一次全文刊登之日

【答案】C

【解析】招股说明书的有效期为6个月，自中国证监会核准发行申请前招股说明书最后一次签署之日起计算。

【例7－3】（2017年单选题）某上市公司2013年5月发行5年期公司债券1 000万元、3年期公司债券1 500万元。2017年1月，该公司鉴于到期债券已偿还且具备再次发行债券的其他条件，计划再次发行公司债券。经审计，确认该公司2016年12月末净资产额为9 000万元。根据证券法律制度的规定，该公司此次发行公司债务的最高限额是（　　）。

A. 2 700万元　　B. 3 600万元

C. 1 700万元　　D. 2 600万元

【答案】D

【解析】本次发行后累计公司债券余额不超过最近一期期末净资产的40%。本题中，2013年5月发行5年期公司债券，截至2017年1月尚未到期，故该公司此次发行公司债券的最高限额为9 000×40%－1 000＝2 600（万元）。

【例7－4】（2017年多选题）根据证券法律制度的规定，下列各项中，属于债券受托管理人应当召集债券持有人会议的情形有（　　）。

A. 发行人不能按期支付本息

B. 拟变更债券募集说明书的约定

C. 发行人拟增加注册资本

D. 担保物发生重大变化

【答案】ABD

【解析】存在下列情形，债券受托管理人应当召开债券持有人会议：①拟变更债券募集说明书的约定；②拟修改债券持有人会议规则；③拟变更债券受托管理人或受托管理协议的主要内容；④发行人不能按期支付本息；⑤发行人减资、合并、分立、解散或者申请破产；⑥保证人、担保物或者其他偿债保障措施发生重大变化；⑦发行人、单独或合计持有本期债券总额10%以上的债券持有人书面提议召开；⑧发行人管理层不能正常履行职责，导致发行人债务清偿能力面临严重不确定性，需要依法采取行动的；⑨发行人提出债务重组方案的；⑩发生其他对债券持有人权益有重大影响的事项。

【例7－5】（2017年多选题）根据证券法律制度的规定，下列关于证券大宗交易系统的表述中，正确的有（　　）。

A. 大宗交易的交易时间为交易日的15:00－15:30

B. 目前只有上海证券交易所建立了大宗交易系统

C. 买方和卖方就大宗交易达成一致后，自行交易，无须交易所确认

D. 买方和卖方可以就大宗交易的价格和数量等要素进行议价协商

【答案】AD

【解析】(1) 选项B：上海和深圳两个证券交易所从2002年开始建立大宗交易制度；(2) 选项C：大宗交易的成交申报须经交易所确认。

【例7-6】(2016年单选题) 甲持有某上市公司已发行股份的8%。2016年7月4日，投资者乙与甲签署股份转让协议，约定以6 000万元的价格受让甲持有的该上市公司全部股份。7月6日，乙将股份转让事项通知该上市公司。7月11日，双方办理了股份过户。7月18日，乙通知该上市公司股份过户已办理完毕。根据证券法律制度的规定，乙应当向中国证监会和证券交易所作出书面报告的日期是（　　）。

A. 2016年7月6日

B. 2016年7月8日

C. 2016年7月13日

D. 2016年7月20日

【答案】A

【解析】在协议转让股权的情况下，如果协议中拟转让的股权达到或者超过5%，投资者应当在“协议达成之日”起3日内履行权益报告义务。

【例7-7】(2016年单选题) 根据证券法律制度的规定，上市公司进行重大资产重组须由股东大会作出决议。下列关于该股东大会会议召开和表决规则的表述中，正确的是（　　）。

A. 股东大会会议应当以现场会议或通讯方式举行

B. 持有上市公司股份不足5%的股东的投票情况无须单独统计或披露

C. 与重组事项有关联关系的股东应当回避表决

D. 决议经出席会议股东所持表决权过半数同意即可通过

【答案】C

【解析】法律规定，上市公司就重大资产重组事宜召开股东大会，应当以现场会议形式召开，故选项A错。上市公司股东大会就重大资产重组事项作出决议，必须经出席会议的股东所持表决权的2/3以上通过，故选项D错。除上市公司的董事、监事、高级管理人员、单独或者合计持有上市公司5%以上股份的股东以外，其他股东的投票情况应当单独统计并予以披露，故选项B错。

【例7-8】(2016年单选题) 证券监管部门调查发现，1年前在证券交易所挂牌上市的甲公司在首次公开发行股票过程中存在虚假陈述行为，并对投资者造成经济损失。乙系甲公司董事长。根据证券法律制度的规定，下列关于乙就甲公司虚假陈述行为所致投资者损失承担赔偿责任的表述中，正确的是（　　）。

A. 无论乙有无过错，均须承担赔偿责任

B. 无论乙有无过错，均不承担赔偿责任

C. 乙须承担赔偿责任，除非能够证明自己没有过错

D. 只有当投资者证明乙有过错时，乙才承担赔偿责任

【答案】C

【解析】法律规定，发行人、上市公司存在虚假陈述行为的，发行人、上市公司的董事、监事、高级管理人员和其他直接责任人员应当与发行人、上市公司承担连带赔偿责任，但是能够证明自己没有过错的除外。

【例7-9】(2015年多选题) 根据证券法律制度的规定，股份有限公司的下列股份发行或转让活动中，可以豁免向证监会申请核准的有（　　）。

A. 因向公司核心员工转让股份导致股东累计达到220人，但在1个月内降至195人

B. 在全国中小企业股份转让系统挂牌的公司拟向特定对象定向发行股份，发行后股东预计达到195人

C. 股东累计已达195人的公司拟公开转让股份

D. 公司获得定向发行核准后第 13 个月，拟使用未完成的核准额度继续发行

【答案】ABC

【解析】本题考核非上市公众公司的核准规定。法律规定，非上市公众公司申请定向发行股票，可申请一次核准，分期发行。自中国证监会予以核准之日起，公司应当在 3 个月内首期发行，剩余数量应当在 12 个月内发行完毕，即 12 个月内使用未完成的核准额度继续发行不需再次申请核准，故选项 D 错。

【例 7-10】（2015 年多选题）甲公司委托乙证券公司以代销方式公开发行股票 6 000 万股。代销期限届满。投资者认购甲公司股票的数量为 4 000 万股，下列表述中，正确的有（　　）。

A. 甲公司应当以自有资金购入剩余的 2 000 万股

B. 股票发行失败

C. 甲公司可以更换承销商，继续销售剩余的 2 000 万股

D. 应当返还已收取的 4 000 万股发行价款，并加算银行同期存款利息

【答案】BD

【解析】本题考核股票承销的规定。股票发行采用代销方式，代销期限届满，向投资者出售的股票数量未达到拟公开发行股票数量 70% 的，为发行失败。发行人应当按照发行价并加算银行同期存款利息返还股票认购人。本题中，公开发行股票数量 6 000 万股，实际认购数量为 4 000 万股，少于发行总量的 70%（4 200 万股），因此应界定为发行失败，相关的认股款项应返还给认股人，并加算银行同期存款利息。

【例 7-11】（2015 年单选题）根据证券法律制度的规定，下列关于证券交易所大宗交易时间的表述中，正确的是（　　）。

A. 交易日 9 点 25 分至 30 分

B. 交易日 9 点 15 分至 25 分

C. 交易日 14 点 30 分至 15 点

D. 交易日 15 点至 15 点 30 分

【答案】D

【解析】本题考核交易所市场。大宗交易的交易时间是交易日的 15 点至 15 点 30 分。

【例 7-12】（2015 年单选题）根据证券法律制度规定，退市整理期的期限为（　　）。

A. 股票被实行退市风险警示之日起到退市的期间

B. 股票被实行退市风险警示之日起的 30 个交易日

C. 上市公司向证券交易所提交退市申请之日起的 15 个交易日

D. 证券交易所对股票作出终止上市决定之日起的 30 个交易日

【答案】D

【解析】本题考核股票上市和退市。对于股票已经被证券交易所决定终止上市交易的强制退市公司，证券交易所应当设置“退市整理期”，在其退市前给予 30 个交易日的股票交易时间。

【例 7-13】（2015 年多选题）根据证券法律制度的规定下列情形中构成对上市公司实际控制的有（　　）。

A. 投资者为上市公司持股 56% 的股东

B. 投资者可以实际支配上市公司股份表决权的 40%

C. 投资者通过实际支配上市公司股份表决权能够决定公司董事会 1/3 成员选任

D. 投资者依其可实际支配的上市公司股份表决权足以对公司股东大会的决议产生重大影响

【答案】ABD

【解析】法律规定，收购意味控制，这里所指的实际控制是指：①投资者为上市公司持股 50% 以上的控股股东；②投资者可以实际支配上市公司股份表决权超过 30%；③投资者通过实际支配上市公司股份表决权能够决定公司董事会半数以上成员选任；④投资者依其可实际支配的上市公司股份表决权足以对公司股东大会的决议产生重大影响；⑤中国证监会认定的其他情形。

【例 7-14】（2018 年单选题）甲股份有

限公司为非上市公众公司，拟向5名战略投资者发行股票，募集资金。根据证券法律制度的规定，甲公司应当向证监会履行的手续是（ ）。

A. 事后知会　　B. 申请备案

C. 申请核准　　D. 申请注册

【答案】C

【解析】非上市公众公司的发行人向特定对象发行股票，需要经过中国证监会的核准。

【例7－15】（2018年单选题）甲为某上市公司董事。2018年1月8日和22日，甲通过其配偶的证券账户，以20元/股和21元/股的价格，先后买入本公司股票2万股和4万股。同年7月9日，甲以22元/股的价格将6万股全部卖出。根据证券法律制度的规定，甲通过上述交易所得收益中，应当归入公司的金额是（ ）。

A. 0元　　B. 2万元

C. 4万元　　D. 6万元

【答案】C

【解析】上市公司董事、监事、高级管理人员、持有上市公司股份5%以上的股东，将其持有的该公司的股票在买入后6个月内卖出，或者在卖出后6个月内又买入，由此所得收益归该公司所有，公司董事会应当收回其所得收益。本案中甲董事涉及的短线交易的股票为4万股。1月8日买入的2万股股票不在此限。(22×4)－(21×4)＝4（万元）。

【例7－16】（2018年多选题）根据证券法律制度的规定，下列证券交易场所中，可以交易公开发行的公司债券的有（ ）。

A. 证券交易所

B. 证券公司柜台市场

C. 中国金融期货交易所

D. 全国中小企业股份转让系统

【答案】AD

【解析】公开发行的公司债券，应当在依法设立的证券交易所（A选项）上市交易，或在全国中小企业股份转让系统（D选项）或者国务院批准的其他证券交易场所转让。

【例7－17】（2018年综合题）林森木业是在深圳证券交易所挂牌的上市公司。林木集团系林森木业控股股东，持股比例为45%。

2016年10月27日，人民法院裁定受理林木集团的破产重整申请。2017年5月，林木集团第一大股东赵某与新民投资开始实质性磋商，由新民投资以向林木集团注资的方式参与重整。2017年9月18日，新民投资与赵某等林木集团股东签署重组框架协议。9月21日，林森木业对该重组框架协议签订事宜予以公告。

2017年12月26日，人民法院裁定批准林木集团的破产重整计划草案。根据该破产重整计划，新民投资向林木集团注资后，将持有重整后的林木集团85%的股权。

2018年2月12日，新民投资公布要约收购报告书，向林森木业除林木集团以外的所有股东发出收购其所持全部无限售流通股的要约。林森木业发布的要约收购报告书摘要的提示性公告显示：此次要约收购有效期为2018年2月14日至2018年4月10日；预定收购股份数量为6亿股；收购价格为每股9.77元；提示性公告日前6个月内，新民投资未买入林森木业任何股票。2月12日前30个交易日内，林森木业每日加权平均价格的算术平均值为每股9.76元。

2018年3月，林森木业独立董事钱某因个人健康原因向董事会提出辞职。

2018年4月9日，林森木业董事会发布《致全体股东报告书》，对股东是否接受新民投资的要约提出建议。

持有林森木业股票的孙某于2018年3月30日委托其开户的证券公司办理接受前述收购要约的预受手续。4月9日，孙某反悔前述预受承诺，并委托证券公司撤回预受。

2018年5月，中国证监会因新民投资副董事长李某涉嫌内幕交易对其立案调查。经查，李某于2017年9月15日以每股7.8元的价格买入林森木业10万股，并于要约收购有效期内接受了要约。李某辩称：其买入林森木业股票时，不仅重组框架协议尚未签署，林木集团重整计划草案能否获得通过也不确定，故新民投资向林木集团注资一事尚未形成内幕信息。李某对其买入行为未给出其他理由。

要求：根据上述内容，分别回答下列问题。

(1) 新民投资按照重整计划向林木集团注资，是否构成对林森木业的收购？并说明理由。

(2) 新民投资按照重整计划向林木集团注资，是否必须向林森木业其他所有股东发出收购要约？并说明理由。

(3) 新民投资对林森木业的要约收购价格是否符合证券法律制度的规定？并说明理由。

(4) 钱某能否辞去独立董事职务？并说明理由。

(5) 林森木业发布《致全体股东报告书》的时间是否符合证券法律制度的规定？并说明理由。

(6) 孙某能否撤回预受？并说明理由。

(7) 李某关于其购买股票时内幕信息尚未形成的主张是否成立？李某的行为是否构成内幕交易？并分别说明理由。

【答案及解析】

(1) 新民投资按照重整计划向林木集团注资，构成对林森木业的收购。根据证券法律制度的规定，收购人通过协议、其他安排的方式获得上市公司控制权的，构成间接收购；投资者如实际支配上市公司股份表决权超过30%，即可认为获得上市公司控制权。林木集团持有林森木业45%的股份，新民投资注资后，将持有林木集团85%的股权，可实际支配林森木业股份表决权比例超过30%，可间接实现对林森木业的控制。

(2) 新民投资按照重整计划向林木集团注资，必须向林森木业其他所有股东发出收购要约。根据证券法律制度的规定，收购人拥有权益的股份超过该公司已发行股份的30%的，应当向该公司所有股东发出全面要约。新民投资参与林木集团重整后，实际支配的林森木业股份超过30%，且不存在豁免要约收购的法定情形，故引发强制要约收购义务。

(3) 新民投资对林森木业的要约收购价格符合证券法律制度的规定。新民投资在要约收购提示性公告日前6个月内并未取得过被收购人的股票，且要约价格高于提示性公告日前30个交易日该种股票的每日加权平均价格的算术平均值，故其要约收购价格符合法律规定。

(4) 钱某不能辞去独立董事职务。根据证券法律制度的规定，在要约收购期间，被收购公司董事不得辞职。

(5) 林森木业发布《致全体股东报告书》的时间（2018年4月9日）不符合证券法律制定的规定。根据证券法律制度的规定，被收购公司董事会应当在收购人公告要约收购报告书后20日内，就将被收购公司董事会报告书与独立财务顾问的意见予以公告。

(6) 孙某不能撤回预受。根据证券法律制度的规定，在要约收购期限届满前3个交易日内，预受股东不得撤回其预受。

(7) 李某关于其购买股票时内幕信息尚未形成的主张不成立。李某的行为构成内幕交易。

新民投资参与林森集团破产重整属于《证券法》第六十七条所规定的“公司股权结构的重大变化”，属于内幕信息的范畴。根据证券法律制度，影响内幕信息形成的动议、筹划、决策或者执行人员，其动议、筹划、决策或者执行初始时间，应当认定为内幕信息的形成之时。新民投资早在2017年5月就与赵某开始实质性磋商向林木集团注资事宜，因此本案内幕信息形成于2017年5月。

李某为内幕信息知情人。本案内幕信息的敏感期为自2017年5月至2017年9月21日公告日。内幕信息知情人在内幕信息敏感期内买卖与内幕信息相吻合的证券，又无法给出合理理由的，构成内幕交易。

【例7-18】(2017年综合题) 甲股份有限公司（简称“甲公司”）于2015年3月1日在深圳证券交易所（简称“深交所”）首次

公开发行股票并上市（简称“IPO”）。2016年1月，中国证监会（简称“证监会”）接到举报称，甲公司的招股说明书中有财务数据造假行为。证监会调查发现，在甲公司IPO过程中，为减少应收账款余额，总会计师赵某经请示董事长钱某同意后，令公司财务人员通过外部借款、使用自由资金或伪造银行单据等手段，制造收回应收账款的假象。截至2014年12月31日，甲公司通过上述方法虚减应收账款3.5亿元。证监会调查还发现：2015年12月，甲公司持股90%的子公司乙有限责任公司（简称“乙公司”）的总经理孙某，向公安机关投案自首，交代了其本人擅自挪用乙公司贷款5 600万元用于个人期货交易和偿还个人债务，导致5 000万元无法归还的违法事实。孙某的违法行为造成乙公司巨额损失。公安机关立案后，将案情通报甲公司董事长钱某，由于乙公司是甲公司的主要利润来源之一，故甲公司利润也因此遭受巨大减损。董事长钱某，要求甲公司和乙公司的知情人员对孙某挪用公司资金案的情况严格保密。2016年1月，在未对孙某造成的巨额损失做账务处理的情况下（如果对该损失做账务处理，乙公司年底累计未分配利润应为负数），乙公司股东会会议通过了2015年年度利润分配决议，向甲公司和另一股东丙公司分别派发股利4 500万元和500万元。2016年3月，甲公司收到乙公司支付的2015年度股利4 500万元。2016年7月1日，证监会认定：甲公司制造应收账款回收假象，在IPO申请文件中提供虚假财务数据，构成欺诈发行；甲公司未及时披露乙公司总经理孙某挪用公款一案的相关信息，构成上市后在信息披露文件中遗漏重大事项。为此，证监会决定对甲公司以及包括董事长钱某在内的7名董事、3名监事、总经理李某、总会计师赵某、甲公司保荐人等作出行政处罚。

甲公司独立董事王某对证监会的处罚不服，提出行政复议申请，理由是：本人并不了解会计知识，无法发现财务造假。同年7月3日，深交所决定暂停甲公司股票上市。同年7月12日，由于乙公司不能清偿其对丁银行的到期债务，丁银行向人民法院提起诉讼，请求人民法院认定甲公司通过违规分红抽逃出资，判令甲公司在4 500万元本息范围内对乙公司债务不能清偿的部分承担补充赔偿责任。同年7月15日，已连续7个月持有甲公司1.01%股份的股东周某，直接以自己的名义，对包括董事长钱某在内的7名董事提起诉讼，请求法院判令7名被告赔偿甲公司因缴纳证监会罚款而产生的500万元损失。2017年4月15日，深交所作出终止甲公司股票上市的决定。

要求：根据上述内容，分别回答下列问题。

（1）甲公司应否对乙公司总经理孙某挪用公款事件履行信息披露义务？并说明理由。

（2）甲公司独立董事王某的行政复议申请理由是否成立？并说明理由。

（3）深交所决定暂停甲公司股票上市是否符合证券法律制度的规定？并说明理由。

（4）丁银行请求人民法院认定甲公司抽逃出资，判令甲公司在4 500万元本息范围内承担补充赔偿责任，人民法院是否应予支持？并说明理由。

（5）对于周某直接以自己名义提起的诉讼，人民法院应否受理？并说明理由。

（6）深交所对甲公司作出终止股票上市决定，是否符合证券法律制度的规定？并说明理由。

【答案及解析】

（1）甲公司应履行信息披露义务。根据规定，上市公司控股子公司发生重大事件（包括但不限于：公司董事、监事、高级管理人员涉嫌违法违纪被有权机关调查或者采取强制措施），可能对上市公司证券及其衍生品种交易价格产生较大影响的，上市公司应当履行信息披露义务。

（2）王某的行政复议申请理由不成立。根据规定，能力不足、无相关职业背景不得单独作为不予处罚情形认定。

（3）暂停甲公司股票上市合法。根据规

定，上市公司因欺诈发行或者重大信息披露违法行为，受到证监会行政处罚，或者已涉嫌犯罪被移送公安机关的，证券交易所应当依法作出暂停其股票上市交易的决定。

（4）人民法院应予支持。根据规定，公司债权人请求未履行或者未全面履行出资义务的股东在未出资本息范围内对公司债务不能清偿的部分承担补充赔偿责任的，人民法院应予支持。

（5）人民法院不应受理。根据规定，公司董事、高级管理人员侵犯公司利益，股份有限公司连续180日以上单独或者合计持有公司1%以上股份的股东可以书面请求“监事会”向人民法院提起诉讼。如果监事会收到股东的书面请求后拒绝提起诉讼，或者自收到请求之日起30日内未提起诉讼，或者情况紧急、不立即提起诉讼将会使公司利益受到难以弥补的损害的，股东有权为了公司的利益以自己的名义直接向人民法院提起诉讼。本题中，周某应先书面请求监事会，不能直接提起诉讼。

（6）终止股票上市决定符合规定。上市公司因欺诈发行或者重大信息披露违法行为，受到证监会行政处罚，或者已涉嫌犯罪被移送公安机关而暂停上市后，在证监会作出行政处罚决定或者移送决定之日起1年内，证券交易所应当作出终止其股票上市交易的决定。

【例7－19】（2019年综合题）新银公司为A股上市公司，股本总额为2亿股。2015年5月22日，新银公司召开临时股东大会，审议通过了《非公开发行股票议案》。该议案确定本次非公开发行对象为公司股东物灵公司、宝华公司与元基公司；股票发行数量不超过5 000万股；物灵公司认购4 000万股，宝华公司和元基公司共认购1 000万股，发行价格为7.5元/股。

5月26日，新银公司与三股东正式签订非公开发行股票认购协议。协议签订前，物灵公司持有新银公司的股份比例为28%；宝华公司和元基公司签有一致行动人协议，合计持股比例10%；新银公司董事、监事及高级管理人员及其一致行动人合计持股比例为12%。宝华公司和元基公司承诺在此次非公开发行实施完毕前，不以任何形式增持新银公司股份。

自2015年6月起，宝华公司旗下管理的基金账户通过场内交易增持新银公司股份。截至2015年12月8日，宝华公司和元基公司合计持股比例达到29%。物灵公司认为，宝华公司和元基公司不属于“社会公众股东”，在宝华公司通过场内交易增持后，新银公司如仍按《非公开发行股票议案》增资扩股，将导致新银公司的股份分布违反《证券法》的规定。董事会决定调整非公开发行方案。2015年12月16日，新银公司发布公告称，证监会已同意公司暂停非公开发行股票的申请。

新银公司董事会经与物灵公司协商，形成如下意见：鉴于宝华公司和元基公司的失信行为，不再将其作为本次非公开发行的认购对象，调整后的股票发行数量为3 000万股，由物灵公司全额认购。物灵公司认购后，所持新银公司的股份比例将超过30%，会触发强制要约收购义务。物灵公司认为，因其已承诺3年内不转让本次非公开发行的股票，所以只要新银公司股东大会的非关联股东豁免要约收购即可，无须向证监会申请豁免。根据以上意见，2016年2月1日，新银公司董事会审议通过《关于调整非公开发行股票发行对象、发行数量及募集资金数额的议案》（以下简称“议案1”）。次日，新银公司发布公告：公司将于2月19日召开临时股东大会审议该议案，物灵公司、宝华公司和元基公司应当对该议案表决予以回避。2016年2月5日，宝华公司和元基公司向新银公司董事会提交《关于调整非公开发行股票方案的议案》（以下简称“议案2”），提议宝华公司和元基公司全额认购拟非公开发行的3 000万股。同时，对上述关于回避表决的要求提出异议。

2016年2月19日，宝华公司和元基公司参加临时股东大会并进行表决，对议案1投了反对票，对议案2投了赞成票。议案2获得出席股东大会的股东所持表决权过半数通过，议案1未获通过。物灵公司未参与此次股东大会表决，但在会后向董事会提出质疑：宝华公司和元基公司无权提出临时提案，更无权参与此次股东大会并对议案1和议案2进行表决。

物灵公司认为，关联股东未回避表决属于股东大会决议撤销之诉的事由，故而于2016年4月29日向法院提起诉讼，请求撤销2月19日新银公司临时股东大会对议案2的决议。

要求：根据上述内容，分别回答下列问题。

（1）物灵公司认为宝华公司和元基公司不属于“社会公众股东”，是否正确？并说明理由。

（2）物灵公司关于“在宝华公司通过场内交易增持后，新银公司如仍按《非公开发行股票议案》增资扩股，将导致新银公司的股份分布违反《证券法》的规定”的观点是否正确？并说明理由。

（3）物灵公司关于“因其已承诺3年内不转让本次非公开发行的股票，所以只要新银公司股东大会非关联股东豁免要约收购即可，无须向证监会申请豁免”的观点，是否符合证券法律制度的规定？并说明理由。

（4）宝华公司和元基公司参加新银公司临时股东大会并对议案1进行表决，是否符合证券法律制度的规定？并说明理由。

（5）宝华公司和元基公司参加新银公司临时股东大会并对议案2进行表决，是否符合证券法律制度的规定？并说明理由。

（6）物灵公司关于“宝华公司和元基公司无权提出临时提案”的观点，是否符合公司法律制度的规定？并说明理由。

（7）物灵公司提起股东大会决议撤销之诉的日期是否符合公司法律制度的规定？并说明理由。

【答案及解析】

（1）物灵公司认为宝华公司和元基公司不属于“社会公众股东”的观点正确。根据规定，社会公众股东，是指不包括下列股东的上市公司其他股东：①持有上市公司10%以上股份的股东及其一致行动人；②上市公司的董事、监事、高级管理人员及其关联人。本案中宝华公司和元基公司合计持有29%的股份且是一致行动人，不属于社会公众股东。

（2）物灵公司关于“在宝华公司通过场内交易增持后，新银公司如仍按《非公开发行股票议案》增资扩股，将导致新银公司的股份分布违反证券法的规定”的观点正确。根据规定，上市条件中股权分布比例规定是：公开发行的股份达到公司股份总数的25%以上；公司股本总额超过人民币4亿元的，公开发行股份的比例为10%以上。本案中，新银公司股本总额未超过4亿元，公开发行比例应当达到公司股份总数的25%以上。定向增发后，各方的持股比例为：物灵公司38.4%（2亿股×28%+0.4亿股=0.96亿股；0.96亿/2.5亿=38.4%）、宝华公司和元基公司（2亿股×29%+0.1亿股=0.68亿股；0.68亿/2.5亿=27.2%）、新银公司董事、监事、高级管理人员及其一致行动人增发前持股比例为12%，增发后持股比例为9.6%（2亿股×12%/2.5亿股=9.6%）合计持股比例75.2%，即公开发行比例不足25%，导致不符合上市条件。

（3）物灵公司关于“因其已承诺3年内不转让本次非公开发行的股票，所以只要新银公司股东大会非关联股东豁免要约收购即可，无须向证监会申请豁免”的观点符合规定。根据规定，经上市公司股东大会非关联股东批准，投资者取得上市公司向其发行的新股，导致其在该公司拥有权益的股份超过该公司已发行股份的30%，投资者承诺3年内不转让本次向其发行的新股，且公司股东大会同意投资者免于发出要约，则可以免于申请，直接向证券交易所和证券登记结算机构申请办理股份转让和过户登记手续。本案中，物灵公司承诺3年内不转让本次向其发行的新股，所以经股东大会非关联股东审议可以豁免。

（4）宝华公司和元基公司参加新银公司

临时股东大会并对议案1进行表决符合规定。股东大会就发行事项作出决议，必须经出席会议的股东所持表决权的2/3以上通过。向本公司特定的股东及其关联人发行的，股东大会就发行方案进行表决时，关联股东应当回避。本案中，议案1是向原股东物灵公司发行，不涉及宝华公司、元基公司，所以宝华公司、元基公司参与表决符合规定。

（5）宝华公司和元基公司参加新银公司临时股东大会并对议案2进行表决不符合规定。股东大会就非公开发行股票作出的决定，涉及关联股东的，应当回避表决。关联股东是指董事会决议已确定为本次发行对象的股东及其关联人。本案中，议案2是向原股东宝华公司、元基公司发行，因此宝华公司、元基公司不能参与表决。

（6）物灵公司关于"宝华公司和元基公司无权提出临时提案"的观点不符合规定。根据规定，单独或者合计持有公司3%以上股份的股东，可以在股东大会召开10日前提出临时提案并书面提交董事会；董事会应当在收到提案后2日内通知其他股东，并将该临时提案提交股东大会审议。本案中，宝华公司、元基公司持股比例29%，2月5日提交议案满足在股东大会召开10日前提出临时提案。

（7）物灵公司提起股东大会决议撤销之诉的日期不符合法定期间的要求。根据规定，股东会或者股东大会、董事会的会议召集程序、表决方式违反法律、行政法规或者公司章程，或者决议内容违反公司章程的，股东可以自决议作出之日起60日内，请求人民法院撤销。题目中，决议作出之日是2月19日，请求撤销之日是4月29日，超过了60日的法定期间要求。

通关演练

一、单项选择题

1. 根据证券法律制度的规定，关于信息披露义务的说法中不正确的是（　　）。

A. 招股说明书的有效期为6个月

B. 在主板上市的公司，发行人的控股股东、实际控制人应当对招股说明书出具确认意见，并签名、盖章

C. 上市公司的董事、高级管理人员应当对公司定期报告签署书面确认意见

D. 上市公司监事会应当对董事会编制的公司定期报告进行审核并提出书面审核意见

2. 捷达上市公司发布定期报告进行信息披露，该公司的下列做法中，不符合证券法律制度规定的是（　　）。

A. 该公司的年度报告在上一会计年度结束之日起第3个月编制完成并披露

B. 该公司的中期报告在该会计年度的第7个月编制完成并披露

C. 该公司第一个季度的季度报告在该会计年度的第4个月编制完成并披露

D. 该公司第三个季度的季度报告在该会计年度的第11个月编制完成并披露

3. 根据证券法律制度的规定，股票向特定对象转让导致股东累计超过200人的非上市公众公司，需要披露的是（　　）。

A. 年度报告

B. 年度报告和半年度报告

C. 年度报告、半年度报告和季度报告

D. 年度报告和季度报告

4. 根据证券法律制度的规定，以要约方式收购非上市公众公司的，下列表述中不正确的是（　　）。

A. 在收购要约约定的承诺期限内，收购人不得撤销其收购要约

B. 收购要约期限届满前10日内，收购人不得变更收购要约；但是出现竞争要约的除外

C. 在要约收购期限届满前2日内，预受股东不得撤回其对要约的接受

D. 收购要约约定的收购期限不得少于30日，并不得超过60日。但出现竞争要约的除外

5. 2015年2月，某股份有限公司拟在主板上市，首次公开发行股票。根据证券法律制度的规定，下列各项中，符合公司首次公

开发行股票条件的是（ ）。

A. 该公司的主要资产存在重大权属纠纷

B. 2007 年 1 月至今，该公司的实际控制人为甲公司

C. 该公司控股股东和受控股东、实际控制人支配的股东持有的发行人股份存在重大权属纠纷

D. 该公司最近 1 个会计年度的净利润主要来自合并财务报表范围以外的投资收益

6. 根据证券法律制度的规定，股份有限公司在创业板首次公开发行股票，最近一期期末净资产不少于（ ）万元，且不存在未弥补亏损。

A. 2 000　　B. 3 000

C. 5 000　　D. 6 000

7. 根据证券法律制度的规定，发行人、中介机构报送的发行申请文件及相关法律文书涉嫌虚假记载、误导性陈述或重大遗漏的，移交稽查部门查处，被稽查立案的，暂停受理相关中介机构推荐的发行申请；查证属实的，自确认之日起（ ）不再受理该发行人的股票发行申请，并依法追究中介机构及相关当事人责任。

A. 6 个月内　　B. 12 个月内

C. 24 个月内　　D. 36 个月内

8. 根据证券法律制度的规定，证券的代销、包销期限最长不得超过（ ）日。

A. 30　　B. 60

C. 90　　D. 120

9. 2015 年 3 月 1 日，甲、乙、丙、丁四人设立了 A 股份有限公司，主要从事建材的加工与销售。根据我国证券法律制度的规定，如 A 股份有限公司申请股票首次公开发行并上市，甲欲将其持有的 A 公司股份以公开发行方式一并向投资者发售，则甲拟公开发售的股份的持有时间不得低于（ ）。

A. 12 个月　　B. 18 个月

C. 24 个月　　D. 36 个月

10. 根据证券法律制度的规定，下列说法不正确的是（ ）。

A. 证券公司在代销、包销期内，对所代销、包销的证券应当保证先行出售给认购人，证券公司不得为本公司预留所代销的证券和预先购入并留存所包销的证券

B. 上市公司配股的，可以采用代销或者包销的方式

C. 向不特定对象公开发行的证券票面总值超过人民币 5 000 万元的，应当由主承销和参与承销的证券公司来承销

D. 公开发行股票，代销、包销期限届满；发行人应当在规定的期限内将股票发行情况报国务院证券监督管理机构备案

11. 根据证券法律制度的规定，关于网上和网下同时发行的机制，下列表述不正确的是（ ）。

A. 网下投资者参与报价时，应当持有一定金额的非限售股份

B. 发行人和主承销商可以根据自律规则，设置网下投资者的具体条件，并在发行公告中预先披露

C. 首次公开发行股票采用询价方式定价的，符合条件的网下机构和个人投资者可以自主决定是否报价，主承销商无正当理由不得拒绝

D. 网下投资者报价应当包含每股价格和该价格对应的拟申购股数，且最多可以有两个报价

12. 根据证券法律制度的规定，下列关于网上和网下同时发行的机制的表述中，不正确的是（ ）。

A. 发行股票数量在 2 000 万股（含）以下且无老股转让计划的，应当通过直接定价的方式确定发行价格

B. 首次公开发行股票采用直接定价方式的，可以向网上投资者发行，也可以进行网下询价和配售

C. 网上投资者连续 12 个月内累计出现 3 次中签后未足额缴款的情形时，6 个月内不得参与新股申购

D. 网上和网下投资者缴款认购的股份数量合计不足本次公开发行数量的 70% 时，可以中止发行

13. 根据证券法律制度的规定，关于公司债券的发行，下列表述不正确的是（ ）。

A. 公司债券可以公开发行，也可以非公开发行；上市公司、股票公开转让的非上市公众公司发行的公司债券，可以附认股权、可转换成相关股票等条款

B. 公开发行公司债券应当经过中国证监会核准

C. 发行公司债券应当由具有证券承销业务资格的证券公司承销；取得证券承销业务资格的证券公司、中国证券金融股份有限公司及中国证监会认可的其他机构非公开发行公司债券可以自行销售

D. 公司债券的期限为2年以上，公司债券每张面值100元，发行价格由发行人与保荐人通过市场询价确定

14. 非公开发行的公司债券应当向合格投资者发行，根据中国证监会的规定，合格投资者，应当具备相应的风险识别和承担能力，知悉并自行承担公司债券的投资风险，并符合一定的资质，下列说法不正确的是（　　）。

A. 合格境外机构投资者、人民币合格境外机构投资者

B. 社会保障基金、企业年金等养老基金，慈善基金等社会公益基金

C. 名下金融资产不低于人民币500万元的个人投资者

D. 净资产不低于人民币1 000万元的企事业单位法人

15. 根据证券法律制度的规定，关于公司债券的非公开发行与交易中的信息披露，下列表述不正确的是（　　）。

A. 非公开发行公司债券是否进行信用评级由发行人确定，并在债券募集说明书中披露

B. 非公开发行公司债券，承销机构或依法自行销售的发行人应当在每次发行完成后10个工作日内向中国证券业协会备案

C. 发行人的董事、监事、高级管理人员及持股比例超过5%的股东，可以参与本公司非公开发行公司债券的认购与转让，不受合格投资者资质条件的限制

D. 非公开发行公司债券的，应当在债券募集说明书中约定募集资金使用情况的披露事宜

16. 根据证券法律制度的规定，下列关于公开发行可转换公司债券提供担保的表述中，正确的是（　　）。

A. 最近一期期末经审计的净资产不低于人民币20亿元的公司公开发行可转换公司债券的，应当提供担保

B. 担保范围包括债券的本金及利息、违约金、损害赔偿金和实现债权的费用

C. 上市商业银行不得作为发行可转债的担保人

D. 以保证方式提供担保的，可以是连带责任保证，也可以是一般保证

17. 甲上市公司拟发行可转换公司债券，已知募集说明书公告日前20个交易日该公司股票交易均价为25元/股，前一个交易日均价为20元/股，本次发行拟定的转股价格不得低于（　　）元/股。

A. 25　　B. 22.5

C. 20　　D. 18

18. 根据证券法律制度的规定，关于上市公司主动退市制度，下列表述不正确的是（　　）。

A. 上市公司主动申请退市或者转市的，应召开股东大会作出决议，须经出席会议的股东所持表决权的2/3以上通过

B. 上市公司主动申请退市或者转市的，应当在股东大会作出终止上市决议后的15个交易日内，向证券交易所提交退市申请

C. 证券交易所应当自上市公司提交退市申请之日起5个交易日内，作出是否受理的决定并通知公司；决定受理的，应当自受理上市公司提交的退市申请之日起15个交易日内依法作出同意或者不同意其股票终止上市交易的决定

D. 通过要约收购实施的退市和通过合并、解散实施的退市，证券交易所应当在上市公司公告回购或者收购结果、完成合并交易、作出解散决议之日起15个交易日内，作出终止其股票上市的决定

19. 根据证券法律制度的规定，关于要约

收购程序，下列表述不正确的是（　　）。

A. 收购人在公告要约收购报告书之前可以自行取消收购计划，不过应当公告原因；自公告之日起12个月内，该收购人不得再次对同一上市公司进行收购

B. 收购要约约定的收购期限不得少于30日，并不得超过60日，但出现竞争要约的除外

C. 在收购要约确定的承诺期内，收购人需要变更收购要约的，必须及时公告，载明具体变更事项，并通知被收购公司

D. 收购期限届满后10日内，收购人应当向证券交易所提交关于收购情况的书面报告，并予以公告

20. 甲股份有限公司拟收购乙上市公司，下列各项中的主体均为乙公司的投资者，其中不属于甲公司一致行动人（假设没有相反证据）的是（　　）。

A. 甲公司的控股股东

B. 与甲公司同时受丙公司控制的丁公司

C. 由甲公司的董事长兼任总经理的戊公司

D. 持有甲公司25%股份的王某

21. 根据证券法律制度的规定，下列各项中，相关投资者可以适用简易程序免于发出要约收购方式增持股份的是（　　）。

A. 经政府批准进行国有资产合并，导致投资者在一个上市公司中拥有权益的股份占该公司已发行股份比例超过30%

B. 经上市公司股东大会非关联股东会批准，投资者取得上市公司向其发行的新股，导致其在该公司拥有权益的股份超过该公司已发行股份的30%，投资者承诺3年内不转让本次向其发行的新股，且公司股东大会同意投资者免于发出要约

C. 在一个上市公司中拥有权益的股份达到或者超过该公司已发行股份的50%，继续增加其在该公司拥有的权益不影响该公司的上市地位

D. 因继承导致在一个上市公司拥有权益的股份超过该公司已发行股份的30%

22. 根据证券法律制度的规定，关于上市公司发行股份购买资产，下列表述不正确的是（　　）。

A. 上市公司为促进行业的整合、转型升级，在其控制权不发生变更的情况下，可以向控股股东、实际控制人或者其控制的关联人之外的特定对象发行股份购买资产

B. 所购买资产与现有主营业务没有显著协同效应的，应当充分说明并披露本次交易后的经营发展战略和业务管理模式以及业务转型升级可能面临的风险和应对措施

C. 上市公司发行股份的价格不得低于市场参考价的均价

D. 市场参考价为本次发行股份购买资产的董事会决议公告日前20个交易日、60个交易日或者120个交易日的公司股票交易均价之一

23. 某上市公司董事张某，得知公司增资计划，在该信息公开前，将其透露给王某，王某据此购进该公司1 000股股票。根据证券法律制度的规定，该行为构成（　　）。

A. 内幕交易行为

B. 操纵市场行为

C. 虚假陈述行为

D. 欺诈客户行为

24. 根据证券法律制度的规定，以要约方式收购非上市公众公司的，下列表述中，不正确的是（　　）。

A. 在收购要约约定的承诺期限内，收购人不得撤销其收购要约

B. 收购要约期限届满前15日内，收购人不得变更收购要约；但是出现竞争要约的除外

C. 在要约收购期限届满前3日内，预受股东不得撤回其对要约的接受

D. 收购要约约定的收购期限不得少于30日，并不得超过60日。但出现竞争要约的除外

二、多项选择题

1. 根据证券法律制度的规定，下列公司均为股票未在证券交易所上市交易的股份有限公司，其中属于非上市公众公司的有

(　　)。

A. 股票向特定对象发行导致股东累计超过 200 人的

B. 股票向特定对象转让导致股东累计超过 200 人的

C. 股票公开转让，股东超过 200 人的

D. 股票公开转让，股东未超过 200 人的

2. 收购人可以通过取得股份的方式成为公众公司的控股股东，可以通过投资关系、协议、其他安排的途径成为公众公司的实际控制人，也可以同时采取上述方式和途径取得公众公司的控制权。但是在下列情形之中，不得收购公众公司的有（　　）。

A. 收购人负有数额较大债务，到期未清偿，且处于持续状态

B. 收购人最近 2 年有重大违法行为或者涉嫌有重大违法行为

C. 收购人最近 2 年有严重的证券市场失信行为

D. 收购人为自然人，因贪污被判处刑罚，执行期满未逾 5 年

3. 浙江嘉诺铜业股份有限公司计划 2015 年 5 月在主板首次公开发行股票并上市。根据证券法律制度的规定，下列各项中，符合公司在主板和中小板首次公开发行股票并上市条件的有（　　）。

A. 最近一期期末无形资产（扣除土地使用权、水面养殖权和采矿权等后）占净资产的比例为 15%

B. 公司发行股票前股本总额为人民币 4 500 万元

C. 公司最近一个会计年度的净利润主要来源于履行与控股股东订立的技术服务合同

D. 公司最近 3 个会计年度营业收入累计为人民币 5 亿元

4. 某股份有限公司拟在主板首次公开发行股票并上市。根据证券法律制度的规定，下列各项中，构成首次发行股票并上市的法定障碍的有（　　）。

A. 该公司 36 个月前未经法定机关核准，擅自公开发行过证券，目前已消除

B. 该公司最近 36 个月内违反工商及其他法律、行政法规，受到行政处罚，且情节严重

C. 该公司最近 36 个月内曾向中国证监会提出发行申请，但报送的发行申请文件有虚假记载

D. 该公司最近 36 个月内曾向中国证监会提出发行申请，存在伪造高级管理人员签字的情况

5. 飞天股份有限公司（以下简称“飞天公司”）为扩大融资拟申请其股票在创业板首发并上市。2015 年 5 月 11 日，飞天公司按照证监会的有关规定制作了申请文件，由保荐人速达证券公司保荐并向证监会申报。根据证券法律制度的规定，下列选项的表述中，正确的有（　　）。

A. 飞天公司的招股说明书申报稿正式受理后，应当立即在中国证监会网站披露

B. 飞天公司的招股说明书预先披露后，相关信息及财务数据不得随意更改

C. 如飞天公司制作的申请材料中记载的信息自相矛盾，中国证监会应终止审核，并在 12 个月内不再受理速达证券公司推荐的发行申请

D. 中国证监会收到申请文件后，应当在 5 个工作日内作出是否受理的决定

6. 某上市公司拟增发股票，根据证券法律制度的规定，下列各项中，符合上市公司增发股票一般条件的有（　　）。

A. 该公司现任董事 2 年前受到证券交易所的公开谴责

B. 该公司最近 3 个会计年度连续盈利

C. 该公司高级管理人员稳定，最近 12 个月内未发生重大不利变化

D. 该公司上一年度财务报表被注册会计师出具无法表示意见的审计报告

7. 根据证券法律制度的规定，某上市公司拟向原股东配售股份，下列各项中，符合法律规定的有（　　）。

A. 拟配售股份数量为本次配售股份前股本总额的 40%

B. 控股股东在股东大会召开前公开承诺认配股份的数量

C. 采用证券法规定的包销方式发行

D. 控股股东不履行认配股份的承诺，该上市公司按照发行价并加算银行同期存款利息返还已经认购的股东

8. 根据证券法律制度的规定，下列选项关于股票公开发行方式的表述中，不正确的有（　　）。

A. 首次公开发行股票不能通过向网下投资者询价的方式确定股票发行价格

B. 公开发行股票数量在4亿股（含）以下的，有效报价投资者的数量应不少于20家

C. 首次公开发行股票网下投资者申购数量低于网下初始发行量的，发行人和主承销商不得将网下发行部分向网上回拨，应当中止发行

D. 网上投资者申购数量不足网上初始发行量的，可以回拨给网下投资者

9. 根据证券法律制度的规定，下列关于网下发行机制的表述正确的有（　　）。

A. 首次公开发行股票的网下发行，发行人和主承销商应安排不低于本次网下发行股票数量的40%优先向公募基金和社保基金配售

B. 首次公开发行股票的网下发行，发行人和主承销商应安排一定比例的股票向企业年金基金和保险资金配售

C. 首次公开发行股票的网下发行，公募基金、社保基金、企业年金基金和保险资金有效申购不足安排数量的，发行人和主承销商可以向其他符合条件的网下投资者配售剩余部分

D. 首次公开发行股票网下投资者申购数量低于网下初始发行量的，发行人和主承销商不得将网下发行部分向网上回拨，应当终止发行

10. 根据证券法律制度的规定，下列选项中有权发行优先股的有（　　）。

A. 甲有限责任公司

B. 乙股份有限公司

C. 丙非上市公众公司

D. 丁上市公司

11. 根据证券法律制度的规定，为了保护公众投资者，要求公开发行优先股的公司（商业银行除外），必须在公司章程中规定（　　）。

A. 采取固定股息率

B. 在有可分配税后利润的情况下必须向优先股股东分配股息

C. 未向优先股股东足额派发股息的差额部分应当累积到下一会计年度

D. 优先股股东按照约定的股息率分配股息后，不再同普通股股东一起参加剩余利润分配

12. 根据证券法律制度的规定，下列关于公司债券发行的表述中，正确的有（　　）。

A. 根据公司发行的债券种类不同，可以分为一般公司债券发行和可转换公司债券发行

B. 公司债券的期限为1年以上，公司债券每张面值100元，发行价格由发行人与保荐人通过市场询价确定

C. 公开发行公司债券募集的资金，除了用于核准的用途以外，还可以用于弥补亏损和非生产性支出

D. 公开发行公司债券，应当委托具有从事证券服务业务资格的资信评级机构进行信用评级

13. 根据证券法律制度的规定，资信状况符合以下（　　）标准的公司债券可以向公众投资者公开发行，也可以自主选择仅面向合格投资者公开发行。

A. 发行人最近3年无债务违约或者迟延支付本息的事实

B. 发行人最近3个会计年度实现的年均可分配利润不少于债券1年利息的1.5倍

C. 债券信用评级达到AAA级

D. 中国证监会根据投资者保护的需要规定的其他条件

14. 根据证券法律制度的规定，出现下列（　　）情形，债券受托管理人应当召集债券持有人会议。

A. 发行人增资

B. 发行人不能按期支付本息

C. 拟变更债券受托管理人

D. 保证人或者担保物发生重大变化

15. 根据证券法律制度的规定，公开发行公司债券的发行人应当及时披露债券存续期内发生可能影响其偿债能力或债券价格的重大事项，下列属于重大事项的有（　　）。

A. 发行人发生未能清偿到期债务的违约情况

B. 发行人当年累计新增借款或对外提供担保超过上年末净资产的20%

C. 发行人放弃债权或财产，超过上年末净资产的10%

D. 发行人发生超过上年末净资产10%的重大损失

16. 根据证券法律制度的规定，下列关于非分离交易可转换公司债券的表述，不正确的有（　　）。

A. 期限可以为7年

B. 自发行结束后第5个月即可转换为公司股票

C. 转股价格应为募集说明书公告日前20个交易日该公司股票交易均价和前一个交易日的均价的90%

D. 上市商业银行可以作为发行可转债的担保人

17. 根据证券法律制度的规定，下列选项中，可以参与全国股转系统挂牌公司公开转让的主要包括（　　）。

A. 注册资本500万元人民币以上的法人机构

B. 实缴出资总额500万元人民币以上的合伙企业

C. 集合信托计划、证券投资基金、银行理财产品、证券公司资产管理计划

D. 投资者本人名下前一日交易日日终证券类资产市值500万元人民币以上的且具有2年以上证券投资经验的自然人投资者

18. 根据证券法律制度的规定，当上市公司出现财务状况异常或者其他异常情况，导致其股票存在被终止上市的风险，或者投资者难以判断公司前景，投资权益可能受到损害的，证券交易所将对该公司股票交易实行特别处理。下列选项中，属于特别处理的措施有（　　）。

A. 进行退市风险警示，在公司股票简称前冠以“*ST”字样

B. 暂停股票上市

C. 股票报价的日涨跌幅限制为5%

D. 终止股票上市

19. 甲上市公司拟决定其股票不再在上海证券交易所交易，转而申请在全国中小企业股份转让系统交易，随即召开股东大会作出决议，对于该决议须经出席会议的股东所持表决权的2/3以上通过，并须经出席会议的除下列股东以外的其他股东所持表决权的2/3以上通过，其中包括（　　）。

A. 董事

B. 监事

C. 实际控制人

D. 单独或者合计持有上市公司10%以上股份的股东不享有表决权

20. 我国证券发行与交易中的自律管理，主要通过下列自律性机构来实施，这些机构包括（　　）。

A. 中国证券业协会

B. 证券交易所

C. 全国中小企业股份转让系统

D. 证券服务机构

21. 根据证券法律制度的规定，上市公司出现以下（　　）情形之一的，证券交易所对其股票实施退市风险警示。

A. 因欺诈发行受到中国证监会行政处罚，或者因涉嫌欺诈发行罪被依法移送公安机关

B. 因重大信息披露违法受到中国证监会行政处罚，或者因涉嫌违规披露、不披露重要信息罪被依法移送公安机关

C. 上市公司因要约收购或者其他原因导致股权分布不再具备上市条件的情形，公司披露的解决方案存在重大不确定性，或者在规定期限内未披露解决方案，或者在披露可行的解决方案后一个月内未实施完成

D. 未在法定期限内披露年度报告或者中期报告，且公司股票已停牌1个月

22. 根据证券法律制度的规定，上市公司

出现以下（ ）情形之一的，由证券交易所决定终止其股票上市。

A. 公司因净利润、净资产、营业收入或者审计意见类型触及相关标准，其股票被暂停上市的，未能在法定期限内披露暂停上市后的首个年度报告

B. 公司因净利润、净资产、营业收入或者审计意见类型触及相关标准，其股票被暂停上市的，暂停上市后首个年度报告显示公司净利润或者扣除非经常性损益后的净利润为负值

C. 公司因净利润、净资产、营业收入或者审计意见类型触及相关标准，其股票被暂停上市的，暂停上市后首个年度报告显示公司期末净资产为负值

D. 公司因净利润、净资产、营业收入或者审计意见类型触及相关标准，其股票被暂停上市的，暂停上市后首个年度报告显示公司营业收入低于1 000万元

23. 根据证券法律制度的规定，下列选项中不属于刑法上的内幕交易行为的有（ ）。

A. 持有或者通过协议、其他安排与他人共同持有上市公司5%以上股份的自然人、法人或者其他组织收购该上市公司股份的

B. 按照事先订立的书面合同、指令、计划从事相关证券、期货交易的

C. 依据已被他人披露的信息而交易的

D. 交易具有其他正当理由或者正当信息来源的

24. 根据证券法律制度的规定，下列选项中属于操纵证券市场行为的有（ ）。

A. 李某和王某通过合谋，集中双方的资金优势，连续买入某股票，操纵了该股票交易价格

B. 证券交易所自营业务研究人员邓某，根据上市公司披露的财务报告，预测该上市公司盈利良好，建议其朋友于某购买该股票

C. 田某在自己实际控制的几个账户之间进行证券交易，影响证券交易价格和交易量

D. 郭某和戴某利用自己的持股优势，双方以事先约定的时间、价格进行交易，影响了交易价格和交易量

三、案例分析题

1. 大海股份有限公司于2010年6月在上海证券交易所上市，截至2015年12月31日，股本总额8亿元，净资产6亿元。2016年3月5日，公司董事会对以下几种融资方案进行讨论：

（1）公开发行公司债券发行方案。具体内容如下：公开发行公司债券3亿元，期限为5年，利率为5%。

（2）定向增发方案。具体内容如下：非公开发行普通股1亿元，以某证券投资基金管理的3只基金、7名自然人和一家境外战略投资者为发行对象（境外战略投资者将在发行结束后报国务院相关部门备案），境外战略投资者在发行结束之日起12个月不得转让。

（3）向老股东配股方案。具体内容如下：向老股东配股总额3亿元；控股股东在其他股东认购之后，按其他股东平均认购比例进行认购；为确保配股成功，本次配股由长期合作的某证券公司包销。

董事会对三种方案进行讨论后，认为三种方案都有不符合法律规定之处，最终决定采取定向增发方案，并对方案中不符合规定的部分进行了修改，股东大会通过后，经中国证监会核准发行。

2016年8月25日，A公司发布公告，称其已经持有大海股份有限公司5%的股份，并拟继续增持。2016年9月10日，A公司再次发布公告称其又增持了大海股份有限公司5%的股份，但由于股价持续走高，未来12个月不再增持。

经查，8月25日，A公司持有5%的普通股；9月10日A公司持有7%的普通股和3%的优先股。

要求：根据上述内容，分别回答下列问题。

（1）在公司债券发行方案中，有哪些内容不符合规定？并分别说明理由。

（2）在定向增发方案中，发行对象的数量是否符合规定？并说明理由。

（3）在定向增发方案中，引入境外战略投资者的审批程序和认购股份后限定转让的时间是否符合规定？并分别说明理由。

（4）在向老股东配股的方案中，哪些不符合法律规定？

（5）A公司于9月10日发布公告的行为是否符合规定？并说明理由。

2. 星辰公司是一家在上海证交所上市的上市公司，2015年2月，公司拟公开发行可转换公司债券，星辰公司报送的发行申请中，有关情况如下：

（1）公司经审计的财务会计资料显示：截止到2014年12月31日，公司注册资本5亿元，资产总额16亿元，其中负债4亿元；此前公司曾发行过5年期债券，发行额度1亿元，尚未到期，没有延期支付本息的情况。最近三年公司可分配利润分别为1亿元、1.2亿元和1.4亿元。

（2）星辰公司拟发行公司债券200万张，每张面值200元，募集资金中的1 000万元用于维修公司的办公大楼，其余部分用于扩建一条生产线；公司债券年利率为5%，期限为5年。

（3）经资信评估机构评估，公司本次发行的债券信用等级为AAA级。

（4）公司债券拟分两次发行，均由甲证券公司包销。根据星辰公司与甲证券公司签订的公司债券包销合同，首次发行为核准发行之日起第12个月，发行50%，剩余部分为第一次发行结束后3个月内，公司债券的承销期限都是100天，证券公司每次承销时可以预先购入并留存公司债券1 000万元，其余部分向公众发行。

国有独资公司A持有星辰公司52%的股份，2016年3月，A公司拟再购入星辰公司5%的股份，证监会认为A公司已经触发要约收购义务，应当先经过批准方能实施。

要求：根据上述内容，结合法律规定，分别回答下列问题。

（1）星辰公司发行债券的数额和面值是否符合证券法律制度的规定？并说明理由。

（2）星辰公司的可分配利润是否符合《证券法》中公开发行公司债券的条件？并说明理由。

（3）星辰公司本次发行公司债券的评级和可分配利润是否符合向公众投资者公开发行的要求？并说明理由。

（4）星辰公司发行公司债券募集资金用途是否符合有关规定？并分别说明理由。

（5）星辰公司的公司债券发行时间以及与甲证券公司的包销协议是否符合规定？并说明理由。

（6）证监会认为A公司已经触发要约收购义务，应当先经过批准方能实施的观点是否正确？

3. 甲公司为乙上市公司实际控制人，拟通过收购丙上市公司（以下简称“丙公司”）的股份，达到控制丙公司的目的。在董事会讨论收购方案时，一些董事分别提出以下观点：

（1）以下属的两个子公司作为收购人，通过证券交易所的证券交易收购丙公司的股份。两个子公司持有丙公司的股份合计达到5%之日起3日内，即向中国证监会提交书面报告，但对被收购公司暂时保密。

（2）两个子公司持有丙公司的股份合并计算。合计达到5%时，并且每增加5%时，均应暂停交易。

（3）收购丙公司已发行的股份合计达到30%时，如果资金允许继续进行收购，即向丙公司所有股东发出收购60%股份的要约。如果资金短缺，则面向特定股东协议收购。

（4）收购要约约定的收购期限初步定为20日，根据收购情况再作调整。

（5）如果预受要约股份的数量超过预定的60%时，则以抽签的方式确定收购预受要约的股份。

（6）如果由于资金不足，导致无法继续收购，则向中国证监会提出豁免申请。

（7）在收购行为完成9个月后，可以考虑将所持丙公司的股份部分转让给丁公司。丁公司非与甲公司受同一实际控制人控制。

要求：分析上述观点是否符合法律规定？并分别说明理由。

答案及解析

一、单项选择题

1. 【答案】B

【解析】在创业板上市的公司，发行人的控股股东、实际控制人应当对招股说明书出具确认意见，并签名、盖章。

2. 【答案】D

【解析】(1) 选项A：年度会计报告应当在每一个会计年度结束之日起4个月内编制完成并披露；(2) 选项B：中期报告应当在每个会计年度的上半年结束之日起2个月内编制完成并披露；(3) 选项C、D：季度报告应当在每个会计年度第3个月、第9个月结束后的1个月内（即在该会计年度的第4个月、第10个月）编制完成并披露。

3. 【答案】A

【解析】股票公开转让与定向发行的非上市公众公司应当定期（并未要求法定披露时间，由非上市公众公司自主决定）披露半年度报告和年度报告；股票向特定对象转让导致股东累计超过200人的非上市公众公司，只需披露年度报告。

4. 【答案】B

【解析】选项B：在收购要约期限届满前15日内，收购人不得变更收购要约，但出现竞争要约的除外。

5. 【答案】B

【解析】(1) 选项A：发行人已合法并真实取得注册资本项下载明的资产；发行人的注册资本已足额缴纳，发起人或者股东用作出资的资产的财产权转移手续已经办理完毕，发行人的主要资产不存在重大权属纠纷；(2) 选项B：发行人最近3年内主营业务和董事、高级管理人员没有发生重大变化，实际控制人没有发生变更；(3) 选项C：发行人的股权清晰，控股股东和受控股东、实际控制人支配的股东持有的发行人股份不存在重大权属纠纷；(4) 选项D：发行人最近1个会计年度的净利润主要来自合并财务报表范围以外的投资收益构成发行障碍。

6. 【答案】A

【解析】在创业板首次公开发行股票，最近一期期末净资产不少于2 000万元，且不存在未弥补亏损。

7. 【答案】D

【解析】发行人、中介机构报送的发行申请文件及相关法律文书涉嫌虚假记载、误导性陈述或重大遗漏的，移交稽查部门查处，被稽查立案的，暂停受理相关中介机构推荐的发行申请；查证属实的，自确认之日起36个月内不再受理该发行人的股票发行申请，并依法追究中介机构及相关当事人责任。

8. 【答案】C

【解析】根据《证券法》的规定，证券的代销、包销期限最长不得超过90日。

9. 【答案】D

【解析】按照《首次公开发行股票时公司股东公开发售股份暂行规定》的要求，公司首次公开发行时，公司股东公开发售的股份，其已持有时间应当在36个月以上。

10. 【答案】B

【解析】上市公司配股的，应当采用代销方式。

11. 【答案】D

【解析】选项D：网下投资者报价应当包含每股价格和该价格对应的拟申购股数，且只能有一个报价。

12. 【答案】B

【解析】选项B：首次公开发行股票采用直接定价方式的，全部向网上投资者发行，不进行网下询价和配售。

13. 【答案】D

【解析】选项D：公司债券的期限为1年以上，公司债券每张面值100元，发行价格由发行人与保荐人通过市场询价确定。

14. 【答案】C

【解析】合格投资者包括但不限于：(1) 净资产不低于人民币1 000万元的企事业单位法人、合伙企业；(2) 名下金融资产不低于人民币300万元的个人投资者；

（3）合格境外机构投资者（QFII）、人民币合格境外机构投资者（RQFII）；（4）社会保障基金、企业年金等养老基金，慈善基金等社会公益基金。

15. 【答案】B

【解析】选项B：非公开发行公司债券，承销机构或依法自行销售的发行人应当在每次发行完成后5个工作日内向中国证券业协会备案。

16. 【答案】B

【解析】（1）选项A：公开发行可转换公司债券，应当提供担保，但是最近一期期末经审计的净资产不低于人民币15亿元的公司除外；（2）选项C：证券公司或上市公司不得作为发行可转债的担保人，但是上市商业银行除外；（3）选项D：以保证方式提供担保的，应当为连带责任担保，且保证人最近一期经审计的净资产额应不低于其累计对外担保的金额。

17. 【答案】A

【解析】转股价格应当不低于募集说明书公告日前20个交易日该公司股票交易均价和前一个交易日的均价（即不低于"前20个交易日该公司股票交易均价"和"前一个交易日的均价"两者中较高的数值）。

18. 【答案】A

【解析】选项A：上市公司拟决定其股票不再在交易所交易，或者转而申请在其他交易场所交易或者转让的，应当召开股东大会作出决议，须经出席会议的股东所持表决权的2/3以上通过，且经出席会议的除以下股东以外的其他股东所持表决权的2/3以上通过：①上市公司的董事、监事、高级管理人员；②单独或者合计持有上市公司5%以上股份的股东。

19. 【答案】D

【解析】选项D：收购期限届满后15日内，收购人应当向证券交易所提交关于收购情况的书面报告，并予以公告。

20. 【答案】D

【解析】（1）选项A：投资者之间有股权控制关系；（2）选项B：投资者受同一主体控制；（3）选项C：投资者的董事、监事或者高级管理人员中的主要成员，同时在另一个投资者担任董事、监事或者高级管理人员；（4）选项D：持有投资者30%以上股份的自然人，与投资者持有同一上市公司股份，如无相反证据，为一致行动人。本题中，王某只持有甲公司25%的股份，不构成甲公司的一致行动人。

21. 【答案】A

【解析】选项B、C、D：属于投资者免于提出豁免申请直接办理股份转让和过户的事项。

22. 【答案】C

【解析】选项C：上市公司发行股份的价格不得低于市场参考价的90%。

23. 【答案】A

【解析】内幕信息知情人员自己未买卖证券，也未建议他人买卖证券，但将内幕信息泄露给他人，接受内幕信息者依此买卖证券的，也属于内幕交易行为。

24. 【答案】C

【解析】选项C：在要约收购期限届满前2日内，预受股东不得撤回其对要约的接受。

二、多项选择题

1. 【答案】ABCD

【解析】股票未在证券交易所上市交易的股份有限公司发生下述"法定情形"之一，则成为非上市公众公司：①股票向特定对象发行（简称"定向发行"）或者转让（简称"定向转让"）导致股东累计超过200人；②股票公开转让（不论股东是否超过200人）。

2. 【答案】ABCD

【解析】有下列情形之一的，不得收购公众公司：（1）收购人负有数额较大债务，到期未清偿，且处于持续状态；（2）收购人最近2年有重大违法行为或者涉嫌有重大违法行为；（3）收购人最近2年有严重的证券市场失信行为；（4）收购人为自然人的，因贪污、贿赂、侵占财产、挪用财产，或者破坏社会主义市场经济秩序，被判处刑罚，执行期满未逾5年。

3. 【答案】ABD

【解析】选项C：发行人最近一个会计年度的营业收入或净利润对关联方或者存在重大不确定性的客户存在重大依赖，不具有持续盈利能力。

4.【答案】BCD

【解析】(1) 选项A：最近36个月内未经法定机关核准，擅自公开或者变相公开发行过证券；或者有关违法行为虽然发生在36个月前，但目前仍处于持续状态，构成法定障碍；(2) 选项B：最近36个月内违反工商、税收、土地、环保、海关以及其他法律、行政法规，受到行政处罚，且情节严重，构成法定障碍；(3) 选项C、D：最近36个月内曾向中国证监会提出发行申请，但报送的发行申请文件有虚假记载、误导性陈述或者重大遗漏；或者不符合发行条件以欺骗手段骗取发行核准；或者以不正当手段干扰中国证监会及其发行审核委员会审核工作；或者伪造、变造发行人或其董事、监事、高级管理人员的签字、盖章，构成法定障碍。

5.【答案】ABD

【解析】选项C：中国证监会在审核过程中，发现发行人申请材料中记载的信息自相矛盾或就同一事实前后存在不同表述且有实质性差异的，中国证监会将“中止”审核，并在12个月内不再受理相关保荐代表人推荐的发行申请。

6.【答案】ABC

【解析】(1) 选项A：现任董事、监事和高级管理人员具备任职资格，能够忠实和勤勉地履行职务，不存在违反公司法的行为，且最近36个月内未受到过证监会的行政处罚，最近12个月内未受到过证券交易所的公开谴责；(2) 选项B：盈利能力具有可持续性，最近3个会计年度连续盈利；(3) 选项C：高级管理人员和核心技术人员稳定，最近12个月内未发生重大不利变化；(4) 选项D：最近3年及一期财务报表未被注册会计师出具保留意见、否定意见或无法表示意见的审计报告。

7.【答案】BD

【解析】(1) 选项A：拟配售股份数量不超过本次配售股份前股本总额的30%；(2) 选项C：配股应采用证券法规定的代销方式发行。

8.【答案】AB

【解析】(1) 选项A：首次公开发行股票，可以通过向网下投资者询价的方式确定股票发行价格，也可以通过发行人与主承销商自主协商直接定价等其他合法可行的方式确定发行价格；(2) 选项B：公开发行股票数量在4亿股（含）以下的，有效报价投资者的数量不少于10家；公开发行股票数量在4亿股以上的，有效报价投资者的数量不少于20家。剔除最高报价部分后有效报价投资者数量不足的，应当中止发行。

9.【答案】ABC

【解析】选项D：首次公开发行股票网下投资者申购数量低于网下初始发行量的，发行人和主承销商不得将网下发行部分向网上回拨，应当中止发行。

10.【答案】CD

【解析】除上市公司和非上市公众公司外，其他公司尚不能发行优先股。

11.【答案】ABCD

【解析】为了保护公众投资者，《指导意见》要求公开发行优先股的公司，必须在公司章程中规定以下事项：(1) 采取固定股息率；(2) 在有可分配税后利润的情况下必须向优先股股东分配股息；(3) 未向优先股股东足额派发股息的差额部分应当累积到下一会计年度；(4) 优先股股东按照约定的股息率分配股息后，不再同普通股股东一起参加剩余利润分配。商业银行发行优先股补充资本的，可就第(2)项和第(3)项事项另行规定。

12.【答案】ABD

【解析】(1) 选项C：公开发行公司债券募集的资金，必须用于核准的用途，不得用于弥补亏损和非生产性支出；(2) 选项D：公开发行公司债券，应当委托具有从事证券服务业务资格的资信评级机构进行信用评级。

13.【答案】ABCD

【解析】参考教材。

14.【答案】BCD

【解析】有下列情况的，应当召集债券持有人会议：(1) 拟变更债券募集说明书的约定；(2) 拟修改债券持有人会议规则；(3) 拟变更债券受托管理人或受托管理协议的主要内容；(4) 发行人不能按期支付本息；(5) 发行人减资、合并、分立、解散或者申请破产；(6) 保证人、担保物或者其他偿债保障措施发生重大变化；(7) 发行人、单独或合计持有本期债券总额10%以上的债券持有人书面提议召开；(8) 发行人管理层不能正常履行职责，导致发行人债务清偿能力面临严重不确定性，需要依法采取行动的；(9) 发行人提出债务重组方案的；(10) 发生其他对债券持有人权益有重大影响的事项。

15. 【答案】ABCD

【解析】公开发行公司债券的发行人应当及时披露债券存续期内发生可能影响其偿债能力或债券价格的重大事项。重大事项包括：(1) 发行人经营方针、经营范围或生产经营外部条件等发生重大变化；(2) 债券信用评级发生变化；(3) 发行人主要资产被查封、扣押、冻结；(4) 发行人发生未能清偿到期债务的违约情况（选项A）；(5) 发行人当年累计新增借款或对外提供担保超过上年末净资产的20%（选项B）；(6) 发行人放弃债权或财产，超过上年末净资产的10%（选项C）；(7) 发行人发生超过上年末净资产10%的重大损失（选项D）；(8) 发行人作出减资、合并、分立、解散及申请破产的决定；(9) 发行人涉及重大诉讼、仲裁事项或受到重大行政处罚；(10) 保证人、担保物或者其他偿债保障措施发生重大变化；(11) 发行人情况发生重大变化导致可能不符合公司债券上市条件；(12) 发行人涉嫌犯罪被司法机关立案调查，发行人董事、监事、高级管理人员涉嫌犯罪被司法机关采取强制措施；(13) 其他对投资者作出投资决策有重大影响的事项。

16. 【答案】ABC

【解析】(1) 选项A：非分离交易可转换公司债券的期限最短为1年，最长为6年；(2) 选项B：可转换公司债券自发行结束之日起6个月后方可转换为公司股票；(3) 选项C：可转换公司债券的转股价格应不低于募集说明书公告日前20个交易日该公司股票交易均价和前一个交易日的均价；(4) 选项D：证券公司或上市公司不得作为发行可转债的担保人，但上市商业银行除外。

17. 【答案】ABCD

【解析】参考教材。

18. 【答案】AC

【解析】特别处理措施的内容包括：(1) 对于退市风险警示，在公司股票简称前冠以“*ST”字样（其他特别处理的措施是冠以“ST”字样），以区别于其他股票；(2) 股票报价的日涨跌幅限制为5%。

19. 【答案】AB

【解析】上市公司拟决定其股票不再在交易所交易，或者转而申请在其他交易场所交易或者转让的，应当召开股东大会作出决议，须经出席会议的股东所持表决权的2/3以上通过，并须经出席会议的除以下股东以外的其他股东（中小股东）所持表决权的2/3以上通过：①上市公司的董事、监事、高级管理人员；②单独或者合计持有上市公司5%以上股份的股东。

20. 【答案】ABCD

【解析】参考教材。

21. 【答案】ABC

【解析】选项D：未在法定期限内披露年度报告或者中期报告，且公司股票已停牌2个月。

22. 【答案】ABCD

【解析】参考教材。

23. 【答案】ABCD

【解析】以上选项均不属于刑法上的内幕交易行为。

24. 【答案】ACD

【解析】(1) 选项A、C、D：属于操纵证券市场行为；(2) 选项B：证券交易内幕信息的知情人员，利用内幕信息自己买卖证券，或者建议他人买卖证券，或者自己未买卖证券，也未建议他人买卖证券，但将内幕信息泄露给他人，接受内幕信息者依此买卖证券的，属于内幕交易行为。本题中，由于上市公司已经披露了财务报告，属于公开的信息，不属于内幕信息，不构成内幕交易行为，当然也不属于操纵证券市场行为。

三、案例分析题

1.【答案】

（1）公司债券的发行数额不符合规定。根据规定，本次发行后累计公司债券余额不超过最近一期期末净资产额的40%。在本题中，嘉业股份有限公司的净资产额为6亿元，拟发行公司债券3亿元，超过了净资产的40%。

（2）发行对象的数量符合规定。根据规定，非公开发行股票的发行对象不得超过10名，其中证券投资基金管理公司以其管理的2只以上的基金认购的，视为1个发行对象。在本题中，发行对象为9名，未超过10名的人数限制。

（3）①引入境外战略投资者的审批程序不符合规定。根据规定，发行对象为境外战略投资者的，应当经国务院相关部门事先批准。②限制转让的时间不符合规定。根据规定，董事会拟引入的境内外战略投资者，认购的股份自发行结束之日起36个月内不得转让。

（4）第一，配售的数量不符合规定。证券法律制度规定，配售股份数量不得超过配售前股本总额的30%，配售前公司股本总额为8亿元，向老股东配股总额3亿元，超过了30%。

第二，控股股东在其他股东认购之后，按其他股东平均认购比例进行认购不符合规定。证券法律制度规定，控股股东应当在股东大会召开前公开承诺认配股份的数量。

第三，配股由长期合作的某证券公司包销不符合规定。证券法律制度规定，配股必须采用代销方式发行。

（5）A公司于9月10日发布公告的行为不符合规定。根据规定，投资者持有或者通过协议、其他安排与他人共同持有一个上市公司已发行的股份达到5%后，其所持该上市公司已发行的股份比例每增加或者减少5%，应当依照规定进行报告和公告，但表决权未恢复的优先股不计入持股数额。在本题中，A公司持有的3%的优先股不计入上述持股比例，无需发布公告。

2.【答案】

（1）首先，数额不符合规定。根据证券法规定，公司累计债券余额不得超过公司净资产的40%。在本题中，公司已发行债券1亿元，再加上本次发行4亿元，超过了甲公司净资产12亿元的40%（4.8亿元），星辰公司本次发行最多发行债券3.8亿元。

其次，面值不符合法律规定。根据证券法规定，公司债券面值均为100元，星辰公司规定为200元，不合法。

（2）星辰公司可分配利润符合公司债券发行的条件。根据规定，发行公司债券，最近3年的平均可分配利润足以支付公司债券1年的利息。在本题中，星辰公司最近3年的平均可分配利润为1.2亿元，3.8亿元公司债券1年需支付的利息为1 900万元，因此，可分配利润符合公司债券发行的条件。

（3）首先，评级符合要求，根据证券法规定，向公众投资者公开发行公司债券的信用评级应当达到AAA级；其次，可分配利润符合规定。根据证券法规定，公司债券向公众投资者公开发行的，要求发行人最近3个会计年度实现的年均可分配利润不少于公司债券1年利息的1.5倍。本题中，可分配利润符合公司债券发行条件。

（4）星辰公司募集资金用途不符合规定。根据规定，公开发行公司债券筹集的资金，必须用于核准的用途，不得用于弥补亏损和非生产性支出。在本题中，星辰公司将募集资金中的1 000万元用于维修办公大楼，属于非生产性支出，不符合法律规定。

（5）①公司债券发行时间符合规定，公司债券发行须在核准发行之日起12个月内完成首次发行，剩余部分在24个月内发行完毕，星辰公司首期发行时间符合要求，剩余部分发行时间为第一次发行结束后3个月，没有超过24个月时间限制。

②仅由甲证券公司包销不符合规定。根据规定，向不特定对象公开发行的证券票面总值超过人民币5 000万元的，应当由承销团承销。而本题只有一家承销商进行承销，故不符合规定。

③甲证券公司预留债券不符合规定。根据规定，证券公司在代销、包销期内，对所代销、包销的证券应当保证先行出售给认购人，证券公司不得为本公司预留所代销的证券和预先购入并留存所包销的证券。

④公司债券的承销期限不符合规定。根据规定，证券的代销、包销期限最长不得超过90日。而本题中，甲证券公司的包销期限为100天，故不符合规定。

（6）不正确。根据证券法律制度规定，在一个上市公司中拥有权益的股份达到或者超过该公司已发行股份的50%，继续增加其在公司中拥有的权益不影响该公司的上市地位的，可以免于提出豁免申请制度办理股份转让和过户。本案中，A公司拥有星辰公司52%的股份，再购入5%，并不影响星辰公司上市地位。

3.【答案】

（1）向中国证监会提交书面报告符合法律规定，但对被收购公司暂时保密不符合法律规定。根据规定，通过证券交易所的证券交易，投资者及其一致行动人拥有权益的股份达到一个上市公司已发行股份的5%时，应当在该事实发生之日起3日内编制权益变动报告书，向中国证监会、证券交易所提交书面报告，通知该上市公司，并予公告。

（2）①两个子公司持有丙公司的股份合并计算符合法律规定。根据规定，在上市公司的收购及相关股份权益变动活动中有一致行动情形的投资者，互为一致行动人。一致行动人应当合并计算其所持有的股份。本题中两个子公司互为一致行动人，所以持有的丙公司的股份应当合并计算。

②合并达到5%，并且每增加5%时，均应暂停交易符合法律规定。根据规定，拥有权益的股份达到一个上市公司已发行股份的5%时，应当报告并公告；在上述期限内，不得再行买卖该上市公司的股票。达到5%后，通过证券交易所的证券交易，其拥有权益的股份占该上市公司已发行股份的比例每增加或者减少5%，应当依照前述规定进行报告和公告。在报告期限内和作出报告、公告后2日内，不得再行买卖该上市公司的股票。

（3）收购丙公司已发行的股份达到30%时，如果资金短缺，则面向特定股东协议收购不符合法律规定。根据规定，通过证券交易所的证券交易，收购人持有一个上市公司的股份达到该公司已发行股份的30%时，继续增持股份的，应当采取要约方式进行，向该上市公司所有股东发出全面要约或者部分要约。

（4）收购期限不符合法律规定。根据规定，收购要约约定的收购期限不得少于30日，并不得超过60日。本题中约定的期限为20日，这不符合法律规定。

（5）以抽签的方式确定收购预受要约的股份不符合法律规定。根据规定，预受要约股份的数量超过预定收购数量时，收购人应当按照同等比例收购预受要约的股份。

（6）豁免申请的理由不符合规定。可以申请豁免的事项不包括收购人资金不足。

（7）收购行为完成9个月后转让所持丙公司股份不符合法律规定。根据规定，收购人在收购行为完成后12个月内不得转让所持上市公司的股份。

第八章　企业破产法律制度

本章考情分析

本章考试的分值高（20 分左右），客观题的选择、综合题的解答都有较大的难度，而且跨章节综合题目（与物权法、合同法、公司法相结合），对考生的理解运用能力、综合分析能力、融会贯通能力都有所检验，所以也是本科目考试的重点章节。

基本内容框架

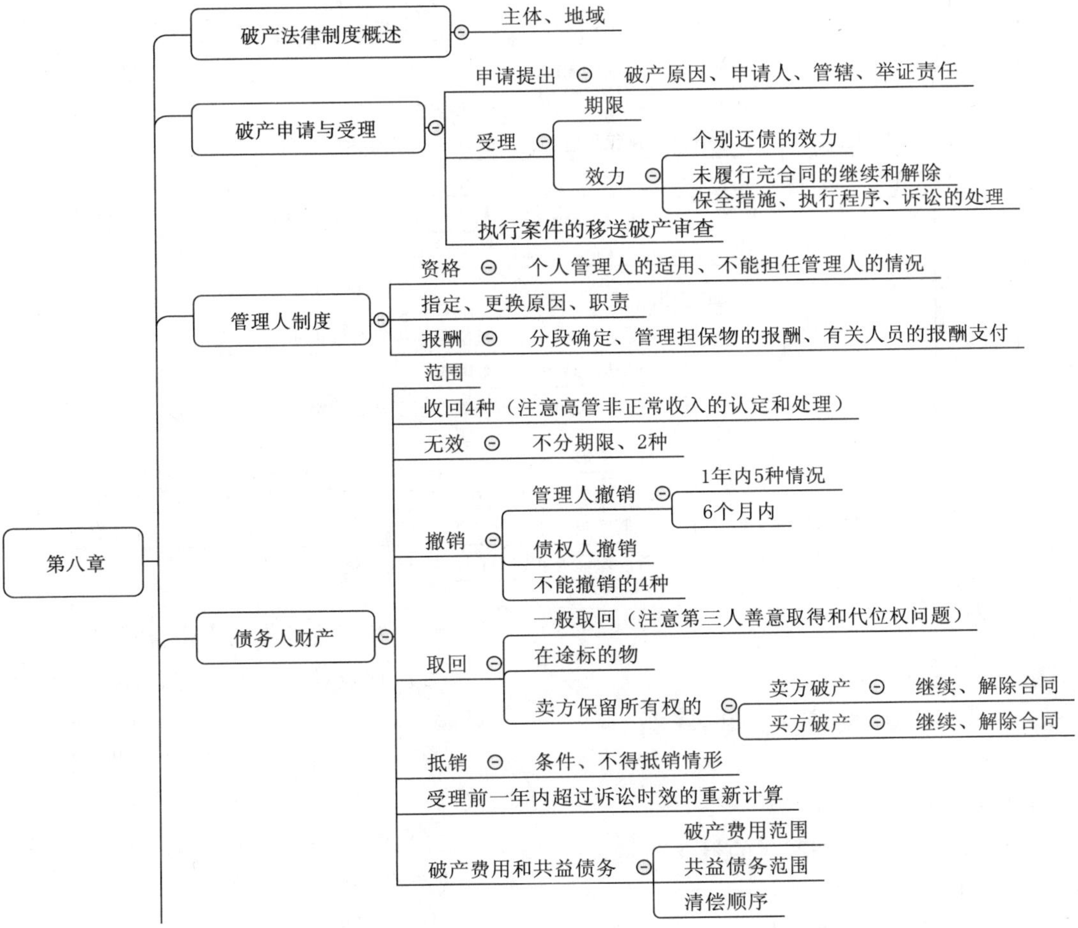

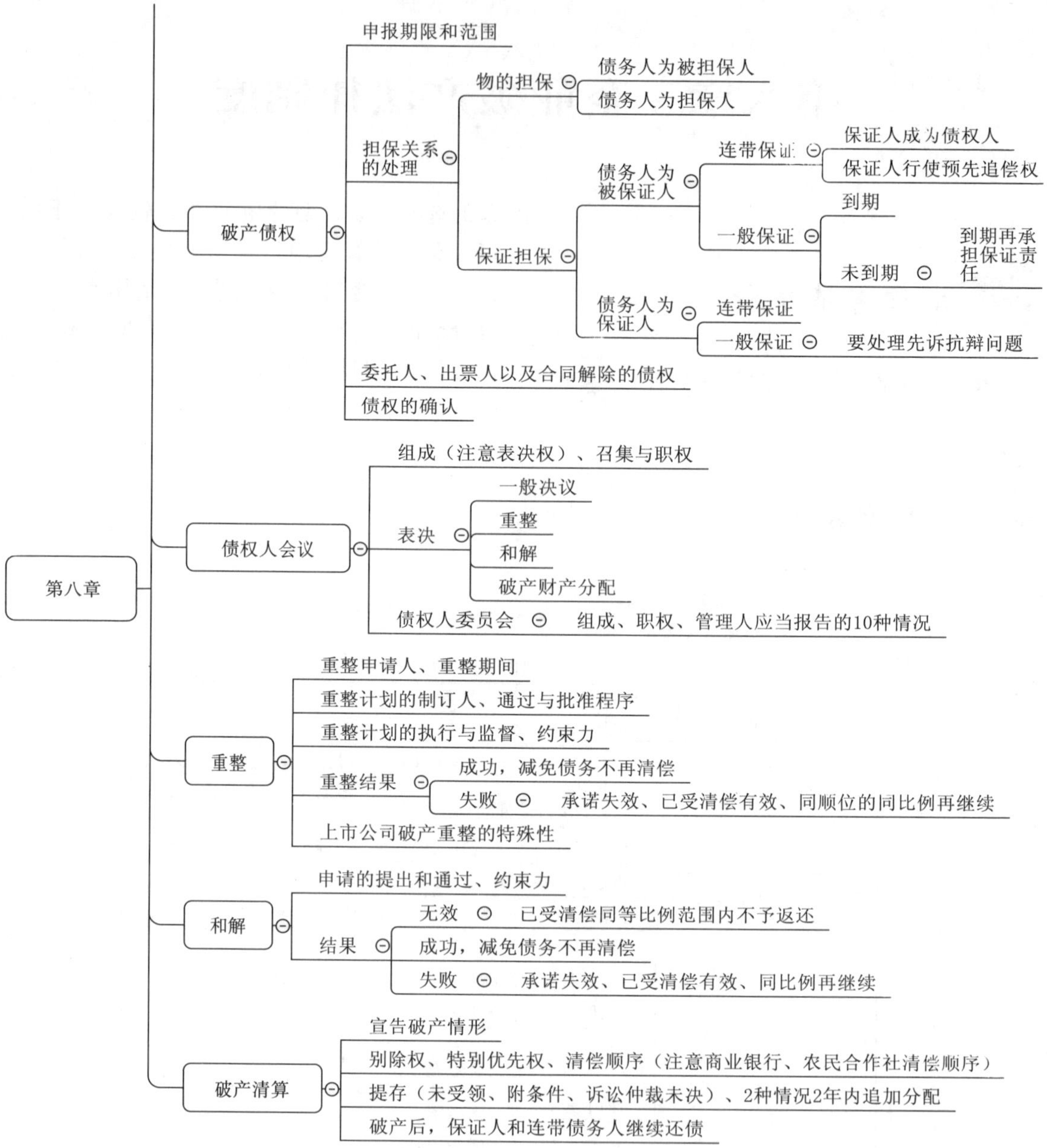

通关重难点例题解析

本章复习重点如下：

（一）理解破产与破产法的概念与特征、破产法的适用范围

（二）了解破产法的立法宗旨与调整作用

（三）理解破产原因、破产申请的提出

（四）掌握破产申请的受理

（五）了解管理人制度的一般理论

（六）掌握管理人的资格与制定

（七）理解管理人的报酬、管理人的职责与责任

（八）理解债务人财产的一般规定、取回权

（九）掌握破产撤销权与无效行为、抵销权、破产费用与公益债务

（十）理解破产债权申报的一般规则、破产债权的确认

（十一）掌握破产债权申报的特别规定

（十二）理解债权人会议的组成、债权人

会议的召集与职权、债权人委员会

（十三）了解重整制度的一般理论

（十四）理解重整申请和重整期间、重整计划的执行、监督与终止

（十五）掌握重整计划的制订与批准

（十六）理解和解的特征与一般程序

（十七）掌握和解协议的效力

（十八）了解破产宣告、破产程序的终结

（十九）掌握别除权、破产财产的变价和分配

1. 破产原因

债务人不能清偿到期债务并且具有下列情形之一的，人民法院应当认定其具备破产原因：①资产不足以清偿全部债务；②明显缺乏清偿能力。相关当事人以对债务人的债务负有连带责任的人未丧失清偿能力为由，主张债务人不具备破产原因的，人民法院应不予支持。

下列情形同时存在的，人民法院应当认定债务人不能清偿到期债务：①债权债务关系依法成立；②债务履行期限已经届满；③债务人未完全清偿债务。

债务人的资产负债表，或者审计报告、资产评估报告等显示其全部资产不足以偿付全部负债的，人民法院应当认定债务人资产不足以清偿全部债务，但有相反证据足以证明债务人资产能够偿付全部负债的除外。

债务人账面资产虽大于负债，但存在下列情形之一的，人民法院应当认定其明显缺乏清偿能力：①因资金严重不足或者财产不能变现等原因，无法清偿债务；②法定代表人下落不明且无其他人员负责管理财产，无法清偿债务；③经人民法院强制执行，无法清偿债务；④长期亏损且经营扭亏困难，无法清偿债务；⑤导致债务人丧失清偿能力的其他情形。

2. 破产申请的提出

（1）债务人发生破产原因，可以向人民法院提出重整、和解或者破产清算申请。

（2）债务人不能清偿到期债务，债权人可以向人民法院提出对债务人进行重整或者破产清算的申请。担保债权人同样享有破产申请权。税务机关和社会保险机构只享有对债务人的破产申请权，不享有重整申请权。破产企业的职工作为债权人也可以申请债务人破产，但申请破产的债权应经生效法律文书确认或无争议。职工提出破产申请应经职工代表大会或全体职工会议通过。

根据司法解释的规定，企业法人已解散但未清算或者未在合理期限内清算完毕，债权人申请债务人破产清算的，除债务人在法定异议期限内举证证明其未出现破产原因外，人民法院应当受理。债权人对符合破产清算条件的债务人提起公司强制清算申请，经人民法院释明，债权人仍然坚持申请对债务人强制清算的，人民法院应当裁定不予受理（2020 年新增）。

（3）企业法人已解散但未清算或者未清算完毕，资产不足以清偿债务的，清算组应当向法院申请破产清算。

（4）商业银行、证券公司、保险公司等金融机构有《企业破产法》规定的破产情形的，国务院金融监督管理机构可以向法院提出对该金融机构进行重整或者破产清算的申请。国务院金融监督管理机构依法对出现重大经营风险的金融机构采取接管、托管等措施的，可以向法院申请中止以该金融机构为被告或者被执行人的民事诉讼程序或者执行程序。

为维护当事人的破产申请权，保障破产程序顺利启动，2016 年 7 月 28 日颁布的《最高人民法院关于破产案件立案受理有关问题的通知》规定，各级法院不得在法定条件之外设置附加条件，限制剥夺当事人的破产申请权，阻止破产案件立案受理，影响破产程序正常启动。自 2016 年 8 月 1 日起，对于债权人、债务人等法定主体提出的破产申请材料，人民法院立案部门一律接收并出具书面凭证，然后根据《企业破产法》第八条的规定进行形式审查。立案部门经审查认为申请人提交的材料符合法律规定的，应当场登记立案。不符合法律规定的，应予释明，并以

书面形式一次性告知应当补充、补正的材料，补充、补正期间不计入审查期限。申请人按要求补充、补正的，应当登记立案。立案部门登记立案后，应及时将案件移送负责审理破产案件的审判业务部门。审判业务部门应当在五日内将立案及合议庭组成情况通知债务人及提出申请的债权人。

3. 破产申请受理的期限

债权人提出破产申请的，人民法院应当自收到申请之日起5日内通知债务人。债务人对申请有异议的，应当自收到人民法院通知之日起7日内向人民法院提出。债务人以其具有清偿能力或资产超过负债为由提出抗辩异议，但又不能立即清偿债务或与债权人达成和解的，其异议不能成立。人民法院应当自异议期满之日起10日内裁定是否受理。除债务人对债权人申请提出异议的情形外，人民法院应当自收到破产申请之日起15日内裁定是否受理。有特殊情况需要延长受理期限的，经上一级人民法院批准，可以延长15日。

人民法院受理破产申请的，应当自裁定作出之日起5日内送达申请人。债权人提出申请的，人民法院应当自裁定作出之日起5日内送达债务人。

破产案件的诉讼费用，从债务人财产中拨付。相关当事人以申请人未预先交纳诉讼费用为由，对破产申请提出异议的，人民法院不予支持。

债权人对人员下落不明或者财产状况不清的债务人申请破产清算，符合《企业破产法》规定的，人民法院应依法予以受理。债务人能否向人民法院提交财产状况说明、债权债务清册等相关材料，不影响对债权人申请的受理，债权人申请动机不纯和债务人存在逃债行为也不是拒绝受理案件的理由。人民法院在审理债务人人员下落不明或财产状况不清的破产案件时，要从充分保障债权人合法利益的角度出发，在对债务人的法定代表人、财务管理人员、其他经营管理人员，以及出资人等进行释明，或者采取相应罚款、训诫、拘留等强制措施后，债务人仍不向人民法院提交有关材料或者不提交全部材料，影响清算顺利进行的，人民法院就现有财产对已知债权进行公平清偿并裁定终结清算程序后，应当告知债权人可以另行提起诉讼要求有责任的有限责任公司股东、股份有限公司董事、控股股东，以及实际控制人等清算义务人对债务人的债务承担清偿责任。

人民法院裁定不受理破产申请的，应当自裁定作出之日起5日内送达申请人并说明理由，申请人对不受理的裁定不服的，可以自裁定送达之日起10日内向上一级人民法院提起上诉。

人民法院受理破产申请后至破产宣告前，经审查发现债务人未发生破产原因的，可以裁定驳回申请。但由于债务人财产的市场价值发生变化，导致其在案件受理后破产原因消失的，不影响破产案件的受理与继续审理，人民法院不得裁定驳回申请，债务人可以通过和解、重整等方式结束破产程序。申请人对裁定不服的，可以自裁定送达之日起10日内向上一级人民法院提起上诉。

人民法院裁定受理破产申请的，应当同时指定管理人。人民法院应当自裁定受理破产申请之日起25日内通知已知债权人，并予以公告。

4. 执行案件的移送破产审查

执行案件移送破产审查，应同时符合下列条件：①被执行人为企业法人；②被执行人或者有关被执行人的任何一个执行案件的申请执行人书面同意将执行案件移送破产审查；③被执行人不能清偿到期债务，并且资产不足以清偿全部债务或者明显缺乏清偿能力。

执行案件移送破产审查，由被执行人住所地人民法院管辖。在级别管辖上实行以中级人民法院管辖为原则、基层人民法院管辖为例外的管辖制度。中级人民法院经高级人民法院批准，也可以将案件交由具备审理条件的基层人民法院审理。

执行法院作出移送决定后，应当书面通

知所有已知执行法院，执行法院均应中止对被执行人的执行程序。但是，对被执行人的季节性商品、鲜活、易腐烂变质以及其他不宜长期保存的物品，执行法院应当及时变价处置，处置的价款不作分配。受移送法院裁定受理破产案件的，执行法院应当在收到裁定书之日起七日内，将该价款移交受理破产案件的法院。

执行法院移送破产审查的材料，由受移送法院立案部门负责接收。受移送法院不得以材料不完备等为由拒绝接收。立案部门经审核认为移送材料完备的应登记立案，并及时将案件移送破产审判部门进行破产审查。破产审判部门在审查过程中发现本院对案件不具有管辖权的，应当按照《中华人民共和国民事诉讼法》第三十六条的规定处理。

受移送法院的破产审判部门应当自收到移送的材料之日起三十日内作出是否受理的裁定。受移送法院作出裁定后，应当在五日内送达申请执行人、被执行人，并送交执行法院。受移送法院裁定受理破产案件的，在此前的执行程序中产生的评估费、公告费、保管费等执行费用，可以参照破产费用的规定，从债务人财产中随时清偿。

执行法院收到受移送法院受理裁定后，应当于七日内将已经扣划到账的银行存款、实际扣押的动产、有价证券等被执行人财产移交给受理破产案件的法院或管理人。执行法院收到受移送法院受理裁定时，已通过拍卖程序处置且成交裁定已送达买受人的拍卖财产，通过以物抵债偿还债务且抵债裁定已送达债权人的抵债财产，已完成转账、汇款、现金交付的执行款，因财产所有权已经发生变动，不属于被执行人的财产，不再移交。

受移送法院作出不予受理或驳回申请裁定的，应当在裁定生效后七日内将接收的材料、被执行人的财产退回执行法院，执行法院应当恢复对被执行人的执行。受移送法院作出不予受理或驳回申请的裁定后，人民法院不得重复启动执行案件移送破产审查程序。申请执行人或被执行人以有新证据足以证明被执行人已经具备了破产原因为由，再次要求将执行案件移送破产审查的，人民法院不予支持。但是，申请执行人或被执行人可以直接向具有管辖权的法院提出破产申请。

受移送法院裁定宣告被执行人破产或裁定终止和解程序、重整程序的，应当自裁定作出之日起五日内送交执行法院，执行法院应当裁定终结对被执行人的执行。

受移送法院拒绝接收移送的材料，或者收到移送的材料后不按规定的期限作出是否受理裁定的，执行法院可函请受移送法院的上一级法院进行监督。上一级法院收到函件后应当指令受移送法院在十日内接收材料或作出是否受理的裁定。受移送法院收到上级法院的通知后，十日内仍不接收材料或不作出是否受理裁定的，上一级法院可以径行对移送破产审查的案件行使管辖权。上一级法院裁定受理破产案件的，可以指令受移送法院审理。

5. 管理人的资格

管理人可以由有关部门、机构的人员组成的清算组或者依法设立的律师事务所、会计师事务所、破产清算事务所等社会中介机构担任。

人民法院根据债务人的实际情况，可以在征询有关社会中介机构的意见后，指定该机构具备相关专业知识并取得执业资格的人员担任管理人。对于事实清楚、债权债务关系简单、债务人财产相对集中的企业破产案件，人民法院可以指定管理人名册中的个人为管理人。

有下列情形之一的，不得担任管理人：①因故意犯罪受过刑事处罚；②曾被吊销相关专业执业证书；③与本案有利害关系；④人民法院认为不宜担任管理人的其他情形。

社会中介机构、清算组成员有下列情形之一，可能影响其忠实履行管理人职责的，可以认定为存在利害关系：①与债务人、债权人有未了结的债权债务关系；②在人民法院受理破产申请前 3 年内，曾为债务人提供相对固定的中介服务；③现在是或者在人民法院受理破产申请前3年内曾经是债务人、债权人的控股股东或者实际控制人；④现在担任或者在人民法院受理破产申请前3年内曾经担任债务人、债权人的财务顾问、法律顾问；⑤人民法院认为可能影响其忠实履行管理人职责的其他情形。

清算组成员的派出人员、社会中介机构的派出人员、个人管理人有下列情形之一，可能影响其忠实履行管理人职责的，可以认定为存在利害关系：①具有上述第四条规定的情形；②现在担任或者在人民法院受理破产申请前3年内曾经担任债务人、债权人的董事、监事、高级管理人员；③与债权人或者债务人的控股股东、董事、监事、高级管理人员存在夫妻、直系血亲、三代以内旁系血亲或者近姻亲关系；④人民法院认为可能影响其公正履行管理人职责的其他情形。

6. 完善管理人指定制度

（1）跨区执业——探索管理人跨区域执业。除从本地名册选择管理人外，各地法院还可以探索从外省、市管理人名册中选任管理人，确保重大破产案件能够遴选出最佳管理人。两家以上具备资质的中介机构请求联合担任同一破产案件管理人的，人民法院经审查符合自愿协商、优势互补、权责一致要求且确有必要的，可以准许。

（2）分级管理——实行管理人分级管理。高级人民法院或者自行编制管理人名册的中级人民法院可以综合考虑管理人的专业水准、工作经验、执业操守、工作绩效、勤勉程度等因素，合理确定管理人等级，对管理人实行分级管理、定期考评。对债务人财产数量不多、债权债务关系简单的破产案件，可以在相应等级的管理人中采取轮候、抽签、摇号等随机方式指定管理人。

（3）引入竞争——建立竞争选定管理人工作机制。破产案件中可以引入竞争机制选任管理人，提升破产管理质量。上市公司破产案件、在本地有重大影响的破产案件或者债权债务关系复杂，涉及债权人、职工以及利害关系人人数较多的破产案件，在指定管理人时，一般应当通过竞争方式依法选定。

7. 管理人的职责

①接管债务人的财产、印章和账簿、文书等资料；②调查债务人财产状况，制作财产状况报告；③决定债务人的内部管理事务；④决定债务人的日常开支和其他必要开支；⑤在第一次债权人会议召开之前，决定继续或者停止债务人的营业；⑥管理和处分债务人的财产；⑦代表债务人参加诉讼、仲裁或者其他法律程序；⑧提议召开债权人会议；⑨人民法院认为管理人应当履行的其他职责。

“决定继续或者停止债务人的营业”属于债权人会议的职权（决定“继续或者解除双方未履行完毕的合同”属于管理人的职权）。在第一次债权人会议召开前，管理人决定继续营业的，应当经人民法院许可（管理人职权中还有10条应报告债权人委员会；债权人委员会未设立的，应报告人民法院）。

8. 撤销权

管理人对法院受理破产申请前1年内的有权请求撤销的行为：①无偿转让财产的；②以明显不合理的价格（含不合理的交易对象、付款条件、付款期限等）进行交易的；③对没有财产担保的债务追加财产担保的；④对未到期的债务提前清偿的；⑤放弃债权的。

管理人对法院受理破产申请前6个月内有权请求撤销的行为债务人不能清偿到期债务，并且资产不足以清偿全部债务或者明显缺乏清偿能力，仍对个别债权人进行清偿的；但个别清偿使债务人财产受益的除外。

债权人申请撤销管理人未主张撤销权，针对无偿转让、明显不合理价格交易、放弃债权行为，债权人申请可以超出其债权范围。

9. 取回权

一般所有权未转移原物存在的取回原物；原物不存在的，作为共益债务或享有破产债权，但可构成代位权的除外（注意：代位物不可区分的，作为共益债务或破产债权）。

出卖人在途标的物出卖人已将买卖标的物向作为买受人的债务人发运，债务人尚未收到且未付清全部价款的，出卖人可以取回在运途中的标的物。但是，管理人可以支付全部价款，请求出卖人交付标的物。

10. 出卖人保留所有权

（1）出卖人破产时，其管理人决定继续履行合同的，买受人应当按照原合同的约定支付价款或者履行其他义务。买受人未依约支付价款或者履行完毕其他义务，或者将标的物出卖、出质或者作出其他不当处分，给出卖人造成损害，出卖人管理人依法主张取回标的物的，人民法院应予支持。但是，买受人已经支付标的物总价款75%以上或者第三人善意取得标的物所有权或者其他物权的除外。因上述原因出卖人未能取回标的物的，管理人有权依法主张买受人继续支付价款、履行完毕其他义务以及承担相应赔偿责任。

（2）出卖人破产，其管理人决定解除合同的，有权依法要求买受人向其交付买卖标的物。买受人以其不存在未依约支付价款或者履行完毕其他义务，或者将标的物出卖、出质或者作出其他不当处分情形抗辩的，人民法院不予支持。买受人将买卖标的物交付出卖人管理人后，在合同履行中依法履行义务者，其已支付价款损失形成的债权作为共益债务清偿；买受人在合同履行中违反约定义务的，其上述债权作为普通破产债权清偿。

（3）买受人破产，其管理人决定继续履行合同的，原合同中约定的买受人支付价款或者履行其他义务的期限在破产申请受理时视为到期，买受人管理人应当及时向出卖人支付价款或者履行其他义务。买受人管理人无正当理由未及时支付价款或者履行完毕其他义务，或者将标的物出卖、出质或者作出其他不当处分，给出卖人造成损害的，出卖人有权依法主张取回标的物；但买受人已支付标的物总价款75%以上或者第三人善意取得标的物所有权或者其他物权的除外。出卖人因上述情况未能取回标的物，有权主张买受人继续支付价款、履行完毕其他义务以及承担相应赔偿责任。对因买受人未支付价款或者未履行完毕其他义务以及买受人管理人将标的物出卖、出质或者作出其他不当处分导致出卖人损害产生的债务，作为共益债务清偿。

（4）买受人破产，其管理人决定解除合同的，出卖人有权主张取回买卖标的物。出卖人取回买卖标的物的，买受人管理人有权主张出卖人返还已支付价款。取回的标的物价值明显减少给出卖人造成损失的，出卖人可从买受人已支付价款中优先予以抵扣，剩余部分返还给买受人；对买受人已支付价款不足以弥补出卖人标的物价值减损损失形成的债权，作为共益债务清偿。

11. 破产费用与共益债务

破产费用是指人民法院受理破产申请后，为破产程序的顺利进行及对债务人财产的管理、变价、分配过程中，必须支付的且用债务人财产优先支付的费用。下列费用为破产费用：①破产案件的诉讼费用；②管理、变价和分配债务人财产的费用；③管理人执行职务的费用、报酬和聘用工作人员的费用。

共益债务是指人民法院受理破产申请后，管理人为全体债权人的共同利益，管理债务人财产时所负担或产生的债务，以及因债务人财产而产生的，以债务人财产优先支付的债务。下列债务为共益债务：①因管理人或者债务人请求对方当事人履行双方均未履行完毕的合同所产生的债务；②债务人财产受无因管理所产生的债务；③因债务人不当得利所产生的债务；④为债务人继续营业而应支付的劳动报酬和社会保险费用以及由此产生的其他债务；⑤管理人或者相关人员执行职务致人损害所产生的债务；⑥债务人财产致人损害所产生的债务。

破产费用和共益债务由债务人财产随时清偿。债务人财产不足以清偿所有破产费用和共益债务的先行清偿破产费用。债务人财产不足以清偿所有破产费用或者共益债务的，按照比例清偿。债务人财产不足以清偿破产费用的，管理人应当提请人民法院终结破产程序。人民法院应当自收到请求之日起15日内裁定终结破产程序，并予以公告。

12. 破产债权

（1）债权申报的一般规则。债权申报的期限。人民法院受理破产申请后，应当确定债权人申报债权的期限。债权申报期限自人民法院发布受理破产申请公告之日起计算，最短不得少于30日，最长不得超过3个月。

在人民法院确定的债权申报期限内，债权人未申报债权的，可以在破产财产最后分配前补充申报；但是，此前已进行的分配，不再对其补充分配。为审查和确认补充申报债权的费用，由补充申报人承担。

债务人所欠职工的工资和医疗、伤残补助、抚恤费用，所欠的应当划入职工个人账户的基本养老保险、基本医疗保险费用以及法律、行政法规规定应当支付给职工的补偿金，不必申报，由管理人调查后列出清单并予以公示。职工对清单记载有异议的，可以要求管理人更正；管理人不予更正的，职工可以向人民法院提起诉讼。

未到期的债权，在破产申请受理时视为到期。附利息的债权自破产申请受理时起停止计息。附条件附期限的债权和诉讼、仲裁未决的债权，债权人可以申报。

债权人申报债权时，应当书面说明债权的数额和有无财产担保，并提交有关证据。申报的债权是连带债权的，应当说明。连带债权人可以由其中一人代表全体连带债权人申报债权，也可以共同申报债权。

（2）债权申报的特别规定。连带债务人数人被裁定适用《企业破产法》规定的程序的，其债权人有权就全部债权分别在各破产案件申报债权，但其获得清偿的总额不得超过债权总额。

债务人的保证人或者其他连带债务人已经代替债务人清偿债务的，以其对债务人的求偿权申报债权。债务人的保证人或者其他连带债务人尚未代替债务人清偿债务的，以其对债务人的将来求偿权申报债权。但是，债权人已经向管理人申报全部债权的除外。债权人先向债务人申报债权的，要求保证人就其在破产程序中未受清偿的部分承担到期保证责任的，最迟应于破产程序终结后6个月内提出。

法院受理债务人破产案件后，债权人有权直接要求负连带责任的保证人清偿保证债务。债务人破产案件受理时主债务未到期的，一般保证人并无提前履行保证义务的责任，仍按照原保证合同约定承担保证责任。

人民法院受理保证人破产案件的，保证人的保证责任不得因破产而免除。保证债务尚未到期的，可将未到期之保证责任视为已到期，减去未到期的利息予以提前清偿。取消保证人的期限利益后，对负有连带责任的保证人可以直接申报债权求偿。但对负补充责任的保证人的追偿，还需处理先诉抗辩权的问题，因而可先以保证债权额的全部向保证人申报债权。在破产分配过程中，如债权人先获得债务人清偿，便应根据清偿结果相应调整其对保证人的破产债权额。如债权人先从保证人处获得清偿，应先行提存，待债权人在债务到期从债务人处获偿后，再按保证人实际承担补充责任的范围向债权人支付，余款由法院收回。

管理人或者债务人依照《企业破产法》规定解除合同的，对方当事人以因合同解除所产生的损害赔偿请求权申报债权。可申报的债权以实际损失为限，违约金不作为破产债权。

债务人是委托合同的委托人，被裁定适用《企业破产法》规定的程序，受托人不知该事实，继续处理委托事务的，受托人以由此产生的请求权申报债权。

债务人是票据的出票人，被裁定适用《企业破产法》规定的程序，该票据的付款人继续付款或者承兑的，付款人以由此产生的请求权申报债权。

（3）破产债权的确认。凡未经有效的法律文书确认的债权，均应在审查确认之列。已经法律文书确认的债权原则上不在审查之列，但是生效法律文书系因债务双方捏造事实、虚假诉讼、串通欺诈等行为所致的除外。

管理人收到债权申报材料后，应当登记

造册，对申报的债权进行审查，并编制债权表。债权表和债权申报材料由管理人保存，供利害关系人查阅。管理人不能以其认为债权超过诉讼时效或不能成立等为由拒绝编入债权登记表。债权表由人民法院裁定确认，但允许通过提起债权确认诉讼予以修正。

13. 重整制度的特征

重整制度具有以下特点：

（1）重整申请时间提前、启动主体多元化。提出破产清算与和解申请，以债务人已经发生破产原因为前提，而重整申请不仅在债务人已经发生破产原因时可以提出，而且在其有破产原因发生的可能时即可提出，可以使债务人获得更为充分的挽救机会。重整申请可以由多方主体提出，不仅债务人、债权人可以提出，债务人的股东也可在一定条件下提出。根据《企业破产法》第一百三十四条的规定，国务院金融监督管理机构可以向人民法院提出对金融机构进行重整的申请。

（2）参与重整活动的主体多元化、重整措施多样化。债权人包括有物权担保的债权人、债务人及债务人的股东等各方利害关系人均参与重整程序的进行。重整企业可运用多种重整措施，达到恢复经营能力、清偿债务、避免破产的目的，除延期、减免偿还债务外，还要提出企业的经营方案，可以采取向重组企业者无偿转让全部或部分股权，核减或增加注册资本，向特定对象定向发行新股或债券，将债权转为股份，转让营业或置换资产等方法。重整的目的在于维持企业之事业，而不限于企业本身，故必要时还可采取出售式重整，清算注销原破产企业，设立新公司，或企业分立、合并等方法。

（3）担保物权受限。物权担保债权人的优先受偿权受到限制，原则上不能行使对担保物的变现权利，这是重整程序与其他破产程序的重大不同之处。限制担保物权的目的，是为保证债务人不因担保财产的清偿执行而影响其生产经营，无法进行重整。

（4）重整程序具有强制性。只要债权人会议各表决组及股东组以法定多数通过重整计划，经法院批准，对所有当事人均具有法律效力。而且，在未获全部表决组通过的情况下（但至少有一组利益受影响组通过），如重整计划草案符合法定条件，债务人或者管理人可以申请人民法院予以批准。人民法院可在保证反对者的法定既得利益不受损害等条件下强制批准重整计划，以避免因部分利害关系人的反对而无法进行重整。

（5）债务人可负责制定、执行重整计划。除非债务人存在破产欺诈、无经营能力等情况，根据《企业破产法》规定，在重整期间，经债务人申请、人民法院批准，债务人可以在管理人的监督下制定重整计划草案，自行管理财产和营业事务。这可以消除债务人及其股东、董事等高级管理人员对重整的抵制心理，保障其合理的既得利益，促使其在发生债务危机时尽早申请重整，以减少债权人的损失，并力促重整成功。而且，相对于由律师、注册会计师等出任的管理人，债务人更为熟悉企业的经营与业务，由其负责重整计划的制定与执行，成功的可能性较大。

14. 和解协议的效力

经人民法院裁定认可的和解协议，对债务人和全体和解债权人均有约束力。和解债权人是指人民法院受理破产申请时对债务人享有无财产担保债权的人。和解债权人未依照规定申报债权的，在和解协议执行期间不得行使权利；在和解协议执行完毕后，可以按照和解协议规定的清偿条件行使权利。和解债权人对债务人的保证人和其他连带债务人所享有的权利，不受和解协议的影响。

因债务人的欺诈或者其他违法行为而成立的和解协议，人民法院应当裁定无效，并宣告债务人破产。有前款规定情形的，和解债权人因执行和解协议所受的清偿，在其他债权人所受清偿同等比例的范围内，不予返还。——和解协议无效

债务人不能执行或者不执行和解协议的，人民法院经和解债权人请求，应当裁定终止和解协议的执行，并宣告债务人破产。人民法院裁定终止和解协议执行的，和解债权人

在和解协议中作出的债权调整的承诺失去效力，但为和解协议的执行提供的担保继续有效。和解债权人因执行和解协议所受的清偿仍然有效，和解债权未受清偿的部分作为破产债权。上述债权人，只有在其他债权人同自己所受的清偿达到同一比例时，才能继续接受分配。——和解失败

按照和解协议减免的债务，自和解协议执行完毕时起，债务人不再承担清偿责任。——和解成功

15. 破产清算程序

债务人被宣告破产后，债务人称为破产人，债务人财产称为破产财产，人民法院受理破产申请时对债务人享有的债权称为破产债权。

破产宣告前，有下列情形之一的，人民法院应当裁定终结破产程序，并予以公告：①第三人为债务人提供足额担保或为债务人清偿全部到期债务的；②债务人已经清偿全部到期债务的。

对破产人的特定财产享有担保权的权利人，对该特定财产享有优先受偿的权利；行使优先受偿权利未能完全受偿的，未受偿的债权作为普通债权；放弃优先受偿权利的，其债权作为普通债权。破产人的被担保人的债权人未能完全受偿或放弃优先受偿权的，其债权不作为普通债权，只能向主债务人求偿。

特别优先权优先于担保物权，故承包人的建设工程价款在在建工程拍卖款中享有特别优先权；土地使用权出让金在划拨土地使用权的拍卖款中具有特别优先权；特别的职工劳动债权亦优先于别除权（注意这几个特别优先权的范围）。

破产财产在优先清偿破产费用和共益债务后，依照下列顺序清偿：①破产人所欠职工的工资和医疗、伤残补助、抚恤费用，所欠的应当划入职工个人账户的基本养老保险、基本医疗保险费用以及法律、行政法规规定应当支付给职工的补偿金。②破产人欠缴的除前项规定以外的社会保险费用和破产人所欠税款。③普通破产债权。破产财产不足以清偿同一顺序的清偿要求的，按照比例分配。破产企业的董事、监事和高级管理人员的工资按照该企业职工的平均工资计算。

破产企业在破产案件受理前因欠缴税款产生的滞纳金属于普通债权，不享有与欠缴税款相同的优先受偿权。破产案件受理后因欠缴税款产生的滞纳金不属于破产债权。

商业银行破产清算时，在支付清算费用、所欠职工工资和劳动保险费用后，应当优先支付个人储蓄存款的本金和利息。

农民专业合作社破产，清偿破产费用和共益债务后，优先清偿破产前与农民成员已发生交易但尚未结清的款项。

债权人未受领的破产财产分配额，管理人应当提存，债权人自最后分配公告之日起满2个月仍不领取的，视为放弃受领分配的权利，管理人或者人民法院应当将提存的分配额分配给其他债权人。

对于附生效条件或者解除条件的债权，管理人应当将其分配额提存。管理人依照规定提存的分配额，在最后分配公告日，生效条件未成就或者解除条件成就的，应当分配给其他债权人；在最后分配公告日，生效条件成就或者解除条件未成就的，应当交付给债权人。

破产财产分配时，对于诉讼或者仲裁未决的债权，管理人应当将其分配额提存，按照诉讼或者仲裁结果处理。自破产程序终结之日起满2年仍不能受领分配的，人民法院应当将提存的分配额分配给其他债权人。

破产程序终结后，债权人通过破产分配未能得到清偿的债权不再予以清偿，破产企业未偿清余债的责任依法免除。但是，自破产程序依法终结之日起2年内，有下列情形之一的，债权人可以请求人民法院按照破产财产分配方案进行追加分配：①发现有依照法律规定应当追回的财产的。②发现破产人有应当供分配的其他财产的。有上述规定情形，但财产数量不足以支付分配费用的，不再进行追加分配，由人民法院将其上交国库。

破产人的保证人和其他连带债务人，在破产程序终结后，对债权人依照破产清算程序未受清偿的债权，依法继续承担清偿责任。

【例8－1】（2017年单选题）根据企业破产法律制度的规定，下列各项中，免于申报的破产债权是（　　）。

A. 社会保障债权

B. 税收债权

C. 对债务人特定财产享有担保权的债权

D. 职工劳动债权

【答案】D

【解析】债务人所欠职工的工资和医疗、伤残补助、抚恤费用，所欠的应当划入职工个人账户的基本养老保险、基本医疗保险费用以及法律、行政法规规定应当支付给职工的补偿金，不必申报，由管理人调查后列出清单并予以公示。

【例8－2】（2019年单选题）根据企业破产法律制度的规定，破产重整计划的执行主体是（　　）。

A. 债务人

B. 管理人

C. 债权人会议的普通债权组

D. 人民法院

【答案】A

【解析】《企业破产法》规定，重整计划由债务人负责执行。

【例8－3】（2015年单选题）2014年11月3日，人民法院受理了甲公司的破产申请。根据企业破产法律制度的规定，下列已经开始、尚未终结的与甲公司有关的民事诉讼中，应当中止的是（　　）。

A. 股东乙以甲公司董事长决策失误导致公司损失为由，对其提起的诉讼

B. 甲公司以拖欠货款为由，对丙公司提起的诉讼

C. 债权人丁公司以甲公司股东戊与甲公司法人人格严重混同为由，主张戊直接承担责任的诉讼

D. 甲公司以总经理庚违反竞业禁止为由，主张其返还不当利益的诉讼

【答案】C

【解析】本题考核破产申请受理的效力。人民法院受理破产申请后，已经开始而尚未终结的有关债务人的民事诉讼或者仲裁应当中止。选项A是股东代表诉讼，甲公司并不是诉讼当事人，所以不中止。选项B不是有关债务人的民事诉讼，所以不中止。选项D是债务人提起诉讼，不是债权人就债务人财产提起诉讼，所以也不中止。

【例8－4】（2019年单选题）根据企业破产法律制度的规定，下列主体中可以承担管理人的是（　　）。

A. 因盗窃行为受过刑事处罚的张某

B. 破产申请受理前根据有关规定成立的行政清算组

C. 因违法行为被吊销执业证书的王某

D. 正在担任债务人财务顾问的李某

【答案】B

【解析】根据规定，有下列情形之一的，不得担任管理人：（1）因故意犯罪受过刑事处罚（选项A）；（2）曾被吊销相关专业执业证书（选项C）；（3）与本案有利害关系（选项D）；（4）人民法院认为不宜担任管理人的其他情形。

【例8－5】（2018年单选题）根据企业破产法律制度的规定，管理人依法编制的债权登记表，应当提交特定主体核查。该特定主体是（　　）。

A. 人民法院

B. 债权人委员会

C. 债权人会议主席

D. 第一次债权人会议

【答案】D

【解析】D选项，管理人依法编制的债权登记表，应当提交第一次债权人会议核查。

【例8－6】（2018年综合题）2017年9月以来，债务人A公司出现不能清偿到期债务且明显缺乏清偿能力的情形。同年10月23日，债权人B公司向人民法院提出对A公司进行破产清算的申请。A公司向人民法院提出异议，认为所欠B公司债务有C公司提供

的连带保证担保，且C公司有能力承担保证责任，因此人民法院不应受理破产申请。

2017年11月2日，人民法院裁定受理A公司破产案件。在选择管理人时，D会计师事务所和E律师事务所参与投标，其中D会计师事务所曾于2013年1月至2014年10月担任A公司财务顾问，E律师事务所曾于2014年度担任B公司法律顾问。

清理债务人财产时，管理人发现，A公司自2016年下半年起存在普遍拖欠职工工资的情形。截至2017年年底，A公司董事仍正常领取工资，但未领取2016、2017年度的绩效奖金。

确定破产债权时，管理人对A公司所欠职工工资和医疗、伤残补助、抚恤费用以及应当列入职工个人账户的基本养老和医疗保险费用等列出清单，进行公示。A公司职工对清单记载的所欠基本养老保险等费用提出异议，要求管理人予以更正。但管理人既未更正，也未作出合理的解释和说明。

破产宣告前，由于A公司的一土地使用权市场价值大幅上升，公司资产价值整体超过负债总数。因此，A公司请求人民法院裁定驳回破产申请。

要求：根据上述内容，分别回答下列问题。

(1) A公司对破产申请提出的异议是否成立？并说明理由。

(2) D会计师事务所和E律师事务所，谁不得担任本案破产管理人？并说明理由。

(3) 对于A公司董事领取的2017年9月以后的工资，管理人应如何处理？并说明理由。

(4) A公司职工对管理人列出的职工债权清单提出异议并要求更正后，管理人未予更正，对此有何法律救济途径？

(5) 对于A公司基于公司资产价值整体超过负债总数这一情况提出的驳回破产申请的请求，人民法院应否支持？并说明理由。

【答案及解析】

(1) A公司对破产申请提出的异议不成立。根据企业破产法律制度的规定，A公司不能清偿到期债务且明显缺乏清偿能力，已经具备破产原因。判断债务人是否具备破产原因，不以对债务人的债务负有连带责任的人是否具有清偿能力为依据。

(2) E律师事务所不得担任本案破产管理人。根据企业破产法律制度的规定，中介机构现在担任或者在人民法院受理破产申请前3年内曾经担任债务人、债权人的财务顾问、法律顾问的，可能影响其忠实履行管理人职责，可以认定与本案有利害关系，不得担任本案管理人。

(3) 对于A公司董事领取的2017年9月以后的工资，管理人应当追回。根据企业破产法律制度的规定，债务人发生破产原因时，债务人的董事、监事和高级管理人员在普遍拖欠职工工资情况下获取的工资性收入，应当认定为非正常收入，管理人应当追回。

(4) 职工对清单记载提出异议并要求管理人更正，管理人不予更正的，职工可以向人民法院提起债权确认诉讼。

(5) 对A公司提出的驳回破产申请的请求，人民法院不应支持。根据企业破产法律制度的规定，人民法院受理破产申请后至破产宣告前，由于债务人财产的市场价值发生变化导致其在案件受理后资产超过负债乃至破产原因消失的，不影响破产案件的受理和继续审理，人民法院不得裁定驳回申请。

【例8-7】(2017年综合题) A公司是一家拥有200多名职工的中型企业。自2015年年底开始，A公司生产经营停滞，无力偿还银行贷款本息，并持续拖欠职工工资，2017年1月，A公司20名职工联名向人民法院提出对A公司的破产申请，人民法院认为该20名职工无破产申请权，做出不予受理的裁定。2017年2月，A公司的债权人B银行向人民法院申请A公司破产，A公司提出异议称，A公司账面资产总额超过负债总额，并未丧失清偿能力。在此情形下，人民法院召集A公司和B银行代表磋商偿还贷款事宜，但A公司坚持要求B银行再给其半年还款缓冲期，争取恢复生产，收回贷款后再清偿贷款，B银行则要求A公司立即清偿债务，双方谈判破裂。人民法院认为，A公司的抗辩异议不成立，于5日后做出受理破产申请的裁定，并指定了破产管理人。在管理人接管A公司、清理财产和债权债务期间，发生如下事项：

（1）C公司欠A公司的20万元贷款到期，C公司经理在得知A公司进入破产程序的情况下，因被A公司经理收买，直接将贷款交付A公司财务人员。A公司财务人员收到贷款后，迅速转交给A公司的股东。

（2）A公司未经管理人同意，擅自向其债权人D公司清偿10万元债务，A公司此前为担保该笔债务而以市值50万元的机器设备设定抵押，也因此解除。管理人清理债权债务时还发现，A公司的部分财产已在破产申请受理前发生的多宗民事诉讼案件中被人民法院采取保全措施或者已进入强制执行程序。

要求：根据上述内容，分别回答下列问题。

（1）人民法院认为A公司20名职工无破产申请权，是否符合企业破产法律制度的规定？并说明理由。

（2）人民法院驳回A公司的抗辩异议，是否符合企业破产法律制度的规定？并说明理由。

（3）根据企业破产法律制度的规定，C公司向A公司财务人员交付20万元贷款的行为是否产生债务清偿效果？并说明理由。

（4）根据企业破产法律制度的规定，A公司向D公司的清偿行为是否应当认定为无效？并说明理由。

（5）根据企业破产法律制度的规定，A公司破产申请受理前人民法院对其部分财产所采取的保全措施以及强制执行程序，应如何处理？

【答案及解析】

（1）人民法院认为A公司20名职工无破产申请权符合规定。根据规定，职工提出破产申请应经职工代表大会或者全体职工会议多数决议通过。

（2）人民法院驳回A公司的抗辩异议符合规定。根据规定，债务人以其具有清偿能力或资产超过负债为由提出抗辩异议，但又不能立即清偿债务或与债权人达成和解的，其异议不能成立。

（3）C公司向A公司财务人员交付20万元贷款的行为不产生债务清偿的效果。根据规定，人民法院受理破产申请后，债务人的债务人或者财产持有人应当向管理人清偿债务或者交付财产，如其故意违反法律规定向债务人清偿债务或者交付财产，使债权人受到损失的，不免除其清偿债务或者交付财产的义务。

（4）A公司向D公司的清偿行为不应当认定为无效。根据规定，人民法院受理破产申请后，债务人对个别债权人的债务清偿无效；但是，债务人以其财产向债权人提供物权担保的，其在担保物市场价值内向债权人所作的债务清偿，不受上述规定限制。

（5）人民法院受理破产申请后，有关债务人财产的保全措施应当解除，执行程序应当中止。

【例8-8】（2019年综合题）2018年9月3日，债务人甲公司出现不能清偿到期债务且明显缺乏清偿能力的情况：10月15日，债权人乙公司向人民法院提出针对甲公司破产申请。甲公司对破产申请提出异议，理由是：（1）甲公司的账面资产大于负债，只是难以变现，不构成明显缺乏清偿能力；（2）乙公司未预先缴纳诉讼费用，不应立案。

11月1日，人民法院受理甲公司破产案件，并指定管理人。管理人调查甲公司财产状况时发现：当年8月，甲公司向丙公司购买起重机5台，总金额50万元，约定分两期付款，第二期付款日为2018年12月31日；在甲公司付清价款前，丙公司保留起重机的所有权。至人民法院指定管理人之时，甲公司已经收到5台起重机并投入使用，甲公司已经支付价款总计40万元。11月3日，管理人决定继续履行起重机买卖合同并通知丙公司，丙公司立即要求管理人支付剩余10万元起重机价款。管理人以第二期付款期限尚未届至为由拒绝。丙公司遂要求收回起重机。

此外，当年8月，甲公司与丁公司签订购买原材料合同，约定交货时间为11月30日之前。

10月20日，丁公司发货，甲公司于11月5日收到货物。11月8日，丁公司向甲公司催收货款时发现，甲公司破产案件已为人民法院受理，遂要求取回该批货物。

根据上述内容，分别回答下列问题。

（1）甲公司关于"其账面资产大于负债，只是难以变现，不构成明显缺乏清偿能力"的异议是否成立？

（2）甲公司关于"乙公司未预先缴纳诉讼费用，人民法院不应立案"的异议是否成立？并说明理由。

（3）管理人是否有权以付款期限尚未届至为由拒绝支付甲公司所欠丙公司剩余10万元起重机价款？并说明理由。

（4）在管理人以第二期付款期限尚未届至为由拒绝付款的情况下，丙公司是否有权收回起重机？并说明理由。

（5）丁公司是否有权要求取回已交付的原材料？并说明理由。

【答案及解析】

（1）甲公司关于"其账面资产大于负债，只是难以变现，不构成明显缺乏清偿能力"的异议不成立。根据规定，债务人账面资产虽大于负债，但因资金严重不足或者财产不能变现等原因，无法清偿债务的，人民法院应当认定其明显缺乏清偿能力。

（2）甲公司关于"乙公司未预先缴纳诉讼费用，人民法院不应立案"的异议不成立。根据规定，破产案件的诉讼费用，属于破产费用，从债务人财产中拨付。相关当事人以申请人未预先交纳诉讼费用为由，对破产申请提出异议的，人民法院不予支持。

（3）管理人无权以付款期限尚未届至为由拒绝支付甲公司所欠丙公司剩余10万元起重机价款。根据规定，买受人破产，其管理人决定继续履行所有权保留买卖合同的，原买卖合同中约定的买受人支付价款的期限在破产申请受理时视为到期，买受人管理人应当及时向出卖人支付价款。

（4）丙公司无权取回起重机。根据规定，买受人管理人无正当理由未及时支付价款，给出卖人造成损害的，出卖人有权依法主张取回标的物。但是，买受人已支付标的物总价款75%以上或者第三人善意取得标的物所有权或者其他物权的除外。题目中买受人已经付款75%以上，丙不能取回起重机。

（5）丁公司无权取回。根据规定，出卖人对在运途中标的物未及时行使取回权，在买卖标的物到达管理人后向管理人行使在运途中标的物取回权的，管理人不应准许。

通关演练

一、单项选择题

1. 根据企业破产法律制度的规定，下列表述不正确的是（　　）。

A. 破产案件的地域管辖由债务人住所地人民法院管辖

B. 债权人可以向人民法院提出对债务人进行重整、破产清算及和解

C. 税务机关享有对债务人的破产清算申请权，不宜享有重整申请权

D. 商业银行有不能清偿到期债务，并且资产不足以清偿全部债务或者明显缺乏清偿能力的情形，国务院金融监督管理机构可以向人民法院提出对商业银行进行重整或者破产清算的申请

2. 根据公司法律制度的规定，人民法院指定的清算组在清理公司财产、编制资产负债表和财产清单时，发现公司财产不足清偿债务的，可以与债权人协商制作有关债务清偿方案。清算组依据该清偿方案清偿债务后，应当向人民法院申请（　　）。

A. 裁定终结清算程序

B. 重整

C. 宣告破产

D. 和解

3. 在破产程序中，债权人会议未能依法通过管理人的财产分配方案时，由人民法院裁定。根据企业破产法律制度的规定，有权对该裁定提出复议的债权人是（　　）。

A. 占全部债权总额1/2以上的债权人

B. 占无财产担保债权总额2/3以上的债权人

C. 占全部债权人人数1/2以上的债权人

D. 占全部债权人人数2/3以上的债权人

4. 债务人不能清偿到期债务，并且明显缺乏清偿能力，不同主体可以向人民法院提出不同申请。根据破产法律制度的规定，下列表述正确的是（　　）。

A. 债权人可以提出破产清算申请

B. 债权人可以提出和解申请

C. 税务机关可以提出重整申请

D. 债务人的职工可以提出和解申请

5. 甲企业依法申请破产，根据企业破产法律制度的规定，自人民法院受理破产申请的裁定送达甲企业之日起至破产程序终结之日，关于甲企业法定代表人杨某应承担的义务，下列表述不正确的是（　　）。

A. 妥善保管甲企业占有和管理的财产

B. 列席债权人会议并如实回答债权人的询问

C. 根据人民法院、管理人的要求进行工作，并如实回答询问

D. 不得新任其他企业的董事、监事，但可以担任其他企业的高级管理人员

6. 根据企业破产法律制度的规定，下列关于破产申请受理前成立而债务人和对方当事人均未履行完毕的合同的处理，正确的是（　　）。

A. 管理人在破产程序中享有多次的合同选择履行权

B. 对于破产企业为他人提供担保的合同，管理人无权选择解除合同，逃避法律义务

C. 一般情况下，管理人有权自主决定解除与承租人的房屋租赁合同，收回房屋

D. 保险公司破产时，对尚未履行完毕的人寿保险合同，管理人有权解除

7. 根据企业破产法律制度的规定，下列人员中，可以担任破产企业管理人的是（　　）。

A. 李某因故意伤害罪被判处5年有期徒刑，执行期满5年

B. 律师王某曾被吊销律师执业证书

C. 张某曾在2年前为债务人担任法律顾问

D. 刚刚取得律师执业证书的刘某

8. 根据企业破产法律制度的规定，管理人存在一定情形时，有权依职权径行更换管理人的是（　　）。

A. 人民法院　　B. 债权人会议

C. 债权人委员会　　D. 债务人

9. 根据企业破产法律制度的规定，对管理人无正当理由，拒绝人民法院指定的行为有相应的处罚，即可以决定停止其担任管理人（　　），或将其从管理人名册中除名。

A. 1年至2年　　B. 1年至3年

C. 2年至4年　　D. 2年至5年

10. 根据企业破产法律制度的规定，关于管理人应当履行的职责，下列表述不正确的是（　　）。

A. 调查债务人财产状况，制作财产状况报告

B. 决定债务人的内部管理事务

C. 召集第一次债权人会议

D. 代表债务人参加诉讼、仲裁或者其他法律程序

11. 根据《企业破产法》司法解释的规定，下列财产可以认定为债务人财产的是（　　）。

A. 债务人基于仓储、保管、承揽、代销等合同或者其他法律关系占有、使用的他人财产

B. 债务人在所有权保留买卖中尚未取得所有权的财产

C. 所有权专属于国家且不得转让的财产

D. 债务人依法享有的可以用货币估价并可以依法转让的债权、股权、知识产权、用益物权等财产和财产权益

12. 2014年2月1日，张某、王某、刘某三人设立甲有限责任公司，约定张某、王某于公司设立时即缴足全部出资，但刘某分期缴付出资，于2015年12月20日前缴足。2014年12月5日，人民法院受理了甲有限责任公司的破产案件，并指定了管理人。根据企业破产法律制度的规定，对于刘某尚未缴足的出资，下列表述正确的是（　　）。

A. 管理人不能要求刘某缴纳出资，因为股东以其实缴的出资对公司债务承担责任

B. 管理人有权要求刘某缴纳出资，但须等到2015年12月20日

C. 管理人经人民法院的批准，方可要求刘某缴纳出资

D. 管理人有权立即要求刘某缴纳出资，不受原出资期限的限制

13. 2014年5月10日，人民法院受理了甲公司的破产案件。根据企业破产法律制度的规定，对甲公司的下列行为，管理人无权撤销的是（　　）。

A. 2013年5月1日，甲公司将自己所有的价值10万元的机器设备无偿转让给乙公司

B. 2013年6月8日，甲公司以高于市场价85%的价格购进一批原材料

C. 2013年8月5日，甲公司偿还丙银行2014年8月5日到期的债务300万元

D. 2013年10月2日，甲公司放弃对丁公司2013年10月1日到期的债权200万元

14. 根据《企业破产法》以及相关司法解释的规定，下列关于取回权的表述不正确的是（　　）。

A. 除可能导致取回物被转让、毁损、灭失或者价值明显减少的外，债务人重整期间，权利人要求取回债务人合法占有的权利人的财产，不符合双方事先约定条件的，人民法院不予支持

B. 权利人行使取回权时未依法向管理人支付相关的加工费、保管费、托运费、委托费、代销费等费用，管理人拒绝其取回相关财产的，人民法院不予支持

C. 权利人依法向管理人主张取回相关财产，管理人不予认可，权利人有权以债务人为被告向人民法院提起诉讼请求行使取回权

D. 权利人依据人民法院或者仲裁机关的相关生效法律文书向管理人主张取回所涉争议财产，管理人以生效法律文书错误为由拒绝其行使取回权的，人民法院不予支持

15. 根据《企业破产法》以及相关司法解释的规定，管理人对抵销主张提出异议，人民法院应予支持的是（　　）。

A. 破产申请受理时，债务人对债权人负有的债务尚未到期

B. 破产申请受理时，债权人对债务人负有的债务尚未到期

C. 双方互负债务标的物种类、品质不同

D. 债务人的债务人在破产申请受理后取得他人对债务人的债权的

16. 根据企业破产法律制度的规定，下列表述不正确的是（　　）。

A. 对债务人的特定财产享有担保权的债权人不享有表决权

B. 债权人可以自己出席会议，也可以委托代理人出席债权人会议，行使表决权

C. 凡是申报债权者均有权参加第一次债权人会议，有权参加对其债权的核查、确认活动

D. 如存在职工劳动债权不能从破产财产中获得全额、及时优先受偿，或是在重整程序中债权人会议决议通过影响其清偿利益的重整计划草案等情况下，职工债权人应享有表决权

17. 根据企业破产法律制度的规定，普通债权人组通过重整计划草案需要经（　　），方视为普通债权人组通过重整计划草案。

A. 出席会议的普通债权人过半数同意，并且其所代表的债权额占普通债权总额的1/2以上

B. 出席会议的普通债权人过半数同意，并且其所代表的债权额占普通债权总额的2/3

以上

C. 所有的普通债权人过半数同意，并且其所代表的债权额占普通债权总额的1/2以上

D. 所有的普通债权人过半数同意，并且其所代表的债权额占普通债权总额的2/3以上

18. 下列关于和解的表述中，说法正确的是（　　）。

A. 和解债权人对债务人的保证人和其他连带债务人所享有的权利，会受到和解协议的影响

B. 破产和解是强制和解，和解协议由法定多数表决即可通过，部分不同意的债权人也要受协议拘束

C. 债务人不能执行或者不执行和解协议的，人民法院经破产管理人请求，应当裁定终止和解协议的执行，并宣告债务人破产

D. 人民法院裁定终止和解协议执行的，和解债权人在和解协议中作出的债权调整的承诺失去效力，债务人方面为和解协议的执行提供的担保随之消灭

19. 甲公司向银行贷款1 000万元，以自己的设备作抵押，乙公司为一般保证人，丙公司以汽车作抵押。后人民法院受理甲公司的破产申请。根据企业破产法律制度的规定，下列表述中正确的是（　　）。

A. 甲公司为自己的1 000万元债务提供的抵押担保为别除权

B. 乙公司为甲公司的1 000万元债务提供的保证担保为别除权

C. 丙公司为甲公司的1 000万元债务提供的抵押担保为别除权

D. 银行的1 000万元借款作为别除权优先受偿

20. 根据企业破产法律制度的规定，债务人财产应当优先清偿下列债务中的（　　）。

A. 税款

B. 职工工资

C. 破产案件的诉讼费用

D. 纳入社会统筹账户的社会保险费用

二、多项选择题

1. 根据企业破产法律制度的规定，下列关于债权人委员会的表述中，正确的有（　　）。

A. 在债权人会议中可以设置债权人委员会

B. 债权人委员会的成员人数最多不得超过5人

C. 债权人委员会中的债权人代表由人民法院指定

D. 债权人委员会中应当有1名债务人企业的职工代表或者工会代表

2. 业发公司向P银行借款500万元，衡东公司提供连带责任保证，借款到期日为2014年5月10日，保证期间为借款到期后的1年；业发公司向大通公司的借款于2014年4月1日到期，因业发公司无力清偿，大通公司已经申请人民法院强制执行，强制执行完毕，仍不能清偿大通公司的全部债务。P银行的借款到期后，因业发公司无力清偿，遂于2014年5月17日，向人民法院提出对业发公司进行破产清算的申请。根据企业破产法律制度的规定，下列表述不正确的有（　　）。

A. P银行无权提出破产清算申请，因为其尚未请求对业发公司强制执行

B. P银行无权提出破产清算申请，因为连带责任保证人衡东公司资信状况良好

C. P银行有权提出破产清算申请，因为只要债务人的任何一个债权人经人民法院强制执行未能得到清偿，其每一个债权人均有权提出破产申请

D. P银行无权提出破产清算申请，因为申请强制执行的是大通公司

3. 甲公司无力偿还乙公司到期债务，乙公司向人民法院申请甲公司破产。根据企业破产法律制度的规定，乙公司提出的破产申请书中应当载明的事项及应当提交的材料包括（　　）。

A. 甲公司、乙公司的基本情况

B. 申请目的、申请的事实和理由

C. 甲公司的财产状况说明

D. 甲公司债权、债务清册

4. 根据企业破产法律制度的规定，当事人不能对人民法院的下列裁定提起上诉的有（　　）。

A. 终结清算程序的裁定

B. 驳回破产申请的裁定

C. 不予受理破产申请的裁定

D. 批准破产财产分配方案的裁定

5. 根据企业破产法律制度的规定，申请人向人民法院提出破产申请后，下列表述正确的有（　　）。

A. 人民法院应当自债务人提出异议期满之日起10日内裁定是否受理

B. 除债务人对债权人申请提出异议的情形外，人民法院应当自收到破产申请之日起15日内裁定是否受理

C. 人民法院裁定受理破产申请的，应当将裁定自作出之日起7日内送达申请人

D. 债务人应当自裁定送达之日起15日内，向人民法院提交财产状况说明、债务清册、债权清册、有关财务会计报告以及职工工资的支付和社会保险费用的缴纳情况等有关材料

6. 2016年甲公司因无法清偿到期债务申请破产，在其破产申请受理前，尚有下列诉讼未审结，人民法院应当中止的有（　　）。

A. 乙主张甲公司的债务人代替甲公司直接还款

B. 丙主张甲公司未尽出资义务的股东李某直接向其承担出资不实的责任

C. 丁主张甲公司股东张某与甲公司法人人格严重混同，要求股东张某直接向其承担责任

D. 戊主张甲公司承担买卖合同违约责任

7. 根据企业破产法律制度的规定，在重整期间，当事人的下列行为中，符合规定的有（　　）。

A. 债务人的董事甲经人民法院的同意，将其持有的债务人的股权全部转让给第三人乙

B. 管理人为继续营业向丙银行借款100万元，并以厂房为该笔借款设定了抵押担保

C. 债务人的出资人丁企业请求投资收益分配

D. 对债务人生产用的机器设备享有抵押权的戊银行行使了抵押权

8. 根据企业破产法律制度的规定，下列关于管理人报酬的表述中正确的有（　　）。

A. 管理人由人民法院指定，报酬由人民法院确定，向人民法院报告工作

B. 管理人执行职务的费用、报酬和聘用工作人员的费用为破产费用

C. 人民法院采取公开竞争方式指定管理人的，其报酬由人民法院决定

D. 管理人发生更换的，人民法院应当分别确定更换前后的管理人报酬

9. 根据《企业破产法》以及相关司法解释的规定，在重整期间，有下列（　　）情形之一的，经管理人或者利害关系人请求，人民法院应当裁定终止重整程序，并宣告债务人破产。

A. 债务人的经营状况和财产状况继续恶化，缺乏挽救的可能性

B. 债务人有欺诈、恶意减少债务人财产或者其他显著不利于债权人的行为

C. 由于债务人的行为致使管理人无法执行职务

D. 债务人的出资人请求投资收益分配

10. 根据《破产法司法解释（一）》的规定，下列关于人民法院应当认定债务人资不抵债的说法中，不正确的有（　　）。

A. 为逃避债务而隐匿、转移财产的

B. 以明显不合理的价格进行交易的

C. 免除债务、放弃债权的

D. 债务人的资产负债表，或者审计报告、资产评估报告等显示其全部资产不足以偿付全部负债的

11. 根据《企业破产法》以及相关司法解释的规定，在买卖标的物到达管理人后，出卖人向管理人主张取回的，管理人应予准

许的有（　）。

A. 出卖人通知承运人或者实际占有人中止运输、返还货物、变更到达地的等方式，对在运途中标的物主张取回权但未能实现的

B. 出卖人通知承运人或者实际占有人将货物交给其他收货人等方式，对在运途中标的物主张取回权但未能实现的

C. 出卖人在货物未到达管理人前已向管理人主张取回在运途中标的物的

D. 出卖人对在运途中标的物未及时行使取回权，在买卖标的物到达管理人后向管理人行使在运途中标的物取回权的

12. 根据企业破产法律制度的规定，人民法院受理破产申请后，债务人发生的下列费用或债务，不属于破产费用的有（　）。

A. 破产案件的诉讼费用

B. 管理人执行职务的费用、报酬

C. 为债务人继续营业而应支付的劳动报酬和社会保险费用

D. 履行双方均未履行完毕的合同所产生的债务

13. 根据《企业破产法》的规定，债务人财产虽然不足以支付所有破产费用，但是破产案件的（　）愿意垫付相关费用的，经人民法院同意，破产程序可以继续进行。

A. 债权人

B. 管理人

C. 债务人的出资人

D. 其他利害关系人

14. 根据企业破产法律制度的规定，下列债权需要申报的有（　）。

A. 税收债权

B. 所欠职工的工资

C. 应当支付给职工的补偿金

D. 有财产担保的债权

15. 甲公司向乙银行贷款 50 万元，贷款于 8 月 5 日到期，丙公司为一般保证人，但是丙公司由于资产不足以清偿全部债务，已于 1 月 20 日破产。根据企业破产法律制度的相关规定，下列选项中说法不正确的有（　）。

A. 由于保证人丙公司破产所以不再承担保证责任

B. 丙公司的补充责任应该按照实际分配数额确定

C. 保证债务未到期，丙公司不承担保证责任

D. 如果乙银行先从丙公司处获得清偿，应将款项进行提存

16. 债权人乙申请对债务人甲公司进行破产清算，人民法院受理了其破产申请。根据企业破产法律制度的规定，在宣告甲公司破产前，下列人员中可以向人民法院申请重整的有（　）。

A. 甲公司

B. 出资额占甲公司注册资本 1/10 的出资人丙

C. 其他债权人

D. 出资额占甲公司注册资本 1/15 的出资人戊

17. 根据企业破产法律制度的相关规定，下列对重整计划的执行、监督与终止的表述中，正确的有（　）。

A. 对债务人的特定财产享有担保权的债权人，不受经人民法院裁定批准的重整计划的约束

B. 重整计划由债务人执行

C. 按照重整计划减免的债务，自重整计划执行完毕时起，债务人不再承担清偿责任

D. 债权人未依法申报债权的，在重整计划执行期间可以行使权利

18. 根据企业破产法律制度的规定，下列表述正确的有（　）。

A. 商业银行破产清算时，在支付清算费用、所欠职工工资和劳动保险费用后，应当优先支付个人储蓄存款的本金和利息

B. 破产财产分配时，对于诉讼或者仲裁未决的债权，管理人应当将其分配额提存；自破产程序终结之日起满 2 年仍不能受领分配的，人民法院应当将提存的分配额分配给其他债权人

C. 破产分配时，对债务人的董事、监

事、高级管理人员在破产申请受理前拖欠的工资，应当按照企业拖欠职工工资的平均期间、以同期职工平均工资为标准予以调整

D. 破产财产分配时，对于诉讼或者仲裁未决的债权，管理人可以直接按照请求的分配额分配

19. 根据《企业破产法》及相关法律制度的规定，下列选项中可以参照适用《企业破产法》规定的有（　　）。

A. 合伙企业

B. 农民专业合作社

C. 民办学校

D. 个人独资企业

20. 根据企业破产法律制度的规定，下列关于债权人会议的表述中，不正确的有（　　）。

A. 债权人会议属于法定必设机构、常设机构

B. 债权人会议为决议机关，且本身也拥有执行功能

C. 债权人会议所作出的决议一般由人民法院负责执行

D. 当法定主体提议召开债权人会议时，债权人会议主席无权拒绝召开会议

21. 根据《企业破产法》规定，破产宣告前，有下列（　　）情形之一的，人民法院应当裁定终结破产程序，并予以公告。

A. 依当事人的申请或法定职权裁定宣布债务人破产以清偿债务的

B. 第三人为债务人提供足额担保或者为债务人清偿全部到期债务的

C. 发现在破产案件中，债务人的董事、监事和高级管理人员利用职权从企业获取非正常收入和侵占企业财产的

D. 债务人已清偿全部到期债务的

三、案例分析题

甲有限公司因经营管理不善，无力偿还到期债务，该公司有财产担保的债权人A公司于2015年5月10日向法院提出破产申请。甲公司认为A公司的债权有财产担保，无权申请自己破产，但法院认为异议不成立，于5月20日裁定受理该破产申请，同时指定某破产清算事务所作为管理人。

（1）管理人对甲公司的财产和债务情况清理如下：

①欠工行400万元贷款，有办公楼抵押，办公楼变现价值350万元。

②欠A公司货款300万元，有厂房抵押，厂房变现价值500万元。

③欠建行贷款300万元，该笔贷款由乙公司做一般保证人；建行要求乙公司偿还，乙公司认为自己是一般保证人，建行应等甲公司破产程序结束未能获得清偿再找自己。

④丙公司欠甲公司劳务费300万元；同时甲公司欠丙公司500万元。

⑤一套加工设备价值200万元。

⑥欠职工工资和社会保险费用共100万元。

⑦欠交税款60万元。

⑧另欠10个单位共计1 000万元货款无法清偿。

甲公司有一台挖掘机，价值200万元，是甲公司向丁公司购买的，双方在合同中约定甲公司支付全部价款之前丁公司保留所有权，甲公司尚有50万元货款未支付。管理人决定继续履行甲公司与丁公司的合同。

（2）B公司提出，以上资产中价值200万元的设备是B公司出租给甲公司的，所有权属于B公司，并提供了租赁合同。

（3）丙公司提出以债权抵销欠付甲公司的劳务费。经管理人查明，此前丙公司欠甲公司300万元劳务费一直没有支付。丙公司知道甲公司有大笔到期债务无力清偿后，于2015年4月15日受让某个人独资企业对甲公司的债权500万元。

（4）管理人发现，2015年2月15日，甲公司知道自己无法清偿债务以后，提前清偿了关联公司C公司的50万元货款，该笔债务应于2015年4月20日到期。

（5）此外，甲公司股东张某，发现甲公司濒临破产，虚构债务抽逃了对甲公司的出

资 100 万元。

(6) 除上述债务外，本案还发生诉讼费 30 万元、管理人员报酬 50 万元、注册会计师清算费用 10 万元、评估费 10 万元、为债务人继续营业而应支付的职工工资 20 万元。法院受理破产申请后，债务人的排污管道泄漏，导致附近鱼塘被污染，损失 20 万元。

要求：根据上述内容，回答下列问题。

(1) 甲公司认为 A 公司的债权有财产担保，无权申请自己破产的理由是否成立？并说明理由。

(2) 一般保证人乙提出建行应等破产程序终结之后再能找自己要钱的主张是否成立？并说明理由。

(3) 甲公司破产前租用 B 公司的设备，该设备是否属于债务人财产？应如何处理？

(4) 丙公司提出以受让的债权抵销欠付劳务费的要求是否合法？并说明理由。

(5) 甲公司提前清偿关联公司 C 公司的 50 万元贷款，应如何处理？

(6) 甲公司的股东张某抽逃的出资应如何处理？并说明理由。

(7) 哪些属于破产费用？哪些属于共益债务？如何清偿？

(8) 对欠工行的 400 万元贷款，工行如何实现自己的债权？

(9) 对甲企业的破产财产进行分配时，在职工的工资、社会保险与甲公司所欠税款之间谁优先获得清偿？

答案及解析

一、单项选择题

1.【答案】B

【解析】选项 B：和解申请只能由债务人一方提出。

2.【答案】A

【解析】根据规定，人民法院指定的清算组在清理公司财产、编制资产负债表和财产清单时，发现公司财产不足清偿债务的，可以与债权人协商制作有关债务清偿方案。清算组依据该清偿方案清偿债务后，应当向人民法院申请裁定终结清算程序。

3.【答案】B

【解析】选项 B：债权额占无财产担保债权总额 1/2 以上的债权人对人民法院依照本法批准破产财产分配方案的裁定不服的，可以自裁定宣布之日或者收到通知之日起 15 日内向该人民法院申请复议。

4.【答案】A

【解析】(1) 选项 A、B：债务人不能清偿到期债务，债权人可以向人民法院提出对债务人进行“重整或者破产清算”的申请，但不能提出“和解”申请。(2) 选项 C：税务机关和社会保险机构只享有对债务人的“破产清算”申请权，但不享有“重整”申请权。(3) 选项 D：破产企业的职工作为债权人可以申请债务人企业破产或者重整，但职工提出破产申请应经职工代表大会或者全体职工会议多数决议通过。

5.【答案】D

【解析】选项 D：不得新任其他企业的董事、监事、高级管理人员。

6.【答案】B

【解析】(1) 选项 A：管理人在破产程序中，只享有一次性的合同选择履行权；(2) 选项 C：破产企业对外出租不动产的合同如房屋租赁合同，除存在严重影响破产财产的整体变价与价值实现且无法分别处分等特殊情况外，管理人不得违背合同约定任意单方解除合同；在变价破产财产时，房屋可以带租约出售，承租人在同等条件下享有优先购买权；(3) 选项 D：保险公司破产时，对尚未履行完毕的保险合同特别是人寿保险合同，管理人无权予以解除。

7.【答案】D

【解析】(1) 选项 A、B：管理人可以由有关部门、机构的人员组成的清算组或者依法设立的律师事务所、会计师事务所、破产清算事务所等社会中介机构担任。有下列情形之一的，不得担任管理人：①因故意犯罪受过刑事处罚；②曾被吊销相关专业执业证书；③与本案有利害关系；④人民法院认为不宜担任管理人的其他情形。（2）选项C：现在担任或者在人民法院受理破产申请前3年内曾担任债务人、债权人的财务顾问、法律顾问。

8.【答案】A

【解析】管理人存在法定情形，人民法院可以根据债权人会议的申请或者依职权径行决定更换管理人。

9.【答案】B

【解析】根据法律规定，对管理人无正当理由，拒绝人民法院指定的行为规定有相应的处罚，即可以决定停止其担任管理人1年至3年，或将其从管理人名册中除名。

10.【答案】C

【解析】选项C：提议召开债权人会议（此处是指第一次债权人会议之后的会议）；而第一次债权人会议是由人民法院召集的。

11.【答案】D

【解析】不应认定为债务人财产的有：（1）债务人基于仓储、保管、承揽、代销、借用、寄存、租赁等合同或者其他法律关系占有、使用的他人财产；（2）债务人在所有权保留买卖中尚未取得所有权的财产；（3）所有权专属于国家且不得转让的财产；（4）其他依照法律、行政法规不属于债务人的财产。

12.【答案】D

【解析】（1）选项A：股东以其认缴的出资而非实缴的出资对公司债务承担责任；（2）选项B、D：人民法院受理破产申请后，债务人的出资人尚未完全履行出资义务的，管理人应当要求该出资人缴纳所认缴的出资，不受出资期限的限制；（3）选项C：管理人要求出资人缴纳所认缴的出资不必经人民法院的批准。

13.【答案】A

【解析】选项A：人民法院受理破产申请前"1年内"无偿转让财产的才可以撤销。

14.【答案】B

【解析】选项B：权利人行使取回权时未依法向管理人支付相关的加工费、保管费、托运费、委托费、代销费等费用，管理人拒绝其取回相关财产的，人民法院应予支持。

15.【答案】D

【解析】（1）选项A、B、C：管理人对抵销主张提出异议，人民法院应不予支持的有：①破产申请受理时，债务人对债权人负有的债务尚未到期；②破产申请受理时，债权人对债务人负有的债务尚未到期；③双方互负债务标的物种类、品质不同。（2）选项D：属于不得抵销的情形。

16.【答案】A

【解析】选项A：对债务人的特定财产享有担保权的债权人也属于债权人会议成员，且享有法定的表决权，只是未放弃优先受偿权利的，对通过和解协议、通过破产财产的分配方案不享有表决权。

17.【答案】B

【解析】出席会议的同一表决组的债权人过半数同意重整计划草案，并且其所代表的债权额占该组债权总额的2/3以上，视为该组通过重整计划草案。

18.【答案】B

【解析】（1）选项A：和解债权人对债务人的保证人和其他连带债务人所享有的权利，不受和解协议的影响；（2）选项C：债务人不能执行或者不执行和解协议的，人民法院经和解债权人请求，应当裁定终止和解协议的执行，并宣告债务人破产；（3）选项D：人民法院裁定终止和解协议执行的，和解债权人在和解协议中作出的债权调整的承诺失去效力，但债务人方面为和解协议的执行提供的担保继续有效。

19.【答案】A

【解析】别除权是指对破产企业的特定财产享有担保权的权利人，对该特定财产享有优先受偿的权利。（1）选项B、C：属于第三人为破产人所作的担保，不是破产人的特定财产，所以不构成别除权；（2）选项D：银行享有的债权中，只有甲公司的抵押担保为别除权，所以银行1 000万元只有一部分可以优先受偿，而不是全部优先受偿。

20.【答案】C

【解析】破产财产在优先清偿破产费用和共益债务后，依照下列顺序清偿：（1）破产人所欠职工的工资和医疗、伤残补助、抚恤费用，所欠的应当划入职工个人账户的基本养老保险、基本医疗保险费用以及法律、行政法规规定应当支付给职工的补偿金；（2）破产人欠缴的除前项规定以外的社会保险费用和破产人所欠税款；（3）普通破产债权。破产案件的诉讼费用属于破产费用。

二、多项选择题

1.【答案】AD

【解析】（1）选项B：债权人委员会成员不得超过9人；（2）选项C：债权人委员会中的债权人代表由"债权人会议选任"（并非由人民法院指定）。

2.【答案】ABD

【解析】（1）选项A、B：只要债务人本人不能清偿到期债务即为发生破产原因，其他人对其负债的连带责任、担保责任，不能视为债务人的清偿能力或其延伸；（2）选项C、D：只要债务人的任何一个债权人经人民法院强制执行未能得到清偿，其每一个债权人均有权提出破产申请，并不要求申请人自己已经采取了强制执行措施。

3.【答案】AB

【解析】当事人向人民法院提出破产申请，应当提交破产申请书和有关证据。破产申请书应当载明下列事项：（1）申请人、被申请人的基本情况（选项A）；（2）申请目的（选项B）；（3）申请的事实和理由（选项B）；（4）人民法院认为应当载明的其他事项。"债务人"提出申请的，还应当向人民法院提交财产状况说明、债务清册、债权清册、有关财务会计报告、职工安置预案以及职工工资的支付和社会保险费用的缴纳情况等有关材料。

4.【答案】AD

【解析】当事人对不予受理、驳回申请的裁定不服的，可以自裁定送达之日起10日内向上一级人民法院提起上诉。

5.【答案】ABD

【解析】选项C：人民法院裁定受理破产申请的，应当将裁定自作出之日起5日内送达申请人。

6.【答案】ABCD

【解析】（1）选项D：人民法院受理破产申请后，已经开始而尚未终结的有关债务人的民事诉讼或者仲裁应当"中止"（而非"终止"）；在管理人接管债务人财产、掌握诉讼情况后能够继续进行时，该诉讼或者仲裁"继续"进行。（2）选项A、B、C：破产申请受理前，债权人就债务人财产提起下列诉讼，破产申请受理时案件"尚未审结"的，人民法院应当"中止审理"：①主张次债务人代替债务人直接向其偿还债务的；②主张债务人的出资人、发起人和负有监督股东履行出资义务的董事、高级管理人员，或者协助抽逃出资的其他股东、董事、高级管理人员、实际控制人等直接向其承担出资不实或者抽逃出资责任的；③以债务人的股东与债务人法人人格严重混同为由，主张债务人的股东直接向其偿还债务人对其所负债务的；④其他就债务人财产提起的个别清偿诉讼。

7.【答案】AB

【解析】（1）选项A：在重整期间，债务人的董事、监事、高级管理人员不得向第三人转让其持有的债务人的股权；但是，经人民法院同意的除外；（2）选项B：在重整期间，债务人或者管理人为继续营业而借款的，可以为该借款设定担保；（3）选项C：在重整期间，债务人的出资人不得请求投资收益分配；（4）选项D：在重整期间，对债务人的特定财产享有的担保权暂停行使；但是，对企业暂无保留必要的担保财产，经债务人或者管理人同意，担保权人可以行使担保权。

8.【答案】ABD

【解析】选项C：人民法院采取公开竞争方式指定管理人的，可以根据社会中介机构提出的报价确定管理人报酬方案，报酬比例不得超出相应的限制范围。

9.【答案】ABC

【解析】在重整期间，有下列情形之一的，经管理人或者利害关系人请求，人民法院应当裁定终止重整程序，并宣告债务人破产：（1）债务人的经营状况和财产状况继续恶化，缺乏挽救的可能性；（2）债务人有欺诈、恶意减少债务人财产或者其他显著不利于债权人的行为；（3）由于债务人的行为致使管理人无法执行职务。

10.【答案】ABC

【解析】选项A、B、C：是关于破产撤销权和无效行为的内容。

11.【答案】ABC

【解析】选项D：出卖人对在运途中标的物未及时行使取回权，在买卖标的物到达管理人后向管理人行使在运途中标的物取回权的，管理人不应准许。

12.【答案】CD

【解析】选项C、D：属于共益债务。

13.【答案】ABCD

【解析】根据规定，债务人财产虽然不足以支付所有破产费用，但是破产案件的债权人、管理人、债务人的出资人或者其他利害关系人愿意垫付相关费用的，经人民法院同意，破产程序可以继续进行。

14.【答案】AD

【解析】选项B、C：债务人所欠职工的工资和医疗、伤残补助、抚恤费用，所欠的应当划入职工个人账户的基本养老保险、基本医疗保险费用以及法律、行政法规规定应当支付给职工的补偿金，不必申报，由管理人调查后列出清单并予以公示。

15.【答案】ABC

【解析】（1）选项A：人民法院受理保证人破产案件的，保证人的保证责任不得因其破产而免除；（2）选项B：保证人的补充责任应当按照破产债权数额而不是实际分配额确定，否则会不适当地扩大其责任范围，使保证人的补充责任变成连带责任；（3）选项C：保证债务尚未到期的，将其未到期之保证责任视为已到期。

16.【答案】ABC

【解析】债权人申请对债务人进行破产清算的，在人民法院受理破产申请后，宣告债务人破产前，债务人或者出资额占债务人注册资本1/10以上的出资人，可以向人民法院申请重整，其他债权人也可以申请对债务人进行重整。

17.【答案】BC

【解析】（1）选项A：经人民法院裁定批准的重整计划，对债务人和全体债权人均有约束力，包括对债务人的特定财产享有担保权的债权人；（2）选项D：债权人未依法申报债权的，在重整计划执行期间不能行使权利，在重整计划执行完毕后，可以按照重整计划规定的同类债权的清偿条件行使权利。

18.【答案】ABC

【解析】选项B、D：破产财产分配时，对于诉讼或者仲裁未决的债权，管理人应当将其分配额提存；自破产程序终结之日起满2年仍不能受领分配的，人民法院应当将提存的分配额分配给其他债权人。

19.【答案】ABCD

【解析】参考教材。

20.【答案】ABC

【解析】（1）选项A：债权人会议虽属于法定必设机构，但不是常设机构，而是会议体机构；（2）选项B、C：债权人会议仅为决议机关，但本身无执行功能，其所作出的相关决议一般由管理人、债权人委员会负责执行。

21.【答案】BD

【解析】破产宣告前，有下列情形之一的，人民法院应当裁定终结破产程序，并予以公告：（1）第三人为债务人提供足额担保或者为债务人清偿全部到期债务的；（2）债务人已清偿全部到期债务的。

三、案例分析题

【答案】

（1）甲公司的理由不成立，因为根据破

产法律制度规定，有财产担保的债权人也可以申请对债务人进行破产清算。

（2）不成立。破产法律制度和担保法律制度规定，债务人破产，一般保证人丧失先诉抗辩权，因此债权人建行有权直接要求乙清偿债务。

（3）租用乙公司的设备不属于债务人财产。根据规定，人民法院受理破产申请后，债务人占有的不属于债务人的财产，该财产的权利人可以通过管理人取回。B公司作为该财产的权利人，可以通过管理人取回。

（4）丙公司的要求不合法。根据规定，债务人的债务人已知债务人有不能清偿到期债务或者破产申请的事实，对债务人取得债权的，不得抵销。本题中丙已知甲不能够清偿债务仍受让某个人独资企业对甲的债权，故丙的债权债务不可以抵销。

（5）管理人应当请求法院予以撤销。根据破产法规定，法院受理破产申请前6个月内，债务人出现破产原因，仍然对个别债权人进行清偿的，管理人有权请求法院予以撤销。本案中，甲公司明知自己出现破产原因，仍然对C公司进行个别清偿，管理人有权要求法院撤销。

（6）甲公司的股东张某抽逃的出资100万元，管理人应当收回，收回后作为债务人财产。根据《企业破产法》规定，人民法院受理破产申请后，债务人的出资人尚未完全履行出资义务的，管理人应当要求该出资人缴纳所认缴的出资。本案中张某出资后又抽逃出资，管理人有权追回其抽逃的出资。

（7）①破产费用包括诉讼费30万元、管理人员报酬50万元、注册会计师清算费用10万元、评估费10万元，共计100万元。②共益债务包括为继续营业应支付的职工工资20万元、债务人财产造成他人损失20万元以及管理人决定继续履行甲公司与丁公司之间的买卖合同，应当支付给丁公司的50万元货款。共计90万元。

以上破产费用和共益债务应当先以甲公司资产的变现财产随时清偿。甲公司的财产不足以清偿所有破产费用和共益债务的，应当先清偿破产费用；甲公司财产不足以清偿所有破产费用或共益债务的，按比例清偿。

（8）①工行有权就抵押的办公楼变现价款350万元获得清偿；②剩余未获清偿的50万元，作为普通债权获得清偿。

（9）优先清偿欠职工的工资和社会保险，然后清偿欠国家的税款。

第九章 票据与支付结算法律制度

本章考情分析

本章的考点多、记忆难度大。本章在试卷中所占比重较大，分值较高（15～17分）；题型全面，客观题、综合题均有考查，跨章节综合题（与合同法、物权法相结合）也时常出现，因此复习掌握中，既要理解还需记忆。另外，本章出现综合题时，还有允许考生选择用英文回答问题的情形，对此也值得注意。

基本内容框架

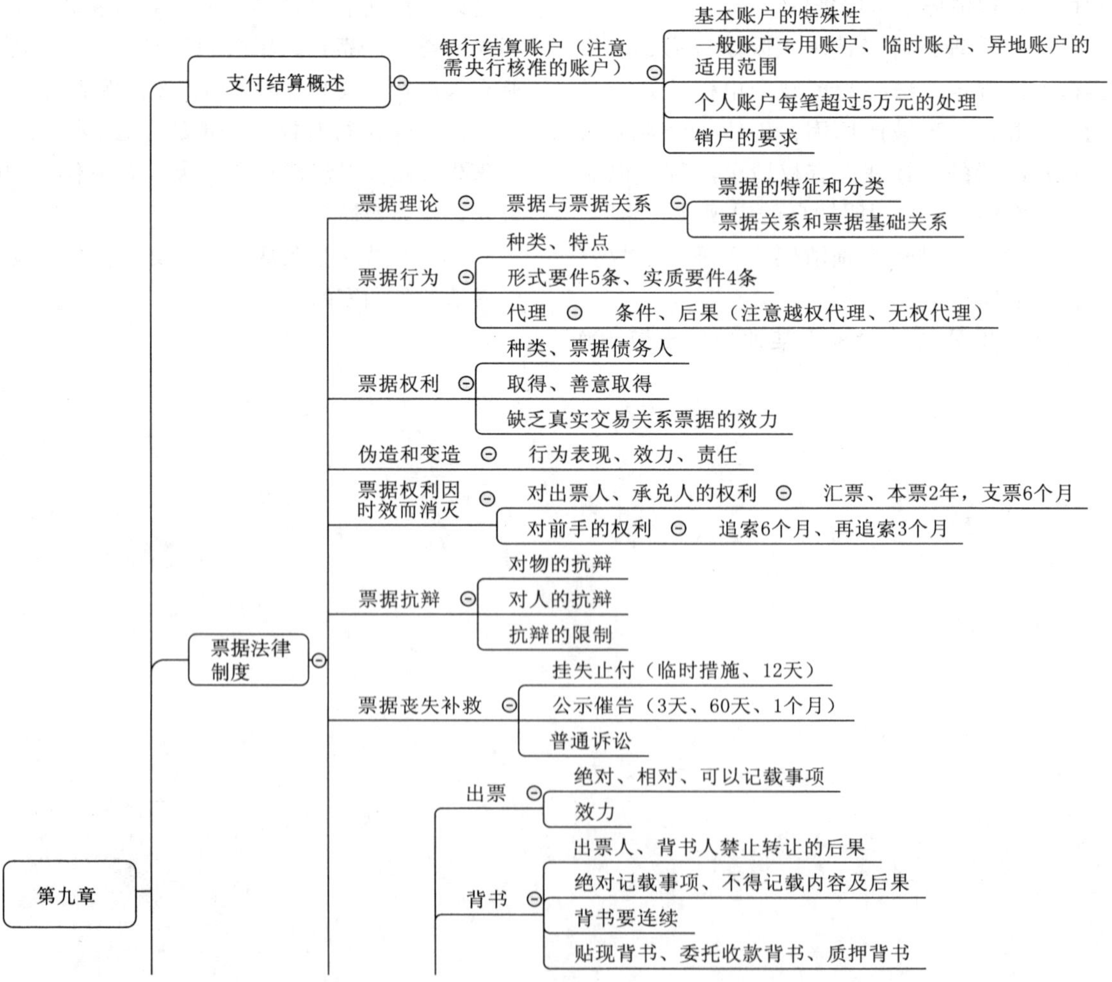

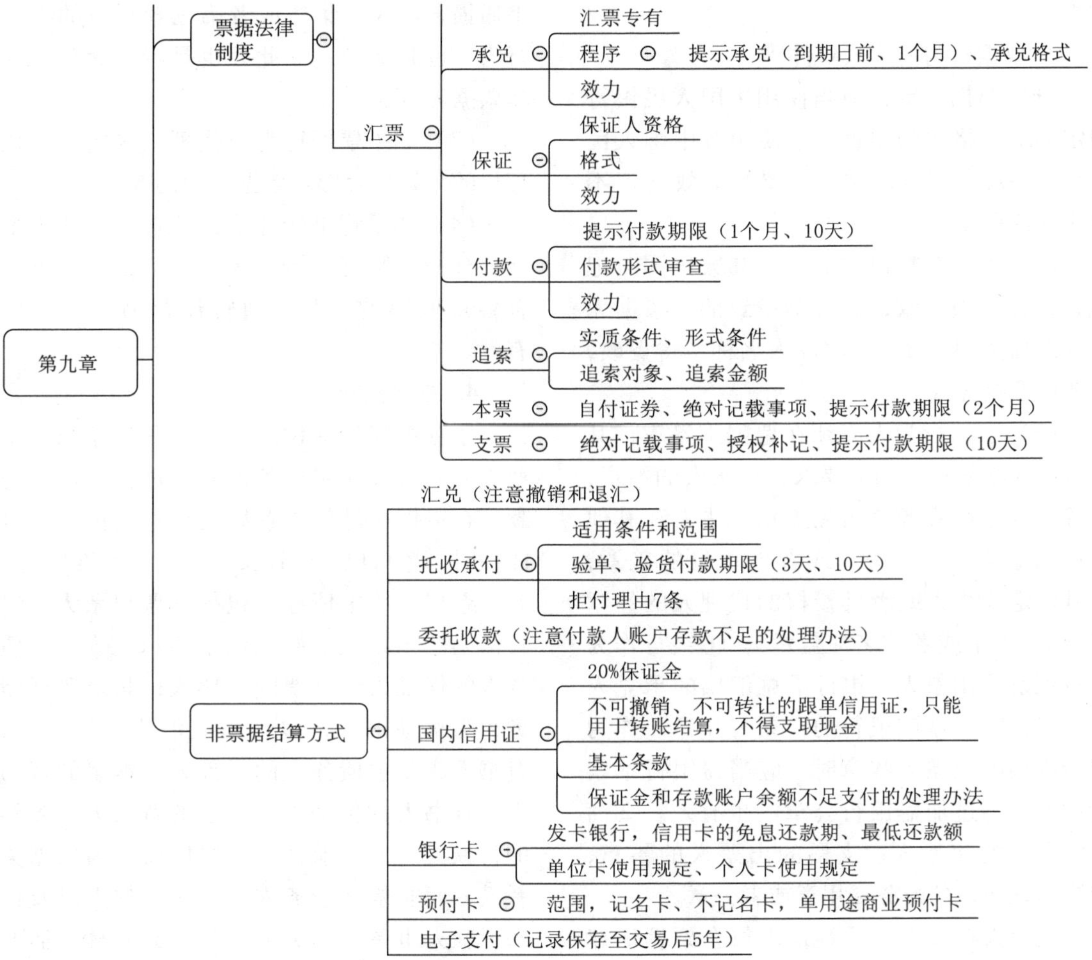

通关重难点例题解析

本章复习重点如下：

（一）了解支付结算的概念与方式、支付结算的特征、支付结算的主要法律法规

（二）熟悉支付结算的原则、银行结算账户

（三）了解票据与票据法概述

（四）掌握票据关系、票据权利的取得、票据的伪造与变造、票据权利的消灭、票据抗辩、票据丧失及补救、汇票的具体制度、支票的具体制度

（五）熟悉本票的具体制度

（六）理解汇兑、托收承付、委托收款、国内信用证、银行卡、预付卡、电子支付

1. 票据关系与非票据关系的区别与联系

（1）票据关系是指基于票据行为而发生的、以请求支付票据金额为内容的债权债务关系。票据法上的非票据关系是指依据票据法上的规定而发生的非票据关系，其中比较重要的是利益返还请求权关系。民法上的非票据关系是指依据民法的一般规定而发生的、与票据有紧密联系的法律关系。民法上的非票据关系又被称为票据基础关系。

（2）票据关系的发生总是以票据的基础关系为原因和前提的。

（3）票据关系一经形成，就与基础关系分离，基础关系是否存在，是否有效，对票据关系都不起影响作用。只有当持票人是不履行约定义务的、与自己有直接债权债务关系的人时，票据债务人才能抗辩。

（4）票据无效，也不影响基础关系的

效力。

2. 票据行为的形式要件

（1）票据当事人应当使用中国人民银行规定的统一格式的票据。未使用按中国人民银行统一规定印制的票据，票据无效（但不属于伪造票据）。

（2）票据金额以中文大写和数码同时记载，二者必须一致，二者不一致的，票据无效。票据金额、日期、收款人名称不得更改，更改的票据无效。

（3）票据行为人必须在票据上签章，其签章方式必须符合如下要求：自然人的签章，为签名、盖章或者签名加盖章。法人和其他单位的签章，为该法人或者该单位的盖章，加其法定代表人或者其授权的代理人的签章（签名、盖章或者签名加盖章）。①银行作为银行汇票的出票人、银行承兑汇票的承兑人签章时，应当盖该银行的汇票专用章。作为银行本票的出票人签章时，应当盖银行本票专用章。不过加盖银行公章的也有效。②商业汇票上的出票人、支票的出票人的签章，应当盖该单位的财务专用章或者公章。

出票人在票据上的签章不符合票据法律法规规定的，票据无效；背书人、承兑人、保证人在票据上的签章不符合票据法律法规规定的，其签章无效，但是不影响票据上其他签章的效力。

（4）票据行为必须在票据上（票据正面、背面或者粘单）按照法定款式进行记载，才可能产生票据法上的效力。

（5）票据行为人还必须将进行了记载的票据交付给相对人，票据行为才成立。

3. 票据行为成立的实质条件

（1）行为人必须具有从事票据行为的能力。在票据上签章的自然人必须是具有完全民事行为能力的人。但签章人不合格只是签章行为无效，并非票据无效，票据上的有效签章人还是要承担票据责任的。

（2）行为人的意思表示真实或无缺陷。具体来说，因欺诈、偷盗、胁迫和恶意而取得票据的行为都是无效的。行为人之间恶意串通损害国家、集体或者第三者利益的票据行为，也是无效的。此处也是行为无效，并非票据无效。

（3）如果票据行为由代理人进行，则代理权的欠缺也会影响票据行为的效力。

（4）如果背书转让票据的背书人并不享有处分权，则背书行为无效。但是，如果符合善意取得的要件，则转让背书行为可以有效。

4. 票据权利

票据权利包括付款请求权和追索权。持票人应当首先向主债务人或者付款人请求付款，在被拒绝付款或者显然有不获付款的可能性时，才可以向偿还义务人主张追索权。

票据上的主债务人包括本票出票人、银行汇票的出票人、商业汇票的承兑人、主债务人的保证人、支票的出票人；其余票据债务人为次债务人，包括商业汇票的出票人、背书人、非主债务人的保证人，本票的背书人、背书人的保证人，支票的背书人。支票的付款人、未经承兑汇票的付款人为票据关系人，而非票据债务人。委托收款人以及代理付款人也是票据关系上的关系主体，而非票据义务人。

票据权利可以依票据行为而取得。如依出票行为而取得、依让与而取得、依票据保证而取得、依票据质押而取得。

票据权利还可以依法律规定而直接取得。①依票据法上的规定而取得。其中最主要的是，被追索人（含票据保证人）向持票人偿还票据金额、利息、费用后，可以取得票据权利。②依其他法律规定而取得。其中比较主要的是，因为继承、法人合并或者分立、税收等原因而取得票据权利。

票据权利的善意取得，是指无处分权人处分他人之票据权利，受让人依照票据法所规定的票据转让方式取得票据，并且善意且无重大过失，则可以取得票据权利的法律制度。

票据权利善意取得的要件包括：①转让人是形式上的票据权利人；②转让人没有处

分权；③受让人依法定转让方式取得票据；④受让人善意且无重大过失；⑤受让人需付出相当对价。因税收、继承、赠与可以依法无偿取得票据的，不受给付对价的限制，但其享有的票据权利不得优于其前手的权利。

票据权利善意取得的后果：①受让人取得票据权利；②原权利人丧失票据权利；③无权处分人导致原权利人权利消失，应承担民事赔偿甚至刑事责任。如无处分权人以自己的名义在票据上签章的，还应承担票据责任。④原权利人未在票据上签章的，不承担票据责任。如原权利人曾经在票据上签章，原则上应承担票据责任。

票据权利善意取得的类推适用：①形式合法的无效出票行为的收款人，背书转让给他人；②票据行为完成记载后遗失、被盗；③票据质权的善意取得。

缺乏真实交易关系票据的效力。缺乏真实的交易关系包括：①作为原因关系的合同无效、被撤销；原因关系的合同无效、被撤销适用前述无因证券之理论。②票据授受的原因是票据权利买卖。票据买卖导致出票行为无效，出票人可以要求第一手持票人返还票据。如该票据已经背书转让，受让人可能基于善意取得制度而取得票据权利。

5. 票据权利的消灭

票据权利可以因付款、免除、抵销、时效等事由的发生而消灭。追索权可以因没有进行票据权利的保全而消灭。

票据权利因时效而消灭的情形有以下几种：①持票人对（汇票、本票）票据的出票人和（商业汇票）承兑人的权利，自票据到期日起2年。见票即付的汇票、本票，自出票日起2年。②持票人对支票出票人的权利，自出票日起6个月。③持票人对前手的追索权，在被拒绝承兑或者被拒绝付款之日起6个月。④持票人对前手的再追索权，自清偿日或者被提起诉讼之日起3个月。上述①、②包括付款请求权和追索权；③、④不包括对出票人的追索权（票据的付款期限：本票、支票——见票即付；汇票——①见票即付；②定日付款；③出票后定期付款；④见票后定期付款）。

持票人因超过票据权利时效或者因票据记载事项欠缺而丧失票据权利的，仍享有民事权利，可以请求出票人或者承兑人返还其与未支付的票据金额相当的利益。

6. 票据抗辩

票据抗辩包括对物的抗辩和对人的抗辩两大类。

对物抗辩，指基于票据本身的内容而发生的事由所进行的抗辩。它可以对任何持票人提出，主要有以下几种情况：①票据所记载的全部票据权利均不存在，如出票缺乏法定形式要件、票据权利已经消灭等；②票据所记载的特定债务人的债务不存在，如不具有完全民事行为能力的签章人、狭义无权代理中的被代理人、票据伪造中的被伪造人、票据变造前签章的人、对特定票据债务人的票据时效超过、因未进行票据保全而对特定票据债务人丧失追索权等；③票据权利的行使不符合债的内容，如票据权利人行使其权利的时间地点方式不符合票据记载或法律规定、法院作出除权判决后票据权利人持票据主张权利等。考生不仅应当掌握上述3种对物抗辩的概述，而且应当掌握其具体表现，因为考试时不是考核概括论述，而是考具体表现情况。

对人抗辩，指票据债务人对抗特定债权人的抗辩。

（1）基于持票人方面原因的抗辩有：①持票人不享有票据权利；②持票人不能够证明其权利；③背书人记载了“不得转让”字样的情形下，记载人对于其直接后手的后手不承担票据责任。

（2）基于基础关系中的直接相对人不履行约定义务的行为进行抗辩，且该基础关系必须是该票据赖以产生的民事法律关系，而不是其他的民事法律关系；如票据已被不履行约定义务的持票人转让给了第三人，而该第三人属于善意的、已对价取得票据的持票人，则票据债务人不能对其进行抗辩；如票据已被不履行约定义务的持票人转让给了第三人，而该第三人属于善意的、没有对价取得票据的持票人，则票据债务人可以对该第三人进行抗辩，因为无对价取得票据的人应承受前手的瑕疵。

（3）基于其与持票人前手之间在基础关系上的抗辩事由进行抗辩：①持票人未给付对价而取得票据；②明知出票人对持票人的前手存在抗辩事由而取得票据。

7. 票据丧失及补救

（1）挂失止付。未填明“现金”字样和代理付款人的银行汇票以及未填明“现金”字样的银行本票丧失，不能挂失止付。

挂失止付不是票据权利补救的必经程序，只是一种临时预防措施。付款人或者代理付款人自收到挂失止付通知书之日起12日内没有收到人民法院的止付通知书的，自第13日起，挂失止付通知书失效。

（2）公示催告。可以背书转让的票据丧失的，持票人可以申请公示催告。

票据丧失后的公示催告程序如下：

①失票人向票据支付地的基层人民法院提出申请。

②人民法院受理申请，同时通知付款人或代理付款人停止支付。

③法院受理后3日内发出公告，公示催告的期间不得少于60天。

④公示催告期间，如有利害关系人申请权利，人民法院查明该票据就是遗失票据的，应裁定终结公示催告程序。

⑤公示催告期间届满以及作出判决前，没有利害关系人申请权利的，申请人应在期满次日起1个月内申请法院作出除权判决。

除权判决的效力为：确认申请人为票据权利人；宣告票据失去效力。利害关系人因为正当理由不能在上述法定期间内向法院申报权利的，自知道或者应当知道判决公告之日起1年内，可以请求撤销除权判决。

（3）提起民事诉讼。失票人应当在通知挂失止付后3日内，也可以在票据丧失后，提供担保后向人民法院提起诉讼。在判决前，丧失的票据出现时，付款人应以该票据正处于诉讼阶段为由暂不付款，而将情况迅速通知失票人和人民法院。法院应终结诉讼程序。

8. 汇票的背书

汇票的转让只能采用背书的方式。出票人在汇票上记载“不得转让”字样的，汇票不得转让。如果收款人将汇票背书转让（包括贴现）给他人，背书行为无效，取得票据的人并不能因此而取得票据权利。背书人在汇票上记载“不得转让”字样，其后手再背书转让的，原背书人对后手的被背书人不承担保证责任。

法定禁止背书转让：填明“现金”字样的银行汇票不得背书转让；不得“期后背书”（指汇票被拒绝承兑、被拒绝付款或者超过付款提示期限后再背书）。

背书的形式：

（1）背书由背书人签章并记载背书日期。其中，背书人签章是绝对记载事项，否则背书无效；背书日期为相对记载事项，未记载的，视为在汇票到期日前背书。

汇票背书转让，还必须记载被背书人名称，即被背书人名称也是背书的绝对应记载事项。依据司法解释，如背书人未记载被背书人名称即将票据交付他人的，持票人在票据被背书人栏内记载自己的名称与背书人记载具有同等法律效力。

（2）背书不得记载的内容有：①附条件的背书。背书时附有条件的，所附条件不具有汇票上的效力，但背书行为仍然有效。②部分背书。将汇票金额的一部分或者将汇票金额分别转让给二人以上的背书无效。

（3）当票据凭证不能满足背书人记载事项的需要，可以加附粘单。第一位使用粘单的背书人必须将粘单粘接在票据上，并且在粘接处签章，否则该粘单记载的内容即为无效。

背书连续：

（1）背书应当连续。

（2）认定背书连续还应注意以下问题：①背书必须在形式要件上有效，背书存在实质上的原因而无效（例如无行为能力人的签章或伪造背书）则不影响背书连续。但是，如果付款人明知持票人不是真正票据权利人，则不得向持票人付款，否则应自行承担责任。②下次背书的背书人与收款人或前次背书的被背书人必须是同一人。以不同名称表述同一人的，也认定为背书连续。③非经背书转让，而以其他合法方式取得汇票的（如继承、法人的合并、分立），不涉及背书连续的问题。④背书的连续是指转让背书连续，而不包括委托收款背书、质押背书等非转让背书在内。

9. 汇票的保证

（1）票据保证的保证人资格同《担保法》有关保证人资格的规定相同。

（2）保证的格式：保证人在汇票或粘单上绝对记载的事项是表明“保证”的字样、保证人的名称和住所、保证人签章。保证的相对记载事项是被保证人的名称、保证日期。

为出票人、承兑人保证的，应记载于汇票的正面；为背书人保证的，应记载于汇票的背面或粘单上。

如果未记载被保证人名称，已承兑汇票的承兑人或未承兑汇票的出票人为被保证人（主债务人为被保证人）。如果未记载保证日期的，出票日期为保证日期。

保证不得附条件；附有条件的，不影响对汇票的保证责任。

（3）保证的效力。

①保证人对合法取得汇票的持票人所享有的汇票权利，承担保证责任。但被保证人的债务因汇票记载事项欠缺而无效的除外。也即只有当被保证人的债务因形式要件欠缺而无效的，保证人的保证责任才免除。

②保证人与被保证人的责任在数量上相同，我国法律不允许部分保证。

③保证人与被保证人对持票人承担连带责任；保证人为二人以上的，保证人之间承担连带责任。

④保证人清偿汇票债务后，可以行使持票人对被保证人及其前手的追索权。

10. 汇票的追索权

追索权发生的实质条件是：①汇票到期被拒绝付款；②汇票在到期日前被拒绝承兑；③汇票到期日前，承兑人或付款人死亡、逃匿的；④汇票到期日前，承兑人或付款人被依法宣告破产或因违法被责令终止业务活动。

追索权发生的形式条件是：①在法定期限提示承兑或提示付款；②在不获承兑或不获付款时，在法定期限内作成拒绝证明（票据权利保全）。拒绝证明的种类包括：拒绝证书、退票理由书、记载着拒绝付款字样的汇票、其他有关证明、人民法院的有关司法文书、有关行政主管部门的处罚决定等。

持票人不能出示拒绝证明的，丧失对其前手的追索权；但承兑人或付款人仍应对持票人承担责任。

追索权的行使：

（1）持票人行使追索权的对象是其一切前手，出票人、背书人、承兑人、保证人均系汇票债务人，承担连带责任，持票人可不按照汇票债务人的先后顺序，对其中任何人行使追索权；并且，持票人对汇票债务人中的一人或数人已经进行追索的，对其他汇票债务人仍可以行使追索权。但是，持票人为出票人的，对其（持票时的）前手无追索权；持票人为背书人的，对其（背书时的）后手无追索权。

（2）持票人行使追索权，可以请求清偿的金额和费用包括：①被拒绝付款的汇票金额；②汇票金额自到期日或者提示付款日起至清偿日止，按中国人民银行的规定计算的相应的利息；③取得有关拒绝证明和发出通知书的费用。

（3）被追索人向持票人支付上述清偿金额及费用后，可以向其他汇票债务人行使再追索权，其可以请求支付的金额和费用有：①已清偿的全部金额；②前项金额自清偿日起至再追索清偿日止，按中国人民银行的规定计算的相应的利息；③发出通知书的费用。

11. 汇兑

（1）汇兑分为信汇与电汇两种方式。

（2）汇兑的撤销。这是指汇款人对汇出银行尚未汇出的款项，向汇出银行申请撤销的行为。在申请撤销时，汇款人应出具正式函件或本人身份证件及原信、电汇回单。

（3）汇兑的退汇。这是指汇款人对汇出银行已经汇出的款项申请退回汇款的行为。对在汇入银行开立存款账户的收款人，由汇款人与收款人自行联系退汇。对在汇入银行未开立存款账户的收款人，汇款人应出具正式函件或本人身份证件以及原信、电汇回单，由汇出银行通知汇入银行，经汇入银行核实汇款确未支付，并将款项退回汇出银行，方可办理退汇。汇入银行对于收款人拒绝接受的汇款，应即办理退汇。汇入银行对于向收款人发出取款通知，经过2个月无法交付的汇款，应主动办理退汇。

12. 托收承付

（1）金额起点。托收承付结算每笔的金额起点为1万元。新华书店系统每笔的金额起点为1千元。

（2）适用主体。必须是国有企业，供销合作社以及经营管理较好，并经开户银行审查同意的城乡集体所有制工业企业。

（3）适用条件。

①办理托收承付结算的款项，必须是商品交易，以及因商品交易而产生的劳务供应的款项。代销、寄销、赊销商品的款项，不得办理托收承付结算。

②收付双方使用托收承付结算必须签有符合《合同法》规定的购销合同，并在合同上订明使用托收承付结算方式。

③收款人办理托收，必须具有商品确已发运的证件，包括铁路、航运、公路等运输部门签发的运单、运单副本和邮局包裹回执等。

（4）不得使用的情形。收付双方办理托收承付结算，必须重合同、守信用。收款人对同一付款人发货托收累计3次收不回货款的，收款人开户银行应暂停收款人向该付款人办理托收；付款人累计3次提出无理拒付的，付款人开户银行应暂停其向外办理托收。

（5）办理托收承付的程序。承付货款分为验单付款和验货付款两种，由收付双方商量选用，并在合同中明确规定。

验单付款的承付期为3天，从付款人开户银行发出承付通知的次日算起（承付期内遇法定休假日顺延）；验货付款的承付期为10天，从运输部门向付款人发出提货通知的次日算起。

13. 国内信用证

信用证结算方式适用于国内企事业之间的货物和服务贸易。服务贸易包括但不限于运输、旅游、咨询、通讯、建筑、保险、金融、计算机和信息、专有权利使用和特许、广告宣传、电影音像等服务项目。信用证只能用于转账结算，不得支取现金。

开证申请人申请开立信用证，须提交其与受益人签订的贸易合同。

银行与申请人在开证前应签订明确双方权利义务的协议。开证行可要求申请人交存一定数额的保证金，并可根据申请人资信情况要求其提供抵押、质押、保证等合法有效的担保。

对于可转让信用证，开证行必须指定转让行，转让行可为开证行。转让行无办理信用证转让的义务，除非其明确同意。转让行仅办理转让，并不承担信用证项下的付款责任，但转让行是保兑行或开证行的除外。

可转让信用证只能转让一次，即只能由第一受益人转让给第二受益人，已转让信用证不得应第二受益人的要求转让给任何其后的受益人，但第一受益人不视为其后的受益人。第二受益人拥有收取转让后信用证款项的权利并承担相应义务。第一受益人的任何转让要求须说明是否允许以及在何条件下允许将修改通知第二受益人。已转让信用证须明确说明该项条款。

14. 银行卡的使用

（1）单位卡的使用。在单位卡的使用过程中，其账户的资金一律从其基本存款账户转账存入，不得交存现金，不得将销货收入的款项存入其账户。单位外币卡账户的资金应从其单位外汇账户转账存入，不得在境内存取外币现钞。

（2）挂失。发卡银行应当提供24小时挂失服务。

（3）单位卡销户。单位卡销户时，人民币卡账户的资金应当转入其基本存款账户，外币卡账户的资金应当转回相应的外汇账户，不得提取现金。

（4）银行卡的计息和收费标准。贷记卡持卡人非现金交易享受下列优惠：根据自2017年1月1日起实施的《中国人民银行关于信用卡业务有关事项的通知》，信用卡持卡人透支消费享受免息还款期和最低还款额待遇的条件和标准等，由发卡机构自主确定。对信用卡透支利率实行上限和下限管理，透支利率上限为日利率万分之五，透支利率下限为日利率万分之五的0.7倍。信用卡透支的计结息方式以及对信用卡溢缴款是否计付利息及其利率标准，由发卡机构自主确定。取消信用卡滞纳金，对于持卡人违约逾期未还款的行为，发卡机构应与持卡人通过协议约定是否收取违约金以及相关收取方式和标准。发卡机构向持卡人提供超过授信额度用卡服务的，不得收取超限费。发卡机构对向持卡人收取的违约金和年费、取现手续费、货币兑换费等服务费用不得计收利息。

【例9－1】（2017年单选题）A公司因急需资金，将其作为收款人的一张已获银行承兑的商业汇票背书转让给B公司。汇票票面金额为50万元，B公司向A公司支付现金42万元作为取得该汇票的对价。根据票据法律制度的规定，下列关于A公司背书行为效力及其理由的表述中，正确的是（　　）。

A. 背书行为有效，因为该汇票已获银行承兑

B. 背书行为有效，因为A公司是票据权利人

C. 背书行为无效，因为不具有真实的交有关系

D. 背书行为无效，因为B公司支付的对价过低

【答案】D

【依据】如果票据授受的原因是“票据权利买卖”，应当认定当事人之间不存在真实的交易关系，将导致相应的票据行为无效。

【例9－2】（2017年多选题）根据支付结算法律制度的规定，下列关于国内信用证（简称信用证）的表述中，正确的有（　　）。

A. 信用证与作为其依据的买卖合同相互独立

B. 信用证具有融资功能

C. 开证行可以单方修改或撤销信用证

D. 受益人可以将信用证的部分权利转让给他人

【答案】AB

【解析】选项C、D：我国的信用证为不可撤销、不可转让的跟单信用证。所谓“不可撤销”，是指信用证开具后在有效期内，非经信用证各有关当事人（即可证银行、开证申请人和受益人）的同意，开证银行不得修改或者撤销。所谓“不可转让”，是指受益人不能讲信用证的权利转让给他人。

【例9－3】（2016年多选题）根据票据法律制度的规定，下列各项中，属于汇票上的绝对必要记载事项的有（　　）。

A. 汇票金额　　B. 收款人名称

C. 付款日期　　D. 出票日期

【答案】ABD

【例9－4】（2016年单选题）根据票据法律制度的规定，下列关于票据转让背书无效情形的表述中，正确的是（　　）。

A. 背书人未记载被背书人名称的，背书无效

B. 背书时附有条件的，背书无效

C. 背书人将票据全额分别转让给二人以上的，背书无效

D. 背书人在票据上记载“不得转让”字样的，其后手的转让背书无效

【答案】C

【解析】背书人未记载被背书人名称即将票据交付他人的，持票人在票据被背书人栏

内记载自己的名称与背书人记载具有同等法律效力，选项A错误。背书附条件的，条件无效，背书有效，选项B错误。背书人在汇票上记载“不得转让”字样，其后手再背书转让的，原背书人对后手的被背书人不承担票据责任。选项D错误。

【例9-5】(2015年单选题) 甲公司签发的支票上，中文大写记载的金额为“壹万玖仟捌佰元整”，而阿拉伯数字（数码）记载的金额为“19810元”。下列关于该支票效力的表述中，正确的是（　　）。

A. 支票无效

B. 甲公司将金额更改为一致并签章后，支票有效

C. 支票有效，以中文记载为准

D. 支票有效，以阿拉伯数字（数码）记载为准

【答案】A

【解析】法律规定，票据金额以中文大写和数码同时记载，二者必须一致，二者不一致的，票据无效；而且金额更改的票据也是无效的。

【例9-6】(2015年多选题) 下列关于国内信用证的表述中，符合支付结算法律制度规定的有（　　）。

A. 不可撤销　　B. 不可转让

C. 不可取现　　D. 不可跟单

【答案】ABC

【解析】我国的信用证为不可转让、不可撤销的跟单信用证。信用证只能用于转账结算，不能支取现金。

【例9-7】(2018年单选题) 根据票据法律制度的规定，下列票据记载事项中，可以更改的是（　　）。

A. 票据金额　　B. 出票日期

C. 付款人名称　　D. 收款人名称

【答案】C

【解析】票据金额、日期、收款人名称不得更改，更改的票据无效。

【例9-8】(2018年多选题) 下列关于本票的表述中，符合票据法律制度规定的有（　　）。

A. 我国现行法律规定的本票仅为银行本票

B. 本票为见票即付的票据

C. 本票的收款人名称可以授权补记

D. 本票未记载付款地的，出票人的营业场所为付款地

【答案】ABD

【解析】C选项，本票出票时必须记载的事项有：(1) 表明“本票”字样；(2) 无条件支付的承诺；(3) 确定的金额；(4) 收款人名称；(5) 出票日期；(6) 出票人签章。

【例9-9】(2018年综合题) 2018年3月5日，A公司为支付货款，向B公司签发一张200万元的银行承兑汇票，汇票到期日为2018年9月4日。甲银行与B公司签署承兑协议后，作为承兑人在票面上签章。后该承兑协议因重大误解而被人民法院撤销。

B公司收到汇票后背书转让给C公司，用于支付房屋租金，但未在被背书人栏内记载C公司的名称。C公司欠D公司一笔应付账款，遂直接将D公司记载为B公司的被背书人，并将汇票交给D公司。

6月5日，D公司财务人员李某将其负责保管的该汇票盗出，并伪造D公司相关签章，将该汇票背书转让给与其相互串通的E公司。

7月5日，E公司将该汇票背书转让给F公司，用于支付货款。F公司知道E公司获得该汇票的详情，但仍予接受。F公司随即将该汇票背书转让给G公司，用于支付装修工程款。G公司对李某的行为及E公司、F公司获取该汇票的经过均不知情。

9月4日，G公司持该汇票向甲银行提示付款，甲银行以其与B公司之间的承兑协议已被撤销为由拒付。

要求：根据上述内容，分别回答下列问题。

(1) 甲银行拒绝向G公司付款的理由是否成立？并说明理由。

(2) F公司是否取得票据权利？并说明理由。

(3) G公司是否取得票据权利？并说明理由。

(4) G公司是否有权向C公司追索？并说明理由。

【答案及解析】

(1) 甲银行拒绝向G公司付款的理由不成立。根据票据法律制度的规定，付款人承兑汇票后，应当承担到期付款的责任（或答：汇票承兑人/票据债务人不得以其与出票人或者持票人前手之间的抗辩事由对抗持票人）。

(2) F公司没有取得票据权利。根据票据法律制度的规定，以偷盗手段取得票据的，或者明知有此情形而恶意取得票据的，不享有票据权利。

(3) G公司取得了票据权利。根据票据法律制度的规定，F公司进行背书时虽然不是票据权利人，但是G公司善意且无重大过失，并支付了相应对价，因此可以取得票据权利（或答：G公司善意取得票据权利）。

(4) G公司无权向C公司追索。由于C公司未在汇票上签章，因此不是票据义务人，不承担票据债务/责任。

【例9-10】(2017年综合题) 甲公司为支付货款，向乙公司签发一张以A银行为承兑人、金额为100万元的银行承兑汇票。A银行作为承兑人在汇票票面上签章，甲公司的股东郑某在汇票上以乙公司为被保证人，进行了票据保证的记载并签章。甲公司将汇票交付给乙公司工作人员孙某。孙某将该汇票交回乙公司后，利用公司财务管理制度的疏漏，将汇票暗中取出，并伪造乙公司财务专用章和法定代表人签章，将汇票背书转让给与其相互串通的丙公司。丙公司随即将该汇票背书转让给丁公司，用于支付房屋租金，丁公司对于孙某伪造汇票之事不知情。丁公司于汇票到期日向A银行提示付款。A银行在审核过程中发现汇票上的乙公司签章系伪造，故拒绝付款。丁公司遂向丙公司、乙公司和郑某追索，均遭拒绝。后丁公司知悉孙某伪造汇票之事，遂向其追索，亦遭拒绝。

根据上述内容，分别回答下列问题。

(1) 丁公司能否因丙公司的背书转让行为而取得票据权利？并说明理由。

(2) 乙公司是否应当向丁公司承担票据责任？并说明理由。

(3) 郑某是否应当向丁公司承担票据责任？并说明理由。

(4) 孙某是否应当向丁公司承担票据责任？并说明理由。

【答案及解析】

(1) 丁公司取得票据权利。根据规定，尽管丙公司不享有票据权利，但由于其形式上是票据权利人，在其向丁公司背书转让时，丁公司善意取得票据权利。

(2) 乙公司无需向丁公司承担票据责任。根据规定，在假冒他人名义的情形下，被伪造人（乙公司）不承担票据责任。

(3) 郑某应当向丁公司承担票据责任。根据规定，如果被保证人的债务因“实质要件”的欠缺而无效（如签章伪造），并不影响票据保证的效力，保证人（郑某）仍应对票据权利人（丁公司）承担票据保证责任。

(4) 孙某无需向丁公司承担票据责任。根据规定，由于伪造人（孙某）没有以自己的名义在票据上签章，因此不承担票据责任。

【例9-11】(2016年综合题) 2016年3月1日，为支付工程款项，A公司向B公司签发一张以甲银行为承兑人，金额为150万元的银行承兑汇票。汇票到期日为2016年9月1日，甲银行作为承兑人在汇票票面上签章。

4月1日，B公司将该汇票背书转让给C公司，用于支付买卖合同价款，后因C公司向B公司出售的合同项下货物存在严重质量问题，双方发生纠纷。

5月1日，C公司为支付广告费，将该汇票背书给D公司。D公司负责人知悉B、C之间合同纠纷的详情，对该汇票产生疑虑，遂要求C公司的关联企业E公司与D公司签订了一份保证合同，保证合同约定，E公司就C公司对D公司承担的票据责任提供连带责任保证。但E公司未在汇票上记载有关保证事项，亦未签章。

6月1日，D公司将该汇票背书转让给F公司，以偿还所欠F公司的租金。

9月2日，F公司持该汇票向甲银行提示付款，甲银行以A公司资信状况不佳，账户余额不足为由拒付。

F公司遂向B、D公司追偿。B公司以C公司违反买卖合同为由，对F公司的追偿予以拒绝。D公司向F公司承担票据责任后，分别向B、E公司追索。B公司仍以C公司违反买卖合同为由，对D公司的追索予以拒绝，E公司亦拒绝。

根据上述内容，分别回答下列问题。

(1) 甲银行的拒付理由是否成立？并说明理由。

(2) B公司拒绝F公司追索的理由是否成立？并说明理由。

(3) B公司拒绝D公司追索的理由是否成立？并说明理由。

(4) D公司能否要求E公司承担票据责任？能否依保证合同要求E公司承担保证责任？并分别说明理由。

【答案及解析】

(1) 甲银行的拒付理由不成立。根据规定，票据债务人不得以自己与出票人之间的抗辩事由，对抗持票人。因此甲银行已经承兑，是主债务人，就不能以资金关系为由对持票人拒绝付款。

(2) B公司拒绝F公司追索的理由不成立。根据规定，票据债务人可以对不履行约定义务的与自己有直接债权债务关系的持票人，进行抗辩。但如果该票据已被不履行约定义务的持票人进行背书转让，而最终的持票人属善意、已对价取得票据的持票人，则票据债务人不能对其进行抗辩。

(3) B公司拒绝D公司追索的理由成立。根据规定，票据债务人不得以自己与持票人的前手之间的抗辩事由，对抗持票人。但是，持票人明知存在抗辩事由而取得票据的除外。题目中，D知道B、C之间的纠纷，所以B可以对抗C的事由对抗D。

(4) D公司不能要求E公司承担票据责任。根据规定，保证人未在票据或者粘单上记载“保证”字样而另行签订保证合同或者保证条款的，不属于票据保证。因此D公司不能要求E公司承担票据责任。

但可以根据保证合同要求E公司承担保证责任。

根据规定，保证人未在票据或者粘单上记载“保证”字样而另行签订保证合同或者保证条款的，虽然不属于票据保证，但可以适用《担保法》的有关规定。题目中E公司与D公司签订了保证合同，因此D公司可以让E公司承担合同中的保证责任。

通关演练

一、单项选择题

1. 根据支付结算法律制度的规定，下列银行结算账户中，可以办理现金支取的是(　　)。

A. 基本存款账户

B. 一般存款账户

C. 财政预算外资金专用存款账户

D. 期货交易保证金专用存款账户

2. 根据支付结算法律制度的规定，下列有关填写结算凭证的表述中，错误的是(　　)。

A. 单位在结算凭证上的签章，为该单位的盖章加其法定代表人或其授权的代理人的签名或盖章

B. 结算凭证的金额不得更改；更改的，银行不予受理

C. 结算凭证金额须以中文大写和阿拉伯数字同时记载，两者不一致的，以中文大写为准

D. 少数民族地区根据实际需要，结算凭证金额大写可以使用少数民族文字

3. 根据支付结算法律制度的规定，下列

关于临时存款账户的表述不正确的是（ ）。

A. 临时存款账户的有效期最长不得超过2年

B. 存款人为临时机构的，只能在其驻在地开立一个临时存款账户，不得开立其他银行结算账户

C. 存款人在异地从事临时活动的，只能在其临时活动地开立一个临时存款账户

D. 建筑施工及安装单位在异地同时承建多个项目的，可以根据建筑施工及安装合同开立大于等于项目合同个数的临时存款账户

4. 根据支付结算法律制度的规定，下列关于银行结算账户撤销的表述中，正确的是（ ）。

A. 存款人因主体资格终止撤销银行结算账户的，应先撤销一般存款账户、专用存款账户、临时存款账户，将账户资金转入基本存款账户后，方可办理基本存款账户的撤销

B. 银行撤销单位银行结算账户时应在其基本存款账户开户登记证上注明销户日期并签章，同时于撤销银行结算账户之日起3个工作日内，向中国人民银行报告

C. 对于存款人一年内未发生收付活动的单位银行结算账户，银行应当通知单位自发出通知之日起30日内办理销户手续，逾期视同自愿销户

D. 对于存款人应撤销而未办理销户手续的单位银行结算账户，银行应当通知单位自发出通知之日起60日内办理销户手续，逾期视同自愿销户

5. 根据票据法律制度的规定，下列关于票据特征的表述中不正确的是（ ）。

A. 票据是债权证券，即持票人可以就票据上所记载的金额向特定票据债务人行使其请求权

B. 票据是设权证券，即没有票据就没有票据上的权利

C. 票据是文义证券，但如果票据上记载的文义有错，可以依票据之外的其他证据变更或者补充

D. 票据是金钱证券，即持票人可以请求债务人给付一定的金钱

6. 根据票据法律制度的规定，下列行为中不属于票据行为的是（ ）。

A. 出票　　B. 背书

C. 承兑　　D. 付款

7. 根据票据法律制度的规定，下列关于票据行为的形式要件的表述中不正确的是（ ）。

A. 绝对必要记载事项未记载的，票据行为无效

B. 相对必要记载事项未记载的，票据行为有效

C. 票据行为人已经在票据上进行了记载，即使其未将票据交付给相对人，票据行为仍然成立

D. 票据行为只有在票据上记载才可能产生票据法上的效力

8. 票据上没有记载履行地点的，以下哪一地点视为履行地点（ ）。

A. 出票人的营业场所、住所、经常居住地履行

B. 付款人或承兑人的营业场所、住所、经常居住地履行

C. 持票人的营业场所、住所、经常居住地履行

D. 持票人和付款人或承兑人协商确定的地点履行

9. 甲公司向乙公司购买一批货物，于是向乙公司签发一张票面金额为100万元的银行承兑汇票，承兑银行为A银行。乙公司将该票据背书转让给丙公司，丙公司将该票据背书转让给丁公司，经查，丙公司在票据上的签章为合同专用章。丁公司按期提示付款时，A银行以丙公司签章不符合规定为由拒绝付款。根据票据与支付结算法律制度的规定，下列表述不正确的是（ ）。

A. 丙公司的签章不符合规定，票据无效

B. 甲公司仍然应承担票据责任

C. 丙公司不承担票据责任

D. A银行有权拒绝付款

10. 2015年4月1日，甲公司签发一张出票后3个月付款的银行承兑汇票给乙公司，承兑人为A银行，乙公司为了支付货款将票据背书转让给丙公司，同年7月5日，丙公司向A银行提示付款，被拒绝。随即丙公司要求乙公司承担票据责任，乙公司向丙公司付清了全部款项。根据票据法律制度的规定，下列说法正确的是（　　）。

A. 乙公司可以向承兑人A银行进行追索，行使追索权的期限为2017年7月1日之前

B. 乙公司可以向承兑人A银行进行追索，行使追索权的期限为2017年4月1日之前

C. 乙公司可以向甲公司进行追索，行使追索权的期限为2015年7月1日之前

D. 乙公司可以向甲公司进行追索，行使追索权的期限为2015年10月1日之前

11. 甲公司自乙公司背书取得银行承兑汇票一张，后得知该票据已经被A公司申请公示催告，但是因甲公司所在地发生特大地震，导致甲公司无法及时申报权利。根据规定，甲公司可以自知道或应当知道除权判决公告之日起（　　）内，向作出除权判决的法院起诉，请求撤销除权判决。

A. 6个月　　B. 1年

C. 2年　　D. 3年

12. 根据票据与支付结算法律制度的规定，下列关于汇票的相关表述中，不正确的是（　　）。

A. 未记载出票日期的，视为见票即付的票据

B. 未记载付款日期的，视为见票即付的票据

C. 未记载付款地的，付款人的营业场所、住所或者经常居住地为付款地

D. 未记载出票地的，出票人的营业场所、住所或者经常居住地为出票地

13. 甲公司为支付到期货款签发一张票面金额为50万元的银行承兑汇票给乙公司，承兑银行为A银行，乙公司将该票据质押给丙公司向丙公司借款50万元，并在票据上记载“质押”字样并交付给了丙公司。根据票据与支付结算法律制度的规定，下列表述不正确的是（　　）。

A. 丙公司可以将该票据再次背书转让给丁公司

B. 丙公司可以进行委托收款背书

C. 丙公司取得票据质权

D. 丙公司对该票据享有优先于乙公司其他债权人的权利

14. 甲公司向乙公司签发一张银行承兑汇票，付款银行为A银行，乙公司取得该票据后将该票据背书转让给丙公司，丙背书转让给丁公司，B银行作为票据保证人在票据上签章，但是未记载被保证人名称，丁公司按期提示承兑遭到A银行拒绝。根据票据与支付结算法律制度的规定，被保证人视为（　　）。

A. 甲公司　　B. A银行

C. 乙公司　　D. 丙公司

15. 甲公司签发一张银行汇票给乙公司，承兑人为A银行，汇票经甲公司财务负责人签字，并加盖了甲公司的合同专用章。后乙公司将汇票背书给丙公司，但未记载被背书人名称，丙公司在被背书人栏内记载自己的名称后，将汇票背书给了丁公司，丁公司提示付款被A银行拒绝，则下列说法正确的是（　　）。

A. 乙公司因出票行为取得票据权利

B. 丙公司因背书行为取得票据权利

C. 丙公司在背书人栏内记载自己的名称与背书人记载具有同等效力

D. 乙公司、丙公司、丁公司均未取得票据权利

16. 甲是票据的收款人，乙伪造甲的签章将该票据背书转让给知情的丙。根据票据与支付结算法律制度的规定，下列表述中不正确的是（　　）。

A. 背书行为无效

B. 丙取得票据权利

C. 甲仍是票据权利人

D. 乙不需要承担票据责任

17. 根据票据与支付结算法律制度的规定，下列票据中既能挂失止付又能公示催告的是（　　）。

A. 现金支票

B. 填明现金字样的银行本票

C. 填明现金字样的银行汇票

D. 已承兑的商业汇票

18. 刘某是某支票的持有人，不慎将该票据丢失，依法向人民法院申请了公示催告。公告期满且无利害关系人申报债权，则刘某可以在届满次日起（　　）内，申请法院作出除权判决。

A. 1个月　　B. 2个月

C. 3个月　　D. 6个月

19. 甲公司向乙公司签发一张汇票，根据票据法律制度的规定，下列选项中，该汇票未记载的，票据无效的是（　　）。

A. 付款地

B. 出票地

C. 合同号码

D. 甲公司的签章

20. 背书人甲将一张60万元的汇票分别背书转让给乙和丙各20万元、40万元，下列有关该背书效力的表述中，正确的是（　　）。

A. 背书无效

B. 背书有效

C. 背书转让给乙20万元有效，转让给丙40万元无效

D. 背书转让给乙20万元无效，转让给丙40万元有效

21. 根据票据法律制度的规定，下列关于承兑的表述正确的是（　　）。

A. 汇票和支票均需承兑

B. 承兑附有条件的，条件无效，承兑有效，承兑人应当承担付款义务

C. 承兑后，付款人改为承兑人，成为汇票上的主债务人，持票人即使未按期提示付款或未依法取证，也不丧失对承兑人的追索权

D. 承兑行为的绝对必要记载事项包括承兑文句（“承兑”字样）、签章以及承兑日期

22. 甲签发一张支票给乙，乙背书给丙，并记载如果丙提供的产品不合格则不享有票据权利，且丁作为保证人在票据上签章。丙将票据赠与女友戊，戊提示付款被拒绝。经查丙提供的产品不合格，则下列说法正确的是（　　）。

A. 戊可以向出票人追索

B. 戊可以向乙追索

C. 戊可以向丁追索

D. 戊不享有票据权利

23. 根据票据法律制度的规定，下列有关支票的表述中，不符合规定的是（　　）。

A. 支票上的金额可以由出票人授权补记，未补记前不得使用

B. 持票人请求付款时，如果出票人在付款人处的存款金额不足支付支票金额，则付款银行仍应付款

C. 收款人名称并非出票行为的绝对必要记载事项，可以授权补记

D. 支票的持票人应当自出票日起10日内提示付款

24. 根据支付结算法律制度的规定，下列关于托收承付的说法不正确的是（　　）。

A. 使用托收承付结算方式的收款单位和付款单位，必须是国有企业、供销合作社

B. 办理托收承付结算的款项，必须是商品交易以及因商品交易而产生的劳务供应的款项

C. 代销、寄销、赊销商品的款项，不得办理托收承付结算

D. 收付双方使用托收承付结算必须签有符合规定的买卖合同

25. 甲公司拟通过国内信用证方式支付60万元，则其在办理开证申请时，应当缴纳不低于（　　）的保证金。

A. 6万元　　B. 12万元

C. 18万元　　D. 30万元

26. 张某持有一张银行卡，张某须先存入

一定金额的备用金，当备用金账户余额不足支付时，张某可在发卡行规定的信用额度内透支。根据支付结算法律制度的规定，该卡的性质为（　　）。

A. 贷记卡　　B. 准贷记卡
C. 储值卡　　D. 借记卡

二、多项选择题

1. 根据支付结算法律制度的规定，单位、个人和银行在办理支付结算时，应当遵守的基本原则包括（　　）。

A. 恪守信用，履约付款
B. 银行不垫款
C. 必须遵循法定形式
D. 谁的钱进谁的账，由谁支配

2. 根据票据与支付结算法律制度的规定，下列关于银行结算账户的表述中，正确的有（　　）。

A. 银行结算账户是活期存款账户
B. 单位银行结算账户按用途可分为基本存款账户、一般存款账户、专用存款账户、临时存款账户
C. 存款人只能在注册地或住所地开设银行结算账户
D. 合格境外机构投资者在境内从事证券投资开立的人民币特殊账户和人民币结算账户资金账户纳入专用存款账户管理

3. 根据支付结算法律制度的规定，下列表述正确的有（　　）。

A. 没有开立存款账户的个人不得通过银行办理支付结算
B. 人民币结算账户是银行为存款人开立的办理资金收付结算的人民币定期存款账户
C. 人民币银行结算账户按存款人不同，可分为单位银行结算账户和个人银行结算账户
D. 个人储蓄账户仅限于办理现金存取业务，不得办理转账结算

4. 根据票据法律制度的规定，下列各项中，不属于票据义务人的有（　　）。

A. 未经承兑的汇票的付款人
B. 委托收款人
C. 代理付款人
D. 支票的付款人

5. 甲公司签发一张银行汇票给乙公司，后乙公司为向丙公司支付货款，和自己的合作伙伴丁公司签订委托协议，委托丁公司将票据背书转让给丙公司，后乙丁公司之间就委托事项发生争议，解除了委托合同。但未及时收回委托协议。丁公司将票据背书转让给不知情的丙公司支付上述货款。则下列说法中正确的有（　　）。

A. 丁公司代理乙公司将票据背书转让给丙时，需要有代理人丁公司的签章
B. 丙公司不享有票据权利
C. 丙公司享有票据权利
D. 丁公司应当承担票据责任

6. 甲向乙签发一张支票以支付购货款，乙将该支票背书转让给丙以支付购货款，丙将票据转让给善意的丁后，丁将票据赠送给庚。后乙、丙之间的买卖合同因故被确认无效。则下列说法中正确的有（　　）。

A. 乙可以要求庚返还票据
B. 丁因丙的背书行为取得票据权利
C. 庚因丁的赠与行为取得票据权利
D. 乙、丙之间的票据行为缺乏真实交易关系，丙不享有票据权利

7. 根据票据与支付结算法律制度的规定，下列账户中实行核准制度的有（　　）。

A. 基本存款账户
B. 临时存款账户
C. 预算单位专用存款账户
D. QFII 专用存款账户

8. 根据支付结算法律制度的规定，存款人有下列情形之一的，可以在异地开立有关银行结算账户的有（　　）。

A. 营业执照注册地与经营地不在同一行政区域（跨省、市、县）需开立基本存款账户
B. 办理异地借款需要开立一般存款账户
C. 存款人因附属的非独立核算单位发生的业务支出需要开立专用存款账户

D. 异地临时经营活动需要开立临时存款账户

9. 根据票据法律制度的规定，下列属于支票上的次债务人的有（　　）。

A. 出票人　　B. 背书人

C. 保证人　　D. 付款人

10. 根据票据法律制度的规定，下列选项中属于无效票据的有（　　）。

A. 甲出票给乙，甲在票据上的签章不符合票据法的规定

B. 甲出票给乙，票据金额的中文大写和数码不一致

C. 甲出票给乙，但甲所使用的票据不是中国人民银行统一规定印制的票据

D. 甲出票给乙，后甲又将收款人名称由乙改为丙

11. 甲公司与乙公司签订买卖合同后，为了支付价款，甲公司签发了一张以乙公司为收款人的银行承兑汇票，公司财务经理签字，并加盖了公司的合同专用章。承兑人丙银行的代理人签字并加盖了银行的汇票专用章。乙公司背书转让给丁公司后，丁公司在票据到期时向丙银行请求付款。根据票据法律制度的规定，下列表述中，错误的有（　　）。

A. 丙银行可以拒绝付款

B. 丙银行无权拒绝付款

C. 如果丙银行拒绝付款，丁公司可以向甲公司行使追索权

D. 如果丙银行拒绝付款，丁公司可以向乙公司行使追索权

12. 甲伪造乙的签章，签发一张支票给丙，丙背书给善意不知情的丁，当丁主张票据权利时，下列说法正确的有（　　）。

A. 甲不承担票据责任

B. 乙不承担票据责任

C. 丙不承担票据责任

D. 丁不享有票据权利

13. 根据票据与支付结算法律制度的规定，下列关于票据时效的表述中，正确的有（　　）。

A. 持票人对商业汇票（见票即付的除外）出票人的追索权的消灭时效期间为2年，自票据到期日起算

B. 持票人对银行本票出票人的追索权的消灭时效期间为2年，自出票日起算

C. 持票人对支票出票人的追索权的消灭时效期间为6个月，自出票日起算

D. 持票人对商业汇票（见票即付的除外）承兑人的追索权的消灭时效期间为2年，自票据到期日起算

14. 甲公司为了支付货款，签发了一张以本市的乙银行为付款人、以丙公司为收款人的转账支票。丙公司在出票日之后的第14天向乙银行提示付款。根据票据法律制度的规定，下列表述中，正确的有（　　）。

A. 如果甲公司在乙银行的存款足以支付支票金额，乙银行应当足额付款

B. 乙银行可以拒绝付款

C. 乙银行应当无条件付款

D. 如果乙银行拒绝付款，甲公司仍应承担票据责任

15. 根据票据法律制度的规定，下列选项中属于票据抗辩中物的抗辩的有（　　）。

A. 出票附条件

B. 票据金额的中文大写和数码不一致

C. 付款人已经按期付款

D. 持票人不享有票据权利

16. 甲公司向乙公司订购一批货物，为了支付货款向乙公司签发一张50万元、出票后3个月付款的银行承兑汇票，承兑银行是A银行，乙公司将该票据背书转让给丙公司，丙公司背书转让给丁公司，丁公司按期向A银行提示付款时，A银行以出票人甲公司的银行资金账户上只有30万元为由拒绝付款，丁公司取得了A银行的拒绝付款证明书。丁公司持拒绝证明向甲公司进行追索时，甲公司以乙公司的货物质量不符合标准为由拒绝承担票据责任，根据票据与支付结算法律制度的规定。下列表述正确的有（　　）。

A. A银行拒绝付款的理由成立

B. 甲公司可以以货物质量不符合标准为

由对抗丁公司

C. 如果丁公司先向乙公司追索，乙公司再向甲公司追索时，甲公司可以货物不符合质量标准为由对抗乙公司

D. A银行拒绝付款的理由不成立

17. 根据票据与支付结算法律制度的规定，下列票据中，可以进行挂失止付的有（　　）。

A. 未进行承兑的银行承兑汇票

B. 填明现金字样和代理付款人的银行汇票

C. 未填明现金字样的银行本票

D. 支票

18. 根据票据法律制度的规定，下列选项中属于支票出票时必须记载的事项有（　　）。

A. 收款人名称　　B. 确定的金额

C. 出票人签章　　D. 付款人名称

19. 甲公司向乙公司签发一张银行承兑汇票，承兑银行为A银行。乙公司取得该票据后，为支付到期货款将该票据背书转让给丙公司，同时在票据上记载"如果丙公司按时发货，那么背书有效"。根据票据与支付结算法律制度的规定，下列表述正确的有（　　）。

A. 背书附有条件，背书无效

B. 背书所附条件不具有汇票上的效力，背书有效

C. 丙公司不能取得票据权利

D. 丙公司可以取得票据权利

20. 甲公司是某汇票的持有者，2014年6月1日，甲公司将该票据质押给乙公司，但是未在汇票粘单上记载"质押"字样，而是另行签订了一份质押合同。根据票据与支付结算法律制度的规定，下列表述正确的有（　　）。

A. 构成票据质押

B. 不构成票据质押

C. 乙公司依法取得票据质权

D. 乙公司不能取得票据质权

21. 根据票据法律制度的规定，汇票持票人行使首次追索权，可以请求被追索人支付的金额和费用包括（　　）。

A. 被拒绝付款的汇票金额

B. 汇票金额自到期日或者提示付款日起至清偿日止，按中国人民银行规定的利率计算的利息

C. 取得有关拒绝证明的费用

D. 发出通知书的费用

22. 2月14日，甲公司向乙公司签发了一张50万元的同城支票，付款人为甲公司开户行A银行。乙公司取得支票后，背书转让给丙公司，丁公司为乙公司提供保证。3月1日，丙公司请求A银行付款，A银行以甲公司存入票款不足为由拒绝付款。根据票据法律制度的规定，丙公司无权向（　　）行使追索权。

A. 甲公司　　B. 乙公司

C. 丁公司　　D. A银行

23. 甲公司签发一张银行汇票给乙公司，乙公司的合作伙伴丙公司将票据背书转让给丁公司，来支付乙、丁公司之间的货款，丁公司因知道乙、丙公司之间是合作伙伴并未检查委托书授权等。后丁公司将票据背书转让给戊公司来购买生产原料。关于本案，下列说法正确的有（　　）。

A. 丁公司不能因丙公司的背书行为取得票据权利

B. 戊公司享有票据权利

C. 乙公司需要承担票据责任

D. 丙公司需要承担票据责任

24. 根据《票据法》的规定，下列有关汇票背书的表述中，正确的有（　　）。

A. 将汇票金额的一部分转让的背书无效

B. 背书未记载日期的，视为在汇票到期日前背书

C. 背书附有条件的，背书无效

D. 以背书转让的票据，背书应当连续

25. 根据支付结算法律制度的规定，下列关于委托收款的表述中，正确的有（　　）。

A. 委托收款是买卖合同由收款人发货后委托银行向异地付款人收取款项，由付款人

向银行承认付款的结算方式

B. 委托收款在同城、异地均可使用

C. 付款人应当于接到通知的当日书面通知银行付款，如果付款人未在接到通知之日起3日内通知银行付款的，视同付款人同意付款

D. 付款人应当于接到通知的当日书面通知银行付款，如果付款人未在接到通知的次日起3日内通知银行付款的，视同付款人同意付款

26. 根据支付结算法律制度的规定，下列关于银行卡的计息和收费的表述，正确的有（　　）。

A. 贷记卡持卡人支取现金，享受免息还款期和最低还款额待遇

B. 免息还款期最长期限为90天

C. 发卡银行对贷记卡持卡人超信用额度用卡行为，应当按照超过信用额度部分的5%收取滞纳金和超限费

D. 发卡银行对贷记卡的取现应当每笔授权，每卡每日累计取现不得超过2 000元人民币

27. 根据支付结算法律制度的规定，下列关于银行卡销户的表述正确的有（　　）。

A. 销户时，单位卡账户余额转入其基本存款账户，不得提取现金

B. 销户时，个人卡账户可以转账结清，也可以提取现金

C. 单位卡只有在销户时可以提取现金

D. 发卡银行办理销户，应当收回银行卡；有效银行卡无法收回的，应当将其止付

三、案例分析题

1. 2013年6月6日，A公司向B公司签发了一张金额为10万元的商业承兑汇票，该汇票载明出票后1个月付款，甲公司为付款人。2013年6月22日，乙公司在该汇票上签章作了保证，但未记载被保证人名称和保证日期。

B公司取得汇票后背书转让给C公司，并记载了“不得转让”字样。C公司又将该汇票背书转让给D公司，D公司于当年7月7日向甲公司提示承兑，甲公司以其所欠A公司债务只有8万元为由拒绝承兑，并出具了拒绝承兑的证明。D公司拟行使追索权实现自己的票据权利。

要求：根据上述事实及票据法律制度的规定，回答下列问题。

（1）乙公司提供的保证中，被保证人和保证日期如何确定？并说明理由。

（2）D公司提示承兑的时间是否符合规定？并说明理由。

（3）假设D公司按期提示承兑，被拒绝承兑后有权向谁行使追索权？并说明为何不能向他人追索。

（4）假设甲公司依法承兑，则D公司最迟应于何时向甲公司提示付款？并说明理由。

（5）假设D公司未在收到拒绝承兑证明之日3日内发出通知，是否丧失追索权？应承担何种责任？

2. A公司向B公司购买一批货物，A公司于2月10日签发一张见票后1个月付款的银行承兑汇票。3月5日B公司向甲银行提示承兑并于当日获得承兑。3月10日B公司在与C公司的买卖合同中将承兑后的汇票背书转让给C公司，3月20日C公司为支付货款将该汇票背书转让给D公司，同时在汇票的背面记载“不得转让”字样。3月30日D公司为支付租金，将该汇票背书转让给E公司。

4月6日，持票人E公司向甲银行提示付款，甲银行以“D公司在背书转让时未记载背书日期”为由拒绝付款。E公司于4月7日取得“拒付理由书”后，于4月10日向D公司、C公司、B公司、A公司同时发出追索通知，追索金额包括汇票金额100万元、逾期付款利息及发出追索通知的费用合计102万元。

对E公司的追索，D公司以其未在法定期限内发出追索通知、丧失追索权为由拒绝承担责任；C公司以自己在背书时曾记载“不得转让”字样为由拒绝承担责任；B公司以追索金额超出汇票金额为由拒绝承担责任；

A公司以B公司交货不合格为由拒绝承担责任。

要求：根据以上资料，回答下列问题。

（1）甲银行拒绝付款的理由是否成立？并说明理由。

（2）D公司的主张是否成立？并说明理由。

（3）C公司的主张是否成立？并说明理由。

（4）B公司的主张是否成立？并说明理由。

（5）A公司的主张是否成立？并说明理由。

（6）如E公司于4月20日才向甲银行提示付款，被拒绝付款，能否向D公司行使追索权？甲银行的票据责任能否免除？并说明理由。

答案及解析

一、单项选择题

1.【答案】A

【解析】（1）选项A：基本存款账户是指存款人因办理日常转账结算和现金收付需要而开立的银行账户；（2）选项B：一般存款账户可以办理现金缴存但不得办理现金支取；（3）选项C、D：财政预算外资金、证券交易结算资金、期货交易保证金和信托基金专用存款账户，不得支取现金。

2.【答案】C

【解析】选项C：结算凭证金额须以中文大写和阿拉伯数字同时记载，两者必须一致，两者不一致的结算凭证，银行不予受理。

3.【答案】D

【解析】选项D：建筑施工及安装单位在异地同时承建多个项目的，可以根据建筑施工及安装合同开立"不超过"项目合同个数的临时存款账户。

4.【答案】A

【解析】（1）选项B：银行撤销单位银行结算账户时应在其基本存款账户开户登记证上注明销户日期并签章，同时于撤销银行结算账户之日起2个工作日内，向中国人民银行报告；（2）选项C：对于存款人一年内未发生收付活动"且"未欠开户行债务的单位银行结算账户，银行应当通知单位自发出通知之日起30日内办理销户手续，逾期视同自愿销户；（3）选项D：对于存款人应撤销而未办理销户手续的单位银行结算账户，银行应当通知单位自发出通知之日起30日内办理销户手续，逾期视同自愿销户。

5.【答案】C

【解析】选项C：票据是文义证券，即使票据上记载的文义有错，通常也不得依票据之外的其他证据变更或者补充。

6.【答案】D

【解析】票据法上的票据行为包括出票、背书、承兑、保证四种。

7.【答案】C

【解析】选项C：票据行为人的记载行为并非立即导致票据行为成立，还必须将进行了记载的票据交付给相对人，票据行为才成立。

8.【答案】B

【解析】票据上未记载付款地的，付款人的营业场所、住所或者经常居住地为付款地。

9.【答案】A

【解析】选项A：背书人、承兑人、保证人在票据上的签章不符合《票据法》和《票据管理实施办法》规定的，其签章无效，但是不影响票据上其他签章的效力。甲公司、乙公司、A银行应当承担票据责任，但是因为丙公司的签章不符合规定，丁不能取得票据权利，甲公司、乙公司、丙公司、A银行均有权拒绝向丁承担票据责任。但是当丙持有票据时，甲公司、乙公司、A银行仍应当承担票据责任。

10.【答案】A

【解析】持票人对票据的出票人和承兑人的追索权利，自票据到期日起两年。本张票据到期日为2015年7月1日。

11.【答案】B

【解析】利害关系人因为正当理由不能在除权判决之前向法院及时申报权利的，自知道或者应当知道判决公告之日起1年内，可以向作出除权判决的法院起诉，请求撤销除权判决。

12.【答案】A

【解析】选项A：出票日期属于绝对必要记载事项，如果未记载出票日期，那么票据无效。

13.【答案】A

【解析】选项A：质押背书的被背书人并不享有对票据权利的处分权，被背书人再行转让背书或者质押背书的，背书行为无效。但是被背书人（丙公司）可以再进行委托收款背书。

14.【答案】A

【解析】已承兑的汇票，承兑人为被保证人；未承兑的汇票，出票人为被保证人。本题中票据被拒绝承兑，所以出票人甲公司为被保证人。

15.【答案】D

【解析】出票人在票据上的签章不符合规定的，票据无效。

16.【答案】B

【解析】在票据伪造的情形下，如属于假冒他人名义，其法律效果类似于无权代理。如果属于狭义的无权代理的，则票据行为不生效力。在本案中，丙知情，并不取得票据权利。

17.【答案】D

【解析】（1）选项A：现金支票不适用于公示催告；（2）选项B：填明现金字样的银行本票不适用于公示催告；（3）选项C：填明现金字样的银行汇票不适用于公示催告。

18.【答案】A

【解析】公示催告期满，且无利害关系人在法院作出除权判决前申报债权等应裁定终结公示催告程序的事由，申请人可以在届满次日起“1个月”内，申请人民法院作出除权判决。

19.【答案】D

【解析】（1）选项AB：属于汇票的相对必要记载事项，未记载的，汇票有效；（2）选项C：属于记载不产生票据法上效力的事项，未记载的，汇票有效；（3）选项D：属于汇票的绝对必要记载事项，未记载的，汇票无效。

20.【答案】A

【解析】将汇票金额的一部分转让的背书或者将汇票金额分别转让给2人以上的背书无效。

21.【答案】C

【解析】（1）选项A：承兑为汇票专有的票据行为；（2）选项B：承兑附有条件的，视为拒绝承兑，即承兑行为因此无效；（3）选项D：承兑行为的绝对必要记载事项包括承兑文句（“承兑”字样）以及签章；承兑日期是相对必要记载事项，如果承兑人未记载承兑日期，则以收到提示承兑的汇票之日起的第3日为承兑日期。

22.【答案】A

【解析】（1）选项B、D：因税收、继承、赠与可以依法无偿取得票据的，不受给付对价的限制。但是，所享有的票据权利不得优于其前手的权利，戊的票据权利不优于丙。票据债务人可以对不履行约定义务的与自己有直接债权债务关系的持票人进行抗辩，乙可以对丙提出抗辩，因此乙可以对戊提出抗辩。（2）选项C：保证人和被保证人负同一责任。

23.【答案】B

【解析】选项B：持票人请求付款时，假如出票人在付款人处的存款金额足够支付支票金额，则付款人应当付款；如果不足，则付款人应当拒绝付款。

24.【答案】A

【解析】使用托收承付结算方式的收款单位和付款单位，必须是国有企业、供销合作社以及经营管理较好，并经开户银行审查同意的城乡集体所有制工业企业。

25.【答案】B

【解析】开证行受理开证业务时，应向申请人收取不低于开证金额20%的保证金。

26.【答案】B

【解析】准贷记卡是指持卡人须先按发卡银行要求交存一定金额的备用金，当备用金账户余额不足支付时，可在发卡银行规定的信用额度内透支的信用卡。

二、多项选择题

1. 【答案】ABD

【解析】单位、个人和银行在办理支付结算时，应当遵守以下三个基本原则：(1) 恪守信用，履约付款；(2) 谁的钱进谁的账，由谁支配；(3) 银行不垫款。

2. 【答案】ABD

【解析】选项C：存款人应在注册地或住所地开设银行结算账户。按照法律、行政法规和规章，可以在异地（跨省、市、县或区）开立银行结算账户的除外。

3. 【答案】CD

【解析】(1) 选项A：没有开立存款账户的个人向银行交付款项后，也“可以”通过银行办理支付结算；(2) 选项B：人民币结算账户是银行为存款人开立的办理资金收付结算的人民币“活期”存款账户。

4. 【答案】ABCD

【解析】支票上的付款人以及未经承兑的汇票的付款人，并非票据义务人，而仅仅是票据关系的“关系人”（或称为“关系主体”）。他们未在票据上签章，并不承担票据债务，但是他们的行为对票据关系产生重要影响。此外，委托收款人以及代理付款人也是票据关系上的关系主体，而非票据义务人。

5. 【答案】AC

【解析】构成表见代理（相对人有理由相信行为人有代理权）：代理行为对被代理人有效（被代理人乙公司承担票据责任、无权代理人丁公司不承担票据责任），相对人丙公司取得票据权利。

6. 【答案】BCD

【解析】票据的签发、取得和转让，应当遵循诚实信用的原则，具有真实的交易关系和债权债务关系。票据债务人有权以在票据未转让时的基础关系违法、双方不具有真实的交易关系和债权债务关系、持票人应付对价而未付对价为由，要求返还票据；但如果票据权利已向他人背书转让，受让人可能基于善意取得制度而取得票据权利。本题中丁依据善意取得制度取得票据权利。

7. 【答案】ACD

【解析】选项B：临时存款账户中除因注册验资和增资验资而开立的外，实行核准制。即并不是所有的临时存款账户都实行核准制度。

8. 【答案】ABCD

【解析】依《人民银行结算账户管理办法》的规定，存款人有下列情形之一的，可以在异地开立有关银行结算账户：(1) 营业执照注册地与经营地不在同一行政区域（跨省、市、县）需开立基本存款账户；(2) 办理异地借款和其他结算需要开立一般存款账户的；(3) 存款人因附属的非独立核算单位或派出机构发生的收入汇缴或业务支出需要开立专用存款账户的；(4) 异地临时经营活动需要开立临时存款账户的；(5) 自然人根据需要在异地开立个人银行结算账户的。

9. 【答案】ABC

【解析】支票上的付款人以及未经承兑的汇票的付款人，并非票据义务人，而仅仅是票据关系的关系人。

10. 【答案】ABCD

【解析】参考教材。

11. 【答案】BCD

【解析】出票人的签章不符合规定的，票据无效。因此，丙银行可以拒绝付款。既然票据无效，丁公司不享有票据权利，因此不享有对甲公司、乙公司的追索权。

12. 【答案】AB

【解析】(1) 选项A：由于伪造人甲在票据上根本没有以自己名义签章，因此不承担票据责任；(2) 选项B：在假冒他人名义的情形下，被伪造人不承担票据责任；(3) 选项C：票据上有伪造签章的，不影响票据上其他真实签章的效力，丙是在票据上真实签章的当事人，仍应承担票据责任。

13. 【答案】ABCD

【解析】参考教材。

14. 【答案】BD

【解析】持票人应当自出票日起10日内

提示付款，超过提示付款期限的，付款人可以不予付款；但出票人仍应当对持票人承担票据责任。

15.【答案】ABC

【解析】选项D：属于票据抗辩中人的抗辩。

16.【答案】CD

【解析】（1）选项A、B、D：票据债务人不得以自己与前手之间的抗辩事由，对抗持票人；（2）选项C：票据债务人可以对不履行约定义务的与自己有直接债权债务关系的持票人，进行抗辩。

17.【答案】BD

【解析】已承兑的商业汇票、支票、填明"现金"字样和代理付款人的银行汇票以及填明"现金"字样的银行本票丧失，可以由失票人通知付款人或者代理付款人挂失止付。未填明"现金"字样和代理付款人的银行汇票以及未填明"现金"字样的银行本票丧失，不得挂失止付。

18.【答案】CD

【解析】（1）选项A：收款人名称并非支票出票行为的绝对必要记载事项，可以授权补记；（2）选项B：确定的金额虽然是支票的绝对必要记载事项，但是支票上的金额可以由出票人授权补记，未补记前不得使用。即支票的金额非"出票时"必须记载的事项。

19.【答案】BD

【解析】背书不得附有条件，背书附有条件的，所附条件不具有汇票上的效力。

20.【答案】BD

【解析】以汇票设定质押时，出质人在汇票上只记载"质押"字样未在票据上签章的，或者出质人未在汇票、粘单上记载"质押"字样而另行签订质押合同、质押条款的，不构成票据质押。

21.【答案】ABCD

【解析】参考教材。

22.【答案】BCD

【解析】支票的持票人应当自出票日起10日内提示付款；超过该期限提示付款的，持票人丧失对"出票人"（甲公司）之外的前手的追索权。

23.【答案】ABD

【解析】仅构成狭义的无权代理：相对人不能取得票据权利，相应地，所有票据上的债务人均不对该相对人承担票据责任。但是如果票据代理仅构成狭义无权代理，相对人又对他人进行票据行为，假如该人因满足善意取得的要件而取得票据权利，无权代理之下的本人仍然不承担票据责任，但无权代理人须对票据权利人承担票据责任。

24.【答案】ABD

【解析】背书不得附有条件，背书时附有条件的，所附条件不具有票据上的效力；但该记载不产生票据法上的效力，即背书有效，所附条件无效。

25.【答案】BD

【解析】（1）选项A：委托收款是收款人委托银行向付款人收取款项的结算方式，而托收承付是根据买卖合同由收款人发货后委托银行向异地付款人收取款项，由付款人向银行承认付款的结算方式；（2）选项C、D：付款人应当于接到通知的当日书面通知银行付款，如果付款人未在接到通知的次日起3日内通知银行付款的，视同付款人同意付款。

26.【答案】CD

【解析】（1）选项A：贷记卡持卡人支取现金、准贷记卡透支，不享受免息还款期和最低还款额待遇；（2）选项B：免息还款期最长为60天。

27.【答案】ABD

【解析】选项A、B、D：销户时，单位卡账户余额转入其基本存款账户，不得提取现金；个人卡账户可以转账结清，也可以提取现金。发卡银行办理销户，应当收回银行卡；有效银行卡无法收回的，应当将其止付。

三、案例分析题

1.【答案】

（1）①被保证人为A公司。根据规定，保证人未记载被保证人的，已承兑的汇票，承兑人为被保证人；未承兑的汇票，出票人为被保证人。本题中，汇票尚未承兑，故被保证人为出票人A公司。②保证日期为2013年6月6日。根据规定，保证人未记载保证日期的，出票日期为保证日期。

（2）不符合规定。根据规定，出票后定期付款的汇票，持票人应当在汇票到期日前向付款人提示承兑。本题中，载明出票后1个月付款，故为定期付款的汇票，到期日为2013年7月6日，D公司最迟应于7月6日提示承兑。

（3）有权向A公司、C公司、乙公司追索。①无权向B公司追索，根据规定，背书人在汇票上记载“不得转让”字样，其后手再背书转让的，原背书人（B公司）对后手（C公司）的被背书人（D公司）不承担保证责任。②无权向甲公司追索，根据规定，出票行为是出票人的行为，票据上虽然记载了出票人无条件委托付款人支付票据金额的内容，但是这仅仅是出票人的记载，而付款人自己并未在票据上签章，故付款人并不因为出票行为而承担票据责任；只有当付款人在票据上签章、同意承担支付票据金额的票据责任后，才成为票据义务人。本题中，付款人拒绝承兑，并未成为票据上的义务人，无须承担票据责任。

（4）2013年7月16日。根据规定，定日付款、出票后定期付款或者见票后定期付款的汇票，自到期日起10日内向承兑人提示付款。根据上述分析，本汇票的到期日为2013年7月6日，故提示付款的最迟日期为2013年7月16日。

（5）不丧失追索权，应当赔偿因为迟延通知而给被追索人造成的损失，赔偿金额以汇票金额为限。

2.【答案】

（1）甲银行拒绝付款的理由不成立。根据规定，背书日期作为相对应记载事项，如果未在汇票上记载，并不影响汇票和背书的效力（背书日期如未记载，则视为汇票到期日前背书）。

（2）D公司的主张不能成立。根据规定，持票人应当自收到被拒绝承兑或者被拒绝付款的有关证明之日起的3日内，将被拒绝事由书面通知其前手。如未按照规定期限通知的，持票人仍可以行使追索权。但因延期通知给其前手或者出票人造成损失的，由没有按照规定期限通知的汇票当事人承担赔偿责任，但所赔偿的金额以汇票金额为限。

（3）C公司的主张成立。根据规定，背书人在票据上记载“不得转让”字样，如其后手再背书转让，原背书人对后手的被背书人，不承担保证责任。

（4）B公司的主张不能成立。根据规定，追索金额包括：①被拒绝付款的汇票金额；②汇票金额从到期日或者提示付款日起至清偿日止，按照中国人民银行规定的利率计算的利息；③取得有关拒绝证明和发出通知书的费用。

（5）A公司的主张不能成立。根据规定，票据的债务人不得以自己与出票人或持票人的前手之间的抗辩事由对抗持票人。A公司不得以自己与B公司之间的抗辩事由对抗持票人E公司。

（6）①E公司不能向D公司行使追索权。根据规定，如果持票人不按照法定期限提示付款的，则丧失对其前手的追索权。在本题中，该汇票的到期日为4月5日，持票人应在4月15日前向承兑人提示付款（见票后定期付款的汇票，自到期日起10日内向承兑人提示付款）。②甲银行的票据责任不能免除。根据规定，承兑人的票据责任不因持票人未在法定期限内提示付款而免除，经作出说明后，承兑人仍要对持票人承担票据责任。

第十章　企业国有资产法律制度

本章考情分析

本章内容简单易懂，考试难度不大，题型均为客观题；分值不高（4 分左右）。

基本内容框架

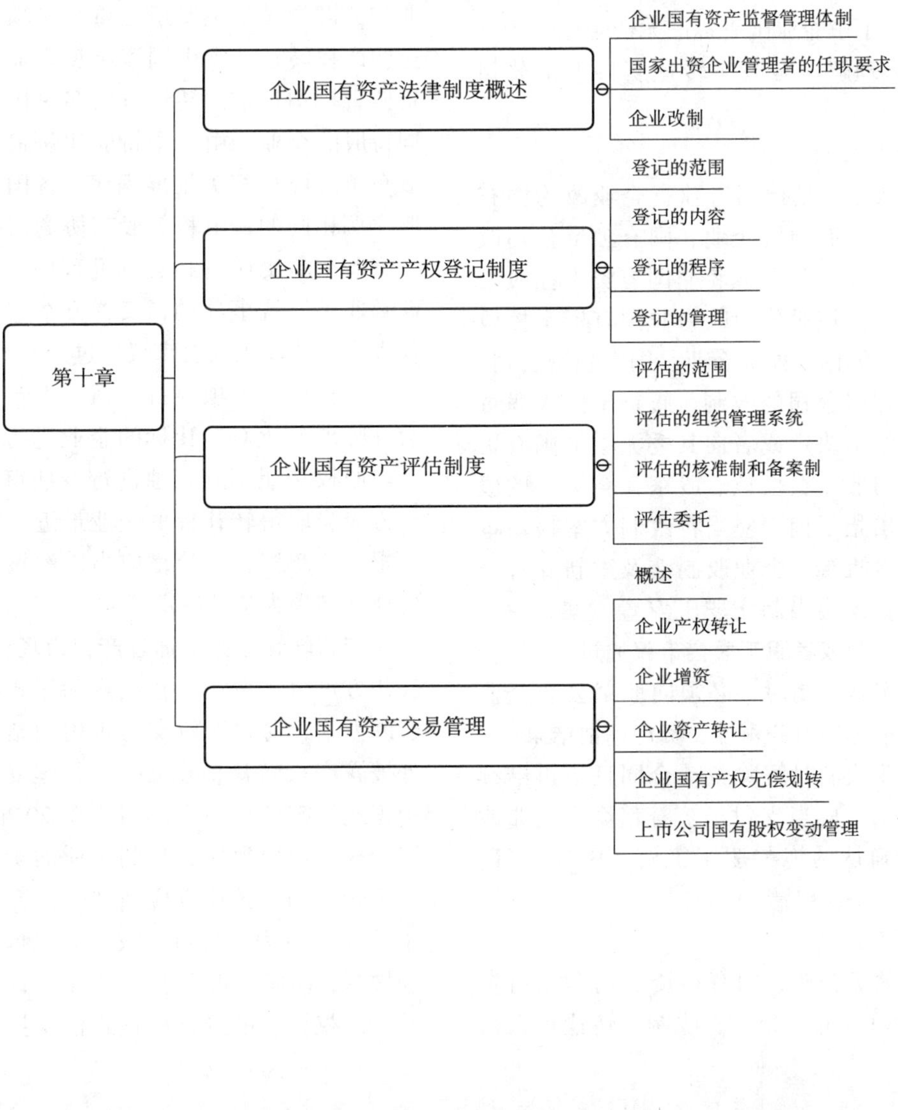

通关重难点例题解析

本章复习重点如下：

（一）了解企业国有资产的概念和监督管理体制

（二）熟悉履行出资人职责的机构

（三）掌握国家出资企业管理者的任职要求、企业改制

（四）了解企业国有资产评估的概念

（五）理解企业国有资产评估的范围、组织管理、项目核准制和备案制、企业国有资产评估程序

（六）理解企业国有资产交易概述、企业产权转让、企业增资、企业资产转让

（七）了解企业国有资产无偿转让

（八）理解国有股东转让所持上市公司股份

1. 企业改制

企业改制，是指国有独资企业改为国有独资公司；国有独资企业、国有独资公司改为国有资本控股公司或者非国有资本控股公司；国有资本控股公司改为非国有资本控股公司。重要的国有独资企业、国有独资公司、国有资本控股公司的改制，履行出资人职责的机构在作出决定或者向其委派参加国有资本控股公司股东会会议、股东大会会议的股东代表作出指示前，应当将改制方案报请本级人民政府批准。企业改制涉及重新安置企业职工的，还应当制定职工安置方案，并经职工代表大会或者职工大会审议通过。

企业实施改制时，必须向职工公布企业主要财务指标的财务审计、资产评估结果。

对企业改制时解除劳动合同且不再继续留用的职工，应当支付经济补偿金。企业改制时，对确认的拖欠职工工资、医疗费等，原则上应当一次付清。

2. 资产评估

国有独资企业、国有独资公司和国有资本控股公司合并、分立、改制，转让重大财产，以非货币资产对外投资，清算或者法律、法规及企业章程规定应当进行资产评估的其他情形的，应当按规定对有关资产进行评估。金融企业经批准进行改组改制、拟在境内或者境外上市、以非货币性资产与外商合资经营或者合作经营的经济行为；经县级以上人民政府批准的其他涉及国有资产产权变动的经济行为应当评估。

3. 企业产权转让

国资监管机构负责审核国家出资企业的产权转让事项。其中，转让所出资企业国有产权导致国家不再拥有控股地位的，须由国有资产监督管理机构报本级人民政府批准。国家出资企业应当制定其子企业产权转让管理制度，确定审批管理权限。其中，对主业处于关系国家安全、国民经济命脉的重要行业和关键领域，主要承担重大专项任务子企业的产权转让，须由国家出资企业报同级国资监管机构批准。转让方为多家国有股东共同持股的企业，由其中持股比例最大的国有股东负责履行相关批准程序；各国有股东持股比例相同的，由相关股东协商后确定其中一家股东负责履行相关批准程序。产权转让涉及职工安置事项的，安置方案应当经职工代表大会或职工大会审议通过。

产权转让事项经批准后，由转让方委托会计师事务所对转让标的企业进行审计。涉及参股权转让不宜单独进行专项审计的，转让方应当取得转让标的企业最近一期年度审计报告。产权转让价格应当以经核准或备案的评估结果为基础确定。

产权转让原则上通过产权市场公开进行。转让方可以采取信息预披露和正式披露相结合的方式，通过产权交易机构网站分阶段对外披露产权转让信息，公开征集受让方。其中正式披露信息时间不得少于20个工作日。因产权转让导致转让标的企业的实际控制权发生转移的，转让方应当在转让行为获批后10个工作日内，通过产权交易机构进行信息预披露，时间不得少于20个工作日。

产权转让项目首次正式信息披露的转让

底价，不得低于经核准或备案的资产评估结果。信息披露期满未征集到意向受让方的，可以延期或在降低转让底价、变更受让条件后重新进行信息披露。降低转让底价或变更受让条件后重新披露信息的，披露时间不得少于20个工作日。新的转让底价低于评估结果90%的，应当获得相关产权转让批准单位书面同意。转让项目自首次正式披露信息之日起超过12个月未征集到合格受让方的，应当重新履行审计、资产评估以及信息披露等产权转让工作程序。在正式披露信息期间，转让方不得变更产权转让公告中公布的内容，由于非转让方原因或其他不可抗力因素导致可能对转让标的价值判断造成影响的，转让方应当及时调整补充披露信息内容，并相应延长信息披露时间。

产权转让信息披露期满、产生符合条件的意向受让方的，按照披露的竞价方式组织竞价。竞价可以采取拍卖、招投标、网络竞价以及其他竞价方式。受让方确定后，转让方与受让方应当签订产权交易合同，交易双方不得以交易期间企业经营性损益等理由对已达成的交易条件和交易价格进行调整。产权转让导致国有股东持有上市公司股份间接转让的，应当同时遵守上市公司国有股权管理以及证券监管相关规定。企业产权转让涉及交易主体资格审查、反垄断审查、特许经营权、国有划拨土地使用权、探矿权和采矿权等政府审批事项的，按照相关规定执行。受让方为境外投资者的，应当符合外商投资产业指导目录和负面清单管理要求以及外商投资安全审查有关规定。

交易价款应当以人民币计价，通过产权交易机构以货币进行结算。因特殊情况不能通过产权交易机构结算的，转让方应当向产权交易机构提供转让行为批准单位的书面意见以及受让方付款凭证。交易价款原则上应当自合同生效之日起5个工作日内一次付清。金额较大、一次付清确有困难的，可以采取分期付款的方式。采取分期付款方式的，首期付款不得低于总价款的30%，并在合同生效之日起5个工作日内支付；其余款项应当提供转让方认可的合法有效担保，并应当按同期银行贷款利率支付延期付款期间的利息，付款期限不得超过1年。

产权交易合同生效后，产权交易机构应当将交易结果通过交易机构网站对外公告，公告内容包括交易标的名称、转让标的评估结果、转让底价、交易价格，公告期不少于5个工作日。产权交易合同生效，并且受让方按照合同约定支付交易价款后，产权交易机构应当及时为交易双方出具交易凭证。

以下情形的产权转让可以采取非公开协议转让方式：①涉及主业处于关系国家安全、国民经济命脉的重要行业和关键领域企业的重组整合，对受让方有特殊要求，企业产权需要在国有及国有控股企业之间转让的，经国资监管机构批准，可以采取非公开协议转让方式；②同一国家出资企业及其各级控股企业或实际控制企业之间因实施内部重组整合进行产权转让的，经该国家出资企业审议决策，可以采取非公开协议转让方式。

采取非公开协议转让方式转让企业产权，转让价格不得低于经核准或备案的评估结果。以下情形按照《公司法》、企业章程履行决策程序后，转让价格可以资产评估报告或最近一期审计报告确认的净资产值为基础确定，且不得低于经评估或审计的净资产值：①同一国家出资企业内部实施重组整合，转让方和受让方为该国家出资企业及其直接或间接全资拥有的子企业；②同一国有控股企业或国有实际控制企业内部实施重组整合，转让方和受让方为该国有控股企业或国有实际控制企业及其直接、间接全资拥有的子企业。

4. 企业增资

国资监管机构负责审核国家出资企业的增资行为。其中，因增资致使国家不再拥有所出资企业控股权的，须由国资监管机构报本级人民政府批准。国家出资企业决定其子企业的增资行为。其中，对主业处于关系国家安全、国民经济命脉的重要行业和关键领域，主要承担重大专项任务的子企业的增资行为，须由国家出资企业报同级国资监管机构批准。增资企业为多家国有股东共同持股的企业，由其中持股比例最大的国有股东负责履行相关批准程序；各国有股东持股比例相同的，由相关股东协商后确定其中一家股东负责履行相关批准程序。

企业增资在完成决策批准程序后，应当由增资企业委托具有相应资质的中介机构开展审计和资产评估。以下情形按照《公司法》、企业章程履行决策程序后，可以依据评估报告或最近一期审计报告确定企业资本及股权比例：①增资企业原股东同比例增资的；②履行出资人职责的机构对国家出资企业增资的；③国有控股或国有实际控制企业对其独资子企业增资的；④增资企业和投资方均为国有独资或国有全资企业的。

企业增资通过产权交易机构网站对外披露信息公开征集投资方，时间不得少于40个工作日。企业增资涉及上市公司实际控制人发生变更的，应当同时遵守上市公司国有股权管理以及证券监管相关规定。

通过资格审查的意向投资方数量较多时，可以采用竞价、竞争性谈判、综合评议等方式进行多轮次遴选。投资方以非货币资产出资的，应当经增资企业董事会或股东会审议同意，并委托具有相应资质的评估机构进行评估，确认投资方的出资金额。

增资协议签订并生效后，产权交易机构应当出具交易凭证，通过交易机构网站对外公告结果，公告期不少于5个工作日。

以下情形经同级国资监管机构批准，可以采取非公开协议方式进行增资：①因国有资本布局结构调整需要，由特定的国有及国有控股企业或国有实际控制企业参与增资；②因国家出资企业与特定投资方建立战略合作伙伴或利益共同体需要，由该投资方参与国家出资企业或其子企业增资。

以下情形经国家出资企业审议决策，可以采取非公开协议方式进行增资：①国家出资企业直接或指定其控股、实际控制的其他子企业参与增资；②企业债权转为股权；③企业原股东增资。

5. 企业国有产权无偿划转

企业国有产权无偿划转，是指企业国有产权在政府机构、事业单位、国有独资企业、国有独资公司之间的无偿转移。

划转双方应当在可行性研究的基础上，按照内部决策程序进行审议，并形成书面决议。划入方（划出方）为国有独资企业的，应当由总经理办公会议审议划转决议；已设立董事会的，由董事会审议。划入方（划出方）为国有独资公司的，应当由董事会审议划转决议；尚未设立董事会的，由总经理办公会议审议。所涉及的职工分流安置事项，应当经被划转企业职工代表大会审议通过。

划出方应当就无偿划转事项通知本企业（单位）债权人，并制订相应的债务处置方案。

划转双方应当组织被划转企业按照有关规定开展审计或清产核资，以中介机构出具的审计报告或经划出方国资监管机构批准的清产核资结果作为企业国有产权无偿划转的依据。

有下列情况之一的，不得实施无偿划转：①被划转企业主业不符合划入方主业及发展规划的；②中介机构对被划转企业划转基准日的财务报告出具否定意见、无法表示意见或保留意见的审计报告的；③无偿划转涉及的职工分流安置事项未经被划转企业的职工代表大会审议通过的；④被划转企业或有负债未有妥善解决方案的；⑤划出方债务未有妥善处置方案的。

6. 上市公司国有股权变动管理

上市公司国有股权变动，是指上市公司国有股权持股主体、数量或比例等发生变化的行为，具体包括：国有股东所持上市公司股份通过证券交易系统转让、公开征集转让、非公开协议转让、无偿划转、间接转让、国有股东发行可交换公司债券；国有股东通过证券交易系统增持、协议受让、间接受让、要约收购上市公司股份和认购上市公司发行股票；国有股东所控股上市公司吸收合并、发行证券；国有股东与上市公司进行资产重组等行为。

国有股东是指符合以下情形之一的企业和单位，其证券账户标注“SS”：①政府部门、机构、事业单位、境内国有独资或全资企业；②上述第①项中所述单位或企业独家持股比例超过50%，或合计持股比例超过50%，且其中之一为第一大股东的境内企业；③上述第②项中所述企业直接或间接持股的各级境内独资或全资企业。

（1）国有股东所持上市公司股份通过证券交易系统转让程序。

①需要报批的情形。国有控股股东转让上市公司股份可能导致持股比例低于合理持股比例的；总股本不超过10亿股的上市公司，国有控股股东拟于一个会计年度内累计净转让（累计转让股份扣除累计增持股份后的余额，下同）达到总股本5%及以上的；总股本超过10亿股的上市公司，国有控股股东拟于一个会计年度内累计净转让数量达到5 000万股及以上的；国有参股股东拟于一个会计年度内累计净转让达到上市公司总股本5%及以上的。

②转让股份审核文件。国有股东转让上市公司股份的内部决策文件；国有股东转让上市公司股份方案，内容包括但不限于：转让的必要性，国有股东及上市公司基本情况、主要财务数据，拟转让股份权属情况，转让底价及确定依据，转让数量、转让时限等；上市公司股份转让的可行性研究报告；国家出资企业、国有资产监督管理机构认为必要的其他文件。

（2）国有股东所持上市公司股份公开征集转让的程序。公开征集转让是指国有股东依法公开披露信息，征集受让方转让上市公司股份的行为。

①信息披露。a. 应书面告知上市公司，由上市公司依法披露，进行提示性公告。b. 国有控股股东公开征集转让上市公司股份可能导致上市公司控股权转移的，应当一并通知上市公司申请停牌。c. 上市公司发布提示性公告后，国有股东应及时将转让方案、可行性研究报告、内部决策文件、拟发布的公开征集信息等内容通过管理信息系统报送国有资产监督管理机构。d. 国有资产监督管理机构通过管理信息系统对公开征集转让事项出具意见。e. 国有股东在获得国有资产监督管理机构同意意见后书面通知上市公司发布公开征集信息。f. 公开征集信息内容包括但不限于：拟转让股份权属情况、数量，受让方应当具备的资格条件，受让方的选择规则，公开征集期限等。公开征集信息对受让方的资格条件不得设定指向性或违反公平竞争要求的条款。g. 公开征集期限不得少于10个交易日。

②选择确定受让方。

③签订股份转让协议。

④审批。国有股东与受让方签订协议后，按照审批权限由国家出资企业审核批准或由国有资产监督管理机构审核批准。

⑤确定转让股份价格。国有股东公开征集转让上市公司股份的价格不得低于下列两者之中的较高者：a. 提示性公告日前30个交易日的每日加权平均价格的算术平均值；b. 最近一个会计年度上市公司经审计的每股净资产值。

⑥收取转让股份价款。国有股东应在股份转让协议签订后5个工作日内收取不低于转让价款30%的保证金，其余价款应在股份过户前全部结清。在全部转让价款支付完毕或交由转让双方共同认可的第三方妥善保管前，不得办理股份过户登记手续。

⑦办理股份过户登记手续。

（3）国有股东所持上市公司股份非公开协议转让程序。非公开协议转让是指不公开征集受让方，通过直接签订协议转让上市公司股份的行为。

①非公开协议转让股份的适用情形。a. 上市公司连续两年亏损并存在退市风险或严重财务危机，受让方提出重大资产重组计划及具体时间表的；b. 企业主业处于关系国家安全、国民经济命脉的重要行业和关键领

域，主要承担重大专项任务，对受让方有特殊要求的；c. 为实施国有资源整合或资产重组，在国有股东、潜在国有股东（经本次国有资源整合或资产重组后成为上市公司国有股东的）之间转让的；d. 上市公司回购股份涉及国有股东所持股份的；e. 国有股东因接受要约收购方式转让其所持上市公司股份的；f. 国有股东因解散、破产、减资、被依法责令关闭等原因转让其所持上市公司股份的；g. 国有股东以所持上市公司股份出资的。

②签订股份转让协议。

③审批。

④确定股份转让价格。国有股东非公开协议转让上市公司股份的价格不得低于下列两者之中的较高者：a. 提示性公告日前30个交易日的每日加权平均价格的算术平均值；b. 最近一个会计年度上市公司经审计的每股净资产值。

国有股东非公开协议转让上市公司股份存在下列特殊情形的，可按以下原则确定股份转让价格：a. 国有股东为实施资源整合或重组上市公司，并在其所持上市公司股份转让完成后全部回购上市公司主业资产的，股份转让价格由国有股东根据中介机构出具的该上市公司股票价格的合理估值结果确定；b. 为实施国有资源整合或资产重组，在国有股东之间转让且上市公司中的国有权益并不因此减少的，股份转让价格应当根据上市公司股票的每股净资产值、净资产收益率、合理的市盈率等因素合理确定。

⑤收取股份转让价款。以现金支付股份转让价款的，国有股东应在股份转让协议签订后5个工作日内收取不低于转让价款30%的保证金，其余价款应在股份过户前全部结清；以非货币资产支付股份转让价款的，应当符合国家相关规定。

（4）国有股东所持上市公司股份无偿划转的程序。政府部门、机构、事业单位、国有独资或全资企业之间可以依法无偿划转所持上市公司股份。国有股东所持上市公司股份无偿划转，按照审批权限由国家出资企业审核批准或由国有资产监督管理机构审核批准。

（5）国有股东所持上市公司股份间接转让。

①信息披露。国有股东拟间接转让上市公司股份的，履行内部决策程序后，应书面通知上市公司进行信息披露，涉及国有控股股东的，应当一并通知上市公司申请停牌。

②确定上市公司股份价值。国有股东所持上市公司股份间接转让，应当按照不得低于下列两者之中的较高者确定其所持上市公司股份价值：a. 提示性公告日前30个交易日的每日加权平均价格的算术平均值；b. 最近一个会计年度上市公司经审计的每股净资产值。

③上市公司股份价值确定的基准日应与国有股东资产评估的基准日一致，且与国有股东产权直接持有单位对该产权变动决策的日期相差不得超过一个月。

④国有产权转让或增资扩股到产权交易机构挂牌时，因上市公司股价发生大幅变化等原因，导致资产评估报告的结论已不能反映交易标的真实价值的，原决策机构应对间接转让行为重新审议。

⑤聘请财务顾问。

⑥审批。国有股东所持上市公司股份间接转让的，国有股东应在产权转让或增资扩股协议签订后，产权交易机构出具交易凭证前报国有资产监督管理机构审核批准。

（6）国有股东发行可交换公司债券。国有股东发行可交换公司债券，是指上市公司国有股东依法发行、在一定期限内依据约定条件可以交换成该股东所持特定上市公司股份的公司债券的行为。

国有股东发行的可交换公司债券交换为上市公司每股股份的价格，应不低于债券募集说明书公告日前1个交易日、前20个交易日、前30个交易日该上市公司股票均价中的最高者。国有股东发行的可交换公司债券，其利率应当在参照同期银行贷款利率、银行票据利率、同行业其他企业发行的债券利率，以及标的公司股票每股交换价格、上市公司未来发展前景等因素的前提下，通过市场询价合理确定。

国有股东发行可交换公司债券，按照审批权限由国家出资企业审核批准或由国有资产监督管理机构审核批准。

（7）国有股东受让上市公司股份。国有股东受让上市公司股份行为主要包括国有股东通过证券交易系统增持、协议受让、间接受让、要约收购上市公司股份和认购上市公司发行股票等。

国有股东受让上市公司股份，按照审批权限由国家出资企业审核批准或由国有资产监督管理机构审核批准。

国有股东将其持有的可转换公司债券或可交换公司债券转换、交换成上市公司股票的，通过司法机关强制执行手续取得上市公司股份的，按照相关法律、行政法规及规章制度的规定办理，并在上述行为完成后10个工作日内将相关情况通过管理信息系统按程序报告国有资产监督管理机构。

（8）国有股东所控股上市公司吸收合并。国有股东所控股上市公司吸收合并，是指国有控股上市公司之间或国有控股上市公司与非国有控股上市公司之间的吸收合并。

国有股东所控股上市公司应当聘请财务顾问，对吸收合并的双方进行尽职调查和内部核查，并出具专业意见。

国有股东应指导上市公司根据股票交易价格，并参考可比交易案例，合理确定上市公司换股价格。

国有股东应当在上市公司董事会审议吸收合并方案前，将该方案报国有资产监督管理机构审核批准。

（9）国有股东所控股上市公司发行证券。国有股东所控股上市公司发行证券包括上市公司采用公开方式向原股东配售股份、向不特定对象公开募集股份、采用非公开方式向特定对象发行股份以及发行可转换公司债券等行为。

国有股东所控股上市公司发行证券，应当在股东大会召开前，按照审批权限由国家出资企业审核批准或由国有资产监督管理机构审核批准。

（10）国有股东与上市公司进行资产重组。国有股东与上市公司进行资产重组是指国有股东向上市公司注入、购买或置换资产并涉及国有股东所持上市公司股份发生变化的情形。

国有股东就资产重组事项进行内部决策后，应书面通知上市公司，由上市公司依法披露，并申请股票停牌。在上市公司董事会审议资产重组方案前，应当将可行性研究报告报国家出资企业、国有资产监督管理机构预审核，并由国有资产监督管理机构通过管理信息系统出具意见。

国有股东与上市公司进行资产重组方案经上市公司董事会审议通过后，应当在上市公司股东大会召开前，按照审批权限由国家出资企业审核批准或由国有资产监督管理机构审核批准。

【例10-1】（2017年单选题）根据企业国有资产法律制度的规定，在选择国有资本控股公司的企业管理者时，履行出资人职责的机构所享有的权限是（　　）。

A. 任免企业的董事长、副董事长、董事和监事

B. 任免企业的经理、副经理

C. 任免企业的财务负责人和其他高级管理人员

D. 向企业的股东会或股东大会提出董事、监事人选

【答案】D

【解析】履行出资人职责的机构任免国家出资企业管理者的范围包括：（1）任免国有独资企业的经理、副经理、财务会计负责人和其他高级管理人员；（2）任免国有独资公司的董事长、副董事长、董事、监事会主席和监事；（3）向国有资本控股公司、参股公司的股东会、股东大会提出董事、监事人选。

【例10-2】（2017年单选题）国有资产监督管理机构负责审核国家出资企业的增资

行为。其中，因增资致使国家不再拥有所出资企业控股权的，须由国有资本监督管理机构报特定主体批准。该特定主体是（　　）。

A. 上级人民政府

B. 本级人民政府

C. 国家出资企业所在地省级人民政府

D. 上级国有资产监督管理机构

【答案】B

【解析】国有资产监督管理机构负责审核国家出资企业的产权转让事项。其中，因产权转让致使国家不再拥有所出资企业控股权的，须由国有资产监督管理机构报本级人民政府批准。

【例 10－3】（2017 年多选题）根据企业国有资产法律制度的规定，下列各项中，属于国务院和地方人大政府依法履行出资人职责时应遵循的原则有（　　）。

A. 保护消费者合法权益

B. 政企分开

C. 社会公共管理职能与企业国有资产出资人能分开

D. 不干预企业依法自主经营

【答案】BCD

【解析】国务院和地方人民政府应当按照政企分开、社会公共管理职能与企业国有资产出资人职能分开、不干预企业依法自主经营的原则，依法履行出资人职责。

【例 10－4】（2016 年单选题）根据企业国有资产法律制度的规定，代表国家行使企业国有资产所有权的是（　　）。

A. 全国人民代表大会

B. 国务院

C. 国家主席

D. 国有资产监督管理委员会

【答案】B

【解析】法律规定，国务院和地方人民政府依照法律、行政法规的规定，分别代表国家对国家出资企业履行出资人职责，享有出资人权益。

【例 10－5】（2016 年多选题）根据企业国有资产管理法律制度的规定，下列各项中，属于国家出资企业的有（　　）。

A. 国有独资企业

B. 国有独资公司

C. 国有资本控股公司

D. 国有资本参股公司

【答案】ABCD

【解析】国家出资企业包括国有独资企业、国有独资公司、国有资本控股公司、国有资本参股公司。

【例 10－6】（2019 年单选题）根据企业国有资产法律制度的规定，国家出资企业及其各级子企业发生特定行为时，应当对相关资产进行评估。下列各项中，属于此类特定行为的是（　　）。

A. 经各级人民政府或其国有资产监督管理机构批准，对企业整体实施无偿划转

B. 国有独资企业与其下属独资企业之间的资产置换

C. 国家出资企业整体或部分改制为有限责任公司或股份有限公司

D. 经各级人民政府或其国有资产监督管理机构批准，对企业部分实施无偿划转

【答案】C

【解析】可以不评估的情形：（1）经各级人民政府或其国有资产监督管理机构批准，对企业整体或者部分资产实行无偿划转；（2）国有独资企业与其下属独资企业（事业单位）之间或者其下属的独资企业（事业单位）之间的合并、资产（产权）置换和无偿划转。选项 C 属于“整体或者部分改建为有限责任公司或者股份有限公司”，应当经评估。

【例 10－7】（2015 年多选题）根据企业国有资产法律制度的规定，国有独资公司的下列人员中，应当由履行出资人职责的机构任免的有（　　）。

A. 董事长　　B. 副董事长

C. 董事　　D. 监事

【答案】ABCD

【解析】本题考核国家出资企业管理者的

选择。根据规定，履行出资人职责的机构依照法律、行政法规以及企业章程的规定，任免“国有独资公司”的董事长、副董事长、董事、监事会主席和监事；任免“国有独资企业”的经理、副经理、财务负责人和其他高级管理人员。

【例10－8】（2018年多选题）根据企业国有资产法律制度的规定，国家出资企业及其各级子企业发生特定行为时，应当对相关资产进行评估。下列各项中，属于此种行为的有（　　）。

A. 以货币资产对外投资

B. 合并、分立、破产、解散

C. 产权转让

D. 资产转让、置换

【答案】BCD

【解析】国家出资企业及各级子企业有下列情形之一的，应当对相关资产进行评估：(1) 整体或部分改建为有限责任公司或者股份有限公司；(2) 以非货币资产对外投资（A选项）；(3) 合并、分立、清算（B选项）；(4) 非上市公司国有股东股权比例变动；(5) 产权转让（C选项）；(6) 资产转让、置换（D选项）；(7) 整体资产或者部分资产租赁给非国有单位；(8) 以非货币资产偿还债务；(9) 资产涉讼；(10) 收购非国有单位的资产；(11) 接受非国有单位非货币资产出资；(12) 接受非国有单位非货币资产抵债；(13) 法律、行政法规规定的其他需要进行评估的事项。

通关演练

一、单项选择题

1. 根据企业国有资产法律制度的规定，下列关于企业国有资产监督管理体制的表述中，不正确的是（　　）。

A. 企业国有资产为全民所有

B. 只有国务院有权代表国家对国家出资企业履行出资人职责

C. 国务院代表国家行使企业国有资产所有权

D. 国务院确定的关系国民经济命脉和国家安全的大型国家出资企业，由国务院代表国家履行出资人职责

2. 根据企业国有资产法律制度的规定，下列关于国有资本控股公司的表述中，不正确的是（　　）。

A. 国有资本控股公司包括有限责任公司和股份有限公司

B. 出资额占有限责任公司资本总额50%以上的股东或者持有的股份占股份有限公司股本总额50%以上的股东，构成国有资本控股

C. 出资额或者持有的比例虽然不足50%，但依其出资额或者持有的股份享有的表决权已足以对股东会、股东大会的决议产生重大影响的股东，构成国有资本控股

D. 出资额或者持有的比例不足50%，即使依其出资额或者持有的股份享有的表决权已足以对股东会、股东大会的决议产生重大影响的股东，亦不构成国有资本控股

3. 王某是某国有独资公司的董事长，根据我国企业国有资产法律制度的规定，下列关于王某的说法中，正确的是（　　）。

A. 王某的董事长一职由履行出资人职责的机构任免

B. 王某担任该国有独资公司的董事长应当具有注册会计师证

C. 王某可以兼任该国有独资公司的监事

D. 王某不得兼任该国有独资公司的经理

4. 根据企业国有资产法律制度的规定，下列关于企业改制的说法中，不正确的是（　　）。

A. 国有独资企业可以改制为国有独资公司

B. 国有独资企业可以改制为国有资本控股公司

C. 国有资本控股公司可以改制为国有资本参股公司

D. 国有独资公司可以改制为国有独资

企业

5. 根据企业国有资产法律制度的规定，非金融企业国有资产产权登记机关是（　　）。

A. 各级财政部门

B. 各级人民政府

C. 各级工商行政管理部门

D. 各级国有资产监督管理机构

6. 根据企业国有资产法律制度的规定，有多个持股比例不同的国有股东的企业发生资产评估事项，经协商一致，应该由（　　）办理核准或备案手续。

A. 支持率最高的国有股股东

B. 国有股最大股东

C. 其中任意一方

D. 各个国有股东均可

7. 根据企业国有资产产权登记范围的相关规定，下列选项中不应当纳入产权登记范围的是（　　）。

A. 国有资本参股公司拥有实际控制权的境内外各级企业及其投资参股企业

B. 设置国有股权的有限责任公司和股份有限公司

C. 国有独资公司

D. 国有独资公司投资设立的企业以及其他形式占有国有资产的企业

8. 产权转让原则上不得针对受让方设置资格条件，确需设置的，不得有明确指向性或者违反公平竞争原则，所设资格条件相关内容应当在信息披露前报同级国有资产监督管理机构备案，国有资产监督管理机构在（　　）内未反馈意见的视为同意。

A. 2 个工作日　　B. 5 个工作日

C. 10 个工作日　　D. 15 个工作日

9. 以下情形经“国家出资企业”审议决策，可以采取非公开协议方式进行增资，下列说法不属于该情形的是（　　）。

A. 国家出资企业直接或者指定其控股、实际控制的其他子企业参与增资

B. 企业债权转为股权

C. 企业原股东增资

D. 因国家出资企业与特定投资方建立战略合作伙伴或者利益共同体需要，由该投资方参与国家出资企业或者其子企业增资。

10. 根据国有股东转让所持有上市公司股份的相关规定，下列表述不正确的是（　　）。

A. 通过证券交易系统转让上市公司股份，多个国有股东属于同一控制人的，其累计净转让股份的数量或比例应合并计算

B. 通过协议转让上市公司股份，使得国有股东不再拥有上市公司控股权的，应当聘请在境内注册的专业机构担任财务顾问

C. 通过协议转让上市公司股份，拟受让方以现金支付股份转让价款的，国有股东应在股份转让协议签订后 5 个工作日内收取不低于转让收入 30% 的保证金，其余价款应在股份过户前全部结清

D. 通过协议转让上市公司股份的价格应当以上市公司股份转让信息公告日前 30 个交易日的每日加权平均价格算术平均值为基础确定，不得折价

11. 根据金融企业国有资产管理法律制度的规定，中央直接管理的金融企业子公司、省级分公司或分行、金融资产管理公司办事处账面资产总额大于 5 000 万元人民币的资产评估项目，应该（　　）。

A. 直接报财政部备案

B. 由中央直接管理的金融企业审核后报财政部备案

C. 报中央直接管理的金融企业备案

D. 不需要备案

二、多项选择题

1. 根据企业国有资产法律制度的规定，下列关于企业国有资产与企业法人财产的表述中，不正确的有（　　）。

A. 企业国有资产是国家作为出资人对出资企业所享有的权益

B. 企业法人财产是指国家出资企业的各项具体财产

C. 出资人对企业法人财产具有直接的所

有权

D. 出资人将出资投入企业，所形成的企业的各项具体财产，属于企业国有资产

2. 根据企业国有资产法律制度的规定，下列关于履行出资人职责的机构的表述中，正确的有（　　）。

A. 履行出资人职责的机构是国务院国有资产监督管理机构

B. 保障出资人权益，防止企业国有资产损失，是履行出资人职责的机构的职责

C. 履行出资人职责的机构依法享有选择管理者的权利

D. 履行出资人职责的机构对本级人民政府负责

3. 根据企业国有资产法律制度的规定，下列关于企业改制的表述中，正确的有（　　）。

A. 改制方案必须由履行出资人职责机构决定

B. 职工安置方案应经职工代表大会或者职工大会审议通过

C. 改制时解除劳动合同且不再继续留用的职工，应当支付经济补偿金

D. 改制时对经确认的拖欠职工的工资、集资款、医疗费和挪用的职工住房公积金以及企业欠缴社会保险费，原则上一次性付清

4. 根据企业国有资产法律制度的规定，国家出资企业的下列行为中，应当对相关资产进行评估的有（　　）。

A. 整体资产或者部分资产租赁给非国有单位

B. 收购非国有单位的资产

C. 经人民政府批准，对企业整体或者部分资产实施无偿划转

D. 国有独资企业与其下属独资企业之间的合并、资产置换

5. 根据企业国有资产产权登记制度的规定，企业发生下列情形之一的，应当申办注销产权登记，下列属于应办理注销的情形有（　　）。

A. 企业解散

B. 企业被依法撤销

C. 企业转让全部国有资产产权

D. 企业改制后不再设置国有股权

6. 根据企业国有产权无偿划转的有关规定，下列选项中，企业国有产权不得实施无偿划转的情形有（　　）。

A. 划出方债务未有妥善处置方案的

B. 被划转企业职工代表大会未通过无偿划转涉及的职工分流安置事项

C. 被划转企业主业不符合划入方主业及发展规划

D. 中介机构对被划转企业划转基准日的财务报告出具了否定意见的审计报告

7. 根据企业国有资产法律制度的规定，国有股东可以不披露协议转让股份的信息直接签订转让协议的有（　　）。

A. 上市公司连续3年亏损并存在退市风险或严重财务危机，受让方提出重大资产重组计划及具体时间表的

B. 国民经济关键行业、领域中对受让方有特殊要求的

C. 国有及国有控股企业为实施国有资源整合或资产重组，在其内部进行协议转让的

D. 国有股东因解散、破产、被依法责令关闭等原因转让其所持上市公司股份的

8. 根据企业国有资产产权登记管理制度规定，下列属于金融类企业须申请办理产权变动登记的情况有（　　）。

A. 管理级次发生变动

B. 法定代表人改变

C. 国有资本额发生增减变动

D. 国有资本出资人发生变动

9. 根据国有股东转让所持上市公司股份管理暂行办法的规定，下列选项中属于国有股东转让所持上市公司股份的方式有（　　）。

A. 证券交易系统转让

B. 协议方式转让

C. 无偿划转

D. 间接转让

10. 根据企业国有资产法律制度的规定，

企业国有产权转让的全部价款原则上应当一次付清，特殊情况下也可以采取分期付款的方式，下列有关分期付款方式的表述中，正确的有（ ）。

A. 受让方首期付款不得低于总价款的20%，并在合同生效之日起10个工作日内支付

B. 受让方首期付款不得低于总价款的30%，并在合同生效之日起5个工作日内支付

C. 其余款项应当提供合法的担保，并应当按同期银行贷款利率向转让方支付延期付款期间利息，付款期限不得超过1年

D. 其余款项应当提供合法的担保，并应当按同期银行贷款利率向转让方支付延期付款期间利息，付款期限不得超过2年

答案及解析

一、单项选择题

1. 【答案】B

【解析】选项B：国务院和地方人民政府依照法律、行政法规的规定，分别代表国家对国家出资企业履行出资人职责，享有出资人权益。

2. 【答案】D

【解析】选项C、D：出资额或者持有的比例虽然不足50%，但依其出资额或者持有的股份享有的表决权已足以对股东会、股东大会的决议产生重大影响的股东，亦构成国有资本控股。

3. 【答案】A

【解析】（1）选项B：履行出资人职责的机构任免或者建议任免的董事、监事、高级管理人员应当有符合职位要求的专业知识和工作能力，并未要求具有注册会计师证；（2）选项C：董事、高级管理人员不得兼任监事；（3）选项D：未经履行出资人职责的机构同意，国有独资公司的董事长不得兼任经理。

4. 【答案】D

【解析】选项D：国有独资公司不可以改制为国有独资企业。

5. 【答案】D

6. 【答案】B

【解析】有多个国有股东的企业发生资产评估事项，经协商一致可由国有股最大股东依照其产权关系办理核准或备案手续；国有股股东持股比例相等的，经协商一致可由其中一方依照其产权关系办理核准或备案手续。

7. 【答案】A

【解析】选项A：国家出资企业、国家出资企业（不含国有资本参股公司）拥有实际控制权的境内外各级企业及其投资参股企业，应当纳入产权登记范围。

8. 【答案】B

【解析】产权转让原则上不得针对受让方设置资格条件，确需设置的，不得有明确指向性或者违反公平竞争原则，所设资格条件相关内容应当在信息披露前报同级国有资产监督管理机构备案，国有资产监督管理机构在5个工作日内未反馈意见的视为同意。

9. 【答案】D

【解析】（1）选项A、B、C：以下情形经“国家出资企业”审议决策，可以采取非公开协议方式进行增资：①国家出资企业直接或者指定其控股、实际控制的其他子企业参与增资；②企业债权转为股权；③企业原股东增资。（2）选项D：以下情形经“同级国有资产监督管理机构”批准，可以采取非公开协议方式进行增资：①因国有资本布局结构调整需要，由特定的国有及国有控股企业或者国有实际控制企业参与增资；②因国家出资企业与特定投资方建立战略合作伙伴或者利益共同体需要，由该投资方参与国家出资企业或者其子企业增资。

10. 【答案】D

【解析】选项D：通过协议转让上市公司

股份的价格应当以上市公司股份转让信息公告日前30个交易日的每日加权平均价格算术平均值为基础确定，确需折价的，其最低价格不得低于该算术平均值的90%。

11. 【答案】B

【解析】中央直接管理的金融企业子公司、省级分公司或分行、金融资产管理公司办事处账面资产总额大于或等于5 000万元人民币的资产评估项目，由中央直接管理的金融企业审核后报财政部备案。

二、多项选择题

1. 【答案】CD

【解析】(1) 选项C：出资人对企业法人财产不具有直接的所有权，其对企业享有的是出资人权利，通常表现为资产收益、参与重大决策和选择管理者等权利；(2) 选项D：出资人将出资投入企业，所形成的企业的各项具体财产，属于企业法人财产。

2. 【答案】BCD

【解析】选项A：履行出资人职责的机构有以下几种：国务院国有资产监督管理机构、地方人民政府按照国务院的规定设立的国有资产监督管理机构、国务院和地方人民政府根据需要授权的其他部门、机构。

3. 【答案】BCD

【解析】选项A：企业改制由履行出资人职责的机构决定或者由公司股东会、股东大会决定；重要的国有独资企业的改制，履行出资人职责的机构在作出决定前，应当将改制方案报请本级人民政府批准。

4. 【答案】AB

【解析】选项C、D：企业有下列行为之一的，可以不对相关国有资产进行评估：(1) 经各级人民政府或其国有资产监督管理机构批准，对企业整体或者部分资产实施无偿划转；(2) 国有独资企业与其下属独资企业（事业单位）之间或其下属独资企业（事业单位）之间的合并、资产（产权）置换和无偿划转。

5. 【答案】ABCD

【解析】根据有关规定，企业发生下列情形之一的，应当申办注销产权登记：(1) 企业解散、被依法撤销或被依法宣告破产；(2) 企业转让全部国有资产产权或改制后不再设置国有股权的；(3) 其他需要注销国有资产产权的情形。

6. 【答案】ABCD

【解析】有下列情况之一的，不得实施无偿划转：(1) 被划转企业主业不符合划入方主业及发展规划的；(2) 中介机构对被划转企业划转基准日的财务报告出具否定意见、无法表示意见或保留意见的审计报告的；(3) 无偿划转涉及的职工分流安置事项未经被划转企业的职工代表大会审议通过的；(4) 被划转企业或有负债未有妥善解决方案的；(5) 划出方债务未有妥善处置方案的。

7. 【答案】BCD

【解析】存在下列特殊情形的，经省级或省级以上国有资产监督管理机构批准后，国有股东可不披露拟协议转让股份的信息直接签订转让协议：(1) 上市公司连续2年亏损并存在退市风险或严重财务危机，受让方提出重大资产重组计划及具体时间表的（选项A错误）；(2) 国民经济关键行业、领域中对受让方有特殊要求的（选项B）；(3) 国有及国有控股企业为实施国有资源整合或资产重组，在其内部进行协议转让的（选项C）；(4) 上市公司回购股份涉及国有股东所持股份的；(5) 国有股东因接受要约收购方式转让其所持上市公司股份的；(6) 国有股东因解散、破产、被依法责令关闭等原因转让其所持上市公司股份的（选项D）。

8. 【答案】ABCD

【解析】金融类企业发生下列情形之一的，须中办产权变动登记：(1) 名称、住所或法定代表人改变；(2) 组织形式、管理级次发生变动；(3) 国有资本出资人发生变动；(4) 国有资本额发生增减变动；(5) 国其他出资人出资额发生变动，造成国有资本持股比例发生5%以上（含5%）变化的；(6) 主管财政部门认定的其他变动情形。

9.【答案】ABCD

10.【答案】BC

【解析】企业国有产权转让的全部价款原则上应当一次付清。如金额较大、一次付清确有困难的，可以采取分期付款的方式。采取分期付款方式的，受让方首期付款不得低于总价款的30%，并在合同生效之日起5个工作日内支付；其余款项应当提供合法的担保，并应当按同期银行贷款利率向转让方支付延期付款期间利息，付款期限不得超过1年。

第十一章　反垄断法律制度

本章考情分析

本章考试比重低，分值不高（5～7分）；题目没难度，题型均为客观题。

基本内容框架

- 第十一章
  - 反垄断法律制度概述
    - 适用范围：地域、主体、行为、除外、国有垄断企业
    - 相关市场界定
      - 商品
        - 从需求替代角度
        - 从供给角度
      - 地域、时间（不是主要维度）
    - 实施机制
      - 法律责任（注意刑事责任的特殊性）
      - 双层制模式
        - 反垄断委员会
        - 反垄断执法机构：国家市场监督管理总局和商务部的各自职责
      - 调查措施
      - 民事诉讼：原告资格、不以查处为条件、专家作用、诉讼时效
  - 垄断协议规制制度
    - 特征
    - 法律禁止的横向（5种）、纵向（2种）垄断协议、行业协会行为（2种）
    - 豁免制度：豁免、证明责任
    - 实质上的协调一致行为
    - 法律责任（1%～10%、50万元）、宽恕制度（重要证据、减免处罚）
  - 滥用市场支配地位规制制度
    - 构成要件、市场支配地位推定标准
    - 滥用市场支配地位行为6种、与知识产权行使有关的滥用市场支配地位行为4种
    - 法律责任（1%～10%）
  - 经营者集中反垄断审查制度
    - 集中的三种情形
    - 申报标准（2条）、可以不申报的情况（2条）
    - 审查程序
      - 一般程序（30天、90天、60天）
      - 简易程序适用范围
      - 审查决定3种
    - 审查的实体标准：一般标准、综合考虑因素
    - 附加限制性条件
      - 限制性条件种类、确定
      - 业务剥离方式：买方条件、剥离义务人、剥离受托人、监督受托人的义务
    - 法律责任（50万元）
  - 滥用行政权力排除、限制竞争规制制度
    - 禁止的滥用行政权力排除、限制竞争行为6种
    - 公平竞争审查制度
      - 审查对象、方法
      - 审查标准4类及例外
      - 对已经存在的政策措施的处理
    - 法律责任（责令改正、处理建议）

通关重难点例题解析

本章复习重点如下：

（一）了解反垄断法的立法宗旨

（二）理解反垄断法的适用范围、相关市场界定、反垄断法的实施机制

（三）理解垄断协议的概念、特征与分类

（四）掌握横向垄断协议规制制度、纵向垄断协议规制制度、垄断协议的豁免、“其他协同行为”的认定

（五）理解对行业协会组织达成和实施垄断协议的限制

（六）了解法律责任

（七）掌握宽恕制度

（八）理解市场支配地位的概念、滥用市场支配地位行为的概念与分类

（九）掌握市场支配地位的认定、《反垄断法》禁止的滥用市场支配地位行为

（十）理解经营者集中反垄断审查制度概述、经营者集中的申报、经营者集中审查程序、经营者集中审查的实体标准

（十一）掌握经营者集中附加限制性条件批准制度

（十二）理解经营者集中未依法申报的调查处理

（十三）了解滥用行政权力排除、限制竞争行为概述

（十四）理解《反垄断法》禁止的滥用行政权力排除、限制竞争行为、公平竞争审查制度、法律责任

1. 《反垄断法》的适用范围

（1）地域范围。我国境内经济活动中的垄断行为或境外对境内市场竞争产生排除、限制影响的，均适用《反垄断法》。

（2）主体和行为类型。《反垄断法》主要规制对象为经营者，行政机关、具有管理公共事务职能的组织和行业协会也会成为《反垄断法》的规制主体。《反垄断法》规制的行为为：①经营者达成垄断协议；②经营者滥用市场支配地位；③具有或者可能具有排除、限制竞争效果的经营者集中；④滥用行政权力排除、限制竞争。

（3）适用除外。①知识产权的正当行使；②农业生产中的联合或者协同行为。国家对垄断国企的合法经营活动进行保护，但如果这些企业从事垄断行为，同样受《反垄断法》规制。

2. 《反垄断法》的实施机制

反垄断法律责任主要有三类：

（1）行政责任，包括责令停止违法行为、没收违法所得、罚款、限期恢复原状等形式。不服反垄断法执法机构有关处理、处罚决定的，可以通过行政复议和行政诉讼得到救济。

（2）民事责任，包括停止侵害、赔偿损失等。其中，损害赔偿责任是最主要的民事责任。在如下情形下，相关当事人可主张赔偿责任：①因经营者的滥用市场支配地位行为而受损的；②因垄断协议当事人一方对违反垄断协议的他方实施处罚，给其造成损失的；③因垄断协议无效，协议一方当事人向另一方当事人主张返还对价，恢复原状的；④因垄断协议无效，消费者向实施垄断协议的经营者主张返还多付价款的。

（3）刑事责任。我国《反垄断法》未对垄断行为规定刑事责任，但其他法律对情节严重的串通招投标行为规定了刑事责任。此外，《反垄断法》对阻碍、拒绝反垄断执法机构审查、调查行为以及反垄断法执法机构工作人员滥用职权、玩忽职守、徇私舞弊或者泄露执法过程中知悉的商业秘密两种情形，规定了刑事责任。

我国的反垄断机构采取双层制模式：国务院反垄断执法机构负责反垄断法的行政执法；另外，在其之上还设反垄断委员会，负责组织、协调、指导反垄断工作。此外，国务院反垄断执法机构可根据工作需要授权省级政府相应的机构依照规定负责有关反垄断执法工作。

反垄断执法机构2018年整合为国家市场监督管理总局。

反垄断执法机构调查涉嫌垄断行为，可以采取下列措施：

（1）进入被调查的经营者的营业场所或者其他有关场所进行检查；

（2）询问被调查的经营者、利害关系人或者其他有关单位或者个人，要求其说明有关情况；

（3）查阅、复制被调查的经营者、利害关系人或者其他有关单位或者个人的有关单证、协议、会计账簿、业务函电、电子数据等文件、资料；

（4）查封、扣押相关证据；

（5）查询经营者的银行账户。

3. 反垄断民事诉讼

（1）原告资格。因垄断行为受到损失以及因合同内容、行业协会的章程等违反反垄断法而发生争议的自然人、法人或者其他组织，可以向人民法院提起反垄断民事诉讼。可见，包括间接购买人在内的消费者，是可以作为垄断民事案件原告的。

（2）人民法院受理垄断民事纠纷案件，不以执法机构已对相关垄断行为进行了查处为条件。

（3）当事人可以向人民法院申请一至二名具有相应专门知识的人员出庭，就案件的专门性问题进行说明。与专家说明不同，人民法院同意或指定的专业人员就案件的专门性问题作出的市场调查或者经济分析报告，视为鉴定意见。鉴定意见是民诉法上的一种证据。专家的产生有两个途径：一是经人民法院同意，由双方当事人协商确定；二是经当事人申请或因双方当事人协商不成，由人民法院指定。

（4）因垄断行为产生的损害赔偿请求权诉讼时效期间，从原告知道或者应当知道权益受侵害之日起计算。原告向反垄断执法机构举报被诉垄断行为的，诉讼时效从其举报之日起中断。反垄断执法机构决定不立案、撤销案件或者决定终止调查的，诉讼时效期间从原告知道或者应当知道该决定之日起重新计算。反垄断执法机构认定构成垄断行为的，诉讼时效期间从原告知道或者应当知道该认定决定发生法律效力之日起重新计算。原告起诉时被诉垄断行为已经持续超过 2 年，被告提出诉讼时效抗辩的，损害赔偿自原告向人民法院起诉之日起向前推算 2 年计算。

4. 垄断协议规制制度

垄断协议的特征有：主体是两个或两个以上的经营者；表现形式多样化；排除、限制竞争。根据参与垄断协议的经营者之间是否具有竞争关系，一般将垄断协议分为横向垄断协议和纵向垄断协议。

价格垄断协议指在价格方面排除、限制竞争的协议、决定或者其他协同行为。除价格垄断协议以外的其他垄断协议为非价格垄断协议。价格垄断协议由国家发改委依法查处，非价格垄断协议则由国家工商局依法查处。

《反垄断法》禁止的横向垄断协议，也称为卡特尔或卡特尔协议。生产或销售同类商品的经营者通过垄断协议相约不竞争，事实上结为一体，可使市场出现独占的效果，进而使经营者获得垄断利润。

《反垄断法》禁止具有竞争关系的经营者达成下列垄断协议：

第一，固定或者变更商品价格的协议（价格卡特尔）。实践中，固定或者变更商品价格的协议的表现形式多样，有的表现为非绝对地限制经营者的定价自由，而是对经营者定价过程设定统一的限制条件，从而实现固定价格、限制竞争的目的。根据《反价格垄断规定》，上述限制条件主要包括：①固定或者变更价格变动幅度；②固定或者变更对价格有影响的手续费、折扣或者其他费用；③使用约定的价格作为与第三方交易的基础；④约定采用据以计算价格的标准公式；⑤约定未经参加协议的其他经营者同意不得变更价格等。

第二，限制商品的生产数量或者销售数量。具有竞争关系的经营者不得就限制商品的生产数量或者销售数量达成下列垄断协议：①以限制产量、固定产量、停止生产等方式限制商品的生产数量或者限制商品特定品种、型号的生产数量；②以拒绝供货、限制商品投放量等方式限制商品的销售数量或者限制商品特定品种、型号的销售数量。

第三，分割销售市场或者原材料采购市场。禁止具有竞争关系的经营者就分割销售市场或者原材料采购市场达成下列垄断协议：①划分商品销售地域、销售对象或者销售商品的种类、数量；②划分原料、半成品、零部件、相关设备等原材料的采购区域、种类、数量；③划分原料、半成品、零部件、相关设备等原材料的供应商。

第四，限制购买新技术、新设备或者限制开发新技术、新产品。该类协议的表现形式有：①限制购买、使用新技术、新工艺；②限制购买、租赁、使用新设备；③限制投资、研发新技术、新工艺、新产品；④拒绝使用新技术、新工艺、新设备；⑤拒绝采用新的技术标准。

第五，联合抵制交易。该类协议的具体表现包括：①联合拒绝向特定经营者供货或者销售商品；②联合拒绝采购或者销售特定经营者的商品；③联合限定特定经营者不得与其具有竞争关系的经营者进行交易。

《反垄断法》禁止的纵向垄断协议，也称纵向限制竞争协议，其发生在上下游经营者之间。

纵向垄断协议在限制竞争的同时又有促进竞争和效率的效果，因此《反垄断法》对其的规制态度要比横向垄断协议宽松得多。我国《反垄断法》列举了两种受到禁止的纵向垄断协议形式：①固定向第三人转售商品的价格；②限定向第三人转售商品的最低价格。可看出《反垄断法》禁止的是价格性纵向垄断协议。

豁免是在适用反垄断法的过程中，发现某些违反反垄断法的行为符合法定条件而不予禁止。可被豁免的垄断协议类型有：①为改进技术、研究开发新产品的；②为提高产品质量、降低成本、增进效率，统一产品规格、标准或者实行专业化分工的；③为提高中小经营者经营效率，增强中小经营者竞争力的；④为实现节约能源、保护环境、救灾救助等社会公共利益的；⑤因经济不景气，为缓解销售量严重下降或者生产明显过剩的；⑥为保障对外贸易和对外经济合作中的正当利益的；属于前款第①项至第⑤项情形，经营者还应当证明所达成的协议不会严重限制相关市场的竞争，并且能够使消费者分享由此产生的利益。

经营者虽未明确订立书面或者口头形式的协议或者决定，但实质上存在协调一致的行为的，构成其他协同行为。认定价格性其他协同行为，应当依据下列因素：①经营者的价格行为具有一致性；②经营者进行过意思联络。认定协同行为还应考虑市场结构和市场变化等情况。认定非价格性其他协同行为，应当考虑下列因素：①经营者的市场行为是否具有一致性；②经营者之间是否进行过意思联络或者信息交流；③经营者能否对一致行为作出合理的解释。认定非价格性其他协同行为，还应当考虑相关市场的结构情况、竞争状况、市场变化情况、行业情况等。

根据《工商行政管理机关禁止垄断协议行为的规定》，法律禁止的行业协会组织本行业经营者从事垄断协议的行为具体包括：①制定、发布含有排除、限制竞争内容的行业协会章程、规则、决定、通知、标准等；②召集、组织或者推动本行业的经营者达成含有排除、限制竞争内容的协议、决议、纪要、备忘录等。

经营者违反反垄断法规定，达成并实施垄断协议的，由反垄断执法机构责令停止违法行为，没收违法所得，并处上一年度销售额1%以上10%以下的罚款；尚未实施所达成的垄断协议的，可以处50万元以下的罚款。行业协会违反反垄断法规定，组织本行业的经营者达成垄断协议的，反垄断执法机构可以处50万元以下的罚款；情节严重的，社会团体登记管理机关可以依法撤销登记。

垄断协议的宽恕制度是指，参与垄断协议的经营者主动向反垄断执法机构报告达成垄断协议的有关情况并提供重要证据的，反垄断执法机构可以对其宽大处理，酌情减轻或者免除其处罚。向执法机构提供有关垄断协议的重要证据，是参与垄断协议经营者获得宽大处理的必要条件。①所谓“重要证据”仅指对政府价格主管部门认定价格垄断协议具有关键作用的证据，不包括对启动调查具有关键性作用的证据。②第一个主动报告达成价格垄断协议的有关情况并提供重要证据的，可以免除处罚；第二个主动报告达成价格垄断协议的有关情况并提供重要证据的，可以按照不低于50%的幅度减轻处罚；其他主动报告达成价格垄断协议的有关情况并提供重要证据的，可以按照不高于50%的幅度减轻处罚。垄断协议的组织者不适用宽恕制度。

5. 滥用市场支配地位规制制度

市场支配地位也称市场优势地位，是指经营者在相关市场内能够控制商品价格、数量或者其他交易条件，或者能够阻碍、影响其他经营者进入相关市场能力的市场地位。可这样理解：①具有市场支配地位的经营者未必是“独占”者；②具有市场支配地位的经营者可以是一个或多个；③市场支配地位是一种市场结构状态。

滥用市场支配地位行为的构成要件有三：一是行为主体须是具有市场支配地位的经营者；二是客观方面实施了排挤竞争对手或不公平交易的反竞争行为；三是在行为后果方面削弱了竞争，破坏了市场竞争秩序。

我国《反垄断法》规定了以市场份额为基础的经营者市场支配地位推定标准。一个经营者在相关市场的市场份额达到1/2的、两个经营者在相关市场的市场份额合计达到2/3的、三个经营者在相关市场的市场份额合计达到3/4的，都可推定为具有市场支配地位。同时，对于多个经营者被推定为共同占有市场支配地位时，其中有的经营者市场份额不足1/10的，不应当推定该经营者具有市场支配地位。

市场份额不是认定市场支配地位的唯一的和绝对的标准，因此，被推定具有市场支配地位的经营者，如有证据证明不具有市场支配地位的，不应当认定其具有市场支配地位。这里的证据应从市场份额以外的其他认定市场支配地位的因素中寻找。

《反垄断法》禁止具有市场支配地位的经营者从事下列滥用市场支配地位的行为：

第一，以不公平的高价销售商品或者以不公平的低价购买商品。根据《反价格垄断规定》，认定“不公平的高价”和“不公平的低价”，应当考虑下列因素：①销售价格或者购买价格是否明显高于或者低于其他经营者销售或者购买同种商品的价格；②在成本基本稳定的情况下，是否超过正常幅度提高销售价格或者降低购买价格；③销售商品的提价幅度是否明显高于成本增长幅度，或者购买商品的降价幅度是否明显高于交易相对人成本降低幅度。

第二，没有正当理由，以低于成本的价格销售商品。根据《反价格垄断规定》，因下列情形而进行的低于成本价格销售均为正当：①降价处理鲜活商品、季节性商品、有效期限即将到期的商品和积压商品的；②因清偿债务、转产、歇业降价销售商品的；③为推广新产品进行促销的；④能够证明行为具有正当性的其他理由。

第三，没有正当理由，拒绝与交易相对人进行交易（展开掌握具体表现及正当理由的标准）。

第四，没有正当理由，限定交易相对人只能与其进行交易或者只能与其指定的经营者进行交易。实践中，强制交易还可表现为具有市场支配地位的经营者限定交易相对人不得与其竞争对手进行交易。根据《反价格垄断规定》，强制交易的“正当理由”包括：①为了保证产品质量和安全的；②为了维护品牌形象或者提高服务水平的；③能够显著降低成本、提高效率，并且能够使消费者分享由此产生的利益的；④能够证明行为具有正当性的其他理由。

第五，没有正当理由搭售商品，或者在

交易时附加其他不合理的交易条件（展开掌握具体的附加不合理条件）。

第六，没有正当理由，对条件相同的交易相对人在交易价格等交易条件上实行差别待遇（展开掌握除价格外的其他交易条件）。

与知识产权行使有关的滥用市场支配地位行为有以下几种：

（1）拒绝许可。具有市场支配地位的经营者没有正当理由，不得在其知识产权构成生产经营活动必需设施的情况下，拒绝许可其他经营者以合理条件使用该知识产权，排除、限制竞争。认定此种行为需要同时考虑下列因素：一是该项知识产权在相关市场上不能被合理替代，为其他经营者参与相关市场的竞争所必需；二是拒绝许可该知识产权将会导致相关市场上的竞争或者创新受到不利影响，损害消费者利益或者公共利益；三是许可该知识产权对该经营者不会造成不合理的损害。

（2）附加不合理限制条件。具有市场支配地位的经营者没有正当理由，在行使知识产权的过程中，不得实施下列附加不合理限制条件的行为，排除、限制竞争：①要求交易相对人将其改进的技术进行独占性的回授；②禁止交易相对人对其知识产权的有效性提出质疑；③限制交易相对人在许可协议期限届满后，在不侵犯知识产权的情况下利用竞争性的商品或者技术；④对保护期已经届满或者被认定无效的知识产权继续行使权利。

（3）专利联营中的滥用行为。具有市场支配地位的专利联营管理组织没有正当理由，不得利用专利联营实施下列滥用市场支配地位的行为，排除、限制竞争：①限制联营成员在联营之外作为独立许可人许可专利；②限制联营成员或者被许可人独立或者与第三方联合研发与联营专利相竞争的技术；③强迫被许可人将其改进或者研发的技术独占性地回授给专利联营管理组织或者联营成员；④禁止被许可人质疑联营专利的有效性；⑤对条件相同的联营成员或者同一相关市场的被许可人在交易条件上实行差别待遇。

（4）标准必要专利滥用行为。具有市场支配地位的经营者没有正当理由，不得在标准的制定和实施过程中实施下列排除、限制竞争行为：①在参与标准制定的过程中，故意不向标准制定组织披露其权利信息，或者明确放弃其权利，但是在某项标准涉及该专利后却对该标准的实施者主张其专利权；②在其专利成为标准必要专利后，违背公平、合理和无歧视原则，实施拒绝许可、搭售商品或者在交易时附加其他的不合理交易条件等排除、限制竞争的行为。

6. 经营者集中反垄断审查制度

经营者集中主要包括以下三种情形：①合并；②通过取得股权或者资产的方式取得对其他经营者的控制权；③通过合同等方式取得对其他经营者的控制权或者能够对其他经营者施加决定性影响。经营者集中的经济效果具有两面性，这决定了反垄断法对它的规制在于“控制”，而不在于“禁止”。这种控制制度体现为经营者集中申报制度。

经营者集中的申报标准如下：①参与集中的所有经营者上一会计年度在全球范围内的营业额合计超过100亿元人民币，并且其中至少两个经营者上一会计年度在中国境内的营业额均超过4亿元人民币；②参与集中的所有经营者上一会计年度在中国境内的营业额合计超过20亿元人民币，并且其中至少两个经营者上一会计年度在中国境内的营业额均超过4亿元人民币。经营者集中未达到上述申报标准，但按照规定程序收集的事实和证据表明该经营者集中具有或者可能具有排除、限制竞争效果的，国务院商务主管部门应当依法进行调查。

经营者集中有下列情形之一的，可以不向国务院反垄断执法机构申报：①参与集中的一个经营者拥有其他每个经营者50%以上有表决权的股份或者资产的；②参与集中的每个经营者50%以上有表决权的股份或者资产被同一个未参与集中的经营者拥有的。

经营者集中的审查程序一般为两阶段审查，即国务院反垄断执法机构应当自收到经营者提交的符合规定的文件、资料之日起30日内，对申报的经营者集中进行初步审查，作出是否实施进一步审查的决定，并书面通知经营者。国务院反垄断执法机构决定实施进一步审查的，应当自决定之日起90日内审查完毕，作出是否禁止经营者集中的决定，并书面通知经营者。有下列情形之一的，可以延长前款规定的审查期限，但最长不得超过60日：①经营者同意延长审查期限的；②经营者提交的文件、资料不准确，需要进一步核实的；③经营者申报后有关情况发生重大变化的。国务院反垄断执法机构逾期未作出决定的，经营者可以实施集中。

凡符合下列情况的，适用简易审查程序：①在同一相关市场，所有参与集中的经营者所占的市场份额之和小于15%；②存在上下游关系的参与集中的经营者，在上下游市场所占的份额均小于25%；③不在同一相关市场、也不存在上下游关系的参与集中的经营者，在与交易有关的每个市场所占的份额均小于25%；④参与集中的经营者在中国境外设立合营企业，合营企业不在中国境内从事经济活动；⑤参与集中的经营者收购境外企业股权或资产的，该境外企业不在中国境内从事经济活动；⑥由两个以上经营者共同控制的合营企业，通过集中被其中一个或一个以上经营者控制。符合上述情况但存在下列情形的经营者集中案件，不视为简易案件：①由两个以上经营者共同控制的合营企业，通过集中被其中的一个经营者控制，该经营者与合营企业属于同一相关市场的竞争者；②经营者集中涉及的相关市场难以界定；③经营者集中对市场进入、技术进步可能产生不利影响；④经营者集中对消费者和其他有关经营者可能产生不利影响；⑤经营者集中对国民经济发展可能产生不利影响；⑥商务部认为可能对市场竞争产生不利影响的其他情形。

经营者集中审查的一般标准为具有或者可能排除、限制竞争效果。

判断参与集中的经营者是否取得或增加市场控制力时，综合考虑下列因素：①参与集中的经营者在相关市场的市场份额，以及相关市场的竞争状况；②参与集中的经营者产品或服务的替代程度；③集中所涉相关市场内未参与集中的经营者的生产能力，以及其产品或服务与参与集中经营者产品或服务的替代程度；④参与集中的经营者控制销售市场或者原材料采购市场的能力；⑤参与集中的经营者的商品购买方转换供应商的能力；⑥参与集中的经营者的财力和技术条件；⑦参与集中的经营者的下游客户的购买能力；⑧应当考虑的其他因素。

根据不同情况，国务院反垄断执法机构相应做出禁止集中决定、不予禁止决定和附条件的不予禁止决定。

对不予禁止的经营者集中，商务部可以附加减少集中对竞争产生不利影响的限制性条件。限制性条件可以包括如下种类：①剥离有形资产、知识产权等无形资产或相关权益等结构性条件；②开放网络或平台等基础设施、许可关键技术（包括专利、专有技术或其他知识产权）、终止排他性协议等行为性条件；③结构性条件和行为性条件相结合的综合性条件。商务部提出集中具有或可能具有排除、限制竞争效果之前，申报方也可以提出附条件建议。

附加限制性条件为剥离的，可采取自行剥离或者受托剥离的方式。

剥离业务的买方应当符合下列要求：①独立于参与集中的经营者；②拥有必要的资源、能力并有意愿使用剥离业务参与市场竞争；③取得其他监管机构的批准；④不得向参与集中的经营者融资购买剥离业务；⑤商务部根据具体案件情况提出的其他要求。此外，买方已有或者能够从其他途径获得的生产要素应当与剥离业务相匹配，买方有权请求商务部对剥离资产的范围进行必要的调整。

剥离义务人应在商务部作出审查决定之日起15日内向商务部提交监督受托人人选，在进入受托剥离阶段30日前向商务部提交剥离受托人人选。监督受托人和剥离受托人应当符合下列要求：①独立于剥离义务人和剥离业务的买方；②具有履行受托人职责的专业团队，团队成员应当具有对限制性条件进行监督所需的专业知识、技能及相关经验；③受托人提出可行的工作方案；④对买方人选确定过程的监督；⑤商务部提出的其他要求。

监督受托人应当在商务部的监督下，履行下列职责：①监督剥离义务人履行关于经营者集中附加限制性条件的规定、审查决定及相关协议规定的义务；②对剥离义务人推荐的买方人选、拟签订的出售协议进行评估，并向商务部提交评估报告；③监督出售协议的执行，并定期向商务部提交监督报告；④协调剥离义务人与潜在买方就剥离事项产生的争议；⑤应商务部的要求提交其他与剥离有关的报告。监督受托人不得披露其在履行职责过程中向商务部提交的各种报告及相关信息。

在受托剥离阶段，剥离受托人负责为剥离业务找到买方并达成出售协议。剥离受托人有权以无底价方式出售剥离业务。

在剥离完成之前，为确保剥离业务的存续性、竞争性和可销售性，剥离义务人应当履行下列义务：①保持剥离业务与其保留的业务之间相互独立，并采取一切必要措施以最符合剥离业务发展的方式进行管理；②不得实施任何可能对剥离业务有不利影响的行为，包括聘用被剥离业务的关键员工，获得剥离业务的商业秘密或其他保密信息等；③指定专门的管理人，负责管理剥离业务，管理人在监督受托人的监督下履行职责，其任命和更换应得到监督受托人的同意；④确保潜在买方能够以公平合理的方式获得有关剥离业务的充分信息，评估剥离业务的商业价值和发展潜力；⑤根据买方的要求向其提供必要的支持和便利，确保剥离业务的顺利交接和稳定经营；⑥向买方及时移交剥离业务并履行相关法律程序。

对应该申报而未申报并实施集中的，反垄断执法机构责令停止实施集中、限期处分股份或资产、限期转让营业以及采取其他必要措施恢复到集中前的状态，并可处50万元以下的罚款。

7. 我国反垄断法禁止的滥用行政权力排除、限制竞争行为

（1）强制交易。

（2）地区封锁。《反垄断法》及执法部门发布的相关行政规章通过总结实践中地区封锁的表现形式禁止以下由行政机关和法律、法规授权的具有管理公共事务职能的组织实施的妨碍商品在地区之间自由流通的行为：①对外地商品设定歧视性收费项目、实行歧视性收费标准，或者规定歧视性价格；②对外地商品执行与本地同类商品不同的技术要求、检验标准，或者采取重复检验、重复认证等歧视性技术措施，阻碍、限制外地商品进入本地市场；③采取专门针对外地商品的行政许可，或者对外地商品实施行政许可时采取不同的许可条件、程序、期限等，阻碍、限制外地商品进入本地市场；④设置关卡或者采取其他手段，阻碍、限制外地商品进入本地市场或者本地商品运往外地市场；⑤妨碍商品在地区之间自由流通的其他行为。

（3）排斥或限制外地经营者参加本地招标投标。

（4）排斥或限制外地经营者在本地投资或者设立分支机构。

（5）强制经营者从事垄断行为。

（6）抽象行政性垄断行为。抽象行政性垄断行为，是指行政机关滥用行政权力，制定含有排除、限制竞争内容的规定的行为，其具体形式包括决定、公告、通告、通知、意见、会议纪要等。与具体行政行为只针对特定主体和特定事项不同，抽象行政行为则是行政机关针对不特定对象发布的能反复适用的行政规范性文件，具有一定的“普适性”，因此，抽象行政性垄断行为的比具体行政性垄断行为危害更大。

8. 公平竞争审查制度

公平竞争审查制度的基本原则为：尊重

市场，竞争优先。立足全局，统筹兼顾。科学谋划，分步实施。依法审查，强化监督。

公平竞争的审查对象包括：①行政机关和法律、法规授权的具有管理公共事务职能的组织（以下统称政策制定机关）制定市场准入、产业发展、招商引资、招标投标、政府采购、经营行为规范、资质标准等涉及市场主体经济活动的规章、规范性文件和其他政策措施；②行政法规和国务院制定的其他政策措施；③地方性法规。

公平竞争采取事前自我审查方式，未进行自我审查的，不得提交审议。政策制定机关在政策制定过程中，要严格对照审查标准进行自我审查。经审查认为不具有排除、限制竞争效果的，可以实施；具有排除、限制竞争效果的，应当不予出台，或调整至符合相关要求后出台。没有进行公平竞争审查的，不得出台。制定政策措施及开展公平竞争审查应当听取利害关系人的意见，或者向社会公开征求意见。有关政策措施出台后，要按照《中华人民共和国政府信息公开条例》要求向社会公开。

公平竞争的审查标准包括以下几个：

（1）市场准入和退出标准。包括不得设置不合理和歧视性的准入和退出条件；公布特许经营权目录清单，且未经公平竞争，不得授予经营者特许经营权；不得限定经营、购买、使用特定经营者提供的商品和服务；不得设置没有法律法规依据的审批或者事前备案程序；不得对市场准入负面清单以外的行业、领域、业务等设置审批程序。

（2）商品和要素自由流动标准。包括不得对外地和进口商品、服务实行歧视性价格和歧视性补贴政策；不得限制外地和进口商品、服务进入本地市场或者阻碍本地商品运出、服务输出；不得排斥或者限制外地经营者参加本地招标投标活动；不得排斥、限制或者强制外地经营者在本地投资或者设立分支机构；不得对外地经营者在本地的投资或者设立的分支机构实行歧视性待遇，侵害其合法权益。

（3）影响生产经营成本标准。包括不得违法给予特定经营者优惠政策；安排财政支出一般不得与企业缴纳的税收或非税收入挂钩；不得违法免除特定经营者需要缴纳的社会保险费用；不得在法律规定之外要求经营者提供或者扣留经营者各类保证金。

（4）影响生产经营行为标准。包括不得强制经营者从事《反垄断法》规定的垄断行为；不得违法披露或者要求经营者披露生产经营敏感信息，为经营者从事垄断行为提供便利条件；不得超越定价权限进行政府定价；不得违法干预实行市场调节价的商品和服务的价格水平。

没有法律、法规依据，各地区、各部门不得制定减损市场主体合法权益或者增加其义务的政策措施；不得违反《反垄断法》，制定含有排除、限制竞争内容的政策措施。

例外规定。属于下列情形的政策措施，如果具有排除和限制竞争的效果，在符合规定的情况下可以实施：①维护国家经济安全、文化安全或者涉及国防建设的；②为实现扶贫开发、救灾救助等社会保障目的的；③为实现节约能源资源、保护生态环境等社会公共利益的；④法律、行政法规规定的其他情形。

政策制定机关应当说明相关政策措施对实现政策目的不可或缺，且不会严重排除和限制市场竞争，并明确实施期限。

对公平竞争审查制度实施前已经存在的政策措施的处理。由各级政府及所属部门对照公平竞争审查标准，对现行政策措施区分不同情况，有序清理和废除：对市场主体反映比较强烈、问题暴露比较集中、影响比较突出的规定和做法，要尽快废止；对以合同协议等形式给予企业的优惠政策以及部分立即终止会带来重大影响的政策措施，要设置过渡期，留出必要的缓冲空间；对已兑现的优惠政策，不溯及既往。

【例 11－1】（2017 年单选题）根据我国

反垄断执法机构的职责分工，负责不涉及价格的滥用行政权力排除、限制竞争行为的执法工作的机构是（ ）。

A. 国家工商总局

B. 商务院

C. 国务院反垄断委员会

D. 国家发展改革委

【答案】A

【解析】国务院反垄断执法机构主要指国家工商局、国家发改委和商务部。三家执法机构的职责具体划分为：商务部负责经营者集中行为的反垄断审查工作；国家发改委负责依法查处价格垄断行为；国家工商局负责垄断协议、滥用市场支配地位、滥用行政权力排除、限制竞争方面的反垄断执法工作，价格垄断行为除外。

【例 11－2】（2017 年多选题）下列关于《反垄断法》适用范围的表述中，正确的有（ ）。

A. 只要垄断行为发生在境内，无论该行为是否对境内市场竞争产生排除、限制影响，均应适用《反垄断法》

B. 只要行为人是我国公民或境内企业，无论该行为是否发生在境内，均应适用《反垄断法》

C. 只要行为人是我国公民或境内企业，无论该行为是否对境内市场竞争产生排除、限制影响，均应适用《反垄断法》

D. 只要垄断行为对境内市场竞争产生排除、限制影响，无论该行为是否发生在境内，均应适用《反垄断法》

【答案】AD

【解析】中华人民共和国境内经济活动中的垄断行为，适用《反垄断法》；中华人民共和国境外的垄断行为，对境内竞争产生排除、限制影响的，适用《反垄断法》。

【例 11－3】（2017 年多选题）为消除经营者集中对竞争造成的不利影响，反垄断执法机构可以在批准集中时附加业务剥离的条件。下列关于业务剥离的表述中，符合反垄断法律制度规定的有（ ）。

A. 剥离受托人的报酬由剥离义务人支付，监督受托人的报酬由反垄断执法机构支付

B. 剥离受托人可以是法人和其他组织，也可以是自然人

C. 监督受托人不得披露其在履职过程中向商务部提交的各种报告及相关信息

D. 在受托剥离中，剥离受托人有权以无底价方式出售剥离业务

【答案】BCD

【解析】选项 A：剥离义务人负责支付监督受托人和剥离受托人报酬。

【例 11－4】（2016 年多选题）下列行为中，违反我国《反垄断法》的有（ ）。

A. 国有经济占控制地位的关系国民经济命脉行业的国有企业之间达成垄断协议的行为

B. 农业生产者在农产品生产、加工、销售、运输、储存等经营活动中实施的联合行为

C. 外国企业在中国境外实施的对中国境内市场竞争产生排除或限制效果的垄断行为

D. 具有竞争关系的境内企业就固定商品出口价格达成的垄断协议

【答案】AC

【解析】农业生产中的联合或者协同行为不适用反垄断法；具有竞争关系的境内企业就固定商品出口价格达成的垄断协议，是为了保障对外贸易和对外经济合作中的正当利益，反垄断法对之予以豁免，故选项 B、D 不选。

【例 11－5】（2016 年单选题）甲公司在相关市场中具有市场支配地位。从 2012 年 3 月 1 日起，甲公司凭借其市场支配地位，持续从事不公平的垄断高价行为。2016 年 3 月 1 日，该滥用行为的受害人乙公司向人民法院提起民事诉讼，要求判令甲公司赔偿损失。甲公司提出，其滥用行为始于 2012 年，开始之时乙公司即知情，直至今日才提出损害赔偿，2 年诉讼时效已过。下列关于本案损害赔偿的表述中，符合反垄断法律制度规定的是（ ）。

A. 诉讼时效已过，甲公司有权拒绝赔偿乙公司损失

B. 甲公司应赔偿乙公司全部经济损失

C. 甲公司应赔偿乙公司自 2014 年 3 月 1 日以来的经济损失

D. 甲公司应赔偿乙公司全部经济损失的 50%

【答案】C

【解析】法律规定，原告起诉时被诉垄断行为已经持续超过 2 年，被告提出诉讼时效抗辩的，损害赔偿自原告向人民法院起诉之日起向前推算 2 年计算。

【例 11－6】（2016 年多选题）根据反垄断法律制度的规定，执法机构认定非价格性"其他协同行为"时，应当考虑的因素包括（　　）。

A. 经营者的市场行为是否具有一致性

B. 经营者之间是否进行过意思联络或者信息交流

C. 经营者能否对一致行为作出合理解释

D. 相关市场的结构情况、竞争状况、市场变化情况、行业情况

【答案】ABCD

【例 11－7】（2015 年多选题）根据反垄断法律制度的规定，下列垄断协议中，由国家工商总局负责执法的有（　　）。

A. 价格卡特尔

B. 限制数量协议

C. 划分市场协议

D. 维持转售价格协议

【答案】BC

【解析】本题考核反垄断机构。国家工商总局负责垄断协议、滥用市场支配地位、滥用行政权力排除、限制竞争方面的反垄断执法工作，价格垄断行为除外。选项 A、D 属于价格垄断，故不选。

【例 11－8】（2015 年单选题）在反垄断执法机构查处某横向价格垄断协议案件的过程中，作为垄断协议当事人之一的甲企业因主动向执法机构报告达成垄断协议的有关情况并提供重要证据被免除处罚。根据反垄断法律制度的规定，甲企业被免除处罚的依据是（　　）。

A. 豁免制度

B. 宽恕制度

C. 适用除外制度

D. 经营者承诺制度

【答案】B

【解析】法律规定，参与垄断协议的经营者主动向反垄断执法机构报告达成垄断协议的有关情况并提供重要证据的，反垄断执法机构可以对其宽大处理，酌情减轻或者免除其处罚。该制度为宽恕制度。

【例 11－9】（2015 年多选题）根据反垄断法律制度的规定，在经营者集中附加限制性条件批准制度中，剥离业务的买方应当符合的要求有（　　）。

A. 独立于参与集中的经营者

B. 拥有必要的资源、能力并有意愿使用剥离业务参与市场竞争

C. 取得其他监管机构的批准

D. 优先向参与集中的经营者融资购买剥离业务

【答案】ABC

【解析】法律规定，剥离业务的买方应当符合下列要求：（1）独立于参与集中的经营者；（2）拥有必要的资源、能力并有意愿使用剥离业务参与市场竞争；（3）取得其他监管机构的批准；（4）不得向参与集中的经营者融资购买剥离业务；（5）商务部根据具体案件情况提出的其他要求。

【例 11－10】（2018 年单选题）根据反垄断法律制度的规定，反垄断民事诉讼的当事人可以向人民法院申请具有相应专门知识的人员出庭，就案件的专门性问题进行说明。此类说明是（　　）。

A. 证人证言

B. 鉴定意见

C. 当事人陈述

D. 法官判案的参考依据

【答案】D

【解析】在反垄断民事诉讼中，当事人可

以向人民法院申请一至二名具有相应专门知识的人员出庭，就案件的专门性问题进行说明。专家在法庭上提供的意见并不属于《民事诉讼法》上的证据形式，而是作为法官判案的参考依据。

【例11-11】（2018年多选题）根据反垄断法律制度的规定，市场支配地位是指经营者在相关市场内具有能够控制商品价格、数量或者其他交易条件，或者能够阻碍、影响其他经营者进入相关市场能力的市场地位。下列各项中，属于“其他交易条件”的有（　　）。

A. 商品品质

B. 付款条件

C. 交付方式

D. 售后服务

【答案】ABCD

【解析】以上选项均属于其他交易条件。

【例11-12】（2018年多选题）根据反垄断法律制度的规定，认定具有市场支配地位的经营者以不公平的高价销售商品，应当主要考虑的因素有（　　）。

A. 商品的销售价格是否明显高于成本

B. 商品的销售价格是否明显高于其他经营者销售同种商品的价格

C. 在成本基本稳定的情况下，是否超过正常幅度提高商品的销售价格

D. 商品销售价格的提价幅度是否明显高于成本增长幅度

【答案】BCD

【解析】认定“不公平的高价”和“不公平的低价”，应当考虑下列因素：（1）销售价格或者购买价格是否明显高于或者低于其他经营者销售或者购买同种商品的价格（B选项）；（2）在成本基本稳定的情况下，是否超过正常幅度提高销售价格或者降低购买价格（C选项）；（3）销售商品的提价幅度是否明显高于成本增长幅度（D选项），或者购买商品的降价幅度是否明显高于交易相对人成本降低幅度。

【例11-13】（2019年单选题）下列关于反垄断民事诉讼制度的表述中，说法正确的是（　　）。

A. 作为间接购买该公司产品的消费者，不能作为反垄断民事诉讼的原告

B. 在反垄断民事诉讼中，具有相应专门知识的人员出庭就案件专门性问题所作说明，属于《民事诉讼法》上的证人证言

C. 原告起诉时，被诉垄断行为已持续超过两年，被告以诉讼时效抗辩的，损害赔偿应当自原告向人民法院起诉之日起向前推算2年计算

D. 原告提起反垄断民事诉讼，须以反垄断执法机构认定相关垄断行为违法为前提

【答案】C

【解析】因垄断行为受到损失以及因合同内容、行业协会的章程等违反《反垄断法》而发生争议的自然人、法人或者其他组织，可以向人民法院提起反垄断民事诉讼，选项A错误。当事人可以向人民法院申请“专家”出庭，就案件的专门性问题进行说明，“专家证人”在法庭上提供的意见并非法定证据形式，而是作为法官判案的参考依据，选项B错误。人民法院受理垄断民事纠纷案件，是不以执法机构已对相关垄断行为进行了查处为前提条件的，选项D错误。

【例11-14】（2019年单选题）下列关于相关市场界定的表述中，符合反垄断法律制度规定的是（　　）。

A. 只有滥用市场支配地位案件，才需要界定相关市场

B. 界定相关市场的基本标准是商品间“较为紧密的相互替代性”

C. 任何反垄断案件的分析中，相关市场均应从商品、地域和时间三个维度界定

D. 供给替代是界定相关市场的主要分析视角

【答案】B

【解析】在垄断协议及滥用市场支配地位的禁止以及经营者集中的反垄断审查案件中，均可能涉及相关市场的界定问题，选项A错误。界定相关市场涉及的维度包括时间、商

品和地域等三个维度；但是，并非任何市场界定都涉及全部三个维度，选项C错误。需求替代是界定相关市场的主要分析视角，选项D错误。

【例11－15】（2019年多选题）根据反垄断法律制度的规定，下列各项中，属于反垄断执法机构在调查涉嫌垄断行为时可以采取的措施的有（　　）。

A. 进入被调查经营者的营业场所进行检查

B. 查询、冻结经营者账户

C. 复制被调查经营者的有关电子数据

D. 查封、扣押相关证据

【答案】ACD

【解析】选项A、C、D，反垄断执法机构调查涉嫌垄断行为，可以采取下列措施：（1）进入被调查的经营者的营业场所或者其他有关场所进行检查；（2）询问被调查的经营者、利害关系人或者其他有关单位或者个人，要求其说明有关情况；（3）查阅、复制被调查的经营者、利害关系人或者其他有关单位或者个人的有关单证、协议、会计账簿、业务函电、电子数据等文件和资料；（4）查封、扣押相关证据；（5）查询经营者的银行账户。选项B，反垄断执法机构调查措施不包括"冻结账户"。

【例11－16】（2019年多选题）根据反垄断法律制度的规定，下列关于经营者市场支配地位的理解中，正确的有（　　）。

A. 具有市场支配地位的经营者能够阻碍、影响其他经营者进入相关市场

B. 经营者具有市场支配地位这一状态本身并不违法

C. 具有市场支配地位的经营者未必是"独占"者

D. 市场支配地位可能由多个经营者共同具有

【答案】ABCD

【解析】市场支配地位是指经营者在相关市场内具有能够控制商品价格、数量或者其他交易条件，或者能够阻碍、影响其他经营者进入相关市场能力的市场地位，选项A正确。市场支配地位是一种市场结构状态，对市场支配地位这种结构状态并无否定性评价，选项B正确。具有市场支配地位的经营者未必是"独占"者，选项C正确。具有市场支配地位的经营者可以是一个，也可以是多个经营者共同具有市场支配地位，选项D正确。

【例11－17】（2019年多选题）下列关于我国经营者集中申报制度的表述中，符合反垄断法律制度规定的有（　　）。

A. 我国对经营者集中实行强制的事前申报制

B. 参与集中的每个经营者30%以上有表决权的股份或者资产被同一未参与集中的经营者拥有的，可以免于申报

C. 参与集中的所有经营者上一会计年度在全球范围内的营业额合计达到100亿元，并且其中至少两个经营者上一会计年度在中国境内的营业额均达到4亿元的经营者集中，应当申报

D. 经营者在国务院反垄断执法机构规定的期限内未补交应当补交的申报材料的，视为未申报

【答案】AD

【解析】根据规定，参与集中的每个经营者50%以上有表决权的股份或者资产被同一个未参与集中的经营者拥有的，可以免于向商务部申报，选项B错误。参与集中的所有经营者上一会计年度在全球范围内的营业额合计超过100亿元人民币，并且其中至少两个经营者上一会计年度在中国境内的营业额均超过4亿元人民币的经营者集中，应当事先向商务部申报，未申报的不得实施集中。选项C中说"达到"，不符合规定。

通关演练

一、单项选择题

1. 根据法律责任所适用对象的不同，狭

义上的反垄断法法律责任指的是（　　）。

A. 垄断行为的法律责任

B. 因妨碍反垄断执法活动而应承担的法律责任

C. 因反垄断执法人员执法行为不当而应承担的法律责任

D. 实施垄断行为，情节轻微构成犯罪的，承担的刑事责任

2. 根据反垄断法律制度的规定，下列关于我国《反垄断法》适用范围的表述中，正确的是（　　）。

A. 中华人民共和国境内经济活动中的垄断行为中的“境内”，包含我国港、澳、台地区

B. 中华人民共和国境外的垄断行为，不适用《反垄断法》

C. 知识产权的行使，排除《反垄断法》的适用

D. 农业生产中的联合或者协同行为排除《反垄断法》的适用

3. 下列关于反垄断调查程序的表述中，正确的是（　　）。

A.《反垄断法》执法机构应当依举报人举报对涉嫌垄断行为立案调查

B. 举报采用书面形式并提供相关事实和证据的，反垄断执法机构应当进行必要的调查

C. 反垄断执法机构调查涉嫌垄断行为，执法人员应为两人，并应当出示执法证件

D. 反垄断执法机构对涉嫌垄断行为调查核实后，认为构成垄断行为的，应当依法作出处理决定，并向社会公布

4. 通过假定垄断者测试界定相关商品市场的基本路径是：假设反垄断审查关注的经营者是以利润最大化为经营目标的垄断者，在其他商品的销售条件保持不变的情况下，看其能否持久而小幅提高其商品的价格，并仍然有利可图。下列选项中对上述“看其能否持久”的时间和“小幅”的幅度的表述中，正确的是（　　）。

A. 一般为2年；一般为5%～10%

B. 一般为1年；一般为5%～10%

C. 一般为1年；一般为10%～15%

D. 一般为2年；一般为10%～15%

5. 根据反垄断法律制度的规定，下列关于反垄断民事诉讼的表述中，不正确的是（　　）。

A. 消费者不可以作为反垄断民事诉讼的原告

B. 人民法院受理垄断民事纠纷案件，不以执法机构对相关垄断行为进行了查处为前提条件

C. 原告和被告都有权申请专家出庭

D. 原告起诉时被诉垄断行为已经持续超过2年，被告提出诉讼时效抗辩的，损害赔偿应当自原告向人民法院起诉之日起向前推算2年计算

6. 下列符合公平竞争审查标准中的商品和要素自由流动标准的是（　　）。

A. 不得设置没有法律法规依据的审批或者事前备案程序

B. 自不得违法给予特定经营者优惠政策

C. 不得排斥或者限制外地经营者参加本地招标投标活动

D. 不得超越定价权限进行政府定价

7. 根据反垄断法律制度的规定，下列关于反垄断法禁止的滥用市场支配地位行为中，不需要考虑是否有正当理由的是（　　）。

A. 以低于成本的价格销售商品

B. 拒绝与交易相对人进行交易

C. 搭售商品或者在交易时附加其他不合理的交易条件

D. 以不公平的高价销售商品或者以不公平的低价购买商品

8. 根据反垄断法律制度的规定，下列各项中，经营者应当事先向商务部申报的是（　　）。

A. 参与集中的所有经营者上一会计年度在全球范围内的营业额合计达到100亿元人民币，并且其中至少两个经营者上一会计年度在中国境内的营业额均超过4亿元人民币

B. 参与集中的所有经营者上一年度在全

球范围内的营业额合计超过100亿元人民币，并且其中至少两个经营者上一年度在全球范围内的营业额均超过4亿元人民币

C. 参与集中的所有经营者上一会计年度在中国境内的营业额合计超过20亿元人民币，并且其中至少两个经营者上一会计年度在中国境内的营业额均超过4亿元人民币

D. 参与集中的所有经营者上一年度在中国境内的营业额合计超过20亿元人民币，并且其中至少两个经营者上一年度在中国境内的营业额均达到4亿元人民币

9. 根据反垄断法律制度的规定，下列关于经营者集中审查程序的表述中，不正确的是（　　）。

A. 反垄断执法机构对经营者集中实施两阶段审查制

B. 反垄断执法机构在对经营者集中进行初步审查后，则进入第二阶段审查

C. 初步审查期间，在反垄断执法机构作出决定前，经营者不得实施集中

D. 第二阶段审查期间，原则上经营者不得实施集中

10. 下列行为中，不构成《反垄断法》所禁止的垄断行为的是（　　）。

A. 甲公司与乙公司签订维持转售价格的协议

B. 丙商场与丁商场签订了固定商品价格的协议

C. 某软件开发公司研发出易查浏览器，并享有专利权，该浏览器占据了相关市场60%的销售份额

D. 某市政府在与某国有医药企业签订的战略合作协议中承诺，限制其他医药企业在本市医疗机构药品招标中享有中标的机会

11. 经营者违反反垄断法规定，达成并实施垄断协议的，由反垄断执法机构责令停止违法行为，没收违法所得，并处上一年度销售额（　　）以上（　　）以下的罚款。

A. 0.5%　10%　　B. 1%　10%

C. 2%　10%　　D. 3%　10%

12. 根据反垄断法律制度的规定，下列关于市场支配地位的推定标准，说法正确的是（　　）。

A. 甲公司在相关市场的市场份额达到1/3，即可推定为具有市场支配地位

B. 甲公司、乙公司在相关市场的市场份额合计达到1/2，甲、乙被推定为共同占有市场支配地位

C. 甲、乙、丙三个企业在相关市场的市场份额分别达到10%、40%、30%，甲、乙、丙被推定为共同占有市场支配地位

D. 甲、乙、丙三个企业在相关市场的市场份额分别达到9%、40%、30%，则甲、乙、丙被推定为共同占有市场支配地位

13. A操作系统技术处于国际领先地位，应用范围达到相关市场份额的60%，如果该操作系统所属的甲公司授权个人电脑生产厂商在使用A操作系统时，强迫使用者购买其旗下的“超速”浏览器。根据反垄断法律制度的规定，下列说法中正确的是（　　）。

A. 此做法是以不公平的高价进行销售，属于滥用市场支配地位

B. 此做法避免了消费者多次购买零部件的烦琐，不属于滥用市场支配地位

C. 此做法构成了没有正当理由搭售商品，属于滥用市场支配地位

D. 此做法是普通交易时附加其他不合理的交易条件，属于滥用市场支配地位

14. 根据反垄断法律制度的规定，我国经营者集中申报制度采取（　　）。

A. 强制的事前申报模式

B. 强制的事后申报模式

C. 自愿决定是否事前申报的模式

D. 自愿决定是否事后申报的模式

15. 甲公司与乙公司进行合并，向商务部提交了经营者集中的申报材料。根据反垄断法律制度的规定，下列对此表述不正确的是（　　）。

A. 商务部应实施两阶段审查制

B. 商务部的初步审查应当在收到经营者提交的文件、资料之日起30日内进行

C. 第二阶段审查应当自执法机构作出实

施进一步审查决定之日起90日内审查完毕

D. 经营者同意延长期限的，第二阶段的审查期限可以延长，但最长不得超过30日

16. 关于公平竞争审查制度的基本原则，下列说法正确的是（　　）。

A. 公平竞争审查采取事前自我审查的方式和书面审查的方式

B. 未进行自我审查的，不得提交审议

C. 国务院反垄断执法机构不得指导公平竞争审查制度的实施

D. 国务院法制办不得指导公平竞争审查制度的实施

17. 以避免甲市全体人民被传染禽流感病毒为借口，甲市政府发出通知，禁止外地生猪定点屠宰厂将肉品品质检验合格的生猪产品进入本地市场。本地市场的猪肉均由本市定点的屠宰场供应。根据反垄断法律制度规定，甲市政府的行为构成（　　）。

A. 强制交易

B. 地区封锁

C. 妨碍外地经营者在本地正常经营活动

D. 限制外地经营者在本地投资

18. 某市政府为了增加本市的税收，要求本市纳税大户甲公司和乙公司达成实施排除、限制竞争的垄断行为。根据反垄断法律制度的规定，该市政府的行为构成（　　）。

A. 滥用行政权力排除、限制竞争

B. 垄断协议

C. 正常的管理，并无不当

D. 经营者集中

19. 根据反垄断法律制度的规定，下列选项中不属于反垄断法禁止的行政性垄断行为的是（　　）。

A. 强制交易

B. 对外地商品实行歧视性收费标准

C. 排斥或限制外地经营者参加本地招标投标

D. 地域或客户限制协议

20. 甲公司、乙公司、丙公司、丁公司达成价格垄断协议，事后甲公司认识到错误，第一个主动报告达成价格垄断协议的有关情况并提供重要证据，乙公司是第二个主动报告达成价格垄断协议的有关情况并提供重要证据的，丙公司、丁公司是最后主动报告达成价格垄断协议的有关情况并提供重要证据的。根据《反垄断法》宽恕制度的规定，下列选项中正确的是（　　）。

A. 甲公司应当免除处罚

B. 乙公司可以按照80%的幅度减轻处罚

C. 丁公司可以按照70%的幅度减轻处罚

D. 丙公司可以按照60%的幅度减轻处罚

21. 经营者违反《反垄断法》实施集中的，由国务院反垄断执法机构责令停止实施集中、限期处分股份或者资产、限期转让营业以及采取其他必要措施恢复到集中前状态，可以处（　　）以下的罚款。

A. 40万元　　B. 50万元

C. 55万元　　D. 60万元

22. 判断参与集中的经营者是否取得或增加市场控制力时，综合考虑的因素不包括（　　）。

A. 参与集中的经营者在相关市场的市场份额以及相关市场的竞争状况

B. 拥有必要的资源、能力并有意愿使用剥离业务参与市场竞争

C. 参与集中的经营者产品或服务的替代程度

D. 参与集中的经营者的下游客户的购买能力

二、多项选择题

1. 根据《反垄断法》的规定，从需求角度界定相关商品市场，一般考虑的因素有（　　）。

A. 经营者的生产流程和工艺

B. 商品的外形、特性、质量和技术特点等总体特征和用途

C. 商品之间的价格差异

D. 商品的运输成本、运输特征

2. 根据相关法律制度的规定，下列情形中属于规定了刑事责任的有（　　）。

A. 情节严重的串通招投标行为

B. 阻碍反垄断执法机构审查、调查行为

C. 反垄断执法机构工作人员滥用职权

D. 反垄断执法机构工作人员泄露执法过程中知悉的商业秘密

3. 根据反垄断法律制度的规定，下列情形中，相关当事人可以依据反垄断法和民法主张赔偿责任的有（ ）。

A. 因经营者滥用市场支配地位行为而受损的

B. 因垄断协议当事人一方对违反垄断协议的他方实施处罚，给其造成损失的

C. 因垄断协议无效，协议一方当事人向另一方当事人主张返还对价，恢复原状的

D. 因垄断协议无效，消费者向实施垄断协议的经营者主张返还多付价款的

4. 根据《反垄断法》的规定，下列属于我国反垄断法意义上的行政责任的有（ ）。

A. 责令停止违法行为

B. 没收违法所得

C. 限期恢复原状

D. 停止侵害、赔偿损失

5. 对反垄断执法机构调查的涉嫌垄断行为，被调查的经营者承诺在反垄断执法机构认可的期限内采取具体措施消除该行为后果的，反垄断执法机构可以决定中止调查。有下列情形之一的，反垄断执法机构应当恢复调查（ ）。

A. 经营者未作出承诺的

B. 经营者未履行承诺的

C. 作出中止调查决定所依据的事实发生重大变化的

D. 中止调查的决定是基于经营者提供的不完整或者不真实的信息作出的

6. 根据反垄断法律制度的规定，下列选项中属于反垄断法禁止的横向垄断协议的有（ ）。

A. 固定或者变更商品价格的协议

B. 维持转售价格协议

C. 联合抵制交易

D. 限制购买新技术的协议

7. 根据反垄断法律制度的规定，下列关于价格性其他协同行为的认定应当考虑的因素有（ ）。

A. 经营者进行过意思联络

B. 经营者的市场行为是否具有一致性

C. 经营者的价格行为具有一致性

D. 经营者能否对一致行为作出合理的解释

8. 根据反垄断法律制度的规定，下列关于经营者集中申报豁免的表述中，正确的有（ ）。

A. 参与集中的一个经营者拥有其他每个经营者30%以上有表决权的股份或者资产的

B. 参与集中的一个经营者拥有其他每个经营者50%以上有表决权的股份或者资产的

C. 参与集中的每个经营者50%以上有表决权的股份或者资产被同一个未参与集中的经营者拥有的

D. 参与集中的每个经营者30%以上有表决权的股份或者资产被同一个未参与集中的经营者拥有的

9. 根据反垄断法律制度的规定，下列情形中属于经营者集中简易案件的有（ ）。

A. 在同一相关市场，所有参与集中的经营者所占的市场份额之和小于15%

B. 存在上下游关系的参与集中的经营者，在上下游市场所占的份额均小于25%

C. 参与集中的经营者在中国境外设立合营企业，合营企业不在中国境内从事经济活动

D. 由两个以上经营者共同控制的合营企业，通过集中被其中一个或一个以上经营者控制

10. 某市政府为了保护当地企业，制定了《某市招投标规定》，规定中明确要求，凡是本市政府机关招标，投标者必须为本市企业，外地企业不允许投标，即使投标，也不会中标。根据反垄断法律制度的规定，该市政府制定该规定的行为属于（ ）。

A. 排斥或限制外地经营者参加本地招标投标

B. 滥用市场支配地位

C. 排斥或限制外地经营者在本地设立分支机构

D. 抽象行政性垄断行为

11. 国务院反垄断执法机构是一个多元化的概念，主要包括（　　）。

A. 国家工商局

B. 财务部

C. 国家发改委

D. 商务部

12. 根据反垄断民事诉讼的相关规定，下列选项中正确的有（　　）。

A. 自然人、法人、其他组织均可以向人民法院提起反垄断民事诉讼

B. 人民法院受理垄断民事纠纷案件，以执法机构对相关垄断行为进行了查处为要件

C. 仅被告有权向人民法院申请一名具有相应专门知识的人员出庭，就案件的专门性问题进行说明，原告无此权利

D. 经人民法院同意，双方当事人可以协商确定专业机构就案件的专门性问题作出市场调查

13. 甲公司、乙公司和丙公司均从事手机芯片生产，其中甲公司的市场份额为45%，乙公司的市场份额为30%；丙公司的市场份额为8%。根据反垄断法律制度的规定，下列表述中，不正确的有（　　）。

A. 可以推定甲公司独自占有市场支配地位

B. 可以推定乙公司独自占有市场支配地位

C. 可以推定甲公司和乙公司共同占有市场支配地位

D. 可以推定甲公司、乙公司和丙公司共同占有市场支配地位

14. 甲电器商场的主销品牌是“宏达”，销售该品牌的电器商场少有，甲电器商场的相关市场份额达到1/2，要结婚的李先生从甲商场买了一台52寸、价值13 940元的宏达电视机，电视底座是厂家要求免费赠送给顾客的，但是该商场谎称电视机与电视底座必须一起出售，电视底座需要再掏220元；另外如果想要开发票，再加100元。根据反垄断法律制度的规定，此商场的行为构成（　　）。

A. 以不公平的高价销售商品

B. 强制交易

C. 没有正当理由搭售商品

D. 交易时附加不合理条件

15. 公平竞争审查制度的基本原则有（　　）。

A. 尊重市场，竞争优先

B. 立足全局，统筹兼顾

C. 科学谋划，分步实施

D. 依法审查，强化监督

16. 根据反垄断法律制度的规定，经营者集中的主要情形包括（　　）。

A. 合并

B. 通过取得股权的方式取得对其他经营者的控制权

C. 通过取得资产的方式取得对其他经营者的控制权

D. 通过合同的方式取得对其他经营者的控制权

17. 根据反垄断法律制度的规定，下列属于交易时“附加其他不合理的交易条件”的有（　　）。

A. 在价格之外附加不合理的费用

B. 对合同期限、支付方式、商品的运输及交付方式或者服务的提供方式等附加不合理的限制

C. 对商品的销售地域、销售对象、售后服务等附加不合理的限制

D. 附加与交易标的无关的交易条件

18. 监督受托人应当在商务部的监督下，履行的职责有（　　）。

A. 监督剥离义务人履行本规定、审查决定及相关协议规定的义务

B. 对剥离义务人推荐的买方人选、拟签订的出售协议进行评估，并向商务部提交评估报告

C. 监督出售协议的执行，并定期向商务

部提交监督报告

D. 协调剥离义务人与潜在买方就剥离事项产生的争议

19. 根据规定，与知识产权行使有关的滥用市场支配地位行为中，属于专属性的滥用市场支配地位行为的有（　　）。

A. 拒绝许可

B. 附加不合理限制条件

C. 专利联营中的滥用行为

D. 标准必要专利滥用行为

20. 根据反垄断法律制度的规定，下列没有正当理由、以间接方式拒绝交易的行为同样受到禁止的有（　　）。

A. 通过设定过高的销售价格或者过低的购买价格，变相拒绝与交易相对人进行交易

B. 削减与交易相对人的现有交易数量

C. 拖延、中断与交易相对人的现有交易

D. 拒绝与交易相对人进行新的交易

21. 根据反垄断法律制度的规定，存在下列情形的经营者集中案件，不视为简易案件的有（　　）。

A. 经营者集中涉及的相关市场难以界定

B. 经营者集中对市场进入、技术进步可能产生不利影响

C. 经营者集中对消费者和其他有关经营者可能产生不利影响

D. 经营者集中对国民经济发展可能产生不利影响

22. 在剥离完成之前，为确保剥离业务的存续性、竞争性和可销售性，剥离义务人应当履行的义务有（　　）。

A. 保持剥离业务与其保留的业务之间相互独立，并采取一切必要措施以最符合剥离业务发展的方式进行管理

B. 不得实施任何可能对剥离业务有不利影响的行为，包括聘用被剥离业务的关键员工，获得剥离业务的商业秘密或其他保密信息等

C. 指定专门的管理人，负责管理剥离业务。管理人在监督受托人的监督下履行职责，其任命和更换应得到监督受托人的同意

D. 向买方及时移交剥离业务并履行相关法律程序

答案及解析

一、单项选择题

1. 【答案】A

【解析】（1）根据法律责任所适用对象的不同，反垄断法上的法律责任包括三个方面：一是因实施非法垄断行为而应承担的法律责任；二是因妨碍反垄断执法活动而应承担的法律责任（选项B）；三是因反垄断执法人员执法行为不当而应承担的法律责任（选项C）。（2）“狭义”上的反垄断法法律责任仅指因实施非法垄断行为而应承担的法律责任，即垄断行为的法律责任（选项A）。而垄断行为的法律责任又可分为三类：一是反垄断执法机构对违法主体科以的行政责任；二是违法主体对因垄断行为而受损的他方承担的民事责任；三是实施垄断行为，“情节严重”构成犯罪的，承担的刑事责任（选项D）。

2. 【答案】D

【解析】（1）选项A：中华人民共和国境内经济活动中的垄断行为中的“境内”，不包含我国港、澳、台地区；（2）选项B：中华人民共和国境外的垄断行为，对境内市场竞争产生排除、限制影响的，适用《反垄断法》；（3）选项C：知识产权的正当行使，排除《反垄断法》的适用，但经营者滥用知识产权，排除、限制竞争的行为，不可排除《反垄断法》的适用。

3. 【答案】B

【解析】（1）选项A：反垄断法执法机构可依举报人举报对涉嫌垄断行为立案调查，也可依职权主动立案；（2）选项C：反垄断执法机构调查涉嫌垄断行为，执法人员“不得少于”两人，并应当出示执法证件；（3）选项D：反垄断执法机构对涉嫌垄断行

为调查核实后，认为构成垄断行为的，应当依法作出处理决定，并“可以”向社会公布。

4.【答案】B

【解析】通过假定垄断者测试界定相关商品市场的基本路径是：假设反垄断审查关注的经营者是以利润最大化为经营目标的垄断者，在其他商品的销售条件保持不变的情况下，看其能否持久（一般为1年）而小幅（一般为5%～10%）提高其商品的价格，并仍然有利可图。

5.【答案】A

【解析】选项A：反垄断民事诉讼的原告可以是自然人、法人或者其他组织。即：包括间接购买人在内的消费者，是可以作为垄断民事案件的原告。

6.【答案】C

【解析】(1) 选项A：属于市场准入和退出标准；(2) 选项B：属于影响生产经营成本标准；(3) 选项D：属于影响生产经营行为标准。

7.【答案】D

【解析】反垄断法禁止的滥用市场支配地位行为包括：(1) 以不公平的高价销售商品或者以不公平的低价购买商品（选项D）；(2) 没有正当理由，以低于成本的价格销售商品（选项A）；(3) 没有正当理由，拒绝与交易相对人进行交易（选项B）；(4) 没有正当理由，限定交易相对人只能与其进行交易或者只能与其指定的经营者进行交易；(5) 没有正当理由搭售商品，或者在交易时附加其他不合理的交易条件（选项C）；(6) 没有正当理由，对条件相同的交易相对人在交易价格等交易条件上实行差别待遇；(7) 与知识产权行使有关的滥用市场支配地位行为。

8.【答案】C

【解析】经营者集中达到下列标准之一的，经营者应当事先向国务院商务主管部门申报，未申报的不得实施集中：(1) 参与集中的所有经营者上一会计年度在全球范围内的营业额合计超过（非“达到”）100亿元人民币，并且其中至少两个经营者上一会计年度在中国（非“全球”）境内的营业额均超过4亿元人民币（选项A、B）；(2) 参与集中的所有经营者上一会计年度在中国境内的营业额合计超过20亿元人民币，并且其中至少两个经营者上一会计年度在中国境内的营业额均超过（非“达到”）4亿元人民币（选项C、D）。

9.【答案】B

【解析】选项B：反垄断执法机构在进行初步审查后，需要做出是否实施进一步审查的决定；如果反垄断执法机构决定实施进一步审查的，则进入第二阶段审查。

10.【答案】C

【解析】(1) 选项A：属于《反垄断法》禁止的纵向垄断协议；(2) 选项B：属于《反垄断法》禁止的横向垄断协议；(3) 选项C：属于合法使用专利权的行为；(4) 选项D：属于行政性垄断行为。

11.【答案】B

【解析】经营者违反《反垄断法》规定，达成并实施垄断协议的，由反垄断执法机构责令停止违法行为，没收违法所得，并处上一年度销售额1%以上、10%以下的罚款。

12.【答案】C

【解析】经营者市场支配地位的推定标准：(1) 一个经营者在相关市场的市场份额达“1/2”的，即可推定为具有市场支配地位；(2) 对于多个经营者可能共同拥有市场支配地位的情况，两个经营者在相关市场的市场份额合计达到“2/3”的，或者三个经营者在相关市场的市场份额合计达到“3/4”的，这些经营者被推定为共同占有市场支配地位。同时，对于多个经营者被推定为共同占有市场支配地位时，其中有的经营者市场份额不足“10%”的，不应当推定该经营者具有市场支配地位。

13.【答案】C

【解析】搭售及附加不合理交易条件行为，是指经营者利用市场支配地位，在销售某种产品时强迫交易相对人购买其不愿购买的其他商品，或接受其他不合理条件。

14.【答案】A

【解析】我国经营者集中申报制度采取强制的事前申报模式。

15.【答案】D

【解析】选项D：经营者同意延长期限的，第二阶段的审查期限可以延长，但最长不得超过“60日”。

16.【答案】B

【解析】(1) 选项A：公平竞争审查采取事前自我审查的方式；(2) 选项C、D：国务院反垄断执法机构（国家发展改革委、商务部、工商总局）和国务院法制办，会同有关部门建立健全工作机制，指导公平竞争审查制度实施工作。

17.【答案】B

【解析】选项B：地区封锁，是指行政机关和法律、法规授权的具有管理公共事务职能的组织滥用行政权力，限制外地商品进入本地市场，或者限制本地商品流向外地市场的行为。

18.【答案】A

【解析】本题属于强制经营者从事垄断行为的滥用行政权力排除、限制竞争行为。

19.【答案】D

【解析】选项D：属于纵向垄断协议的表现形式。

20.【答案】B

【解析】《反价格垄断行政执法程序规定》关于价格垄断协议执法中宽恕制度的适用有更为具体的规定：(1) 第一个主动报告达成价格垄断协议的有关情况并提供重要证据的，“可以”免除处罚（选项A）；(2) 第二个主动报告达成价格垄断协议的有关情况并提供重要证据的，可以按照不低于50%的幅度减轻处罚（选项B）；(3) 其他主动报告达成价格垄断协议的有关情况并提供重要证据的，可以按照不高于50%的幅度减轻处罚（选项C、D）。

21.【答案】B

【解析】经营者违反《反垄断法》实施集中的，由国务院反垄断执法机构责令停止实施集中、限期处分股份或者资产、限期转让营业以及采取其他必要措施恢复到集中前状态，可以处50万元以下的罚款。

22.【答案】B

【解析】选项B：属于剥离业务的买方资格。

二、多项选择题

1.【答案】BC

【解析】(1) 从需求角度界定相关商品市场，一般还需要考虑以下几个方面的因素：①需求者因商品价格或其他竞争因素变化，转向或考虑转向购买其他商品的证据；②商品的销售渠道；③其他重要因素。(2) 选项A是从供给角度界定相关商品市场，一般要考虑的因素。(3) 选项D是从需求角度界定相关地域市场，一般考虑的因素。

2.【答案】ABCD

【解析】参考教材。

3.【答案】ABCD

【解析】参考教材。

4.【答案】ABC

【解析】选项D：属于行为人应当承担的民事责任。

5.【答案】BCD

【解析】参考教材。

6.【答案】ACD

【解析】选项B：属于纵向垄断协议。

7.【答案】AC

【解析】选项B、D：属于非价格性其他协同行为的认定应当考虑的因素。

8.【答案】BC

【解析】我国《反垄断法》规定，经营者集中有下列情形之一的，可以不向国务院反垄断执法机构申报：(1) 参与集中的一个经营者拥有其他每个经营者50%以上有表决权的股份或者资产的；(2) 参与集中的每个经营者50%以上有表决权的股份或者资产被同一个未参与集中的经营者拥有的。

9.【答案】ABCD

【解析】符合下列情形的经营者集中案件，为简易案件：（1）在同一相关市场，所有参与集中的经营者所占的市场份额之和小于15%；（2）存在上下游关系的参与集中的经营者，在上下游市场所占的份额均小于25%；（3）不在同一相关市场、也不存在上下游关系的参与集中的经营者，在与交易有关的每个市场所占的份额均小于25%；（4）参与集中的经营者在中国境外设立合营企业，合营企业不在中国境内从事经济活动；（5）参与集中的经营者收购境外企业股权或资产的，该境外企业不在中国境内从事经济活动；（6）由两个以上经营者共同控制的合营企业，通过集中被其中一个或一个以上经营者控制。

10. 【答案】AD

【解析】选项A、D：该政府的行为属于用抽象行政性垄断行为，来排斥或限制外地经营者参加本地招标投标的滥用行政权力排除、限制竞争的行为。

11. 【答案】ACD

【解析】国务院反垄断执法机构主要包括：国家工商局、国家发改委、商务部。

12. 【答案】AD

【解析】（1）选项B：人民法院受理垄断民事纠纷案件，是不以执法机构已对相关垄断行为进行查处为前提条件的；（2）选项C：原告、被告均有权向人民法院申请一到两名具有相应专门知识的人员出庭，就案件的专门性问题进行说明。

13. 【答案】ABD

【解析】《反垄断法》规定了以市场份额为基础的经营者市场支配地位推定标准。根据该标准，一个经营者在相关市场的市场份额达1/2的，即可推定为具有市场支配地位（选项A、B当选）；对于多个经营者可能共同拥有市场支配地位的情况，两个经营者在相关市场的市场份额合计达到2/3的（选项C正确，不选），或三个经营者在相关市场的市场份额合计达到3/4的，这些经营者被推定为共同占有市场支配地位。同时，对于多个经营者被推定为共同占有市场支配地位时，其中有的经营者市场份额不足1/10的（选项D当选），不应当推定该经营者具有市场支配地位。

14. 【答案】CD

【解析】选项C、D：没有正当理由搭售商品，或者在交易时附加其他不合理的交易条件。此行为属于滥用市场支配地位行为。

15. 【答案】ABCD

【解析】参考教材。

16. 【答案】ABCD

【解析】经营者集中主要包括以下三种情形：（1）合并；（2）通过取得股权或者资产的方式取得对其他经营者的控制权；（3）通过合同等方式取得对其他经营者的控制权或者能够对其他经营者施加决定性影响。

17. 【答案】ABCD

【解析】根据《反价格垄断规定》及《工商行政管理机关禁止滥用市场支配地位行为的规定》，所谓“附加其他不合理的交易条件”主要包括：（1）在价格之外附加不合理的费用；（2）对合同期限、支付方式、商品的运输及交付方式或者服务的提供方式等附加不合理的限制；（3）对商品的销售地域、销售对象、售后服务等附加不合理的限制；（4）附加与交易标的无关的交易条件。

18. 【答案】ABCD

【解析】参考教材。

19. 【答案】ABCD

【解析】根据《关于禁止滥用知识产权排除、限制竞争行为的规定》，这些专属性的滥用市场支配地位行为主要包括：（1）拒绝许可；（2）附加不合理限制条件；（3）专利联营中的滥用行为；（4）标准必要专利滥用行为。

20. 【答案】ABCD

【解析】根据规定，下列没有正当理由、以间接方式拒绝交易的行为同样受到禁止：（1）通过设定过高的销售价格或者过低的购买价格，变相拒绝与交易相对人进行交易；（2）削减与交易相对人的现有交易数量；

(3) 拖延、中断与交易相对人的现有交易；(4) 拒绝与交易相对人进行新的交易；(5) 设置限制性条件，使交易相对人难以继续与其进行交易；(6) 拒绝交易相对人在生产经营活动中以合理条件使用其必需设施。

21. 【答案】ABCD

【解析】符合简易案件的条件，但存在下列情形的经营者集中案件，不视为简易案件：(1) 由两个以上经营者共同控制的合营企业，通过集中被其中的一个经营者控制，该经营者与合营企业属于同一相关市场的竞争者；(2) 经营者集中涉及的相关市场难以界定；(3) 经营者集中对市场进入、技术进步可能产生不利影响；(4) 经营者集中对消费者和其他有关经营者可能产生不利影响；(5) 经营者集中对国民经济发展可能产生不利影响；(6) 商务部认为可能对市场竞争产生不利影响的其他情形。

22. 【答案】ABCD

【解析】参考教材。

第十二章　涉外经济法律制度

本章考情分析

本章内容所涉及的法律规定较多，因而考点也多，但是没有理解难度，考试难度和所占比重都不大，分值不高（7～8 分），题型均为客观题。

基本内容框架

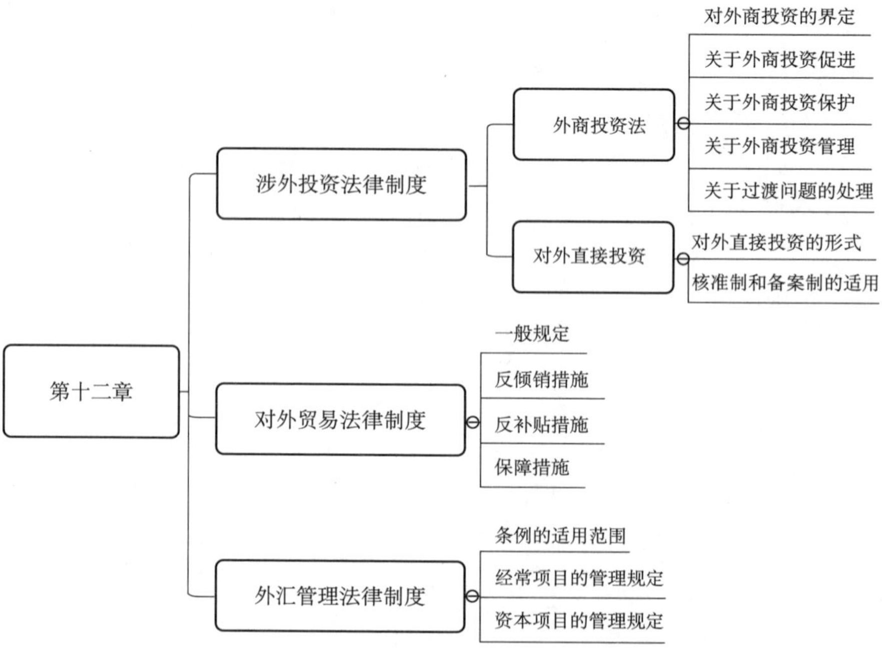

通关重难点例题解析

本章复习重点如下：

（一）掌握《外商投资法》及实施条例、司法解释的规定

（二）理解对外直接投资法律制度

（三）《对外贸易法》的适用范围和原则、对外贸易经营者、国际服务贸易、对外贸易救济

（四）掌握货物进出口与技术进出口

（五）理解外汇及外汇管理的概念、《外汇管理条例》的适用范围和基本原则、经常项目外汇管理制度、资本项目外汇管理制度

（六）了解人民币汇率制度、外汇市场、人民币加入特别提款权货币篮及其影响

1. 对外商投资的界定（2020 年新增内容）

所谓外商投资，是指外国的自然人、企业或者其他组织（以下称外国投资者）直接或者间接在中国境内进行的投资活动，包括下列情形：

（1）外国投资者单独或者与其他投资者共同在中国境内设立外商投资企业；

（2）外国投资者取得中国境内企业的股份、股权、财产份额或者其他类似权益；

（3）外国投资者单独或者与其他投资者共同在中国境内投资新建项目；

（4）法律、行政法规或者国务院规定的其他方式的投资。

所谓外商投资企业，是指全部或者部分由外国投资者投资，依照中国法律在中国境内经登记注册设立的企业。

港澳台投资参照《外商投资法》及其实施条例。

2. 关于外商投资促进（2020 年新增内容）

（1）提高外商投资政策的透明度。

政府及其有关部门制定的支持企业发展的政策应当依法公开；对政策实施中需要由企业申请办理的事项，政府及其有关部门应当公开申请办理的条件、流程、时限等，并在审核中依法平等对待外商投资企业和内资企业。

制定与外商投资有关的行政法规、规章、规范性文件，或者政府及其有关部门起草与外商投资有关的法律、地方性法规，应当根据实际情况，采取书面征求意见以及召开座谈会、论证会、听证会等多种形式，听取外商投资企业和有关商会、协会等方面的意见和建议；对反映集中或者涉及外商投资企业重大权利义务问题的意见和建议，应当通过适当方式反馈采纳的情况。

与外商投资有关的规范性文件应当依法及时公布，未经公布的不得作为行政管理依据。与外商投资企业生产经营活动密切相关的规范性文件，应当结合实际，合理确定公布到施行之间的时间。

（2）保障外商投资企业平等参与市场竞争。

外商投资企业依法和内资企业平等参与国家标准、行业标准、地方标准和团体标准的制定、修订工作。外商投资企业可以根据需要自行制定或者与其他企业联合制定企业标准。

外商投资企业可以向标准化行政主管部门和有关行政主管部门提出标准的立项建议，在标准立项、起草、技术审查以及标准实施信息反馈、评估等过程中提出意见和建议，并按照规定承担标准起草、技术审查的相关工作以及标准的外文翻译工作。

标准化行政主管部门和有关行政主管部门应当建立健全相关工作机制，提高标准制定、修订的透明度，推进标准制定、修订全过程信息公开。

国家制定的强制性标准对外商投资企业和内资企业平等适用，不得专门针对外商投资企业适用高于强制性标准的技术要求。

政府及其有关部门不得阻挠和限制外商投资企业自由进入本地区和本行业的政府采购市场。政府采购的采购人、采购代理机构不得在政府采购信息发布、供应商条件确定和资格审查、评标标准等方面，对外商投资企业实行差别待遇或者歧视待遇，不得以所有制形式、组织形式、股权结构、投资者国别、产品或者服务品牌以及其他不合理的条件对供应商予以限定，不得对外商投资企业在中国境内生产的产品、提供的服务和内资企业区别对待。外商投资企业可以依照《政府采购法》及其实施条例的规定，就政府采购活动事项向采购人、采购代理机构提出询问、质疑，向政府采购监督管理部门投诉。采购人、采购代理机构、政府采购监督管理部门应当在规定的时限内作出答复或者处理决定。

外商投资企业可以依法在中国境内或者境外通过公开发行股票、公司债券等证券以及公开或者非公开发行其他融资工具、借用外债等方式进行融资。

（3）加强对外商投资服务。

国家建立健全外商投资服务体系，为外国投资者和外商投资企业提供法律法规、政策措施、投资项目信息等方面的咨询和服务。各级人民政府应当按照政府主导、多方参与的原则，建立健全外商投资服务体系，不断提升外商投资服务能力和水平。

政府及其有关部门应当通过政府网站、全国一体化在线政务服务平台集中列明有关外商投资的法律、法规、规章、规范性文件、政策措施和投资项目信息，并通过多种途径和方式加强宣传、解读，为外国投资者和外商投资企业提供咨询、指导等服务。

（4）依法依规鼓励引导外商投资。

国家根据需要，设立特殊经济区域，或者在部分地区实行外商投资试验性政策措施，促进外商投资，扩大对外开放。所谓特殊经济区域，是指经国家批准设立、实行更大力度的对外开放政策措施的特定区域。国家在部分地区实行的外商投资试验性政策措施，经实践证明可行的，根据实际情况在其他地区或者全国范围内推广。

国家根据国民经济和社会发展需要，制定鼓励外商投资产业目录，列明鼓励和引导外国投资者投资的特定行业、领域、地区。鼓励外商投资产业目录由国务院投资主管部门会同国务院商务主管部门等有关部门拟订，报国务院批准后由国务院投资主管部门、商务主管部门发布。

外国投资者、外商投资企业可以依照法律、行政法规或者国务院的规定，享受财政、税收、金融、用地等方面的优惠待遇。外国投资者以其在中国境内的投资收益在中国境内扩大投资的，依法享受相应的优惠待遇。

县级以上地方人民政府可以根据法律、行政法规、地方性法规的规定，在法定权限内制定费用减免、用地指标保障、公共服务提供等方面的外商投资促进和便利化政策措施。

3. 关于外商投资保护（2020 年新增内容）

（1）加强对外商投资产权的保护。

国家对外国投资者的投资不实行征收。在特殊情况下，国家为了公共利益的需要依照法律规定对外国投资者的投资实行征收的，应当依照法定程序、以非歧视性的方式进行，并按照被征收投资的市场价值及时给予补偿。外国投资者对征收决定不服的，可以依法申请行政复议或者提起行政诉讼。

外国投资者在中国境内的出资、利润、资本收益、资产处置所得、取得的知识产权许可使用费、依法获得的补偿或者赔偿、清算所得等，可以依法以人民币或者外汇自由汇入、汇出，任何单位和个人不得违法对币种、数额以及汇入、汇出的频次等进行限制。

外商投资企业的外籍职工和香港、澳门、台湾职工的工资收入和其他合法收入，可以依法自由汇出。

国家保护外国投资者和外商投资企业的知识产权，保护知识产权权利人和相关权利人的合法权益；对知识产权侵权行为，严格依法追究法律责任。

国家鼓励在外商投资过程中基于自愿原则和商业规则开展技术合作。技术合作的条件由投资各方遵循公平原则平等协商确定。行政机关及其工作人员不得利用行政手段强制转让技术。

行政机关（包括法律、法规授权的具有管理公共事务职能的组织，下同）及其工作人员不得利用实施行政许可、行政检查、行政处罚、行政强制以及其他行政手段，强制或者变相强制外国投资者、外商投资企业转让技术。行政机关依法履行职责，确需外国投资者、外商投资企业提供涉及商业秘密的材料、信息的，应当限定在履行职责所必需的范围内，并严格控制知悉范围，与履行职责无关的人员不得接触有关材料、信息。行政机关应当建立健全内部管理制度，采取有效措施保护履行职责过程中知悉的外国投资者、外商投资企业的商业秘密；依法需要与其他行政机关共享信息的，应当对信息中含有的商业秘密进行保密处理，防止泄露。

(2) 强化对制定涉及外商投资规范性文件的约束。

国家建立外商投资企业投诉工作机制，及时处理外商投资企业或者其投资者反映的问题，协调完善相关政策措施。

外商投资企业或者其投资者认为行政机关及其工作人员的行政行为侵犯其合法权益的，可以通过外商投资企业投诉工作机制申请协调解决。外商投资企业或者其投资者认为行政机关及其工作人员的行政行为侵犯其合法权益的，除依照前款规定通过外商投资企业投诉工作机制申请协调解决外，还可以依法申请行政复议、提起行政诉讼。

政府及其有关部门制定涉及外商投资的规范性文件，应当按照国务院的规定进行合法性审核。外国投资者、外商投资企业认为行政行为所依据的国务院部门和地方人民政府及其部门制定的规范性文件不合法，在依法对行政行为申请行政复议或者提起行政诉讼时，可以一并请求对该规范性文件进行审查。

(3) 促使地方政府守约践诺。

地方各级人民政府及其有关部门应当履行向外国投资者、外商投资企业依法作出的政策承诺以及依法订立的各类合同。因国家利益、社会公共利益需要改变政策承诺、合同约定的，应当依照法定权限和程序进行，并依法对外国投资者、外商投资企业因此受到的损失予以补偿。

地方各级人民政府及其有关部门应当履行向外国投资者、外商投资企业依法作出的政策承诺以及依法订立的各类合同，不得以行政区划调整、政府换届、机构或者职能调整以及相关责任人更替等为由违约毁约。因国家利益、社会公共利益需要改变政策承诺、合同约定的，应当依照法定权限和程序进行，并依法对外国投资者、外商投资企业因此受到的损失及时予以公平、合理的补偿。所谓政策承诺，是指地方各级人民政府及其有关部门在法定权限内，就外国投资者、外商投资企业在本地区投资所适用的支持政策、享受的优惠待遇和便利条件等作出的书面承诺。政策承诺的内容应当符合法律、法规规定。

(4) 建立健全外商投资投诉工作机制。

国家建立外商投资企业投诉工作机制，及时处理外商投资企业或者其投资者反映的问题，协调完善相关政策措施。

外商投资企业或者其投资者认为行政机关及其工作人员的行政行为侵犯其合法权益的，可以通过外商投资企业投诉工作机制申请协调解决。外商投资企业或者其投资者认为行政机关及其工作人员的行政行为侵犯其合法权益的，除依照前款规定通过外商投资企业投诉工作机制申请协调解决外，还可以依法申请行政复议、提起行政诉讼。

县级以上人民政府及其有关部门应当按照公开透明、高效便利的原则，建立健全外商投资企业投诉工作机制，及时处理外商投资企业或者其投资者反映的问题，协调完善相关政策措施。

国务院商务主管部门会同国务院有关部门建立外商投资企业投诉工作部际联席会议制度，协调、推动中央层面的外商投资企业投诉工作，对地方的外商投资企业投诉工作进行指导和监督。县级以上地方人民政府应当指定部门或者机构负责受理本地区外商投资企业或者其投资者的投诉。

外商投资企业或者其投资者认为行政机关及其工作人员的行政行为侵犯其合法权益，通过外商投资企业投诉工作机制申请协调解决的，有关方面进行协调时可以向被申请的行政机关及其工作人员了解情况，被申请的行政机关及其工作人员应当予以配合。协调结果应当以书面形式及时告知申请人。外商投资企业或者其投资者依照上述规定申请协调解决有关问题的，不影响其依法申请行政复议、提起行政诉讼。

对外商投资企业或者其投资者通过外商投资企业投诉工作机制反映或者申请协调解决问题，任何单位和个人不得压制或者打击报复。除外商投资企业投诉工作机制外，外商投资企业或者其投资者还可以通过其他合法途径向政府及其有关部门反映问题。

外商投资企业可以依法成立商会、协会。除法律、法规另有规定外，外商投资企业有权自主决定参加或者退出商会、协会，任何单位和个人不得干预。商会、协会应当依照法律法规和章程的规定，加强行业自律，及时反映行业诉求，为会员提供信息咨询、宣传培训、市场拓展、经贸交流、权益保护、纠纷处理等方面的服务。国家支持商会、协会依照法律法规和章程的规定开展相关活动。

4. 关于外商投资管理（2020 年新增内容）

（1）准入前国民待遇加负面清单管理制度。

国家对外商投资实行准入前国民待遇加负面清单的管理制度。所谓准入前国民待遇是指在投资准入阶段给予外国投资者及其投资不低于本国投资者及其投资的待遇。所谓负面清单是指国家规定特定领域对外商投资实施的准入特别管理措施。

负面清单规定禁止投资的领域，外国投资者不得投资。负面清单规定限制投资的领域，外国投资者进行投资应当符合负面清单规定的股权要求、高级管理人员要求等限制性准入特别管理措施。有关主管部门在依法履行职责过程中，对外国投资者拟投资负面清单内领域，但不符合负面清单规定的，不予办理许可、企业登记注册等相关事项；涉及固定资产投资项目核准的，不予办理相关核准事项。

外商投资企业的登记注册，由国务院市场监督管理部门或者其授权的地方人民政府市场监督管理部门依法办理。国务院市场监督管理部门应当公布其授权的市场监督管理部门名单。

外商投资企业的注册资本可以用人民币表示，也可以用可自由兑换货币表示。

外商投资需要办理投资项目核准、备案的，按照国家有关规定执行。外国投资者在依法需要取得许可的行业、领域进行投资的，除法律、行政法规另有规定外，负责实施许可的有关主管部门应当按照与内资一致的条件和程序，审核外国投资者的许可申请，不得在许可条件、申请材料、审核环节、审核时限等方面对外国投资者设置歧视性要求。负责实施许可的有关主管部门应当通过多种方式，优化审批服务，提高审批效率。对符合相关条件和要求的许可事项，可以按照有关规定采取告知承诺的方式办理。

外商投资企业的组织形式、组织机构及其活动准则，适用《公司法》《合伙企业法》等法律的规定。

外商投资企业开展生产经营活动，应当遵守法律、行政法规有关劳动保护、社会保险的规定，依照法律、行政法规和国家有关规定办理税收、会计、外汇等事宜，并接受相关主管部门依法实施的监督检查。

外国投资者并购中国境内企业或者以其他方式参与经营者集中的，应当依照《反垄断法》的规定接受经营者集中审查。

外国投资者或者外商投资企业应当通过企业登记系统以及企业信用信息公示系统向商务主管部门报送投资信息。外国投资者或者外商投资企业报送的投资信息应当真实、准确、完整。

外国投资者或者外商投资企业应当通过企业登记系统以及企业信用信息公示系统向商务主管部门报送投资信息。国务院商务主管部门、市场监督管理部门应当做好相关业务系统的对接和工作衔接，并为外国投资者或者外商投资企业报送投资信息提供指导。

外商投资信息报告的内容、范围、频次和具体流程，由国务院商务主管部门会同国务院市场监督管理部门等有关部门按照确有必要、高效便利的原则确定并公布。商务主管部门、其他有关部门应当加强信息共享，通过部门信息共享能够获得的投资信息，不得再行要求外国投资者或者外商投资企业报送。

（2）外商投资的安全审查。

总体原则：国家建立外商投资安全审查

制度，对影响或者可能影响国家安全的外商投资进行安全审查。依法作出的安全审查决定为最终决定。总的原则是对影响或可能影响国家安全、国家安全保障能力，涉及敏感投资主体、敏感并购对象、敏感行业、敏感技术、敏感地域的外商投资进行安全审查。

审查内容：①外商投资对国防安全，包括对国防需要的国内产品生产能力、国内服务提供能力和有关设施的影响；②外商投资对国家经济稳定运行的影响；③外商投资对社会基本生活秩序的影响；④外商投资对国家文化安全、公共道德的影响；⑤外商投资对国家网络安全的影响；⑥外商投资对涉及国家安全关键技术研发能力的影响。

外商投资合同效力的认定：根据《外商投资法》司法解释的规定，对外商投资法所指的外商投资准入负面清单之外的领域形成的投资合同，当事人以合同未经有关行政主管部门批准、登记为由主张合同无效或者未生效的，人民法院不予支持。上述规定的投资合同签订于外商投资法施行前，但人民法院在外商投资法施行时尚未作出生效裁判的，适用前款规定认定合同的效力。外国投资者投资外商投资准入负面清单规定禁止投资的领域，当事人主张投资合同无效的，人民法院应予支持。外国投资者投资外商投资准入负面清单规定限制投资的领域，当事人以违反限制性准入特别管理措施为由，主张投资合同无效的，人民法院应予支持。人民法院作出生效裁判前，当事人采取必要措施满足准入特别管理措施的要求，当事人主张前款规定的投资合同有效的，应予支持。

所谓投资合同是指外国投资者即外国的自然人、企业或者其他组织因直接或者间接在中国境内进行投资而形成的相关协议，包括设立外商投资企业合同、股份转让合同、股权转让合同、财产份额或者其他类似权益转让合同、新建项目合同等协议。外国投资者因赠与、财产分割、企业合并、企业分立等方式取得相应权益所产生的合同纠纷，适用本司法解释。

5. 关于过渡问题的处理（2020 年新增内容）

现有外商投资企业办理组织形式、组织机构等变更登记的具体事宜，由国务院市场监督管理部门规定并公布。国务院市场监督管理部门应当加强对变更登记工作的指导，负责办理变更登记的市场监督管理部门应当通过多种方式优化服务，为企业办理变更登记提供便利。

现有外商投资企业的组织形式、组织机构等依法调整后，原合营、合作各方在合同中约定的股权或者权益转让办法、收益分配办法、剩余财产分配办法等，可以继续按照约定办理。

6. 对外直接投资法律制度

对外直接投资是指中国境内投资者以现金、实物、无形资产等方式在国外及港澳台地区设立或购买境外企业，并以控制企业的经营管理权为核心的投资活动。

对外直接投资的形式包括新设、并购、参股、增资、再投资等。

商务部和省级商务主管部门按照企业境外投资的不同情形，分别实行备案和核准管理。企业境外投资涉及敏感国家和地区、敏感行业的，实行核准管理。企业其他情形的境外投资，实行备案管理。其中实行核准管理的国家是指与中华人民共和国未建交的国家、受联合国制裁的国家。必要时，商务部可另行公布其他实行核准管理的国家和地区的名单。实行核准管理的行业是指涉及出口中华人民共和国限制出口的产品和技术的行业、影响一国（地区）以上利益的行业。

企业境外投资不得有以下情形：①危害中华人民共和国国家主权、安全和社会公共利益，或违反中华人民共和国法律法规；②损害中华人民共和国与有关国家（地区）关系；③违反中华人民共和国缔结或者参加的国际条约、协定；④出口中华人民共和国禁止出口的产品和技术。

涉及敏感国家和地区、敏感行业的境外投资项目不分限额，由国家发展改革委核准。

其中，中方投资额20亿美元及以上，并涉及敏感国家和地区、敏感行业的境外投资项目，由国家发展改革委提出审核意见报国务院核准。其他境外投资项目实行备案管理，其中，中央管理企业实施的境外投资项目、地方企业实施的中方投资额3亿美元及以上境外投资项目，由国家发展改革委备案；地方企业实施的中方投资额不到3亿美元境外投资项目，由各省、自治区、直辖市及计划单列市和新疆生产建设兵团等省级政府投资主管部门备案。

7. 对外贸易法律制度概述

（1）对外贸易法的适用范围。从对象上看，我国对外贸易法律制度适用于货物进出口、技术进出口、国际服务贸易以及与此相关的知识产权保护。

从地域范围看，我国对外贸易法仅适用于中国内地，不适用于香港特别行政区、澳门特别行政区和台湾地区，即中华人民共和国的“单独关税区”不适用。

（2）对外贸易法部分原则。最惠国待遇是指一国（给惠国）给予另一国（受惠国）的个人、企业、商品等的待遇不低于给惠国给予任何第三国（最惠国）的相应待遇。

互惠、对等是指我国给予另一国某种待遇或者对其采取某种措施，以该国给予我国相应待遇或者对我国采取相应措施为前提。这意味着，一方面，对于没有相关国际条约、协定或者相关国际条约、协定没有规定的情形，我国可以根据互惠、对等原则给予他国最惠国待遇和国民待遇；另一方面，任何国家或地区在贸易方面对我国采取歧视性的禁止、限制或其他类似措施的，我国可以根据实际情况对该国家或地区采取相应措施。

（3）对外贸易经营者。对外贸易经营者包括法人、其他组织和个人。对外贸易经营无需专门许可。

从事货物进出口或者技术进出口的对外贸易经营者，应当向商务部或者其委托的机构办理备案登记；但是，法律、行政法规和商务部规定不需要备案登记的除外。对外贸易经营者未按照规定办理备案登记的，海关不予办理进出口货物的报关验放手续。

我国可以对部分货物的进出口实行国营贸易管理；实行国营贸易管理货物的进出口业务只能由经授权的企业经营，但国家允许部分数量的国营贸易管理货物的进出口业务由非授权企业经营的除外。可见：第一，国家只对部分而非全部货物实行国营贸易管理，且此类货物应当是明确和公开的，通过目录的方式让公众周知。从商务部公布的《进口国营贸易管理货物目录》和《出口国营贸易管理货物目录》看，实行进口国营贸易管理的货物涉及粮食、植物油、糖、烟草、原油、成品油、化肥和棉花等类别，而实行出口国营贸易管理的货物主要是烟草专卖品。第二，国营贸易一般由经授权的企业经营。第三，国家可以根据具体情况，允许部分数量的国营贸易管理货物的进出口业务由非授权企业经营。

8. 货物和技术进出口的管理制度

货物进出口自动许可制度。商务部基于监测进出口情况的需要，可以对部分自由进出口的货物实行进出口自动许可并公布其目录。实行自动许可的进出口货物，收货人、发货人在办理海关报关手续前提出自动许可申请的，商务部应当予以许可；未办理自动许可手续的，海关不予放行。

技术进出口备案登记制度。进出口属于自由进出口的技术，应当向商务部或其委托的机构办理合同备案登记。据此，我国对自由进出口技术的进出口实行合同登记制度。但需要指出的是，此种合同登记仅具有备案意义，合同自依法成立时生效，不以登记作为合同生效的条件。

技术进口合同的特别规定。技术进口合同中不得含有下列限制性条款：①要求受让人接受并非技术进口必不可少的附带条件，包括购买非必需的技术、原材料、产品、设备或者服务；②要求受让人为专利权有效期限届满或者专利权被宣布无效的技术支付使用费或者承担相关义务；③限制受让人改进让与人提供的技术或者限制受让人使用所改进的技术；④限制受让人从其他来源获得与让与人提供的技术类似的技术或者与其竞争的技术；⑤不合理地限制受让人购买原材料、零部件、产品或者设备的渠道或者来源；⑥不合理地限制受让人产品的生产数量、品种或者销售价格；⑦不合理地限制受让人利用进口的技术生产产品的出口渠道。

配额和许可证制度。关税配额是将关税和配额制度结合起来的一种数量限制措施，是指在一定时期内对进口商品的绝对数量不加限制，但对在规定关税配额内的进口货物适用较低的关税税率，对超过规定数量限额的进口货物则适用较高的关税税率，以此来调节货物进口的数量。

国家规定有数量限制的限制进（出）口货物，实行配额管理；其他限制进（出）口货物，实行许可证管理。

我国对属于限制进（出）口的技术实行许可证管理，未经许可不得进（出）口。

9. 反倾销措施

其他国家或者地区的产品以低于正常价值的出口价格进入我国市场，对已建立的国内产业造成实质损害或者产生实质损害威胁，或者对建立国内产业造成实质阻碍的，国家可以采取反倾销措施，消除或者减轻这种损害或者损害的威胁或者阻碍。

进口产品的正常价值按照下列方法确定：①进口产品的同类产品在出口国（地区）国内市场的正常贸易过程中有可比价格的，以该可比价格为正常价值；②进口产品的同类产品在出口国（地区）国内市场的正常贸易过程中没有销售的，或者该同类产品的价格、数量不能据以进行公平比较的，以该同类产品出口到一个适当第三国（地区）的可比价格或者以该同类产品在原产国（地区）的生产成本加上合理费用、利润，作为正常价值。进口产品的出口价格按照下列方法确定：①进口产品有实际支付或者应当支付的价格的，以该价格为出口价格；②进口产品没有出口价格或者其价格不可靠的，以根据该进口产品首次转售给独立购买人的价格推定的价格为出口价格，若该进口产品未转售给独立购买人或者未按进口时的状态转售，可以商务部根据合理基础推定的价格为出口价格。

初裁决定确定倾销成立，并由此对国内产业造成损害的，可以采取下列临时反倾销措施：①征收临时反倾销税；②要求提供保证金、保函或者其他形式的担保。临时反倾销税税额或者提供的保证金、保函或者其他形式担保的金额，不得超过初裁决定确定的倾销幅度。

临时反倾销措施实施的期限，自临时反倾销措施决定公告规定实施之日起，不超过4个月；在特殊情形下，可以延长至9个月。自反倾销立案调查决定公告之日起60天内，不得采取临时反倾销措施。

倾销进口产品的出口经营者在反倾销调查期间，可以向商务部作出改变价格或者停止以倾销价格出口的价格承诺。商务部可以向出口经营者提出价格承诺的建议，但不得强迫出口经营者作出价格承诺。出口经营者不作出价格承诺或者不接受价格承诺的建议的，不妨碍对反倾销案件的调查和确定；出口经营者继续倾销进口产品的，商务部有权确定损害威胁更有可能出现。商务部对倾销以及由倾销造成的损害作出肯定的初裁决定前，不得寻求或者接受价格承诺。

商务部认为出口经营者作出的价格承诺能够接受并符合公共利益的，可以决定中止或者终止反倾销调查，不采取临时反倾销措施或者征收反倾销税。商务部不接受价格承诺的，应当向有关出口经营者说明理由。出口经营者违反其价格承诺的，商务部可以立即决定恢复反倾销调查；根据可获得的最佳信息，可以决定采取临时反倾销措施，并可以对实施临时反倾销措施前90天内进口的产品追溯征收反倾销税，但违反价格承诺前进口的产品除外。

反倾销税原则上仅适用于终裁决定公告之日以后进口的产品。反倾销税的纳税人为倾销进口产品的进口经营者。反倾销税应当根据不同出口经营者的倾销幅度，分别确定；对于未包括在审查范围内的出口经营者的倾销进口产品，需要征收反倾销税的，应当按照合理的方式确定对其适用的税率。在任何情形下，反倾销税税额不超过终裁决定确定的倾销幅度。

反倾销税的征收期限不超过5年，但经商务部复审确定终止征收反倾销税有可能导致倾销和损害的继续或者再度发生的，反倾销税的征收期限可以适当延长。

10. 反补贴措施

“补贴”是指出口国（地区）政府或者其任何公共机构［统称“出口国（地区）政府”］提供的并为接受者带来利益的财政资助以及任何形式的收入或者价格支持。此处所称的“财政资助”包括：①出口国（地区）政府以拨款、贷款、资本注入等形式直接提供资金，或者以贷款担保等形式潜在地直接转让资金或者债务；②出口国（地区）政府放弃或者不收缴应收收入；③出口国（地区）政府提供除一般基础设施以外的货物、服务，或者由出口国（地区）政府购买货物；④出口国（地区）政府通过向筹资机构付款，或者委托、指令私营机构履行上述职能。

补贴必须具有专向性。根据《反补贴条例》的规定，有下列情形之一的补贴，具有专向性：①由出口国（地区）政府明确确定的某些企业、产业获得的补贴；②由出口国（地区）法律、法规明确规定的某些企业、产业获得的补贴；③指定特定区域内的企业、产业获得的补贴；④以出口实绩为唯一条件或条件之一而获得的补贴；⑤以使用本国（地区）产品替代进口产品为条件而获得的补贴。

反补贴措施的具体内容和实施程序与反倾销措施基本相同，略有差异的是临时反补贴措施实施的期限自决定公告规定的实施之日起不超过4个月，不得延长。

11. 保障措施

因进口产品数量大量增加，对生产同类产品或者与其直接竞争的产品的国内产业造成严重损害或者严重损害威胁的，国家可以采取必要的保障措施，消除或者减轻这种损害或者损害的威胁，并可以对该产业提供必要的支持。保障措施与反倾销和反补贴措施有所不同：反倾销和反补贴措施针对的是倾销和补贴这样的不公平贸易行为，而保障措施针对的则是公平贸易条件下的特殊情形。

有明确证据表明进口产品数量增加，不采取临时保障措施将对国内产业造成难以补救的损害时，商务部可以作出初裁决定，并采取临时保障措施。临时保障措施采取提高关税的形式。临时保障措施的实施期限，自临时保障措施决定公告规定实施之日起，不超过200天。

终裁决定确定进口产品数量增加，并由此对国内产业造成损害的，可以采取保障措施。保障措施可以采取提高关税、数量限制等形式。采取数量限制措施的，限制后的进口量不得低于最近3个有代表性年度的平均进口量，但有正当理由表明为防止或者补救严重损害而有必要采取不同水平数量限制措施的除外。

保障措施的实施期限不超过4年。符合下列条件的，保障措施的实施期限可以适当延长：①按照《保障措施条例》规定的程序确定保障措施对于防止或者补救严重损害仍有必要；②有证据表明相关国内产业正在进行调整；③已经履行有关对外通知、磋商的义务；④延长后的措施不严于延长前的措施。但在任何情况下，一项保障措施的实施期限及其延长期限不得超过10年。

12. 经常项目外汇管理制度

经常项目，通常是指一个国家或地区对外交往中经常发生的交易项目，包括贸易收支、服务收支、收益（包括职工报酬和股息、红利等投资收益）和经常转移（也称单方面转移，包括个人转移和政府转移，前者指个人之间的赠与或赔偿，后者指政府间的军事及经济援助、赔款、赠与等），其中贸易及服务是最主要的内容。

我国对经常项目下的外汇收入实行意愿

结汇制，即可以按照国家规定保留或者卖给经营结、售汇业务的金融机构。

经常项目外汇支出按照规定持有效单证以自有外汇支付或者购汇支付，不需要审批。

经常项目外汇收支需有真实、合法的交易基础。经营外汇业务的金融机构应当对经常项目外汇收支的真实性进行审核。

13. 个人外汇管理制度

国家对个人结汇和购汇实行年度总管理，年度总额分别为每人每年等值5万美元。

个人经常项目下外汇收支分为经营性外汇收支和非经营性外汇收支。对个人开展对外贸易产生的经营性外汇收支，视同机构按照货物贸易的有关原则进行管理。境内个人在境外买房、投资，境外个人在境内买房、购买股权等资本项下的外汇交易行为，按照资本项目的管理原则和相关政策办理。

境内个人是指持有中国居民身份证、军人身份证、武警身份证件的中国公民。境外个人指持有外国护照、港澳居民来往内地通行证、台湾居民来往大陆通行证的外国公民、无国籍人及港澳台同胞。

14. 外债管理

国家外汇管理局及其分支局负责外债的登记、账户、使用、偿还以及结售汇等管理、监督和检查，并对外债进行统计和监测。国家外汇管理局负责全口径外债的统计监测，并定期公布外债情况。

外商投资企业借用的外债资金可以结汇使用。除另有规定外，境内金融机构和中资企业借用的外债资金不得结汇使用。

债务人借款合同中约定的外债资金用途应当符合外汇管理规定。短期外债原则上只能用于流动资金，不得用于固定资产投资等中长期用途。

符合规定的债务人向境内金融机构借款时，可以接受境外机构或个人提供的担保（以下简称外保内贷）。境内债权人应按相关规定向所在地外汇局报送相关数据。发生境外担保履约的，债务人应到所在地外汇局办理外债登记。

外商投资企业办理境内借款接受境外担保的，可直接与境外担保人、债权人签订担保合同。发生境外担保履约的，其担保履约额应纳入外商投资企业外债规模管理。

中资企业办理境内借款接受境外担保的，应事前向所在地外汇局申请外保内贷额度。中资企业可在外汇局核定的额度内直接签订担保合同。

境内机构对外转让不良资产，应按规定获得批准。对外转让不良资产获得批准后，境外投资者或其代理人应到外汇局办理对外转让不良资产备案手续。受让不良资产的境外投资者或其代理人通过清收、再转让等方式取得的收益，经外汇局核准后可汇出。

15. 对外投资备案（核准）报告制度

对外投资备案（核准），是指境内投资主体在境外设立（包括兼并、收购及其他方式）企业前，按规定向有关主管部门提交相关信息和材料；符合法定要求的，相关主管部门为其办理备案或核准。

境内投资主体应当按照“凡备案（核准）必报”的原则为其办理备案（核准）手续的相关主管部门定期报送对外投资关键环节信息。

商务主管部门、金融管理部门依据各自职责负责境内投资主体对外投资的备案或核准管理；国务院国资委负责履行出资人职责的中央企业对外投资的监督和管理。

【例12－1】（2019年单选题）我国《外汇管理条例》在适用范围上采取属人主义和属地主义相结合的原则，对于特定主体，仅对其发生在中国境内的外汇收支和外汇经营活动适用该条例。下列各项中，属于此类主体的是（　　）。

A. 在广州旅游1个月的美国公民甲

B. 已经在我国连续居住3年的法国公民丙

C. 持中华人民共和国居民身份证的中国公民丁

D. 在北京设立的中德合资经营企业乙

【答案】A

【解析】境内机构、境内个人的外汇收支或者外汇经营活动以及境外机构、境外个人在境内的外汇收支或者外汇经营活动，适用《外汇管理条例》。题目让选择“仅对其在我国境内的外汇收支和外汇经营，适用我国管理制度的”，这是指“境外机构、境外个人”，选项B、C、D都属于境内机构或境内个人。

【例12－2】（2019年单选题）《中华人民共和国对外贸易法》第七条规定：“任何国家或地区在贸易方面对中华人民共和国采取歧视性的禁止、限制或者其他类似措施的，中华人民共和国可以根据实际情况对该国或者该地区采取相应的措施。”该条款体现的原则是（　　）。

A. 统一管理原则

B. 平等互利原则

C. 公平自由原则

D. 互惠对等原则

【答案】D

【解析】本题考核《对外贸易法》的原则。

【例12－3】（2019年多选题）根据外汇管理法律制度的规定，外汇市场可以划分为外汇零售市场和外汇批发市场。下列市场参与者之间进行的外汇买卖中，形成外汇批发市场的有（　　）。

A. 银行与企业之间进行的柜台式外汇买卖

B. 银行与其他金融机构之间进行的外汇买卖

C. 银行与个人客户之间进行的外汇买卖

D. 银行与银行之间进行的外汇买卖

【答案】BD

【解析】外汇批发市场是指商业银行等金融机构之间进行外汇买卖所形成的市场，也称银行间外汇市场。

【例12－4】（2017年单选题）根据对外贸易法律制度的规定，负责决定征收反倾销税的机构是（　　）。

A. 财务部

B. 商务部

C. 国家税务总局

D. 国务院关税税则委员会

【答案】D

【解析】征收临时反倾销税，由商务部提出建议，“国务院关税税则委员会”根据商务部的建议作出决定，由商务部予以公告。

【例12－5】（2017年多选题）根据外汇管理法律制度的规定，下列各项中，纳入外债管理的有（　　）。

A. 境外发债

B. 境外借款

C. 境内机构对外担保

D. 国际融资租赁

【答案】ABCD

【解析】外债包括境外借款、发行债券、国际融资租赁。境内机构对外担保形成的潜在外债偿还义务，是一种或有外债，也纳入外债管理。

【例12－6】（2019年单选题）根据对外贸易法律制度的规定，反倾销调查应当自立案调查决定公告之日起一定期限内结束。该期限最长可以是（　　）。

A. 6个月　　B. 24个月

C. 12个月　　D. 18个月

【答案】D

【解析】反倾销调查应当自立案调查决定公告之日起12个月内结束；特殊情况下可以延长，但延长期不得超过6个月。

【例12－7】（2016年单选题）某省属企业拟实施一项境外投资项目，中方投资额2.5亿美元，项目所在国系敏感国家。下列表述中，符合涉外经济法律制度规定的是（　　）。

A. 该项目应报国家发展改革委备案

B. 该项目应报国家发展改革委核准

C. 该项目应报该省投资主管部门备案

D. 该项目应报该省投资主管部门核准

【答案】B

【解析】法律规定，涉及敏感国家和地区、敏感行业的境外投资项目，由国家发改委核准。

【例 12－8】（2016 年多选题）根据涉外经济法律制度的规定，下列关于特别提款权的表述中，正确的有（　　）。

A. 特别提款权是一种货币

B. 特别提款权本身具有价值

C. 特别提款权的“货币篮”由 5 种货币组成

D. 加入特别提款权“货币篮”标志着人民币完全实现了可自由兑换

【答案】BC

【解析】特别提款权本身不是货币；加入特别提款权“货币篮”也并不标志人民币完全实现了可自由兑换。

【例 12－9】（2016 年单选题）根据外汇管理法律制度的规定，负责对合格境内机构投资者（QDII）的境外投资额度进行管理的机构是（　　）。

A. 财政部

B. 证监会

C. 国家发展改革委

D. 国家外汇管理局

【答案】D

【解析】国家外汇管理局负责 QFII 机构境外投资额度、账户及资金汇兑管理等。

【例 12－10】（2015 年单选题）根据涉外投资法律制度的规定，我国对于境内企业向境外直接投资采取的管理方式是（　　）。

A. 注册和核准制

B. 核准和特许制

C. 备案和特许制

D. 核准和备案制

【答案】D

【解析】我国对于境内企业对外直接投资实行核准制备案制。

【例 12－11】（2019 年单选题）下列关于我国国营贸易制度的表述中，符合对外贸易法律制度规定的是（　　）。

A. 国家可以对全部货物的进出口实行国营贸易管理

B. 判断一个企业是否为国营贸易企业，关键是看该企业的所有制形式

C. 实行国营贸易管理的货物进出口业务只能由经授权的企业专属经营，一律不得由其他企业经营

D. 实行国营贸易管理的货物和经授权经营企业的目录，由商务部会同国务院其他有关部门确定、调整并公布

【答案】D

【解析】国营贸易是世界贸易组织明文允许的贸易制度，国家可以对部分货物的进出口实行国营贸易管理，选项 A 错误。判断一个企业是不是国营贸易企业，关键是看该企业是否在国际贸易中享有专营权或特许权，与该企业的所有制形式并无必然联系，选项 B 错误。实行国营贸易管理货物的进出口业务只能由经授权的企业经营；但是，国家允许部分数量的国营贸易管理货物的进出口业务由非授权企业经营的除外，选项 C 错误。

【例 12－12】（2015 年单选题）外商投资企业设立、变更等过程中订立的某些合同，依法律、行政法规的规定应当经外商投资企业审批机关批准后才生效的，自批准之日起生效。根据外商投资企业法律制度的规定，此类合同未经批准时的效力状态是（　　）。

A. 无效　　B. 可撤销

C. 未生效　　D. 效力待定

【答案】C

【解析】本题考核外商投资纠纷案件的审理及法律适用。当事人在外商投资企业设立、变更等过程中订立的合同，依法律、行政法规的规定应当经外商投资企业审批机关批准后才生效的，自批准之日起生效；未经批准的，人民法院应当认定该合同未生效。当事人请求确认该合同无效的，人民法院不予支持。

【例 12－13】（2015 年多选题）根据外汇法律制度的规定，下列各项中，属于外汇经常性项目的有（　　）。

A. 贸易收支

B. 投资收益

C. 对外借款

D. 单方转移

【答案】ABD

【解析】经常项目包括贸易收支、服务收支、收益（包括职工报酬和股息、红利等投资收益）和经常转移（单方面转移）；选项C，对外借款属于资本项目。

【例12－14】（2018年单选题）《中华人民共和国政府和加拿大政府关于促进和相互保护投资的协定》规定：“任一缔约方给予另一缔约方投资者在设立、购买、扩大、管理、经营、运营和销售或其他处置其领土内投资方面的待遇，不得低于在类似情形下给予非缔约方投资者的待遇。”该规定体现的待遇是（　　）。

A. 最惠国待遇　　B. 国民待遇

C. 公平公正待遇　　D. 最低限度待遇

【答案】A

【解析】选项A，对外贸依法的非歧视原则中的最惠国待遇原则是指一国（给惠国）给予另一国（受惠国）的个人、企业、商品等的待遇不低于给惠国给予任何第三国（最惠国）的相应待遇。

【例12－15】（2018年多选题）根据外汇管理法律制度的规定，下列货币中，属于特别提款权货币篮组成货币的有（　　）。

A. 美元　　B. 日元

C. 人民币　　D. 加拿大元

【答案】ABC

【解析】属于特别提款权货币篮组成货币的有人民币、美元、欧元、日元和英镑5种。没有选项D加拿大元。

通关演练

一、单项选择题

1. 根据《外商投资法》对外商投资保护的规定，在特殊情况下，国家为了公共利益的需要依照法律规定对外国投资者的投资实行征收的，应当依照法定程序、以非歧视性的方式进行，并按照（　　）及时给予补偿。

A. 双方协商的价值

B. 评估价值

C. 国家定价

D. 被征收投资的市场价值

2. 根据对外贸易法律制度的规定，下列说法中不正确的是（　　）。

A. 对外贸易的经营者包括法人、其他组织和个人

B. 对外贸易经营无需专门许可

C. 货物贸易和技术贸易经营者需要备案登记，但法律、行政法规和商务部规定不需要备案登记的除外

D. 我国可以对全部货物的进出口实行国营贸易管理，国营贸易一般由经授权的企业经营

3. 根据《对外贸易法》的相关规定，下列关于单独关税区说法错误的是（　　）。

A. 中华人民共和国的单独关税区适用《对外贸易法》

B. 单独关税区是指在对外经济贸易方面有自主权而在政治外交方面无自主权的地方政府所颁布的海关法规得以全面实施的区域

C. 香港特别行政区、澳门特别行政区是单独关税区

D. 在单独关税区内，进出口关税的征收等措施均依照该地方政府颁布的海关法规办理

4. 根据反倾销法律制度的规定，下列说法中错误的是（　　）。

A. 其他国家或者地区的产品以低于正常价值的倾销方式进入我国市场，对已建立的在国内产业造成实质损害，我国才可以采取反倾销措施

B. 对损害的调查和确定，由商务部负责，其中，涉及农产品的反倾销国内产业损害调查，由商务部会同农业部进行

C. 倾销进口产品的出口经营者在反倾销调查期间，可以向商务部作出价格承诺，商务部可以向出口经营者提出价格承诺的建议，但是不得强迫出口经营者作出价格承诺

D. 商务部对损害作出肯定的初裁决定前，不得寻求或者接受价格承诺

5. 根据对外贸易法律制度的规定，反倾销调查应当自立案调查决定公告之日起（ ）内结束；特殊情况下可以延长，但延长期不得超过（ ）。

A. 6个月 3个月

B. 6个月 6个月

C. 12个月 3个月

D. 12个月 6个月

6. 下列有关《外汇管理条例》适用范围的表述中，正确的是（ ）。

A. 《外汇管理条例》对适用范围的规定采取属人主义的原则

B. 境内企业发生在境外的外汇经营活动不适用本条例

C. 境外企业发生在境内的外汇经营活动不适用本条例

D. 外国驻华外交人员不属于本条例规定的境内个人

7. 根据我国外汇管理法律制度的规定，下列选项关于服务贸易外汇管理制度的表述中，不正确的是（ ）。

A. 境内机构和境内个人办理服务贸易外汇收支，应按照规定提交能证明交易真实合法的交易单证

B. 境内机构和境内个人办理服务贸易外汇收支，提交的交易单证无法证明交易真实合法或与其申请办理的外汇收支不一致的，经营外汇业务的金融机构应不予办理

C. 办理服务贸易外汇收支业务，经营外汇业务的金融机构应按规定期限留存审查后的交易单证备查，境内机构和境内个人应按规定期限留存相关交易单证备查

D. 外汇局通过外汇监测系统，监测服务贸易外汇收支情况，对外汇收支异常的境内机构、境内个人和相关金融机构进行非现场核查、现场核查或检查，查实外汇违法行为

二、多项选择题

1. 根据《外商投资法》有关对外商投资涉及（ ）进行国家安全审查。

A. 敏感并购对象 B. 敏感行业

C. 敏感技术 D. 敏感地域

2. 外商投资情形包括（ ）。

A. 外国投资者单独在中国境内设立外商投资企业

B. 外国投资者与中国投资者共同在中国境外设立外商投资企业

C. 外国投资者取得中国境内企业的股份、股权、财产份额或者其他类似权益

D. 外国投资者单独或者与其他投资者共同在中国境内投资新建项目

3. 根据《外商投资法》的规定，外商投资的企业形式可以是（ ）。

A. 个人独资企业 B. 合伙企业

C. 有限责任公司 D. 股份有限公司

4. 根据《外商投资法》有关对外商投资涉及进行国家安全审查的内容包括（ ）。

A. 外商投资对国家经济稳定运行的影响

B. 外商投资对社会基本生活秩序的影响

C. 外商投资对国家文化安全、公共道德的影响

D. 外商投资对国家网络安全的影响

5. 下列属于《对外贸易法》的原则的有（ ）。

A. 统一管理原则 B. 公平自由原则

C. 平等互利原则 D. 区域合作原则

6. 根据外汇管理法律制度的规定，下列外汇收支活动中，应当适用《外汇管理条例》的有（ ）。

A. 中国公民于某在美国旅行期间购买的彩票中的150万美元的奖金

B. 法国某公司在中国广州分公司的营业收入

C. 在中国连续居住满6个月的法国公民杰瑞出租其在法国的住房获得的租金

D. 英国驻华大使蔡某任职期间的薪酬

7. 法学专业的慧慧在学习经常项目外汇管理制度时对经常项目的范围存有疑问，针对以下情况，请帮助她选出属于经常项目的有（ ）。

A. 中国出口青花瓷的外汇收入

B. 中国某旅行社与法国某小学签订了北京5日游合同，取得的外汇收入

C. 中国公民李某取得担任美国某上市公司经理的工资薪酬

D. 中国耗巨资援助日本地震灾后重建家园

8. 根据我国外汇管理法律制度的规定，下列选项关于外债管理的表述中，不正确的有（　　）。

A. 外债借款合同发生变更时，债务人应按照规定到外汇局办理外债签约变更登记

B. 外债未偿余额为零且债务人不再发生提款时，债务人应按照规定到外汇局办理外债注销登记手续

C. 外商投资企业借用的外债资金不可以结汇使用

D. 除另有规定外，境内金融机构和中资企业借用的外债资金可以结汇使用

9. 根据我国外汇管理法律制度的规定，下列选项关于外债管理的表述中，正确的有（　　）。

A. 短期外债原则上只能用于流动资金，不得用于固定资产投资等中长期用途

B. 外商投资企业办理境内借款接受境外担保的，可直接与境外担保人、债权人签订担保合同

C. 中资企业办理境内借款接受境外担保的，应事前向所在地外汇局申请外保内贷额度，中资企业可在外汇局核定的额度内直接签订担保合同

D. 境内机构对外转让不良资产，应按规定获得批准，受让不良资产的境外投资者或其代理人通过清收、再转让等方式取得的收益，经外汇局备案后可汇出

10. 根据外汇管理制度的相关规定，QFII制度管理的主要内容包括（　　）。

A. 资格条件的限制

B. 投资规模的限制

C. 投资通道的控制

D. 资金汇出入限制

11. 根据外汇管理制度相关的规定，我国现行的QFII制度框架是，市场准入审定和投资额度审批，分别由中国证监会和国家外汇管理局负责，其中由国家外汇管理局负责的项目有（　　）。

A. 持股比例限制

B. 投资额度的审定

C. 资金的汇出入

D. 汇兑管理

12. 依照《反补贴条例》进行调查、采取反补贴措施的补贴必须具有专向性，根据《反补贴条例》的规定，下列情形中，具有专向性的有（　　）。

A. 由出口国（地区）政府明确确定的某些企业、产业获得的补贴

B. 由出口国（地区）法律、法规明确规定的某些企业、产业获得的补贴

C. 指定特定区域内的企业、产业获得的补贴

D. 以出口实绩为唯一条件或条件之一而获得的补贴

答案及解析

一、单项选择题

1. 【答案】D

【解析】在特殊情况下，国家为了公共利益的需要依照法律规定对外国投资者的投资实行征收的，应当依照法定程序、以非歧视性的方式进行，并按照被征收投资的市场价值及时给予补偿。

2. 【答案】D

【解析】选项D：我国可以对部分而非全部货物实行国营贸易管理；实行国营贸易管理货物的进出口业务只能由经授权的企业经营，但国家允许部分数量的国营贸易管理货物的进出口业务由非授权企业经营的除外。

3. 【答案】A

【解析】选项A：中华人民共和国的单独

关税区不适用《对外贸易法》。

4. 【答案】A

【解析】选项A：其他国家或者地区的产品以低于正常价值的倾销方式进入我国市场，对已建立在国内产业造成实质损害或者产生实质损害威胁，或者对建立国内产业造成实质阻碍的，国家可以采取反倾销措施。

5. 【答案】D

【解析】选项D：反倾销调查应当自立案调查决定公告之日起12个月内结束；特殊情况下可以延长，但延长期不得超过6个月。

6. 【答案】D

【解析】（1）选项A：《外汇管理条例》对适用范围的规定采取了属人主义与属地主义相结合的原则；（2）选项B：境内机构和境内个人的外汇收支或者外汇经营活动，不论其发生在境内或者境外，均适用《外汇管理条例》；（3）选项C：对于境外机构和境外个人而言，仅在中国境内的外汇收支和外汇经营活动适用《外汇管理条例》；（4）选项D：境内个人，是指我国公民和在我国境内连续居住满1年的外国人，外国驻华外交人员和国际组织驻华代表除外。

7. 【答案】B

【解析】选项B：提交的交易单证无法证明交易真实合法或与其申请办理的外汇收支不一致的，经营外汇业务的金融机构应要求其补充其他交易单证。

二、多项选择题

1. 【答案】ABCD

【解析】国家建立外商投资安全审查制度，对影响或者可能影响国家安全的外商投资进行安全审查。依法作出的安全审查决定为最终决定。总的原则是对影响或可能影响国家安全、国家安全保障能力，涉及敏感投资主体、敏感并购对象、敏感行业、敏感技术、敏感地域的外商投资进行安全审查。

2. 【答案】ACD

【解析】所谓外商投资，是指外国的自然人、企业或者其他组织（以下称外国投资者）直接或者间接在中国境内进行的投资活动，包括下列情形：（1）外国投资者单独或者与其他投资者共同在中国境内设立外商投资企业；（2）外国投资者取得中国境内企业的股份、股权、财产份额或者其他类似权益；（3）外国投资者单独或者与其他投资者共同在中国境内投资新建项目；（4）法律、行政法规或者国务院规定的其他方式的投资。B选项是在境外，不正确。

3. 【答案】BCD

【解析】外商投资企业的组织形式、组织机构及其活动准则，适用《公司法》《合伙企业法》等法律的规定。

4. 【答案】ABCD

【解析】以上选项均属于对外商投资涉及进行国家安全审查的内容。

5. 【答案】ABCD

【解析】《对外贸易法》的原则有：（1）统一管理原则；（2）公平自由原则；（3）平等互利原则；（4）区域合作原则；（5）非歧视原则（包括最惠国待遇和国民待遇）；（6）互惠对等原则。

6. 【答案】AB

【解析】境内机构和境内个人的外汇收支或者外汇经营活动，不论其发生在境内或境外，均适用该《外汇管理条例》；境内个人是指的中国公民和在中华人民共和国境内连续居住满1年的外国人（选项C错误），外国驻华外交人员和国际组织驻华代表除外（选项D错误）。

7. 【答案】ABCD

【解析】（1）经常项目，通常是指一个国家或地区对外交往中经常发生的交易项目，包括贸易收支、服务收支、收益和经常转移。（2）选项A：贸易收支又称货物贸易收支，是一国出口货物所得外汇收入和进口货物所需外汇支出的总称。（3）选项B：服务收支又称服务贸易收支，是一国对外提供各类服务所得外汇收入和接受服务发生的外汇支出的总称，包括“国际运输、旅游”等项下外汇收支。(4) 选项C：收益包括“职工报酬和投资收益”两部分，其中职工报酬主要为工资、薪金和其他福利，投资收益主要是利息、红利等。(5) 选项D：经常转移也称单方面转移，是资金或货物在国际间的单向转移，不产生归还或偿还问题。具体包括个人转移和政府转移，前者指个人之间的无偿赠与或赔偿等，后者是指政府之间的“军事及经济援助、赔款、赠与”等。

8. 【答案】CD

【解析】选项C、D：外商投资企业借用的外债资金“可以”结汇使用。除另有规定外，境内金融机构和中资企业借用的外债资金“不得”结汇使用。

9. 【答案】ABC

【解析】选项D：受让不良资产的境外投资者或其代理人通过清收、再转让等方式取得的收益，经外汇局“核准”后可汇出。

10. 【答案】ABCD

【解析】QFII制度管理的主要内容包括：(1) 资格条件的限制（选项A）；(2) 投资规模的限制（选项B）；(3) 投资通道的控制（选项C）；(4) 资金汇出入限制（选项D）。

11. 【答案】BCD

【解析】选项A：属于中国证监会负责的项目。

12. 【答案】ABCD

【解析】根据《反补贴条例》的规定，有下列情形之一的，具有专向性：(1) 由出口国（地区）政府明确确定的某些企业、产业获得的补贴（选项A）；(2) 由出口国（地区）法律、法规明确规定的某些企业、产业获得的补贴（选项B）；(3) 指定特定区域内的企业、产业获得的补贴（选项C）；(4) 以出口实绩为唯一条件或条件之一而获得的补贴（选项D）；(5) 以使用本国（地区）产品替代进口产品为条件而获得的补贴。

第二部分

跨章节综合题演练

跨章节综合题

1. 自2017年年初以来，A公司出现不能清偿到期债务，且资产不足以清偿全部债务的情况。2017年7月1日，人民法院裁定受理了A公司的破产申请，并同时指定了管理人。在该破产案件中，存在下述情况：

（1）A公司应付甲公司到期货款500万元，A公司以其机器设备设定了抵押担保（该机器设备市场价值800万元）。2017年4月1日，A公司向甲公司清偿了该笔债务。2017年7月12日，管理人请求人民法院撤销该清偿行为。

（2）2016年11月，A公司从乙公司处租用机床一台，租期1年，租金已一次性付清。2017年5月4日，A公司以自己的名义将该机床按照120万元的市场价格卖给知情的丙公司，双方已交货、付款。2017年7月14日，乙公司获悉该机床已被A公司卖给丙公司后，主张A公司与丙公司之间的买卖合同无效，并要求丙公司返还该机床。

（3）2017年4月1日，A公司和丁公司订立一份100万元的买卖合同。丁公司将一台机器设备卖给A公司，交货日期为2017年4月10日，付款日期为2017年9月1日；在A公司付清全部价款之前，该设备的所有权归丁公司所有。人民法院裁定受理A公司的破产申请时，A公司已经支付货款80万元。管理人决定继续履行该买卖合同。

（4）A公司欠缴税款1 000万元、税收滞纳金100万元。其中，在破产案件受理前因欠缴税款产生的滞纳金90万元，在破产案件受理后因欠缴税款产生的滞纳金10万元。

要求：根据上述内容，分别回答下列问题。

（1）根据本题要点（1）所提示的内容，管理人请求人民法院撤销该清偿行为的主张能否获得人民法院的支持？并说明理由。

（2）根据本题要点（2）所提示的内容，乙公司主张A公司与丙公司之间的买卖合同无效能否获得人民法院的支持？并说明理由。乙公司主张丙公司向其返还该机床能否获得人民法院的支持？并说明理由。如果乙公司依法追回该机床，因丙公司已支付对价而产生的债务，应如何处理？

（3）根据本题要点（3）所提示的内容，当丁公司要求管理人及时支付剩余的20万元货款时，管理人能否以该债务尚未到期为由进行抗辩？如果管理人无正当理由未及时支付20万元的价款，丁公司能否主张取回该设备？并分别说明理由。

（4）根据本题要点（4）所提示的内容，A公司因欠缴税款产生的100万元税收滞纳金应如何处理？

2. 2017年4月1日，无权代理人甲以A公司的名义签发一张100万元的银行承兑汇票给B公司，该汇票上记载收款人为B公司，付款人为乙银行，付款日期为2017年7月1日。甲在该汇票上签章。

2017年4月5日，B公司在明知甲没有代理权的情况下，仍将该汇票背书转让给不知情的C公司，以支付货款。

2017年4月10日，C公司将该汇票背书转让给D公司，用于支付买卖合同价款。后因D公司向C公司交付的货物存在严重质量问题，双方发生纠纷。

2017年5月20日，D公司为支付广告费，将该汇票背书转让给E公司。E公司负责人知悉C、D公司之间买卖合同纠纷的详情，对该汇票产生疑虑，遂要求D公司的关联企业F公司与E公司签订了一份书面保证合同，保证合同中未约定保证方式和保证担保的范围。但F公司未在该汇票上记载有关保证事项，亦未签章。

2017年6月1日，E公司将该汇票背书转让给G公司，以偿还所欠G公司的租金，G公司对C、D公司之间的买卖合同纠纷并不知情。

2017年6月5日，G公司持该汇票向乙银行提示承兑，遭到乙银行的拒绝。G公司遂向甲、A公司、C公司、E公司和F公司行使追索权。C公司以D公司违反买卖合同为由予以拒绝。E公司向G公司承担票据责任后，向C公司、D公司行使再追索权时，C公司仍以D公司违反买卖合同为由予以拒绝。

D公司向E公司承担票据责任后，向C公司行使再追索权时，C公司仍以D公司违反买卖合同为由予以拒绝。

要求：根据上述内容，分别回答下列问题。

（1）B公司是否取得了票据权利？并说明理由。

（2）C公司是否取得了票据权利？并说明理由。

（3）G公司能否向A公司和甲行使追索权？并说明理由。

（4）G公司能否对F公司行使追索权？并说明理由。

（5）C公司拒绝G公司追索的理由是否成立？并说明理由。

（6）C公司拒绝E公司追索的理由是否成立？并说明理由。

（7）C公司拒绝D公司追索的理由是否成立？并说明理由。

3. 2015年1月，李某设立了甲一人有限责任公司（以下简称“甲公司”），注册资本为550万元。

2016年4月1日，甲公司向乙银行借款500万元，双方签订了借款合同，借款期限为1年。陈某在借款合同中以保证人身份签字。此外，甲公司以其5台机器设备为该笔借款提供了抵押。双方于2016年4月1日签订了书面抵押合同，但未办理抵押登记。抵押合同中约定：如甲公司不偿还到期借款本息，这5台机器设备直接归乙银行所有。

2016年4月10日，甲公司与不知情的丙公司签订买卖合同，将其中一台机器设备以100万元的市场价格出售给丙公司。丙公司依约于签订合同的当日向甲公司支付了全部价款，并拟于2016年4月20日提货。2016年4月16日，甲公司又将该机器设备以100万元的市场价格卖给了不知情的丁公司。丁公司依约于签订合同的当日提走了该机器设备，并拟于2016年4月30日之前将货款支付给甲公司。2016年4月20日，丙公司依约前来提货时，发现机器设备已被丁公司提走，遂以自己是机器设备的所有权人为由要求丁公司返还，被丁公司拒绝。

2017年4月1日，借款期限届满，甲公司无力偿还到期借款本息。乙银行经调查发现，李某在缴纳出资后，通过虚构债权债务关系等方式抽逃了100万元出资。为实现其债权，乙银行以甲公司、李某、陈某为被告向人民法院提起了诉讼：要求取得甲公司5台机器设备的所有权；要求李某在抽逃的100万元出资的本息范围内向乙银行承担清偿责任；要求陈某承担保证责任。

在庭审中，甲公司抗辩称：抵押合同中约定了“如甲公司不偿还到期借款本息，这5台机器设备直接归乙银行所有”，该条款违反了法律的强制性规定，因此，抵押合同全部无效。

陈某抗辩称：①自己未与乙银行签订保证合同，不应当承担保证责任；②因自己只是工薪阶层，不具有代偿能力，不应当承担保证责任；③即使自己承担保证责任，乙银行也应当先实现抵押权。

李某抗辩称：借款合同的债务人是甲公司，自己无需向乙银行承担借款清偿责任。

经查，甲公司、陈某与乙银行之间未对实现担保权的先后顺序作出特别约定。

要求：根据上述内容，分别回答下列问题。

（1）甲公司主张抵押合同全部无效是否成立？并说明理由。

（2）陈某的抗辩（1）是否成立？并说明理由。

（3）陈某的抗辩（2）是否成立？并说明理由。

（4）陈某的抗辩（3）是否成立？并说明理由。

（5）李某的抗辩是否成立？并说明理由。

（6）甲公司与丙公司之间买卖机器设备的合同是否有效？丙公司是否取得了该机器设备的所有权？并分别说明理由。

（7）丁公司是否取得了该机器设备的所有权？并说明理由。

（8）乙银行能否对丁公司手中的机器设备行使抵押权？并说明理由。

4. 甲公司是一家于2008年4月20日在

深圳证券交易所中小企业板上市交易的上市公司，其股本总额为8亿股。2015年9月16日，甲公司的控股股东乙公司将其持有的甲公司40%的股份全部协议转让给丙公司（经中国证监会豁免进行要约收购）。

风顺科技股份有限公司（以下简称“风顺科技”）是一家从事互联网金融服务的公司，其控股股东A公司持有风顺科技70%的股权。

2017年4月1日，甲公司发布公告称，甲公司与风顺科技的全体股东签订《重大资产置换及发行股份购买资产协议》，该协议的部分要点如下：①甲公司以其全部资产及负债（作价10亿元）与风顺科技全体股东持有的100%股权（作价430亿元）的等值部分进行置换，二者的差额部分（420亿元），由甲公司向风顺科技全体股东非公开发行股份进行购买；②本次发行股份购买资产的定价基准日为甲公司本次发行股份购买资产的董事会决议公告日，股票发行价格为10元/股，即定价基准日前60个交易日股票均价的88%；甲公司本次拟发行股份42亿股；③A公司在本次重组中获得的甲公司股票，自发行结束之日起12个月后可以自由转让。

本次交易拟购买资产经审计的最近一年末资产总额、资产净额及最近一年的营业收入占甲公司最近一个会计年度经审计的合并财务报告相关指标的比例如下：

单位：亿元

	甲公司	风顺科技	交易金额	计算依据	指标占比
资产总额	8.86	347.17	430	430	4 853.30%
资产净额	7.08	136.96	430	430	6 073.40%
营业收入	6.69	481.01	—	481.01	7 190.00%

已知，风顺科技2014年、2015年和2016年的净利润分别为2亿元、-3亿元和4亿元。

经查，甲公司原控股股东乙公司因涉嫌违法违规正被中国证监会立案调查（违法行为发生于2015年2月），甲公司现控股股东丙公司于2016年9月10日受到深圳证券交易所的公开谴责。

要求：根据上述内容，分别回答下列问题。

（1）在甲公司与风顺科技的全体股东签订的《重大资产置换及发行股份购买资产协议》中，有哪些内容不符合证券法律制度的规定？并分别说明理由。

（2）本次重组交易是否构成借壳上市？并说明理由。

（3）本次重组交易是否应获得中国证监会的核准？并说明理由。

（4）风顺科技最近三个会计年度的净利润情况是否构成本次交易重组的法定障碍？并说明理由。

（5）甲公司原控股股东乙公司因涉嫌违法违规正被中国证监会立案调查，该事项是否构成本次交易重组的法定障碍？并说明理由。

（6）甲公司现控股股东丙公司于2016年9月10日受到深圳证券交易所的公开谴责，该事项是否构成本次交易重组的法定障碍？并说明理由。

5. 甲、乙、丙、丁兄弟4人继承了一幅古画和一处房产，按照遗嘱兄弟4人的继承份额依次分别为40%、20%、20%、20%。古画由甲保管，房产已登记为4人共有，兄弟4人对共有未作出其他特殊约定。

2017年4月1日，甲由于急需资金，擅自将该古画以50万元的价格售予A，约定10天内付款，付款的同时交付古画。4月5日，B找到乙欲以200万元的价格购下该古画，甲、丙、丁均表示同意；4月6日，B支付了购画款、甲向其交付了古画，兄弟4人按比例分割了古画转让款。4月10日，A找到甲欲付款取画时被甲告知，画为兄弟4人共有，已售与B；A遂要求甲承担违约责任，甲以自己的行为属于无权处分，所书立合同无效为由予以拒绝。A又找到B以其合同订立在先为由，要求B返还古画，B予拒绝。

2017年5月，乙不幸去世，其子小乙向叔伯们主张继承乙在该房产上的份额，甲表示反对，要求对乙的份额行使优先购买权。丙不忍见甲和小乙对簿公堂遂提出将其对该房产的份额转让给甲，小乙表示反对、要求行使优先购买权，但甲丙不顾小乙的反对，签订了转让协议，丙退出了共有关系。丁见亲人们争执不休，心灰意冷，在未告知小乙的情况下，将其份额转让给甲，退出了共有关系。事后，小乙见大势已去，遂与C签订合同，将其对该房产的份额低价转让给C，双方达成合意后，小乙乘甲生病住院之际，快递通知书要求甲3天内决定是否行使优先购买权。3天后，小乙见甲未作表示，遂与C正式签订转让合同。1周后，甲出院向人民法院提起诉讼，以小乙侵害其优先购买权为由，主张小乙和C签订的房产共有份额转让合同无效。

要求：根据上述资料，分析回答下列问题。

（1）甲有关自己的行为属于无权处分、所书立合同无效的主张是否成立？并说明理由。

（2）A以合同订立在先为由要求B返还古画的主张是否成立？并说明理由。

（3）小乙继承乙的房产份额时，甲能否行使优先购买权？并说明理由。

（4）丙、丁未经小乙同意向甲转让房产份额是否侵害了小乙的优先购买权？并说明理由。

（5）小乙将房产份额转让给C是否侵害了甲的优先购买权？并说明理由。

（6）甲能否主张小乙和C签订的房产共有份额转让合同无效？并说明理由。

6. 甲公司为上海证券交易所上市公司，主营业务为果蔬加工和出口，行业利润率一直较低，公司经营存在巨大压力。2016年，甲公司公告了一项收购计划，基本情况如下：

（1）收购人的基本情况

收购人为乙公司的实际控制人王建华及其一致行动人王建平、李志中和丙公司；乙公司现有股权结构如下图：

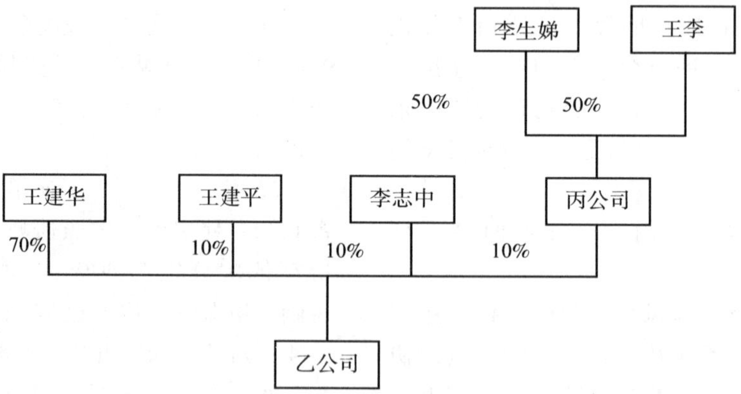

其中，王建平为王建华胞弟，李志中为王建平妻弟，李生娣为王建华之妻，王李为王建华之子。

（2）公司重组方案概况

①甲公司以所有资产和负债（置出资产），与乙公司股东持有的乙公司100%股权（置入资产）中相应等值部分进行置换；置入资产评估价值超过置出资产评估价值的部分，甲公司将向乙公司股东非公开发行2.5亿股股份购买，购买价格按照董事会决议公告日前60个交易日公司股票交易均价确定。

②乙公司股东同意甲公司将置出资产直接交付给甲公司当前控股股东陈某及其一致行动人新设的接收实体，并再向陈某及其一致行动人支付3 000万元现金；作为对价，陈某及其一致行动人将其持有的4.6亿股甲公

司股份转让给乙公司股东。

③本次非公开发行股份及原有的4.6亿股转让成交后，乙公司股东将持有甲公司45%的股份；其中，王建华将直接持有39%股份，成为上市公司第一大股东和实际控制人。

④乙公司股东承诺自本次收购的股份登记至其名下之日起36个月内不转让。

⑤重组完成后，公司营业范围变更为“以自有资金对外投资、投资管理；投资咨询服务，企业策划；企业投资服务”。

2016年9月18日，甲公司公告其董事会通过本次收购及重组事项，遂后向中国证监会提交了相关审核申请。甲公司董事刘某于2016年9月19日转让了其持有的甲公司股份2 000万股，占其持有的甲公司股份总数的22%。

要求：根据上述资料，回答下列问题。

（1）请分析认定王建华、王建平、李志中、丙公司构成一致行动人的原因。

（2）甲公司向乙公司股东非公开发行股份购买资产的发行价格是否符合规定？并说明理由。

（3）乙公司股东对其取得的本次股份承诺36个月内不转让的做法是否符合规定？并说明理由。

（4）请分析本次收购完成尚须履行的主要程序。

（5）甲公司董事刘某的股份转让行为是否合法？并说明理由。

7. 2016年10月，A公司法定代表人突然出走，不知去向。A公司内部管理因此陷入混乱。2017年1月，A公司所欠B公司工程款200万元债务到期，B公司要求还款，A公司因无人理事而未予回应。B公司遂于2017年2月10日向人民法院申请A公司破产。A公司向人民法院提出异议，称该公司不能偿还B公司债务的主要原因是法定代表人至今下落不明，公司无人管理，而非资不抵债，并提出证据证明其账面资产尚大于负债。2月27日，人民法院裁定驳回A公司的异议；同日，裁定受理B公司提出的A公司破产申请，指定破产管理人，并公告通知债权人申报债权。

管理人在清理A公司债权债务过程中，发现如下事实：

（1）2016年7月1日，C公司向银行借款50万元，期限1年，A公司为该笔借款提供了一般保证担保。截至破产申请受理之日，C公司尚欠银行借款本息40万元。银行已向A公司的管理人申报该40万元担保债权。

（2）2016年8月3日，D公司向A公司购买了一批塑料薄膜，尚欠15万元货款未付。A公司长期租用E公司仓库，至破产申请受理日，已拖欠E公司租金13万元。2017年3月5日，D公司以5万元对价，受让E公司对A公司的租金债权。D公司已向管理人主张以该租金债权抵销所欠A公司15万元货款中的13万元。

（3）2016年9月30日，A公司与F公司签订一份买卖合同。合同约定：A公司向F公司订购一台设备，2017年3月上旬交货；卖方送货上门，货到付款。2017年2月25日，F公司将设备发运。F公司于2月29日获悉A公司破产案已被人民法院受理后，立即通知管理人，要求取回在途设备。3月1日，设备到达A公司。

在债权人会议对债权申报进行核查时，债权人甲提出，A公司对银行的保证债务尚未到期，故银行无权进行债权申报。债权人乙提出，A公司作为一般保证人，对银行享有先诉抗辩权，银行尚未通过诉讼或仲裁向C公司求偿，故不得进行债权申报。债权人丙认为，D公司无权以受让的租金债权抵销所欠A公司货款。债权人丁认为，设备已交付，其所有权已由F公司转移给A公司，构成债务人财产的一部分，故F公司无权取回。

要求：根据上述资料，分别回答下列问题。

（1）人民法院驳回A公司异议并裁定受理破产申请的法律依据何在？

（2）债权人甲主张银行无权申报债权的理由是否成立？并说明理由。

（3）债权人乙关于A公司对银行享有先诉抗辩权的主张是否成立？并说明理由。

（4）债权人丙关于D公司无权进行债务抵销的主张是否成立？并说明理由。

（5）债权人丁关于F公司无权取回设备的主张是否成立？并说明理由。

8. 甲公司和乙公司于2015年8月1日拟定了一份书面合同，标的额为100万元，以银行承兑汇票结算相关款项。该合同拟定后，甲公司随即签章，而乙公司则未在合同中签章。

2015年8月10日，甲公司将上述合同项下的标的物发送给乙公司，乙公司收货后于8月15日签发一张出票后1个月付款、丙银行承兑的汇票给甲公司。

2015年8月20日，甲公司将该汇票背书转让给丁公司支付货款；2015年8月25日，丁公司将该汇票背书转让给戊公司支付货款时，在汇票背面记载了“不得转让”字样加签章；2015年9月1日，戊公司将该汇票进一步背书转让给庚公司。

2015年9月16日，庚公司向丙银行提示付款，丙银行以出票人乙公司未依法记载付款地为由，拒绝向庚公司支付票款。庚公司于2015年9月16日取得拒付证明后，于2015年9月25日向甲公司、乙公司、丁公司、戊公司同时发出追索通知，追索金额包括汇票金额、逾期付款利息及发出追索通知的费用合计102万元。

各方收到追索通知后，纷纷提出抗辩理由：①甲公司以追索金额超出汇票金额为由拒绝承担票据责任；②乙公司以庚公司应当首先向戊公司追索为由拒绝承担票据责任；③丁公司以自己记载了“不得转让”字样为由拒绝承担票据责任；④戊公司以庚公司未在法定期限内发出追索通知为由拒绝承担票据责任。

要求：根据上述资料，回答下列问题。

（1）甲公司和乙公司之间的合同是否成立？并说明理由。

（2）丙银行拒绝付款的理由是否成立？并说明理由。

（3）甲公司拒绝承担票据责任的理由是否成立？并说明理由。

（4）乙公司拒绝承担票据责任的理由是否成立？并说明理由。

（5）丁公司拒绝承担票据责任的理由是否成立？并说明理由。

（6）戊公司拒绝承担票据责任的理由是否成立？并说明理由。

9. 2017年2月1日，为支付货款，A公司向B公司签发一张以X银行为承兑人、金额为80万元、到期日为2017年8月1日的承兑汇票，A公司在票据正面写明“本公司不承担保证该汇票承兑的责任”。后X银行依法在汇票票面上签章。

3月1日，B公司因急需现金，将该汇票背书转让给C公司，C公司向B公司支付现金75万元。

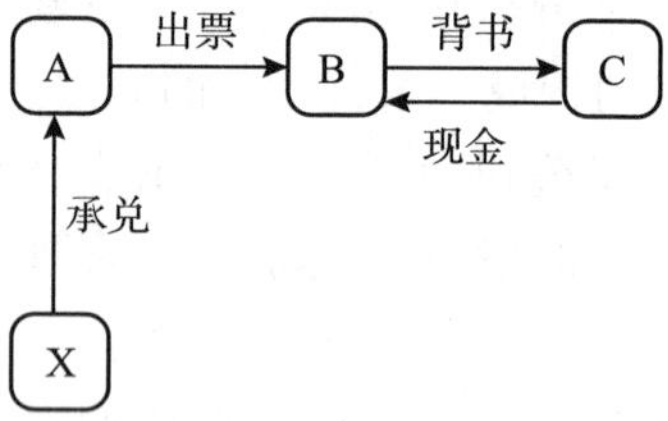

4月1日，C公司将该汇票背书转让给D公司，以支付房屋租金，D公司对B公司与C公司之间的票据买卖事实不知。D公司将该票据背书转让给E公司，以支付装修工程款，并在汇票上注明：“本票据转让于工程验收合格后生效。”后E公司施工的装修工程存在严重的质量问题。

5月，E公司被F公司吸收合并，E公司办理了工商注销登记。6月1日，F公司为支付材料款将该汇票背书转让给G公司。8月3日，G公司向X银行提示付款，X银行以背书不连续为由拒绝支付。

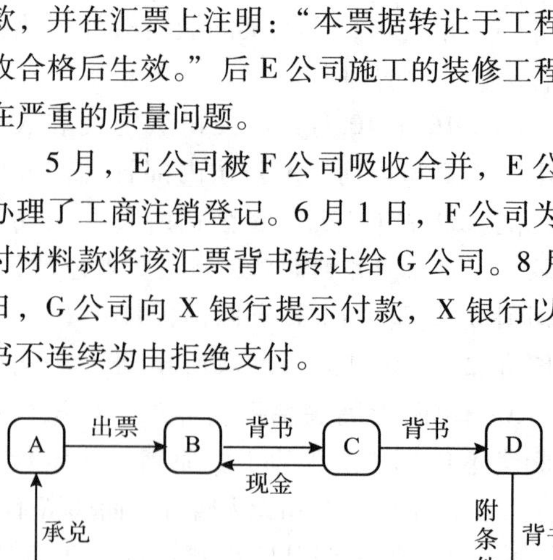

要求：根据上述内容，分别回答下列问题。

（1）A公司记载“不承担保证该汇票承兑的责任”是否会导致出票行为无效？并说明理由。

（2）C公司能否因B公司的背书转让行为而取得票据权利？并说明理由。

（3）D公司能否因C公司的背书转让行为而取得票据权利？并说明理由。

（4）在装修工程未验收合格的情况下，D公司对E公司的背书转让行为是否生效？并说明理由。

（5）若C公司将汇票背书给D公司时注明“不得转让”，会产生何种法律效力？

（6）在X银行拒绝付款时，G公司应如何证明其是票据权利人？

10. A公司因长期拖欠到期债务无力偿还，被债权人申请破产。A公司目前的基本情况如下：

（1）A公司登记注册地与公司主要办事机构所在地均为甲市，生产基地则在乙市；

（2）A公司欠建设银行贷款1 000万元，其中的800万元贷款是用A公司的土地使用权作为抵押；

（3）A公司曾为C公司向工商银行一笔500万元的贷款作连带责任保证人，现C公司借款已到期，C公司对该笔贷款并未偿还，C公司亦被申请破产；

（4）A公司在被债权人申请破产后，向人民法院申请和解，并提出和解协议。该和解协议在债权人会议讨论时，出席会议的有表决权的债权人有2/3表示同意，并且表示同意的债权人所代表的债权额占无财产担保债权总额的2/3以上。但是，人民法院经审理，裁定对该和解协议不予认可，宣告A公司破产。

要求：根据以上事实，并结合法律规定，回答以下问题。

（1）A公司破产的案件应由哪个法院管辖？并说明理由。

（2）建设银行的1 000万元贷款应该如何处理？并说明理由。

（3）工商银行能否参加破产程序，申报债权？并说明理由。

（4）债权人会议是否通过了和解协议？并说明理由。

（5）人民法院是否可以裁定宣告A公司破产？并说明理由。

跨章节综合题答案及解析

1.【答案】

（1）人民法院不予支持。根据规定，人民法院受理破产申请前6个月内，债务人对以自有财产设定担保物权的债权进行的个别清偿，管理人依据《企业破产法》的规定请求撤销的，人民法院不予支持。但是，债务清偿时担保财产的价值低于债权额的除外。在本题中，人民法院受理破产申请前6个月内，A公司对以自有机器设备设定担保物权的债权进行的个别清偿，由于担保财产的价值高于债权额，该清偿行为不能撤销。

（2）①乙公司主张A公司与丙公司之间的买卖合同无效不能获得人民法院的支持。根据规定，出卖人对标的物没有所有权或者处分权，并不影响买卖合同的效力；②乙公司主张丙公司向其返还机床可以获得人民法院的支持。根据规定，由于知情的丙公司不满足善意取得的要件，丙公司并未取得该机床的所有权，该机床的所有权仍属于乙公司，因此，乙公司有权要求丙公司向其返还该机床；③因丙公司已支付对价而产生的债务，作为普通破产债权清偿。

（3）①管理人不能以该债务尚未到期为由进行抗辩。根据规定，买受人破产，其管理人决定继续履行所有权保留买卖合同的，原买卖合同中约定的买受人支付价款的期限在破产申请受理时视为到期，买受人管理人应当及时向出卖人支付价款；②丁公司不能主张取回该设备。根据规定，买受人管理人无正当理由未及时支付价款，给出卖人造成损害，出卖人主张取回标的物的，人民法院应予支持。但是，买受人已支付标的物总价款75%以上或者第三人善意取得标的物所有权或者其他物权的除外。在本题中，由于A公司已经支付了80%的货款，丁公司不能主张取回该设备。

（4）在破产案件受理前因欠缴税款产生的90万元滞纳金属于“普通破产债权”；在破产案件受理后因欠缴税款产生的10万元滞纳金，不属于破产债权，在破产程序中不予清偿。

2.【答案】

（1）B公司不能取得票据权利。根据规定，在无权代理的情况下，相对人（B公司）不能取得票据权利。

（2）C公司取得了票据权利。根据规定，尽管B公司不享有票据权利，但由于其形式上是票据权利人，在其向C公司背书转让时，C公司则善意取得票据权利。

（3）G公司可以向甲行使追索权，但不能向A公司行使追索权。根据规定，在无权代理的情况下，相对人不能取得票据权利，不论本人还是无权代理人均不承担票据责任。但是，相对人又对他人进行票据行为的，如果满足善意取得的要件，无权代理人（甲）必须对票据权利人承担责任，但本人（A公司）仍然不承担任何票据责任。

（4）G公司不能对F公司行使追索权。根据规定，如果保证人未在票据上记载“保证”字样并签章而是另行签订保证合同的，不属于票据保证。在本题中，F公司未在票据上签章，并非票据债务人，无需承担票据责任。

（5）C公司拒绝G公司追索的理由不成立。根据规定，票据债务人不得以自己与持票人的前手之间的抗辩事由对抗持票人；但是，持票人明知存在抗辩事由而取得票据的除外。在本题中，G公司对C、D公司之间的合同纠纷并不知情，C公司不得以自己与D公司之间存在合同纠纷为由拒绝向G公司承担票据责任。

（6）C公司拒绝E公司追索的理由成立。根据规定，票据债务人不得以自己与持票人的前手之间的抗辩事由对抗持票人；但是，持票人明知存在抗辩事由而取得票据的除外。在本题中，E公司知悉C、D公司之间的合同纠纷，C公司有权拒绝E公司的追索。

（7）C公司拒绝D公司追索的理由成立。根据规定，票据债务人（C公司）可以对不履行约定义务的与自己有直接债权债务关系的持票人（D公司），进行抗辩。

3.【答案】

（1）甲公司的主张不成立。根据规定，订立抵押合同时，抵押权人和抵押人不得约定在债务履行期限届满抵押权人未受清偿时，抵押物的所有权直接归债权人所有。但是，该条款的无效不影响抵押合同其他条款的效力。

（2）陈某的抗辩（1）不成立。根据规定，主合同中虽然没有保证条款，但保证人在主合同上以保证人的身份签字或者盖章的，保证合同成立。在本题中，陈某在借款合同中以保证人身份签字，保证合同成立。

（3）陈某的抗辩（2）不成立。根据规定，不具有完全代偿能力的法人、其他组织或者自然人，以保证人身份订立保证合同后，又以自己没有代偿能力要求免除保证责任的，人民法院不予支持。

（4）陈某的抗辩（3）成立。根据规定，被担保的债权既有物的担保又有人的担保，债务人不履行到期债务或者发生当事人约定的实现担保物权的情形，债权人应当按照约定实现债权；没有约定或者约定不明确，债务人自己提供物的担保的，债权人应当先就该物的担保实现债权。在本题中，甲公司、陈某与乙银行之间未对实现担保权的顺序作出特别约定，乙银行应当先就债务人甲公司提供的机器设备实现抵押权。

（5）李某的抗辩不成立。根据规定，公司债权人请求抽逃出资的股东在抽逃出资本息范围内对公司债务不能清偿的部分承担补充赔偿责任，协助抽逃出资的其他股东、董事、高级管理人员或者实际控制人对此承担连带责任的，人民法院应予支持。

（6）①合同有效。根据规定，虽然甲公司的行为构成无权处分，但甲公司与丙公司之间买卖机器设备的合同原则上属于有效合同，当事人一方以出卖人在缔约时对标的物没有所有权或者处分权为由主张合同无效的，人民法院不予支持；②丙公司未取得该设备的所有权。根据规定，由于甲公司未向丙公司交付该设备，丙公司不能基于善意取得制度取得该设备的所有权。

(7) 丁公司取得了该机器设备的所有权。根据规定，丁公司基于善意取得制度依法取得了该机床的所有权（与是否支付价款没有关系）。

(8) 乙银行不能对丁公司手中的机器设备行使抵押权。根据规定，当事人以生产设备等设定抵押，抵押权自抵押合同生效时设立。但未经登记，不得对抗善意第三人。在本题中，甲公司以其机器设备向乙银行提供抵押担保时，未办理抵押登记，因此，抵押权人（乙银行）不能对抗善意第三人（丁公司）。

4.【答案】

(1) ①股票发行价格不符合规定。根据规定，上市公司发行股份的价格不得低于市场参考价的90%，市场参考价为本次发行股份购买资产的董事会决议公告日前20个交易日、60个交易日或者120个交易日的公司股票交易均价之一；②A公司获得的甲公司股份自发行结束之日起12个月后可自由转让不符合规定。根据规定，本次交易完成后，A公司将成为甲公司的控股股东，A公司在本次重组中获得的甲公司股票，自发行结束之日起36个月内不得转让。

(2) 本次交易构成借壳上市。根据规定，上市公司自控制权发生变更之日起60个月内，向收购人及其关联人购买资产，导致上市公司发生以下根本变化情形之一的，即构成借壳上市（包括但不限于）：①购买的"资产总额"占上市公司控制权发生变更的前一个会计年度经审计的合并财务会计报告期末资产总额的比例达到100%以上；②购买的资产在最近一个会计年度所产生的"营业收入"占上市公司控制权发生变更的前一个会计年度经审计的合并财务会计报告营业收入的比例达到100%以上。在本题中，上市公司甲公司向风顺科技购买的"资产总额"占上市公司控制权发生变更的前一个会计年度经审计的合并财务会计报告期末资产总额的比例达到4 853.30%，构成借壳上市。

(3) 本次重组交易应获得中国证监会的核准。根据规定，中国证监会在发行审核委员会中设立上市公司并购重组审核委员会，以投票方式对提交其审议的"借壳上市申请或者发行股份购买资产申请"进行表决，提出审核意见。在本题中，本次重组交易既属于发行股份购买资产，也构成借壳上市，应获得中国证监会的核准。

(4) 风顺科技最近三个会计年度的净利润情况构成本次交易重组的法定障碍。根据规定，借壳上市应满足的条件之一是，上市公司购买的资产对应的经营实体应当是股份有限公司或者有限责任公司，且符合《首次公开发行股票并上市管理办法》规定的其他发行条件，其中包括但不限于：最近3个会计年度净利润均为正数且累计超过人民币3 000万元。在本题中，风顺科技2015年的净利润为负数，不符合首次公开发行股票并上市的条件。

(5) 该事项构成本次交易重组的法定障碍。根据规定，借壳上市应满足的条件之一是，上市公司及其最近3年内的控股股东、实际控制人不存在因涉嫌犯罪正被司法机关立案侦查或者涉嫌违法违规正被中国证监会立案调查的情形。在本题中，乙公司属于上市公司最近3年内的控股股东，乙公司因涉嫌违法违规正被中国证监会立案调查，将构成本次交易重组的法定障碍。

(6) 该事项构成本次交易重组的法定障碍。根据规定，借壳上市应满足的条件之一是，上市公司及其控股股东、实际控制人最近12个月内未受到证券交易所公开谴责，不存在其他重大失信行为。在本题中，上市公司现控股股东丙公司最近12个月内受到深圳证券交易所的公开谴责，将构成本次交易重组的法定障碍。

5.【答案】

（1）甲有关自己的行为属于无权处分、所书立合同无效的主张不成立。当事人一方以出卖人在缔约时对标的物没有所有权或者处分权为由主张合同无效的，人民法院不予支持；出卖人因未取得所有权或者处分权致使标的物所有权不能转移，买受人要求出卖人承担违约责任或者要求解除合同并主张损害赔偿的，人民法院应予支持。

（2）A以合同订立在先为由要求B返还古画的主张不成立。根据规定，出卖人就同一普通动产订立多重买卖合同，在买卖合同均有效的情况下，先行受领交付的买受人有权请求确认所有权已经转移。在本题中，甲已经将古画交付给B，B已经取得古画的所有权，A无权要求返还。

（3）小乙继承乙的房产份额时，甲不能行使优先购买权。根据规定，共有份额的权利主体因继承、遗赠等原因发生变化时，其他按份共有人主张优先购买的，不予支持，但按份共有人之间另有约定的除外。在本题中，兄弟4人对共有未作出其他特殊约定。

（4）丙、丁未经小乙同意向甲转让房产份额并未侵害小乙的优先购买权。根据规定，按份共有人之间转让共有份额，其他按份共有人主张优先购买的，不予支持，但按份共有人之间另有约定的除外。在本题中，兄弟4人对共有未作出其他特殊约定。

（5）小乙将房产份额转让给C侵害了甲的优先购买权。根据规定，优先购买权的行使期间，按份共有人有约定的，按照约定办理；没有约定或约定不明的，转让人向其他按份共有人发出的包含同等条件内容的通知中载明行使期间的，以该期间为准，但通知中未载明行使期间，或者载明的期间短于通知送达之日起15日的，为15日。在本题中，小乙在通知书上要求给予甲的优先购买权行使期间仅为3日，过短，应视为甲的优先购买权行使期间为通知书送达之日起15日，小乙在优先购买权行使期间未届满时即将房产份额转让给C，侵害了甲的优先购买权。

（6）甲无权主张小乙和C签订的房产共有份额转让合同无效。根据规定，优先购买权受到侵害，只能向侵害人请求债权性质的损害赔偿救济，不得主张排他效力、要求撤销共有人与第三人的份额转让合同或主张该合同无效。

6.【答案】

（1）所谓一致行动，是指投资者通过协议、其他安排，与其他投资者共同扩大其所能够支配的一个上市公司股份表决权数量的行为或者事实；在上市公司的收购及相关股份权益变动活动中有一致行动情形的投资者，互为一致行动人。在本题中，收购完成后，王建华将成为甲公司第一大股东，而王建平、李志中为王建华主要社会关系，丙公司全部股权由王建华配偶及子女持有，4者存在明显的关联关系且又共同投资于乙公司，可以推定为一致行动人（或者，投资者之间存在合伙、合作、联营等经济利益关系的，如无相反证据，可以推定为一致行动人）。

（2）甲公司向乙公司股东非公开发行股份购买资产的发行价格符合规定。根据规定，上市公司发行股份购买资产的，发行价格应当不低于市场参考价的90%；市场参考价为本次发行股份购买资产的董事会决议公告日前20个交易日、60个交易日或者120个交易日的公司股票交易均价之一。

（3）乙公司股东对其取得的本次股份承诺36个月内不转让的做法符合规定。根据规定，上市公司发行股份购买资产，特定对象通过认购本次发行的股份取得上市公司实际控制权的，相关股份自发行结束之日起36个月内不得转让。

（4）本次收购完成尚须履行的主要程序有：

①股东大会批准。

【解析】上市公司股东大会就重大资产重组事项作出决议，必须经出席会议的股东所持表决权2/3以上通过；上市公司重大资产重组事宜与本公司股东或者其关联人存在关联关系的，股东大会就重大资产重组事项进行表决时，关联股东应当回避表决。

②中国证监会核准。

【解析】中国证监会在发行审核委员会中设立上市公司并购重组审核委员会，以投票方式对提交其审议的“借壳上市”申请或者发行股份购买资产申请进行表决，提出审核意见。在本题中：a. 重组方案包括发行股份购买资产；b. 重组后控制权变更，且公司的主营业务发生根本变化，构成借壳上市。

③中国证监会的要约收购豁免。

【解析】收购人通过本次收购持有的上市公司股份将超过30%，触发强制要约义务，但重组方案并未包括向甲公司所有股东发出要约的内容；因此，该重组方案的实施应当取得中国证监会的要约收购豁免。

(5) 甲公司董事刘某的股份转让行为不合法。根据规定，自可能对本公司股票交易价格产生重大影响的重大事项发生之日或在决策过程中，至依法披露后2个交易日内，上市公司董事、监事和高级管理人员不得买卖本公司股票。在本题中，甲公司2013年9月18日公告其董事会通过本次收购及重组事项的决议，董事刘某次日即转让本公司股票，其行为不合法。

7.【答案】

(1) 人民法院驳回A公司异议并裁定受理破产申请的法律依据是：企业法人的破产原因是不能清偿到期债务，并且资产不足以清偿全部债务或者明显缺乏清偿能力；债务人账面资产虽大于负债，但法定代表人下落不明且无其他人员负责管理财产，无法清偿债务的，人民法院应当认定债务人明显缺乏清偿能力。

(2) 债权人甲关于银行无权申报债权的理由不成立。根据规定，保证债务尚未到期的，可将未到期之保证责任视为已到期，在减去未到期的利息后予以提前清偿。因此，银行有权就未到期的保证债权进行申报。

(3) 债权人乙关于A公司对银行享有先诉抗辩权的主张不成立。因为，如果允许A公司行使先诉抗辩权，银行就必须待债务到期后先通过诉讼或仲裁向C公司求偿；待银行确定不能从C公司获得清偿，再要求A公司承担保证责任时，A公司的破产财产可能已经分配完毕，从而变相免除了A公司的保证责任。

(4) 债权人丙关于D公司无权进行债务抵销的主张成立。根据规定，债务人的债务人在破产申请受理后取得他人对债务人的债权的，不得抵销。

(5) 债权人丁关于F公司无权取回设备的主张不成立。根据规定，出卖人在货物未达管理人前已经向管理人主张取回在运途中标的物，在买卖标的物到达管理人后，出卖人向管理人主张取回的，管理人应予准许。

8.【答案】

(1) 甲公司和乙公司之间的合同成立。根据规定，如果当事人未采用法律要求或者当事人约定的书面形式、合同书形式订立合同，或者当事人没有在合同书上签字盖章的，只要一方当事人履行了主要义务，对方接受的，合同仍然成立。

(2) 丙银行拒绝付款的理由不成立。根据规定，汇票出票人未记载付款地的，付款人的营业场所、住所或者经常居住地为付款地。在本题中，乙公司未记载付款地并未影响庚公司取得票据权利，丙银行无权拒绝付款。

(3) 甲公司拒绝承担票据责任的理由不成立。根据规定，持票人行使追索权，可以请求被追索人支付的金额包括：①被拒绝付款的汇票金额；②汇票金额自到期日或者提示付款日起至清偿日止，按照中国人民银行规定的利率计算的利息；③取得有关拒绝证明和发出通知书的费用。

(4) 乙公司拒绝承担票据责任的理由不成立。根据规定，汇票的出票人、背书人、承兑人和保证人对持票人承担连带责任；持票人可以不按照汇票债务人的先后顺序，对其中任何一人、数人或者全体行使追索权。

(5) 丁公司拒绝承担票据责任的理由成立。根据规定，背书人在汇票上记载“不得转让”字样，其后手再背书转让的，原背书人对后手的被背书人不承担保证责任。

(6) 戊公司拒绝承担票据责任的理由不

成立。根据规定，持票人未按规定期限通知的，仍可行使追索权，但应当赔偿因迟延通知而给被追索人造成的损失，赔偿金额以汇票金额为限。

9.【答案】

（1）不会导致出票行为无效。A公司记载的该事项属于记载无效事项。根据规定，出票人签发汇票后，即承担保证该汇票承兑和付款的责任。基于此规定，如果出票人在票据上表明不承担汇票承兑或付款的责任，出票行为仍然有效，但是该记载无效。

（2）C公司不能取得票据权利。根据规定，票据的转让应当具有真实的交易关系。在本题中，B公司将该汇票卖给了C公司，背书行为无效，C公司不能取得票据权利。

（3）D公司可以取得票据权利。根据规定，虽然未以真实交易关系作为原因关系的背书行为无效，被背书人不能取得票据权利，但是由于其形式上是票据权利人，在其向他人背书转让票据权利时，受让人可能基于善意取得制度而取得票据权利。在本题中，不知情的D公司基于善意取得制度而取得票据权利。

（4）D公司对E公司的背书转让行为有效。根据规定，背书时附有条件的，所附条件不具有汇票上的效力，即不影响背书行为本身的效力。在本题中，D公司背书时记载的“本票据转让于工程验收合格后生效”属于附条件背书，所附条件不具有汇票上的效力，背书有效。

（5）若C公司将汇票背书给D公司时注明“不得转让”。C公司对后手D公司以后的被背书人（E公司）不承担票据责任。

（6）根据规定，以背书转让的汇票，背书应当连续。持票人以背书的连续，证明其票据权利；非经背书转让，而以其他合法方式取得汇票的，应依法举证，证明其汇票权利。在本题中，G公司应当证明：E公司与F公司发生了吸收合并，E公司被注销登记，E公司的所有权利、义务均由F公司承受，那么尽管票据不连续，但相关证据证明了E公司与F公司之间权利转移的事实，G公司就可以主张票据权利了。

10.【答案】

（1）A公司破产的案件应由甲市人民法院管辖。根据规定，破产案件由债务人住所地人民法院管辖。法人的住所地是指法人的主要营业地或者主要办事机构所在地。本题中，A公司登记注册地与公司主要办事机构所在地均为甲市，所以A公司破产的案件应由甲市人民法院管辖。

（2）根据规定，对破产人的特定财产享有担保权的权利人，对该特定财产享有优先受偿的权利。可知，建设银行的1 000万元贷款，其中800万元从抵押的财产中优先受偿，其余的200万元作为普通债权，同其他普通债权人一起按比例受偿。

（3）工商银行可以参加破产程序，申报债权。根据规定，连带债务人数人被裁定适用破产程序的，其债权人有权就全部债权分别在各破产案件中申报债权。本题中因破产案件中债务人A公司作为连带责任保证人，属于连带债务人，因此，债权人工商银行可以选择将其债权作为破产债权进行申报。

（4）债权人会议通过了和解协议。根据规定，债权人会议通过和解协议的决议，由出席会议的有表决权的债权人过半数同意，并且其所代表的债权额占无财产担保债权总额的2/3以上。本题中，和解协议在债权人会议讨论时，出席会议的有表决权的债权人有2/3表示同意，并且表示同意的债权人所代表的债权额占无财产担保债权总额的2/3以上。故和解协议可以通过。

（5）人民法院可以裁定宣告A公司破产。根据规定，和解协议草案经债权人会议表决未获得通过，或者已经债权人会议通过的和解协议未获得人民法院认可的，人民法院应当裁定终止和解程序，并宣告债务人破产。